Friedrich Weissensteiner
Die großen Herrscher des Hauses Habsburg

SERIE PIPER

Zu diesem Buch

Was wäre die europäische Geschichte ohne ihre prägenden Gestalten wie den »letzten Ritter« Maximilian I. oder Kaiser Karl V., in dessen Reich bekanntlich die Sonne nicht unterging? Was böte Europas Vergangenheit ohne die kaiserliche Landesmutter Maria Theresia, die große Gegenspielerin des Alten Fritz, oder ohne Franz Joseph, fast siebzig Jahre lang Kaiser von Österreich-Ungarn? Sie alle entstammten der Herrschaftsdynastie der Habsburger, die die Geschichte Europas über sieben Jahrhunderte bestimmt hat wie keine andere. In diesem Buch porträtiert Friedrich Weissensteiner, profilierter Kenner der österreichischen Geschichte, die bedeutendsten Regenten aus dem Hause Habsburg. Er beschreibt nicht nur die Politik, er interessiert sich ebenso für die Persönlichkeit, den Menschen auf dem Thron. Die Porträtgalerie liest sich als farbige Kulturgeschichte der Habsburger vom Spätmittelalter bis ins 20. Jahrhundert. Dabei wurde für diese Ausgabe der Text aktualisiert und um die Porträts von Joseph II. und Leopold II. erweitert.

Friedrich Weissensteiner, Hofrat, geboren 1927 in Großpertholz/Niederösterreich, schloß sein Studium der Anglistik und Geschichte mit der Promotion ab. 1950 trat er in den Schuldienst ein und war von 1974 bis 1987 Direktor eines Bundesgymnasiums in Wien. Seine Bücher – insbesondere seine Habsburger-Biographien – haben ihn über die Grenzen Österreichs hinaus bekannt gemacht.

Friedrich Weissensteiner

Die großen Herrscher des Hauses Habsburg

700 Jahre europäische Geschichte

Mit 36 Abbildungen

Erweiterte Neuausgabe

Piper München Zürich

Das Buch »Große Herrscher des Hauses Habsburg« wurde für diese Ausgabe erweitert um die Kapitel über Joseph II. und Leopold II., die dem Buch »Reformer, Republikaner und Rebellen. Das andere Haus Habsburg« von Friedrich Weissensteiner (Franz Deuticke Verlag, Wien 1987; Serie Piper, München 1995) entstammen und für diese Ausgabe vom Autor überarbeitet wurden.

Von Friedrich Weissensteiner liegen bei Piper im Taschenbuch vor:
Die rote Erzherzogin
Die österreichischen Kaiserinnen
Die großen Herrscher des Hauses Habsburg
Die Frauen der Genies
Liebe in fremden Betten
Kinder der Genies

FSC

Dieses Taschenbuch wurde auf FSC-zertifiziertem Papier gedruckt. FSC (Forest Stewardship Council) ist eine nichtstaatliche, gemeinnützige Organisation, die sich für eine ökologische und sozialverantwortliche Nutzung der Wälder unserer Erde einsetzt (vgl. Logo auf der Umschlagrückseite).

Erweiterte Taschenbuchausgabe
November 1997 (SP 2549)
August 2007

Umschlag/Bildredaktion: Büro Hamburg
Heike Dehning, Charlotte Wippermann,
Alke Bücking, Daniel Barthmann
Umschlagabbildung: Gemälde nach Strigel (»Maximilian I.«;
Foto: Erich Lessing/akg-images)
Autorenfoto: Peter W. Nikolaus, Wien
Satz: Satzstudio Fotosatz Pfeifer, Gräfelfing
Papier: Munken Print von Arctic Paper Munkedals AB, Schweden
Druck und Bindung: Clausen & Bosse, Leck
Printed in Germany ISBN 978-3-492-24914-0

www.piper.de

Inhalt

Anhang

Vorwort

In den Oktober- und frühen Novembertagen des Jahres 1918, als der Erste Weltkrieg seinem Ende entgegenging, war der Auflösungsprozeß der Österreichisch-ungarischen Doppelmonarchie in vollem Gange. Der habsburgische Vielvölkerstaat, ein multinationales Großreich, das jahrhundertelang die Geschichte Europas entscheidend mitgestaltet und geprägt hatte, fiel, später von den Siegermächten in den Friedensschlüssen von St. Germain und Trianon sanktioniert, in seine (nationalen) Bestandteile auseinander. Karl I., der letzte Kaiser aus der Dynastie der Habsburger, die das vielgestaltige Staatsgebilde geschaffen, regiert und zuletzt mit erlahmender Kraft zusammengehalten hatten, sah sich unter dem Druck der Ereignisse zum Handeln gezwungen. Er dankte jedoch nicht ab, wie der Hohenzoller Kaiser Wilhelm II., er gab seinen Anspruch auf Thron und Würden nicht auf. Am 11. November 1918 verzichtete er lediglich »auf jeden Anteil an den Staatsgeschäften«. Mit dieser juristischen Spitzfindigkeit nahm das Haus Habsburg-Lothringen, ohne es wahrhaben zu wollen, Abschied von der Weltgeschichte. Bereits am Tag danach wurde im historischen Parlamentsgebäude an der Wiener Ringstraße die Republik Deutsch-Österreich aus der Taufe gehoben.

Die Habsburger, die im Spätmittelalter (1282) ihren herrscherlichen Schwerpunkt vom südwestdeutschen Raum an die Donau verlegten, waren in Österreich ein landfremdes Geschlecht. Sie wurden hier jedoch bald heimisch und identifizierten sich mit dem Land dann so sehr, daß sie als Dynastie zur »domus Austria«, zum Haus Österreich, wurden. Sie haben ihren Territorialbesitz durch Kriege, Erbschaften, Erbschaftsverträge und eine geschickte Heiratspolitik in alle Himmelsrichtungen mit dem Schwerpunkt auf Ostmittel- und Südosteuropa Schritt für Schritt erweitert und stiegen in den Türkenkriegen des 17. und 18. Jahrhunderts zur europäischen Großmacht auf.

Die Familie Habsburg spaltete sich bereits im Spätmittelalter durch Erbteilungen in verschiedene Zweige auf und teilte sich nach dem Tod Maximilians I. in eine spanische und eine österreichische Linie (siehe die Stammtafelübersichten im Anhang).

Die österreichische Linie wurde nach dem Aussterben des Mannesstammes durch die Heirat Maria Theresias mit Franz Stephan von Lothringen zum Haus Habsburg-Lothringen. So wenig in Kürze zur weit verästelten Genealogie des Hauses. Mit Titeln, Würden und Herrschaftssymbolen war das Geschlecht reich ausgestattet. Von 1438 bis 1806 hatten die Habsburger fast ununterbrochen die römisch-deutsche Kaiserwürde inne, ab 1804 waren sie österreichische Kaiser. Das Persönlichkeitsspektrum der Dynastie reicht vom weitblickenden, dynamischen Herrscher bis zum geistesschwachen, regierungsunfähigen Monarchen. Auch ist einigen in diesem Band porträtierten Herrschern historische Größe nicht zuzumessen. Aber jeder von ihnen hat der Größe des Hauses gedient und in der jeweiligen historischen Situation nach besten Kräften seine Aufgabe erfüllt.

Auch in der vorliegenden erweiterten Neuauflage wurden, mit Ausnahme Kaiser Karls V., der als einziger »Spanier« römisch-deutscher Kaiser war, nur Monarchen der österreichischen Linie des Hauses vorgestellt. Mit Joseph II. und Leopold II. wurde das Spektrum der Dynastie allerdings um zwei bedeutende, profilierte Persönlichkeiten erweitert, die das konservative dynastische Herrschaftsprofil des Hauses, wenn auch nur kurzzeitig, unterbrachen. Beide Söhne Maria Theresias waren Aufklärer, die mit ihren tiefgreifenden Reformen auf allen möglichen Gebieten das Staatsgefüge grundlegend umgestalteten. Im neuen Band wurden da und dort auch Korrekturen vorgenommen, das Literaturverzeichnis wurde aktualisiert.

Die einzelnen Beiträge des Buches, knapp gefaßte historische Porträts, erschöpfen sich nicht im Biographischen. Sie beziehen das historische Umfeld, die politischen Zusammenhänge, Wirtschaft und Gesellschaft der Zeit in die Darstellung mit ein, so daß sich in ihrer Gesamtheit ein kaleidoskopartiges Bild der europäischen Geschichte vom Ende des 13. bis in das frühe 20. Jahrhundert ergibt.

Rudolf von Habsburg: Der tatkräftige Ahnherr der Dynastie

Grabmal Rudolfs I. *im Dom zu Speyer.*

In der ersten Septemberwoche des Jahres 1273 fällte das Kurfürstenkollegium, dem es oblag, den deutschen König zu wählen, eine wichtige Entscheidung. Es einigte sich nach wochenlangen Beratungen, hinhaltenden Überlegungen und taktischen Manövern, angeblich über Vorschlag des Burggrafen von Nürnberg, auf einen gemeinsamen Kandidaten.

Die Persönlichkeit, die dazu ausersehen war, die Geschicke des Reiches in die Hand zu nehmen, war ein nicht unbedeutender Graf namens Rudolf von Habsburg, der sich in der Reichspolitik bis dahin jedoch nicht sonderlich hervorgetan hatte.

Rudolf war bereits 55 Jahre alt, ein für die damalige Zeit hohes Alter, aber die Kurfürsten sahen darin eher einen Vor- als einen Nachteil. In den paar Lebensjahren, die der neue König voraussichtlich noch vor sich hatte, würde er nicht Zeit haben, seine Herrschaft zu konsolidieren und auszubauen. Es war eine Überlegung, die schwer wog. Die »kaiserlose, die schreckliche Zeit«, die seit 1250, seit dem Tod Friedrichs II., des letzten großen Staufers, den politischen Alltag in Deutschland geprägt hatte, sollte zwar ein Ende haben. Man wünschte sich ein ordnungsgebietendes Reichsoberhaupt, aber doch auch wieder keines, das einen zu langen und kräftigen Arm hatte. Das Eigeninteresse der Fürsten zählte mehr als der Wille, in einem gemeinsamen, von starker Hand regierten Staat zu leben.

Der Burggraf von Nürnberg wurde mit der Aufgabe betraut, Rudolf den kurfürstlichen Beschluß mitzuteilen. Er machte sich unverzüglich auf den Weg. Friedrich von Zollern stieß auf den kriegserprobten Haudegen im Feldlager vor Basel, wo er gerade damit beschäftigt war, die bischöfliche Stadt und das umliegende Territorium unter seine Herrschaft zu zwingen.

Rudolf mag über das ihm überbrachte überraschende Angebot nicht wenig erstaunt gewesen sein. Aber er zögerte keinen

Augenblick, es anzunehmen. Wir wissen nicht, von welchen Motiven er sich bei seiner raschen, schwerwiegenden Entscheidung leiten ließ. Aber das tut auch gar nichts zur Sache.

Sogleich beendete der tatkräftige Habsburger seine Fehde mit dem Bischof von Basel, ließ die Gefangenen frei, die in seinen Burgverliesen schmachteten, und gab seine Zustimmung zur Verlobung seiner Töchter mit einflußreichen Territorialherren des Reiches – eine kurfürstliche Vorbedingung für seine Wahl. Die Würfel für einen staatlichen Neubeginn in Deutschland, genauer gesagt, im Heiligen Römischen Reich (Sacrum Romanum Imperium) waren gefallen.

Wir müssen uns, ehe wir den Fortgang der Ereignisse schildern, ein wenig näher mit Rudolf befassen, mit seiner Herkunft, seinem bisherigen Leben, seinem Charakter, seiner Persönlichkeit. Der »arme Graf«, wie man Rudolf gelegentlich zu bezeichnen pflegte, entstammte einem Adelsgeschlecht, das im Elsaß, am Oberrhein und in der heutigen Nordschweiz begütert war. Das Stammschloß der Habsburger, die Habichtsburg, ist heute eine Ruine. Es steht im Schweizer Kanton Aargau, unweit der Stelle, wo Aare und Reuß zusammenfließen, auf dem 513 Meter hohen Wülpelsberg. Aber nicht dort oben, hinter den einst massiven, starken Mauern dieser wehrhaften Burg, wurde Rudolf geboren, sondern, wie man annimmt, auf Schloß Limburg bei Breisach am Rhein. Am 1. März, nach anderen Angaben am 1. Mai 1218, schenkte ihm dort Heilwig von Kyburg, die Gemahlin des Grafen Albrecht von Habsburg, das Leben.

Über die näheren Umstände der Geburt wissen wir natürlich nicht Bescheid. Das familiäre Ereignis wurde erst viel später in einer Chronik festgehalten. »Rex Rudolphus nascitur«, heißt es da kurz und bündig.

Eine Geburt war im Hochmittelalter etwas Alltägliches, die selbstverständlichste Sache der Welt, auch die Geburt eines Grafen. Später sollte sich das ändern. Wir wissen auch nicht, wo die Taufe des kleinen Rudolf stattfand. Und ob Kaiser Friedrich II., der Staufer, der Taufpate des Neugeborenen gewesen ist, wie manche Historiker annehmen, ist ebenfalls ungewiß. Die ersten zwanzig Lebensjahre jenes Mannes, der seinem Geschlecht das

Tor zur Weltgeschichte aufgestoßen hat, liegen völlig im dunkeln. Es gibt darüber keine Berichte.

Erst als Rudolf um das Jahr 1240 nach dem Tod seines Vaters, der von einem Kreuzzug in das Heilige Land nicht mehr heimkehrte, die Herrschaft übernahm, werden die Quellen gesprächiger. Jetzt erfahren wir genug über sein abwechslungsreiches Leben, seine vielen Kriegszüge, seine Absichten, Pläne und gescheiterten Hoffnungen, um uns ein Bild von ihm machen zu können. Und auch über die Persönlichkeit und den Charakter des reifen Mannes liegen zeitgenössische Aufzeichnungen vor, die Rudolf von Habsburg beinahe plastisch vor unser geistiges Auge treten lassen. »Er war ein Mann von großer Gestalt«, weiß die Chronik der Dominikaner von Colmar zu berichten, »er maß sieben Fuß, war hager, hatte einen kleinen Kopf, ein blasses Gesicht mit einer langen Nase und schütteres Haar.«

Diese Beschreibung liest sich wie eine verbale Interpretation der reliefgeschmückten Grabplatte Rudolfs in der Krypta des Domes zu Speyer, deren Realismus den Beschauer noch heute beeindruckt. »Er war maßvoll in Speise und Trank und anderen Dingen«, erzählt der gelehrte Chronist weiter, »ein weiser und kluger Mann.« Und dann ist noch von seiner guten Gesundheit die Rede, von seiner Bescheidenheit und Frömmigkeit. Daß er gegen sich selbst hart war, genügsam, der Prunksucht abhold, sich schlicht und einfach kleidete, wird ebenfalls, zumindest in der Anekdote, überliefert. Dieses Charakterbild schaut ein wenig nach einseitiger, propagandistischer Berichterstattung aus und bedarf wohl der Ergänzung. Rudolf konnte auch hart gegen seine Gegner sein, unnachgiebig, rücksichtslos, ein unbarmherziger Kriegsmann, wenn es galt, seine eigenen, durchaus egoistischen Ziele und handfesten Interessen durchzusetzen. Von moralischen Skrupeln wurde er dabei nicht geplagt und auch des Gedankens Blässe quälte ihn nicht. Schwert und Lanze standen ihm besser zu Gesicht als Pergament und Federkiel.

Rudolf von Habsburg scheint der Kunst des Schreibens nicht mächtig gewesen zu sein. Aber das tat seinem Ansehen durchaus keinen Abbruch. Das 13. Jahrhundert maß mit anderen Maßstäben. Bildung war im wesentlichen eine Sache der Geistlichen. Was in dieser Zeit zählte, waren ein gesunder Menschenverstand, Kampfesmut und Waffengeübtheit. An allen diesen Eigenschaften hat es Rudolf von Habsburg nicht gemangelt.

Um 1240 trat Rudolf zweiundzwanzigjährig das Erbe des Vaters an. Die Besitztümer, über die er sich nun zu herrschen anschickte, bildeten kein geschlossenes Territorium. Sie lagen weit verstreut zwischen Alpen, Schwarzwald und Vogesen, ein buntes, wirres Gemisch aus Eigengütern, Stadtherrschaften, Grafschafts-, Lehens- und Vogteirechten. Herrschaft war im Mittelalter vielschichtig, vielfältig und unüberschaubar. Ansprüche, persönliche Abhängigkeiten und dingliche Verbindlichkeiten waren durch eine Vielzahl ineinander verschlungener Rechtsbeziehungen geregelt. Die verschiedenen Interessen prallten da auf engstem Raum hart aufeinander. Burgen und Schlösser, Klöster und Städte konnten von heute auf morgen zum Spielball ungestillter Machtgelüste werden. Wer sich in dieser Welt der oft unklaren und ungeklärten Besitzverhältnisse, des kleinräumigen Zanks und Haders behaupten wollte, mußte zäh sein, unerbittlich, zielstrebig, tatkräftig. Rudolf war es von Anfang an. Er war ein Krieger. Sein Lebensinhalt war der Kampf, sein Ziel die Erweiterung und Arrondierung seiner Besitztümer. »Vicinos suos preliis impugnare«, nennt es der gelehrte Chronist in Colmar: seine Nachbarn zu bekriegen. Genau das ist in den nächsten Jahren und Jahrzehnten seine vordringlichste Beschäftigung, und er versteht dieses Handwerk wie kein zweiter.

Insgesamt hat Rudolf acht Fehden geführt (oder sollte man sie Kriege nennen?), wie ein gründlicher Geschichtsforscher errechnet hat. Wir können es uns ersparen, sie alle aufzuzählen. Auf einige müssen wir aber doch hinweisen, denn sie dokumentieren, wie rasch dieser Habsburger handeln, wie brutal er zupacken konnte. Da belagerte er gleich nach Antritt seiner Herrschaft die benachbarte Burg Hugos von Tufenstein, lockte ihn mit Versprechungen aus seinem sicheren Bau und ließ ihn dann von seinen Reisigen erschlagen. Da verwüstete er die Dörfer seiner Laufenburger Verwandten, die Ansprüche auf die Vogtei über das Kloster Muri stellten. Deren Rache folgte auf dem Fuß. Sie äscherten in Abwesenheit des Hausherrn Rudolfs Schloß in der Stadt Brugg ein. Im Mittelalter war man nicht zimperlich. Man fiel aus nichtigem oder überhaupt keinem Anlaß übereinander her, mordete und plünderte, brandschatzte, raubte, vernichtete den Gegner. Skrupellosigkeit war kein verabscheuungswürdiges Laster, sondern eine Tugend. Schon gar in der »kaiserlosen, der schrecklichen Zeit«. Da verschaffte sich jeder Abt, jeder Bischof, jeder Fürst, jeder Graf, jeder Burg- oder Stadtherr sein Recht oder das, was er dafür hielt, auf eigene Faust. Rudolf von Habsburg machte da natürlich keine Ausnahme. Doch er war wohl ein wenig klüger und hatte einen größeren politischen Weitblick als so mancher seiner Widersacher. So stellte er sich im Kampf zwischen dem Bischof von Straßburg und der Straßburger Bürgerschaft auf die Seite der letzteren, was ihm die Oberhoheit über die Städte Colmar, Mühlhausen und Kaisersberg eintrug. Den Städten und dem Bürgertum als emporkommender, neuer sozialer Schicht gehörten seine Sympathien. Scharfsinnig erkannte er ihre zukünftige politische Bedeutung.

Der größte Erfolg in seiner dreißigjährigen Herrschaft als habsburgischer Graf gelang Rudolf nach dem Aussterben der Kyburger, des Geschlechtes, aus dem seine Mutter stammte. Durch energisches Handeln und nach einem wechselvollen militärischen und diplomatischen Ringen mit dem expansionslüsternen Grafen Peter von Savoyen fiel ihm 1267 ein Großteil der kyburgischen Besitzungen zu. Sein Herrschaftsgebiet erstreckte sich nun von Colmar im Elsaß bis zum Vierwaldstätter-See, von der Abtei St. Gallen bis nach Freiburg im Breisgau. Der Habsburger war zum mächtigsten Herrn im Südwesten des Reiches aufgestiegen.

Was zur Arrondierung seiner Besitztümer jetzt noch fehlte, war das Territorium des Bischofs von Basel, das sich wie ein riesiger Keil zwischen die habsburgischen Gebiete im Elsaß und in Oberschwaben schob. Rudolf wollte das ändern. Er wartete nur auf eine günstige Gelegenheit, zuzuschlagen. Sie kam. Aber es kam dann doch alles ganz anders, als es sich der tatkräftige Habsburger vorgestellt hatte. Das Schicksal hatte ihn für eine höhere Aufgabe auserkoren. Wir wissen es bereits.

Werfen wir noch einen Blick auf die große Politik der Zeit, aus der sich natürlich kaum ein großer oder kleiner Lehensherr heraushalten konnte.

Das alles beherrschende Thema des Hochmittelalters war der mit allen erlaubten und unerlaubten Mitteln geführte Kampf zwischen den Päpsten und den römisch-deutschen Kaisern um die Vormachtstellung im christlichen Abendland. Seit den Tagen Kaiser Heinrichs IV. und seines Gegenspielers, Papst Gregor VII., die sich im Investiturstreit erbittert bekämpft hatten, flammte auch nach der Kompromißlösung im Wormser Konkordat (1122) der Konflikt immer wieder auf und erregte die Gemüter. Die deutschen Fürsten, die italienischen Adelsgeschlechter und Städte mußten sich wohl oder übel für eine der beiden Seiten entscheiden. Zur Zeit Rudolfs stand der Hohenstaufe Friedrich II., ein Enkel Friedrich Barbarossas, an der Spitze des Reiches. Er machte Unteritalien und Sizilien zum Zentrum seiner Herrschaft und schuf dort einen modern verwalteten, zentral regierten Staat. Deutschland betrachtete der hochgebildete, überkonfessionell denkende Kaiser, der seiner Zeit geistig weit voraus war, als ein Nebenland.

Friedrichs Besitzungen in Italien, die den Kirchenstaat von Norden und Süden her umklammerten, und sein Anspruch auf die Schutzherrschaft über die Kirche wurde vom Papsttum als bedrohlich empfunden. Ein neuerlicher Kampf zwischen den beiden Universalgewalten war unvermeidlich geworden. Rudolf von Habsburg war, wie schon sein Vater, ein getreuer Gefolgsmann des Kaisers. Schon kurz nach der Übernahme der Herrschaft nahm er den unbequemen Heereszug über die Alpen auf sich, um von Friedrich II. in Faenza seine Reichslehen persönlich in Empfang zu nehmen und den Kaiser seiner Treue zu versichern. Friedrich wußte es zu schätzen. Immerhin führten wichtige Verkehrswege von Deutschland nach Italien über habsburgisches Gebiet.

Rudolf blieb der kaiserlichen Sache selbst dann treu, als Friedrich im Sommer 1245 auf dem Konzil von Lyon vom Papst für abgesetzt erklärt und mit dem Kirchenbann belegt wurde. Er wäre dem aus der Kirche ausgestoßenen Kaiser gemäß den Satzungen des Reiches keinen Gehorsam mehr schuldig gewesen, hätte, wie zahlreiche andere Zeitgenossen, von ihm abfallen und materielle Vorteile für sich herausschlagen können. Er tat es nicht. Er leistete ganz im Gegenteil einer Einladung Friedrichs Folge, nach Verona zu kommen. Gefolgstreue galt ihm mehr als Gewinnsucht, auch wenn die Motive seines Handelns natürlich nicht uneigennützig waren. Man muß aber wohl auch bedenken, daß der fromme Graf für seine Kaisertreue sogar Bann und Interdikt auf sich nahm.

Nach dem Tod Friedrichs versagte er auch dessen Sohn und Nachfolger Konrad IV. seine Unterstützung nicht. Als dieser freilich 1254 in jungen Jahren starb, muß ihm wohl klar geworden sein, daß sich die Waagschale des Erfolges endgültig dem Papst zuneigte. Rudolf von Habsburg war ein nüchtern denkender Realpolitiker. In den Untergang des staufischen Kaiserhauses wollte er nicht verwickelt werden. Zwar leistete er auch Konradin, Konrads jungem, unerfahrenem Sohn, auf dessen Italienzug Gefolgschaft. Aber bis nach Süditalien folgte er ihm nicht. Als am 29. Oktober 1268 auf dem Marktplatz von Neapel das Haupt des letzten Staufers fiel, war er schon wieder in der Heimat. Längst verfolgte er nur noch seine eigenen Interessen, fühlte er sich keinem Kaiser oder König mehr verpflichtet.

Setzen wir nun den Gang der Ereignisse dort fort, wo wir ihn einleitend unterbrochen haben. Schon bald nach der geschilderten Begebenheit im Feldlager zu Basel brach Rudolf von Habsburg rheinabwärts nach Frankfurt am Main auf, dem Ort der deutschen Königswahl. Die Städte, durch die er kam, öffneten ihm bereitwillig ihre Tore, selbst jene, die ihm zuvor feindlich gesinnt gewesen waren. Wieder einmal bewahrheitete sich ein altes historisches Gesetz: der Mächtige, der Sieger, braucht sich um jubelnde Gefolgschaft nicht zu sorgen. Sie strömt ihm von allen Seiten zu, auch die nicht gewollte, die ungebetene. Die Chronisten sprechen von einem Triumphzug Rudolfs. Ob die Begeisterung tatsächlich so groß war, wer vermöchte das heute noch zu sagen?

Die Kurfürsten hielten am 29. September 1273 ihren pompösen Einzug in der alten Reichsstadt. Sie waren alle gekommen: die

Erzbischöfe von Mainz, Köln und Trier, der Pfalzgraf bei Rhein, der Markgraf von Brandenburg, der Herzog von Sachsen. Nur der König von Böhmen, Ottokar, fehlte. Er ließ sich durch den Bischof von Bamberg vertreten, der in seinem Namen Einspruch gegen die Wahl erhob. Die spätere Auseinandersetzung zwischen Rudolf und seinem mächtigen Widersacher warf ihre Schatten voraus.

Am 1. Oktober vollzogen die Kurfürsten Rudolfs einstimmige Wahl. Pfalzgraf Ludwig sprach die vorgesehene Formel: »Im Namen der heiligen und ungeteilten Dreifaltigkeit mit Willen aller Kurfürsten verkünde und wähle ich den Grafen Rudolf von Habsburg zum römischen König.«

Am nächsten Morgen hielt der neue König, der im nahen Dieburg mit seinem Gefolge das Wahlzeremoniell abgewartet hatte, unter dem Jubel der Bevölkerung Einzug in Frankfurt. Man geleitete ihn zum Dom, wo der Erzbischof von Mainz ein Hochamt zelebrierte. Danach nahm Rudolf den Lehenseid der Fürsten entgegen. Nach der Rechtsauffassung der Zeit bedurfte es dazu eines Zepters, das aber nicht zur Hand war. Der Habsburger ergriff, so wird berichtet, rasch entschlossen ein Kruzifix, das auf dem Altar stand, und rief: »Dieses Zeichen, durch welches Wir und die ganze Welt erlöst werden, soll Unser Zepter sein.«

Die Geistesgegenwart des neuen Herrschers versetzte die Anwesenden in Erstaunen. Als sich die Kurfürsten davon erholt hatten, ließen sie sich ihre Entscheidung und ihre Dienste ausgiebig honorieren. »Handsalbe« nannte man das im Mittelalter. Heute würde man, ein wenig unfeiner, von Korruption sprechen. Rudolf mußte tief in die Tasche greifen. Aber so tief waren seine Taschen gar nicht, daß er damit hätte das Auslangen finden können. Er mußte größere Summen ausleihen und Reichsgut verpfänden, um seine »Wähler« zufriedenzustellen.

In der zweiten Oktoberwoche machte sich der König den Rhein hinunter auf den Weg zur Krönung nach Aachen. Unterwegs wurden ihm die Reichsinsignien übergeben, die auf der Burg Trifels verwahrt gewesen waren: Kaiserkrone, Reichsapfel und Zepter. Diese Symbole kaiserlicher Macht strahlten einen undefinierbaren mythischen Glanz aus.

In Aachen schloß sich Gertrude von Hohenberg, Rudolfs Gemahlin, die er um 1250 geheiratet hatte, dem Krönungszug an. Sie zog am 24. Oktober 1273 mit ihrem Gemahl in das ehrwürdige Aachener Münster ein, wo beide nach altem Brauch vom Kölner Erzbischof gekrönt wurden. Auch diese feierliche Handlung stand im Zeichen des Kreuzes. Während der Krönung erschien am Himmel, so berichten die Chronisten, eine Wolke in Kreuzesform. Rudolf soll auf das angebliche Himmelszeichen höchst klug reagiert haben. Er versprach, einen Kreuzzug zu unternehmen. Wenn es stimmt, was die Quellen erzählen, so wollte Rudolf mit dieser Geste offenbar die Anerkennung seiner Wahl durch den Papst auf geschickte Weise provozieren.

Kaum war die Krönung vorüber, gab es auch schon die erste Verstimmung. Das Krönungsmahl, das unmittelbar darauf hätte folgen sollen, mußte um einen Tag verschoben werden, da sich die Erzbischöfe von Köln und Mainz um den Ehrenplatz an der Rechten des Königs stritten. Rudolf gelang es zwar, den Streit um die Rangordnung beizulegen. Aber wenn nicht schon früher, so muß ihm spätestens bei diesem Anlaß bewußt geworden sein, welch schwere Bürde er mit der Königswürde auf sich genommen hatte. Er war ja keineswegs ein unumschränkter Herrscher, sondern bei allen seinen Entscheidungen und Verfügungen auf die schriftliche Zustimmung der Kurfürsten angewiesen, die ihm sogenannte »Willebriefe« ausstellten. Der Herrschaftsspielraum des Königs war spürbar eingeengt.

Rudolf von Habsburg gebot über keinen einheitlichen, wohlorganisierten Staat, er verfügte über keinen Beamtenapparat, kein effizientes Finanz- und Steuersystem, keine geordnete Rechtssprechung. Er hatte kein stehendes Heer, über das er gebieten konnte, er besaß keine Hauptstadt, nicht einmal eine Residenz, in die er sich von Zeit zu Zeit hätte zurückziehen können. Er zog von einer Stadt zur anderen, schlichtete Zwistigkeiten, versprach Mißstände abzustellen, verkündete den Landfrieden, den er doch nicht sicherstellen konnte. Das Reich war groß, die Entfernungen waren riesig, die Verkehrswege schlecht. Der Feudalstaat, an dessen Spitze er stand, war auf persönliche Abhängigkeits- und Treueverhältnisse aufgebaut, die, wenn überhaupt, nur schwerfällig funktionierten. Die geistlichen und weltlichen Herren waren bestrebt, ihre Herrschaft auf Kosten des Reiches auszubauen, einzelne Gebiete und Städte, die zum Reich gehörten, führten ein politisches Eigenleben. So begannen etwa die mächtigen norddeutschen Handelsstädte Bremen, Hamburg und Lübeck Politik auf eigene Faust zu machen. Weiter im Osten erschloß der Deutsche Ritterorden das Gebiet um Danzig und Königsberg der deutschen Ostkolonisation und begründete ein eigenes Staatswesen, ohne Unterstützung, aber auch ohne Autorisation durch die Reichsspitze.

Unter diesen Umständen war es für Rudolf von Habsburg nicht leicht, seine königliche Autorität durchzusetzen. Er mußte jedoch, wenn er nicht ein Hampelmann sein wollte, auf die Durchsetzung seiner Rechte bestehen. So ließ er zur Verbreiterung seiner schmalen finanziellen Basis Münzen mit seinem Bildnis prägen, schrieb eine dreiprozentige Vermögenssteuer aus, die jeder Grundherr, jede Stadt und jedes Kloster entrichten sollte, und forderte die Rückgabe des seit dem Jahr 1245 entfremdeten Reichsgutes. Alles, was an Ländereien, an Lehensrechten, an Diensten und Zöllen reichseigen gewesen war, sollte wieder zurückerstattet werden. Die Forderung war nicht nur, aber in erster Linie an Ottokar von Böhmen gerichtet, der im Südosten des Reiches ohne Belehnung durch den König weite Gebiete an sich gebracht und ein riesiges Reich errichtet hatte, das von den Sudeten bis an die Adria reichte. Es war eine Kampfansage. Eine Kraftprobe gewaltigen Ausmaßes stand bevor.

Zwei große Aufgaben harrten in diesen wichtigen ersten Jahren von Rudolfs Herrschaft einer dringenden Lösung: die Anerkennung seiner Wahl durch den Papst und die Durchsetzung seiner königlichen Rechte und Ansprüche im Südwesten des Reiches. In den Jahren 1274 und 1275 liefen die Aktivitäten, die diese beiden Aufgaben erforderten, weitgehend parallel.

Papst Gregor X. ließ sich mit der Bestätigung der Vorgänge, die sich in Frankfurt und Aachen abgespielt hatten, Zeit. Bevor er überhaupt daran dachte, Rudolfs Wahl zu sanktionieren, mußten verschiedene, für die römisch-katholische Kirche wichtige Probleme gelöst werden. In dem langen diplomatischen Schriftwechsel, der zwischen der königlichen Kanzlei und der Kurie geführt wurde, nahmen die päpstlichen Forderungen allmählich Gestalt an: Rudolf sollte sich eidlich dazu verpflichten, die kirchlichen Interessen nicht zu schädigen, sich für die Unverletzlichkeit des Kirchenstaates zu verbürgen und der Schreckensvision der Päpste abzuschwören: der Vereinigung Siziliens mit dem Reich. Rudolf erklärte sich mit verklausulierten Einschränkungen dazu bereit. Auf dem Konzil zu Lyon leistete ein Gesandter des Königs die gewünschten Eide. Der Papst hatte erreicht, was er angestrebt hatte, und auch der Habsburger war am Ziel seiner Wünsche angelangt. Das päpstliche Schreiben, das Rudolfs Königswürde anerkannte, trägt das Datum vom 26. September 1274. »Te regem Romanorum nominamus«, – »Wir nennen dich König der Römer« – lautete die staatsrechtlich nicht gerade überzeugende Formel, zu der sich der Papst durchgerungen hatte. Rudolf gab sich damit zufrieden. Was sonst hätte er tun sollen?

Vor allem deutschnational gesinnte Historiker haben dem Habsburger den Verzicht auf Italien zum Vorwurf gemacht, ihn als »gekrönten Partikularisten« bezeichnet, ihn des Verrates an der mittelalterlichen Kaiseridee geziehen. Diese Anschuldigungen sind ungerechtfertigt. König Rudolf I. konnte keine Machtpolitik im Sinne der Staufer betreiben. Dazu fehlten alle historischen Voraussetzungen, vor allem aber fehlten ihm die Mittel, die hierfür unbedingt nötig gewesen wären. Die Zeiten kaiserlicher Macht- und Prunkentfaltung waren vorüber. Rudolf hat das mit klarem Blick für die gegebenen Realitäten erkannt. Die Idee von einem universellen Kaisertum lag ihm fern.

Auf die Kaiserwürde und den damit verbundenen Italienzug hat er im übrigen von vornherein nicht verzichtet. Bei einem persönlichen Treffen mit Gregor X. im Oktober 1275 in Lausanne wurde die Kaiserkrönung zeitlich sogar genau fixiert. Sie sollte am 2. Februar 1276 stattfinden. Auch der finanzielle Zuschuß des Papstes für den bevorstehenden Romzug war ausverhandelt. Der Tod Gregors am 10. Januar 1276 machte einen Strich durch die Rechnung. Der »König der Römer« – einen deutschen König hat es im staatsrechtlichen Sinn nicht gegeben – hatte genug zu tun, um seine Herrschaft im Reich zu konsolidieren und die Grundlagen für ein gefestigtes Königtum zu legen.

Als »rex aureus«, als goldenen König, als hochherzigen und mächtigen Monarchen bezeichnen die zeitgenössischen geistlichen Chronisten Přemysl Ottokar II., den großen Widersacher und Herausforderer Rudolfs. Bereits im 14. Jahrhundert mußte dieses positive Bild abwertenden und kritischen Stellungnahmen Platz machen. Der phantasiebegabte steirische Reimchronist Otacher uz der Geul beschrieb ihn als einen skrupellosen Tyrannen und lasterhaften Bösewicht. Ein vernichtendes Urteil, das Franz Grillparzer in seinem Drama »König Ottokars Glück und Ende« übernahm. Grillparzer, der Ottokar die Züge und Charaktereigenschaften Napoleons verlieh, hat das Charakterbild des Böhmenkönigs über die Jahrzehnte hin fixiert und verzeichnet. Erst in jüngster Zeit hat die Geschichtsforschung dieses einseitige Urteil revidiert. Ottokar, der seit dem Jahr 1253 die böhmische Königskrone trug, war eine der großen, hervorragenden Herrschergestalten an der Wende vom Hoch- zum Spätmittelalter. Politisch hochbegabt, aber kein genialer Staatsmann, war er ungeheuer selbstbewußt, ehrgeizig bis zur Machtgier, herrisch bis zum Hochmut, rücksichtslos bis zur Grausamkeit. Im Gegensatz zu Rudolf von Habsburg war der Böhmenkönig keineswegs ein nüchterner Rationalist und kühler Rechner, sondern ein aufbrausender, ungeduldiger und unbedacht handelnder Sanguiniker, was ihn nicht selten in große Schwierigkeiten brachte. Er war großzügig und hatte einen ausgeprägten Gerechtigkeitssinn. Als seine hervorstechendsten Charaktereigenschaften muß man wohl sein herrscherliches Selbstwertgefühl und seine Prunksucht bezeichnen, die er protzig zur Schau stellte. Ottokar war aber auch, und das wird selten angemerkt, ein kunstsinniger Mann, der die Hofkultur und die kulturellen Strömungen seiner Zeit tatkräftig förderte – natürlich auch im Sinne seiner machtpolitischen und propagandistischen Ambitionen. Er war ein Freund und Mäzen des Minnesanges, der unter den fahrenden Sängern, die er an seinen Hof zog, großes Ansehen genoß. Ottokar hat ein künstlerisches Klima geschaffen, das es seinen Nachfolgern ermöglichte, die böhmischen Länder zum kulturellen Mittelpunkt Mitteleuropas zu machen.

Der Markgraf von Mähren und spätere Böhmenkönig hatte ein feines Gespür für die Gunst der historischen Situation. Das bewies er bereits als junger Mann in der Frage der babenbergischen Erbfolge. Nach dem Tod Friedrichs II., des letzten Babenbergerherzogs, im Jahre 1246 in einer Schlacht gegen die Ungarn, waren die Herzogtümer Österreich und Steiermark herrenlos geworden. Friedrich II. starb ohne männlichen Erben. Er hatte auch keine Töchter. Seine Schwester Margarete und seine Nichte Gertrud waren die nächsten Anverwandten. Um die Hand dieser beiden Damen gab es verständlicherweise im Interregnum, das auf das Aussterben der Babenberger im Mannesstamm folgte, ein Riesengedränge. Dem Land nützte das Ränke- und Hochzeitsspiel um die dynastische Nachfolge wenig. Es wurde zum Spielball seiner begehrlichen Nachbarn im Norden und Osten, Böhmens und Ungarns.

Von den »ministeriales Austriae«, den österreichischen Hochadeligen ins Land gerufen, um dem herrscherlosen Zustand ein Ende zu bereiten, überschritt Přemysl Ottokar Ende November 1251 mit einem beträchtlichen Gefolge die böhmisch-österreichische Grenze und besetzte das Land ob der Enns. Hierauf zog er die Donau entlang in Richtung Wien. Der junge, friedfertige Okkupant gewann rasch die Mehrheit der hochadeligen Geschlechter für sich und hielt Einzug in Wien, wo er in der alten Herzogsburg »Am Hof« seine Residenz aufschlug. Um seine Herrschaft zu legitimieren, heiratete der Dreiundzwanzigjährige im Februar 1252 die Babenbergerin Margarete, die doppelt so alt war wie er. Nicht aus Zuneigung, wie sich leicht denken läßt, sondern aus politischem Kalkül. Neun Jahre später ließ er sich mit päpstlicher Billigung von ihr scheiden, um eine Jüngere zu ehelichen, die ihm Kinder schenken konnte. Österreichische Historiker und Franz Grillparzer haben ihm später die »kaltherzige Scheidung« zum Vorwurf gemacht. Aber dazu besteht kein Anlaß. Dynastische Heiraten und Scheidungen haben im Spätmittelalter keinerlei Gefühlsregungen ausgelöst.

Den Aufstieg Ottokars zum bedeutendsten Herrschaftsträger

im Reichsgebiet in den nächsten beiden Jahrzehnten können und wollen wir hier im Detail nicht nachzeichnen. Der »Bohemie Rex« und »Dux Austrie», wie er sich in den Urkunden bezeichnete, baute mit Tatkraft seine landesfürstliche Stellung aus und brach mit harter Hand die Widerstände des Hochadels, die sich diesem Vorhaben entgegenstellten. Er schuf eine straffere Verwaltung, erneuerte das aus der Babenbergerzeit stammende Landrecht und förderte Handel und Gewerbe. Vor allem aber, und das sei besonders unterstrichen, erkannte der mit seinen Konzepten und Plänen seiner Zeit vorauseilende Herrscher die Bedeutung der Städte als Wirtschafts-, Verwaltungs- und Verteidigungszentren. Den Städten gehörte sein besonderes Augenmerk. Er ließ ihre Befestigungsanlagen erneuern, verlieh ihnen Sonderrechte, befreite sie nach Brandkatastrophen von Steuern und Abgaben. Die Bürger dankten es mit Gefolgschaftstreue.

Ausgesprochen fortschrittlich war auch Ottokars Judenpolitik. Er räumte den Juden große wirtschaftliche Freiheiten ein und zog dadurch aus ihrer Finanzkraft für sich und seinen Hof Nutzen.

Der König von Böhmen war nicht nur bei der inneren Konsolidierung seiner Länder erfolgreich. Er verfolgte auch eine zielstrebige, expansive Außenpolitik.

1261 setzte sich Ottokar nach einer siegreichen Schlacht gegen den Ungarnkönig Bela IV. in den Besitz des Herzogtums Steiermark. 1269 vermachte ihm Ulrich III., der letzte Herzog von Kärnten, Kärnten und Krain. Zwei Jahre später wurde er Generalkapitän von Friaul und Schirmherr des Patriarchates von Aquileia. Der riesige Länderkomplex, über den er nunmehr gebot, das »regnum Ottocarianum«, reichte vom Erzgebirge bis zur Adria.

Ottokars großangelegtes außenpolitisches Konzept, die Zusammenfassung der Sudeten- und Donauländer, hatte seine Verwirklichung erfahren.

Um das Jahr 1270 stand der »rex aureus« auf dem Höhepunkt seiner Macht. Von Ottokars Hof in Prag ging eine faszinierende kulturelle Strahlwirkung aus, der Böhmenkönig griff nach der deutschen Königskrone. Als die Kurfürsten nicht ihn, sondern Rudolf von Habsburg zum König kürten, erkannte er die Wahl nicht an, sprach er hochmütig vom »armen Grafen«, mit dem er schon fertigwerden würde. Er überschätzte sich. Er verkannte vor allen Dingen seine schwache Position in den österreichischen Ländern, um deren schriftliche reichsrechtliche Belehnung er zum Teil nicht angesucht hatte. Sein übersteigertes Selbstwertgefühl und die falsche Einschätzung seiner Position wurden ihm zum Verhängnis, erklären seinen Sturz von den Gipfeln der Macht in den politischen Abgrund.

Rudolf von Habsburg ging in der großen Auseinandersetzung mit seinem ungleich stärkeren und mit reicheren Mitteln ausgestatteten Gegner mit diplomatischer und organisatorischer Meisterschaft vor. Er versicherte sich verläßlicher Mitstreiter – des Pfalzgrafen Ludwig, des Grafen Meinhard von Tirol –, zog Bundesgenossen des Gegners auf seine Seite – den Herzog Heinrich von Niederbayern, den österreichischen und steirischen Adel, böhmische Barone. Dann ging er zunächst mittels des Reichsrechtes gegen seinen Widersacher vor. Da Ottokar Vorladungen zu Reichstagen mißachtete oder bagatellisierte, wurde er 1275 wegen »nachgewiesenen Ungehorsams und unterlassener Lehensnahme« seiner Länder für verlustig erklärt und aufgefordert, das entfremdete Reichsgut zurückzugeben. Ottokar blieb unbeeindruckt. Als ihm der Burggraf von Nürnberg den Reichstagsbescheid überbrachte, soll er laut einer Überlieferung des geschwätzigen steirischen Reimchronisten, den wir bereits kennen, ausgerufen haben: »Soll ich eurem Herrn zwei solche Lande wie Österreich und Steier voll Furcht nach Schwaben senden? Eher soll noch mancher frohe Geier Fraß finden, ehe er mir's aberdroht und aberzwingt.«

Die Antwort Rudolfs auf diese Provokation war die Verhängung der Reichsacht über den König von Böhmen. Die geistliche Autorität stieß nach. Ottokar wurde vom Erzbischof von Mainz mit dem Kirchenbann belegt, sein Reich verfiel dem Interdikt. Die Bettelmönche, insbesondere die Dominikaner, predigten und agitierten offen oder heimlich für die Sache Rudolfs. Die Konfrontation war unvermeidlich geworden.

Der Habsburger erwies sich in der als Reichskrieg deklarierten militärischen Kampagne, die nun folgte, als Meister der Taktik.

Von Nürnberg aus, dem Sammelpunkt seiner Streitmacht, stieß er nicht, wie Ottokar angenommen hatte, nach Böhmen vor, sondern zog südwärts in Richtung Regensburg und von dort die Donau entlang nach Österreich. Es war ein genialer militärischer und politischer Schachzug, der Ottokar das Gesetz des Handelns aufzwang. Der stolze Böhmenkönig mußte nun sein Heer vom westböhmischen Städtchen Tepl aus ebenfalls in südlicher Richtung in Marsch setzen.

Rudolf besetzt in einem raschen Siegeszug stromabwärts die Städte Linz, Enns, Ybbs, Tulln und Klosterneuburg, wird vom Adel, der ihm die Burgtore öffnet, freundlich empfangen und steht am 18. Oktober 1276 vor den Toren Wiens. Erst hier stößt das Reichsheer auf hartnäckigen Widerstand. Die Bürger der »civitas gloriosa« sind nicht gewillt, dem Habsburger ihre Stadt kampflos zu überlassen. Die Wiener halten dem Böhmenkönig die Treue, der ritterliche Patrizier Paltram vor dem Freithofe organisiert mit Umsicht und Energie die Verteidigung. Rudolf muß sich auf eine lange Belagerung einstellen. Die Stadt ist gut gerüstet und befestigt. Rudolf aber fehlt es an schweren Belagerungsmaschinen. Inzwischen ist auch das gegnerische Heer nördlich der Donau herangezogen. Ottokar hat bei Korneuburg (NÖ) sein Lager aufgeschlagen, ohne aber etwas zu unternehmen. Wochenlang stehen die beiden Heere, durch die Donau getrennt, einander mehr oder minder tatenlos gegenüber.

Der Spätherbst zieht ins Land, aber weder Rudolf noch Ottokar wagen eine Entscheidungsschlacht. Die Zeit und die Umstände arbeiten jedoch für den deutschen König. Ein ungarisches Hilfsaufgebot naht heran, die Vorräte in der belagerten Stadt werden knapp. Ottokar muß sich schließlich zu Friedensverhandlungen bequemen. Ein vierköpfiges Schiedsrichterkollegium handelt die Vereinbarungen aus, die am 21. November 1276 unterzeichnet werden. Ottokar muß auf Österreich, Steiermark, Kärnten und Krain verzichten, behält aber das Königreich Böhmen und die Markgrafschaft Mähren als Reichslehen. Vier Tage später muß der Böhmenkönig dem Habsburger den Lehenseid schwören. Es muß wohl die bitterste Stunde seines Lebens gewesen sein. In prächtigen, mit Gold und Edelsteinen behängten Gewändern begibt er sich mit zahlreichem Gefolge in das Lager Rudolfs und beugt vor dem deutschen König das Knie. »Der Habsburger«, so erzählt die Chronik von Colmar, »empfing seinen prunkvoll gekleideten Widersacher in einem grauen Wams, auf einem Dreifuß sitzend.« »Mit gebeugtem Sinn und gekrümmten Knien«, heißt es in einem anderen zeitgenössischen Bericht, habe Ottokar von Rudolf die Belehnung mit Böhmen und Mähren empfangen. Wie immer sich diese Szene auch abgespielt hat, für Ottokar war sie gewiß demütigend.

Der Geschlagene zog heimwärts nach Böhmen, der Sieger hielt Einzug in der ihm feindlich gesinnten Hauptstadt des Herzogtums Österreich. Zwei große Männer hatten Frieden geschlossen. Aber die Entscheidung war nicht endgültig, sie war nur auf einen späteren Zeitpunkt vertagt.

Der Böhmenkönig war fest entschlossen, die Ereignisse des Jahres 1276 zu revidieren. Er wartete nur auf eine günstige Gelegenheit. Im Frühjahr 1278 schien sie gekommen. Rudolf von Habsburg verfügte über keine nennenswerte militärische Macht. Das Reichsheer, mit dem er seinen Rivalen ohne das geringste Scharmützel so meisterhaft ausmanövriert hatte, hatte sich längst verlaufen. Rudolf war den Kurfürsten zu mächtig geworden. Die Wiener bereiteten einen Aufstand vor, die österreichischen und böhmischen Adeligen waren mit seiner Herrschaft unzufrieden. Er preßte ihnen, aber auch der Geistlichkeit und den Bürgern, zu hohe Steuern ab.

Diesmal versicherte sich Ottokar potenterer Mitstreiter. Der stets auf seinen eigenen Vorteil bedachte Heinrich von Niederbayern war zu ihm übergewechselt, der Böhmenkönig konnte mit Hilfe aus Polen und Schlesien, aus Brandenburg und Thüringen rechnen. Der umsichtige Rudolf hat Ottokars Vorbereitungen für einen neuerlichen Waffengang lange Zeit nicht wahrgenommen oder sie geringgeschätzt. Hätte Ottokar energisch gehandelt, so wäre der deutsche König unweigerlich in größte Schwierigkeiten geraten. Aber Ottokar war ein Zauderer, ein zaghafter, unentschlossener Feldherr.

Als Rudolf, spät genug, den Ernst der Lage erkannte, wandte er sich in dramatischen Appellen an die süddeutschen weltlichen und geistlichen Fürsten, auf die er zählen konnte: den Bischof von Basel, den Burggrafen von Nürnberg, den Erzbischof von Salzburg. Er konnte auch mit der Unterstützung des Ungarnkönigs sowie adeliger Krieger aus der Steiermark, Kärnten und Krain rechnen. Und auch der Papst stand auf seiner Seite. Er belegte alle Feinde des rechtmäßigen Königs mit dem Kirchenbann. Insgesamt war seine Streitmacht jedoch an Kampfstärke und Zahl schwächer als zwei Jahre zuvor.

Der Böhmenkönig brach am 15. Juli 1278 von Brünn aus zur Entscheidungsschlacht auf. Auch diesmal unterläuft ihm schon in der An- und Aufmarschphase ein entscheidender Fehler. Statt mit seiner Streitmacht geradewegs gegen Wien zu ziehen, dessen Bürger ihm gewogen sind, hält er sich damit auf, die Städte Drosendorf und Laa an der Thaya zu belagern, als wären diese kleinen Festungen der Nabel der Welt. Er vergeudet dadurch wertvolle Zeit, die Rudolf von Habsburg natürlich weidlich strategisch nützt. Der Habsburger überquert mit seinen Truppen die Donau und schlägt bei der Grenzfestung Marchegg sein Lager auf, wo täglich weitere Verstärkungen eintreffen. Vor allem das ungarische Heer mit der flinken kumanischen Reiterei, die sich ausgezeichnet für Erkundigungszüge eignet, verschafft ihm vor der Schlacht nicht zu unterschätzende Vorteile. Nun erst zieht Ottokar mit seinen Mitstreitern nach Südosten auf die March zu und biwakiert in der Nähe des Dorfes Jedenspeigen. Rudolf seinerseits rückt nach Norden vor und errichtet auf dem Haspelberg bei Dürnkrut sein Feldlager. Die fruchtbare Ebene, die die beiden Heere voneinander trennt, das sogenannte Kruterfeld, eignet sich vorzüglich als Kampfplatz.

In der Schlacht bei Dürnkrut und Jedenspeigen, die an einem Freitag, dem »Lieblingsschlachttag« Rudolfs, stattfand, entschied sich am 26. August 1278 für Jahrhunderte das Schicksal Mitteleuropas. Über die Stärke und Bewaffnung der beiden Heere machen die zeitgenössischen Berichte widersprüchliche Angaben. Die moderne Geschichtsforschung schätzt die Kampfverbände auf etwa 20000 Mann, dazu kam noch auf beiden Seiten der riesige Troß. Das Heer Ottokars war jenem Rudolfs zahlenmäßig leicht überlegen. Ich erwähne das alles nur, damit sich der heutige Leser eine ungefähre Vorstellung von der Größenordnung mittelalterlicher Ritterschlachten machen kann.

Um neun Uhr morgens wurde die Schlacht mit dem Anreiten beider Seiten eröffnet. Die in drei Treffen gegliederten Heere standen traditionsgemäß unter der persönlichen Führung der beiden Könige. Mit Schlachtgesängen auf den Lippen zogen sie aufeinander los, dann wurde die friedliche Marchebene für einige Stunden zu einer blutigen Arena. Lanzenschäfte zerbarsten krachend, Pferde stürzten, Menschen fielen zu Boden und blieben reglos liegen, das Getöse und die Schmerzensschreie der Verwundeten mischten sich mit dem Gewieher der geängstigten Tiere.

Rudolf stürzte sich trotz seines hohen Alters – er war bereits sechzig – mutig in das Kampfgetümmel. Er wurde mitten in der Schlacht aus dem Sattel gehoben und in höchster Bedrängnis von einem Ritter aus dem Thurgau vor dem Erschlagen gerettet. Lange Zeit wogte die Schlacht unentschieden hin und her. Dann brachten sechzig schwere Panzerreiter, die Rudolf entgegen allen Regeln ritterlicher Kampfesauffassung als strategische Reserve in der Flanke des Gegners für den Einsatz zurückgehalten hatte, die Entscheidung. Die Reihen Ottokars wankten, stoben auseinander, die Ritter wandten ihre Schlachtrosse zur wilden Flucht. Der König selbst wurde in den chaotischen Taumel, der entstand, hineingerissen. Er wird von einigen gegnerischen Rittern eingeholt, vom Pferd gestoßen und gegen alle Ritterehre nach Abnahme seiner Waffen und seines Helmes mit einem Schwerthieb getötet. Umherstreifende Knechte berauben den Toten seiner Rüstung und verstümmeln den Leichnam. Hierauf wurde die ausgeplünderte Leiche des Königs nach Wien gebracht, aufgebahrt und im Kreuzgang der Minoritenkirche öffentlich zur Schau gestellt. Erst im Frühjahr 1279 schaffte man den Leichnam nach Böhmen, doch verweigerte der Klerus eine Bestattung in geweihter Erde. Es mußten noch achtzehn Jahre ins Land ziehen, ehe der König im Veitsdom auf dem Hradschin eine würdige Ruhestätte fand.

Der Sieg Rudolfs über seinen Widersacher in der Schlacht auf dem Marchfeld war für Österreich, für Deutschland, für Europa von epochaler Bedeutung. Die Historiker haben über seine Folgewirkungen viele Überlegungen angestellt. Das Was-wäre-gewesen-wenn-Spiel hat üppige Blüten getrieben. Österreich und die Steiermark wären möglicherweise zu Nebenländern der böhmischen Krone geworden, kann man da lesen, der Ausgang der Schlacht habe das Zustandekommen einer slawischen Großmacht im Osten Deutschlands verhindert. So amüsant diese gedanklichen Spekulationen auch sein mögen, sie sind letztlich unergiebig und jedenfalls entbehrlich. Eines steht allerdings fest: mit der Gewinnung der Donauländer legte Rudolf den Grundstein für die habsburgische Herrschaft im östlichen Mitteleuropa.

Der nüchterne, realpolitisch denkende Sieger machte von seinem Erfolg vernünftigen, klug abwägenden Gebrauch. Er stieß nach der siegreichen Schlacht zwar mit seinem Heer nach Norden vor und nahm die Markgrafschaft Mähren in Besitz. Auf eine Besitznahme Böhmens hat er in weiser, staatsmännischer Mäßigung jedoch verzichtet. Er übertrug das Land dem Sohn Ottokars, Wenzel II., als Reichslehen.

Im Dezember 1278 hielt Rudolf Einzug in Wien. Diesmal wurde er herzlich empfangen, mit Glockengeläute und Jubel. In St. Stephan zelebrierte die Geistlichkeit ein feierliches Tedeum. Arrangements mit siegreichen Feldherren und Potentaten gehören zum Ritual der Geschichte.

Rudolf verbrachte die nächsten paar Jahre in »castro Wiennensi«. Genauer gesagt: er machte die Wiener Burg mit seiner Familie, den Dienern und Hausgenossen und seiner königlichen Kanzlei zu seiner Residenz. Er besuchte von hier aus die Steiermark, befriedigte die Ansprüche seines alten Waffengefährten, des Grafen Meinhard von Görz-Tirol, und bestätigte dem Hochadel, den Städten und Klöstern ihre althergebrachten Rechte. Das große Ziel, das ihm vor Augen schwebte, das reiche Erbe der Babenberger auf seine Söhne zu übertragen und auf diese Weise eine habsburgische Hausmacht in Österreich zu begründen, konnte er von Wien aus nicht verwirklichen. Dazu bedurfte es der Zustimmung der Kurfürsten. Rudolf verließ daher 1281 seine bequeme Residenz, um die Verhandlungen mit ihnen aufzunehmen. Ein Jahr später hatte er ihnen die Einwilligung für seine Pläne abgerungen. Der »Willebrief«, den sie ausstellten, lautet im Wortlaut: »Wir stimmen ausdrücklich bei und erteilen dazu unsere freiwillige Einwilligung, daß König Rudolf die Fürstentümer Österreich, Steiermark, Krain und Kärnten mit allen ihren Rechten und Zubehör, die er, einst dem Reiche entfremdet und verschleudert, mit vielem Schweiß und Blut wieder unter die Gewalt des Reiches gebracht hat, den erlauchten Albrecht und Rudolf, seinen Söhnen, übertrage und zu Lehen gebe, wann es immer sein Wille sein wird.«

Der König handelte unverzüglich und entschlossen. Wenige Tage vor Weihnachten 1282 rollte dann in Augsburg jenes Ereignis ab, das für die Geschichte Österreichs von folgenschwerster Bedeutung war und dennoch von keinem Chronisten überliefert wurde: Rudolf belehnte seine beiden Söhne Albrecht und Rudolf mit Österreich, Steiermark, Krain und wahrscheinlich auch mit Kärnten, das er aber einige Jahre später seinem treuen Waffengefährten Meinhard II. von Görz-Tirol überließ.

Die Belehnung erfolgte »zu gesamter Hand«, da heißt, Albrecht und Rudolf sollten sich die Herrschaft teilen. Da dieses Herrschaftsmodell in Österreich auf Widerstand stieß, wurde Herzog Albrecht im Vertrag von Rheinfelden zum alleinigen Landesherrn bestellt. Rudolf sollte territorial und finanziell anderweitig entschädigt werden. Mit dem vorweihnachtlichen Belehnungsakt des Jahres 1282 begann die 650 Jahre währende Herrschaft des Hauses Habsburg in Österreich.

Rudolfs letztes Lebensjahrzehnt war von familiären Schicksalsschlägen überschattet. 1281 starb seine Gattin Gertrud, die sich seit der Krönung im Jahre 1273 Anna genannt hatte. Sein Lieblingssohn Hartmann, den er laufend zu Staatsgeschäften herangezogen hatte und auf den er große politische Hoffnungen setzte, ertrank im Rhein. Seine Tochter Katharina schied 1282, sein Sohn Rudolf II. im Jahre 1290 aus dem Leben. Den Schmerz über den Verlust dieser Menschen verwand er nur schwer.

Er selbst war nicht mehr im Vollbesitz seiner Kräfte. Die vielen Strapazen, die er zeitlebens seinem hageren Körper abgerungen hatte, forderten jetzt ihren Tribut. Das Alter plagte ihn, er hing schwermütigen Gedanken nach, versank tagelang in dumpfes Brüten. Um so überraschender ist es, daß Rudolf im Alter von 66 Jahren noch ein zweitesmal heiratete. Die Prinzessin, die er 1284 ehelichte, war ein Mädchen, die vierzehnjährige Tochter des Herzogs von Burgund, Agnes (Isabella). Über die Hintergründe dieser seltsamen Eheverbindung kann man nur Vermutungen anstellen. Offenbar hoffte Rudolf durch diese Heirat die gefährdeten Rechte des Reiches in Burgund sichern zu können. Wenn es so gewesen ist, war es eine Fehlspekulation. Der König konnte nicht verhindern, daß sich Burgund langsam vom Reichsverband löste und schließlich an Frankreich fiel.

Gott Amor konnte den alten Haudegen nicht lange fesseln. Der waffenerprobte Habsburger ging bald wieder dem Kriegshandwerk nach, obwohl es ihm jetzt zunehmend schwerer fiel, sich tagelang im Sattel zu halten. Das Kriegführen war seine liebste Beschäftigung. Nichtstun und satte Zufriedenheit mit dem Erreichten widersprachen seiner charakterlichen Veranlagung. Hartnäkkig verfolgte er den Plan, die Besitzungen im Südwesten des Reiches zu einer größeren Einheit zusammenzufassen, das Herzogtum Schwaben neu zu errichten, das in den Wirren des Interregnums untergegangen war. Aber die Kraft reichte nicht mehr. Sein Arm wurde schwächer, seine Waffen stumpfer, seine Feinde zahlreicher.

Der Widerstand gegen seine Herrschaft wuchs. Der »maximus destructor castrorum«, »der große Burgenzerstörer«, wie ihn ein Chronist durchaus bewundernd nennt, hatte wohl noch Erfolge zu verzeichnen. Aber die Belagerung von Burgen verlief jetzt öfter ergebnislos als früher, Sturmangriffe auf Städte schlugen fehl. Eine Bilanz aller seiner Maßnahmen als deutscher König zur Wiederherstellung von Recht und Ordnung und zur Stärkung der Zentralgewalt fällt aber überwältigend positiv aus. Einschränkend muß man freilich anmerken, daß der Habsburger bei vielen seiner Handlungen und Kriegszüge dem Wohl des eigenen Hauses vor den Anliegen des Reiches den Vorzug gab.

Für sich selbst hegte Rudolf von Habsburg in den letzten Jahren seines Lebens noch einmal den Plan, sich in Rom zum Kaiser krönen zu lassen. Nur mit der Kaiserkrone auf dem Haupt konnte er seinem Sohn die Nachfolge als deutscher König sichern. Das entsprach der langgeübten, geltenden Rechtsgewohnheit. Bei Honorius IV., der 1285 den päpstlichen Thron bestiegen hatte, stieß das Vorhaben auf ein geneigtes Ohr, was bei den meisten seiner Vorgänger keineswegs der Fall gewesen war. Die Verhandlungen verliefen erfolgreich, der Termin für die Krönung wurde auf den Lichtmeßtag des Jahres 1287 festgelegt. Mit dem Tod des greisen Papstes am 3. April 1287 zerschlugen sich allerdings die letzten Hoffnungen Rudolfs auf die Kaiserwürde.

Trotz seines schweren Gichtleidens schwang sich der König 1289 noch einmal in den Sattel, um in Thüringen nach dem Rechten zu sehen. Die starke Hand des Reichsoberhauptes war dort dringend vonnöten, da in diesem Teil Deutschlands beinahe anarchische Zustände herrschten. »Die Kriegsbanden«, heißt es in einem zeitgenössischen Bericht, »ziehen im Lande herum, dringen in die Klöster ein und erpressen dort, was sie gelüstet. Sie treiben den Bauern das Vieh weg und zünden Höfe und Dörfer an.«

Der König griff energisch durch. Er ließ kurzerhand vor den Mauern Erfurts 29 gefangene Räuber und Strauchritter hängen. Zu Weihnachten hielt er dann einen hervorragend besuchten Reichstag ab und lenkte von der alten thüringischen Metropole aus fast das ganze Jahr 1290 über die Reichsgeschäfte, unentwegt darum bemüht, den Landfrieden durchzusetzen. Als er im Herbst 1290 Erfurt wieder verließ, war Thüringen befriedet.

Das letzte große politische Ziel, die Nachfolge seines Sohnes Albrecht als deutscher König, verfolgte er bis zuletzt mit der ihm eigenen Zähigkeit. Zu diesem Zweck berief der rastlos tätige, von einer Stadt zur anderen ziehende Monarch für den 20. Mai 1291 einen Reichstag nach Frankfurt ein. Er bot alle Überredungskünste und ausnahmsweise auch einmal äußerliche Prunkentfaltung auf, um die Kurfürsten von der Notwendigkeit dieser Nachfolgeregelung zu überzeugen. Es fruchtete nichts. Er war den Reichsfürsten längst zu mächtig geworden.

Nach der Enttäuschung von Frankfurt raffte sich der greise König noch einmal zu einer Reise durch das Elsaß auf. Eine Woche verbrachte er in seinem geliebten Straßburg, dann zog er weiter zur Burg Germersheim am Rhein. Seine Lebensuhr war abgelaufen. Als er den Tod nahen fühlte, verlangte er gebieterisch nach einem Pferd, um nach Speyer zu reiten. Dort, wo viele seiner Vorgänger begraben lagen, wollte er sterben. Es war tatsächlich Rudolf von Habsburgs Todesritt. Am 15. Juli 1291 schied er in der alten Kaiserstadt am Rhein aus dem Leben. Im dortigen Dom wurde er an der Seite des letzten Staufers begraben, wie er es entschieden hatte. Er brachte damit zum Ausdruck, daß er als König in der Tradition seiner Vorgänger, der Salier und Staufer, stand. Die peinigende Ungewißheit, ob sein Werk Bestand haben würde oder nicht, nahm er mit ins Grab.

Herzog Rudolf IV.:
Der Begründer des Habsburg-Mythos

Rudolf IV. *auf einem Gemälde von 1365, früher im Presbyterium von St. Stephan, jetzt Dom- und Diözesanmuseum, Wien.*

Rudolf IV., der in den Geschichtsbüchern und historischen Werken mit dem Beinamen »der Stifter« bedacht wird, gehört zu den imposantesten Herrschergestalten des Hauses Habsburg im Mittelalter. Der am 1. November 1339 geborene älteste Sohn Herzog Albrechts II. war eine Persönlichkeit von unverwechselbarem geistigen Zuschnitt. Maßlos ehrgeizig, von einem unbändigen Tatendrang und einem tiefgründigen Selbst- und Sendungsbewußtsein erfüllt, verblüffte er seine Mit- und Umwelt mit der Ungezügeltheit seines Temperamentes, der Kühnheit seiner Konzepte und Konzeptionen, der unbekümmerten Raschheit seines Wollens und Handelns, der Vielseitigkeit seiner Ideen und einer üppig wuchernden Phantasie.

Hätten wir nur das Bildnis von ihm, das heute kostbarer Besitz des Wiener Erzbischöflichen Dom- und Diözesanmuseums ist – es ist vermutlich das älteste deutsche Fürstenporträt –, würde das oben gezeichnete Charakterbild berechtigter Skepsis begegnen. Der Herzog blickt uns daraus ganz und gar nicht tatendurstig entgegen. Das lange, ein wenig aufgedunsene Gesicht mit den schweren Augenlidern, den wulstigen Lippen, dem typisch habsburgischen Unterkiefer und dem dunklen, schütteren Bart macht einen versonnenen, schwermütigen Eindruck. Aber wir kennen Rudolfs Pläne, seine Taten, seine Leistungen und Gedankenkombinationen. Und sie sprechen eine ganz andere Sprache als seine Physiognomie.

Rudolfs charakterliche Veranlagung – wie könnte es anders sein? – war eine erbbedingte Mitgift der Eltern. Dem Vater, dem klugen Albrecht II., der infolge einer Polyarthritis an Händen und Füßen gelähmt war, verdankte er seine ehrgeizige Zielstrebigkeit. Von der Mutter, Johanna von Pfirt, der Erbtochter der letzten Grafen von Ferette und Montbeliárd, erbte er die Ungeduld des Herzens, sein Temperament und höchstwahrscheinlich auch seine Prunkliebe. Die Ehe der Eltern war übrigens fünfzehn Jahre kinderlos geblieben, bevor nach einer Wallfahrt des Herzogs nach Aachen und Köln, bei der er den Erben erflehte, der erste Sohn zur Welt kam. Die Wiener trauten dem gelähmten Herzog die Vaterschaft nicht zu. Aber Albrecht stellte sie nachher noch einige Male unter Beweis: auf Rudolf folgten noch drei Söhne und zwei Töchter. Im übrigen ist heute medizinisch längst erwiesen, daß Polyarthritis kein Grund für Impotenz ist.

Über die Kindheit des Prinzen wissen wir wenig. Rudolf wuchs in der Burg zu Wien auf. Möglicherweise waren die beiden Schwestern seine Spielgefährten. Von den drei jüngeren Brüdern trennte ihn ein Altersunterschied von acht bis vierzehn Jahren.

Der Herzogssohn genoß eine sorgsame Erziehung, über die wir im Detail natürlich nicht unterrichtet sind. Wer seine Erzieher waren, wie der Unterricht vor sich ging und was man ihn lehrte, ist nicht überliefert.

Rudolf IV. war nicht nur des Schreibens mächtig, er erfand sogar eine Geheimschrift, von der einige Proben erhalten sind. Er war der erste Fürst seiner Zeit, der seine Urkunden eigenhändig unterschrieb. Er kümmerte sich persönlich um deren Ausfertigung und war mit den technischen Fertigkeiten und sonstigen Details seiner Kanzlei auf das beste vertraut.

Seine anlagemäßige geistige (Früh-)Reife mag durch die frühe Bekanntschaft und den Umgang mit bedeutenden Gelehrten gefördert worden sein und seine Ideenwelt beflügelt haben. Unter ihnen spielte der geistliche Kanzler Rudolfs, der Bischof von Gurk, Brixen und Chur, Johannes von Platzheim, eine besondere Rolle. Ernst Karl Winter, der in einem breitangelegten, kontroversiellen Werk Rudolf den Stifter als den Schöpfer des österreichischen Staatsbewußtseins gepriesen hat, bezeichnete Platzheim als einen »politischen Kopf ersten Ranges, einen Staatsdenker und Staatsmann von Format, beides zugleich und beides zusammen«.

Eine andere Persönlichkeit, die mit Rudolf in enger Verbindung stand und auf ihn geistigen Einfluß nahm, war Graf Ulrich von Schaunberg, ein reichsunmittelbarer Dynast mit Besitzungen in Oberösterreich. Neben diesen beiden Männern sind aus der

Umgebung des Regenten noch der Wiener Bürgermeister Hans von Tirna, der für die Städtepolitik des Herzogs verantwortlich war, und der Rektor der Stephansschule in Wien, Konrad von Megenberg, zu nennen. Megenberg, ein großer Gelehrter und gefeierter Lehrer, widmete dem jungen Prinzen ein philosophisches Werk.

Der Vater machte seinen ältesten Sohn schon als Kind zum Spielball eines dynastischen Eheprojektes. Der Neunjährige wurde mit der sechsjährigen Katharina, einer Tochter des Königs von Böhmen und späteren Kaisers Karl IV., verlobt, die mit ihm aufwuchs und die er vierzehnjährig in Prag heiratete. Die Verbindung blieb, wohl wegen Unfruchtbarkeit der weiblichen Ehehälfte, kinderlos. Und schon dem Zehnjährigen mußten über Geheiß des Herzogs die Landesherren ihre Reverenz erweisen, sprich: nach mittelalterlichem Lehensrecht Gehorsam und Treue schwören.

Es war das Jahr, in dem die Pest mit ihren verheerenden Aus- und Folgewirkungen auch Wien heimsuchte: das Jahr 1349. Tausende Menschen wurden von der furchtbaren Seuche hinweggerafft. Die Todesrate soll täglich fünfhundert bis siebenhundert Opfer betragen haben. Ganze Stadtteile verödeten, der wirtschaftliche Schaden war enorm. Die psychologischen Folgen waren freilich noch katastrophaler als die Epidemie selbst. In ihrem Gefolge kam es zu schweren Ausschreitungen gegen die Juden, die als Sündenböcke für die Heimsuchung herhalten mußten. Sie wurden der Brunnenvergiftung, des rituellen Kindermordes und der Hostienschändung beschuldigt. Die schwere soziale Krise, die mit der Verbreitung der Pest einherging, löste auch aggressive chiliastische Massenbewegungen aus. Flagellantenscharen durchzogen, nur mit einem Büßerhemd bekleidet, die Lande, geißelten sich selbst und versetzten mit ihren hysterischen Bußübungen die Menschen in Angst und Schrecken. Rechnet man die zahlreichen Katastrophen wie Erdbeben, Überschwemmungen, Brände und Mißernten hinzu, die um die Mitte des 14. Jahrhunderts die Menschen heimsuchten, so ergibt sich das Bild einer düsteren Umwelt, in die der junge Prinz hineinwuchs. Die Seele des sensiblen Knaben wird davon nicht unberührt geblieben sein.

Seine ersten militärischen und politischen Erfahrungen sammelte der junge Rudolf ausgerechnet in jenen Gebieten, Ländern und Ländereien, in denen der Urgroßvater, Rudolf I., vor seiner Krönung zum deutschen König agiert hatte: am Oberrhein, im Elsaß, in den österreichischen Vorlanden und in der Schweiz.

Im Jahre 1354 nahm er gemeinsam mit dem Vater an einem Kriegszug gegen die Reichsstadt Zürich teil, der sich das Ziel steckte, den Expansionsbestrebungen der Schweizer Eidgenossenschaft entgegenzutreten und das Interesse des Hauses im Herkunfts- und Stammland zu wahren. Die Eindrücke, die er dabei gewann, haben später seine Entscheidungen, vor allem seine Haltung gegenüber den Städten, mitbestimmt. 1357 übertrug Kaiser Karl IV. seinem tatendurstigen Schwiegersohn die Aufgaben eines Reichslandesvogtes im Elsaß und in Schwaben, die dieser mit dem ihm eigenen Feuereifer in Angriff nahm. Rudolf schlug seinen Sitz in Rheinfelden im schweizerischen Aargau auf und verfocht mit jugendlichem Ungestüm die territorialstaatlichen Ansprüche des Hauses Habsburg und des Reiches. Er legte bereits in dieser Position ein erstaunliches Selbstbewußtsein an den Tag und erbat vom Kaiser Souveränitätsrechte, die er schon kurze Zeit später als österreichischer Landesfürst contra legem für sich in Anspruch nahm. Die Durchführung und Verwirklichung seiner Absichten und Pläne blieb im Ansatz stecken. Am 20. Juli 1358 starb Albrecht II. Der reformfreudige Sohn trat neunzehnjährig die Nachfolge an.

Der junge Herzog besaß kein fertiges Regierungsprogramm, als er das Erbe des Vaters antrat. Aber er hatte ein politisches Grundkonzept, das er in seiner siebenjährigen Herrschaft (1358–1365) mit konsequenter Unrast verfolgte. Er wollte seinem Geschlecht, das von den höchsten Reichsämtern ausgeschlossen war, ein größeres Ansehen verschaffen, in seinen Ländern wie ein König unumschränkt regieren und alle Gebiete, die zu seinem Machtbereich gehörten, zu einem geschlossenen, einheitlichen Herrschaftskomplex um- und ausbauen. Das »dominium Austriae«, das ihm vorschwebte, sollte vom Oberrhein bis nach Ungarn und Oberitalien reichen.

Bei der Durchsetzung dieser ambitionierten Vorhaben ließ er es an Eigenmächtigkeiten, Eitelkeiten und Provokationen nicht fehlen. Die persönlichen Triebkräfte hinter allen seinen Handlungen und Plänen waren ein ausgeprägtes, übersteigertes Geltungsbedürfnis und eine innere, seelische Unruhe, die ihn zu manchen übereilten Schritten verleitete. Das Psychogramm Rudolfs IV. ist dem Josephs II., dem umstrittenen Reformkaiser des habsburgischen Kaiserhauses, durchaus vergleichbar.

Der von der Würde und Sendung seines Geschlechtes überzeugte Herzog konnte es nicht verwinden, daß Karl IV., der kaiserliche Schwiegervater, die Habsburger von der Kurfürstenwürde ausgeschlossen hatte. Gemäß den Bestimmungen der »Goldenen Bulle«, die der Kaiser 1356 erlassen hatte, sollten drei geistliche und vier weltliche Kurfürsten, die mit erheblichen Vorrechten ausgestattet wurden, den deutschen König wählen. Die Habsburger waren bei dieser reichsrechtlich kodifizierten Regelung übergangen worden.

Rudolf IV. war nicht gewillt, diese dynastische Zurücksetzung tatenlos hinzunehmen. Er ließ in den Wintermonaten 1358/59 von seiner Kanzlei jene Dokumente mit weitreichenden Vorrechten für sich und sein Haus ausarbeiten, die zum Teil schon zu seiner Zeit, von der historischen Forschung dann aber erst im 19. Jahrhundert insgesamt als Fälschungen entlarvt wurden.

Es handelte sich um fünf Urkunden, die als Originale verschiedener Kaiser und Könige ausgegeben wurden, wobei man im ersten Stück bis auf die Antike zurückgriff und vorgab, schon Julius Caesar und Kaiser Nero hätten einem babenbergischen Markgrafen Privilegien verliehen.

Das Kernstück des Fälschungskomplexes ist jene Urkunde, die zum Unterschied vom »Privilegium minus«, durch das die Babenbergermark 1156 zum Herzogtum mit einer Reihe von Vorrechten erhoben wurde, als »Privilegium maius« in die Geschichte eingegangen ist. In diesem Dokument, in dem Österreich als »clipeus et cor sacri Imperii Romani«, als »der Schild und das Herz des Heiligen Römischen Reiches« bezeichnet wird, maßte sich Rudolf IV. Rechte an, die ihn praktisch in eine Reihe mit den Kurfürsten stellten. So sollte der Herzog von Österreich in einem Reichskrieg an den Grenzen seines Landes nur mehr zur Stellung von zwölf bewaffneten Kriegern verpflichtet sein und zum Empfang der Lehen nicht mehr außer Landes gehen müssen. Er sollte seine Lehen vom Reich empfangen, »angetan mit dem fürstlichen Gewande, den mit einer Zinkenkrone geschmückten Herzogshut auf dem Haupte, das Zepter in der Hand tragend, zu Pferde und auch sonst nach Art der anderen Fürsten des Reiches«, wie es in der Urkunde wörtlich heißt. Bei einem öffentlichen Reichstag sollte er als Pfalzerzherzog (palatinus archidux) angesehen werden und unmittelbar nach den Kurfürsten zur Rechten des Kaisers sitzen.

Zielten diese Ansprüche darauf ab, seine Pflichten als Reichsfürst auf ein Mindestmaß zu reduzieren, so waren die meisten übrigen Bestimmungen der Fälschung darauf abgestellt, dem Herzog eine unabhängige, souveräne Stellung in seinem Herrschaftsbereich zu verschaffen. Er sollte in seinen Ländern oberster Gerichtsherr sein, kein Untertan sollte vom Gericht des Herzogs an ein anderes appellieren dürfen.

Was die Erbfolge betrifft, so sah das Dokument die Primogenitur, das heißt die Nachfolge des ältesten Sohnes vor. Beim Fehlen eines männlichen Erben sollte die weibliche Thronfolge gelten, bei Kinderlosigkeit sollte der Herzog seine Länder verschenken oder vererben dürfen, an wen immer er wollte (ius affectandi). Schließlich sollte das Herzogtum Österreich wie die Länder der Kurfürsten unteilbar sein. Darüber hinaus beanspruchte Rudolf IV. auch königliche Insignien. Sein berühmtes großes Doppelsiegel trug auf der Vorderseite die Aufschrift: »Rudolphus quartus, dei gratia palatinus archydux Austrie, Styrie, Karinthie ...«; »Rudolf IV., von Gottes Gnaden Pfalzerzherzog von Österreich, Steiermark, Kärnten...«. Die Urkunden, die die herzogliche Kanzlei ausstellte, glichen formell den Kaiserurkunden.

Aus den Texten des »Privilegium maius« spricht ein hochentwickeltes, geradezu neuzeitlich anmutendes gesamtösterreichisches Staatsbewußtsein. Herzog Rudolf IV. verlangte Souveränitätsrechte, die ihm das Reichsoberhaupt ohne einen erheblichen Prestigeverlust ganz einfach nicht zugestehen konnte.

Der Herzog legte Ende April 1359 seine Freiheitsbriefe Kaiser Karl IV. zur Bestätigung vor. Der erfahrene, kluge Luxemburger reagierte kühl. Er musterte die Urkunden und erklärte, deren Glaubwürdigkeit zunächst einmal überprüfen zu lassen. Tatsächlich holte er das Urteil des ihm persönlich bekannten Humanisten Petrarca ein. Dieser schalt den Verfasser der Falsifikate einen Erzschelm und meinte, derjenige, der darauf hereinfalle, müsse ein »brüllender Ochs und ein schreiender Esel« sein. Der Kaiser fühlte sich in seinem Argwohn bestätigt und ergriff Maßnahmen. Er entzog seinem ungebärdigen Schwiegersohn die Reichsvogtei im Elsaß, zwang ihn, die Titel, die er sich angemaßt hatte, abzulegen, das Siegel zu vernichten und auf den Gebrauch kaiserlicher oder königlicher Insignien zu verzichten. Der Bruch war perfekt. Er wurde erst 1364 gekittet, als Kaiser und Herzog im Interesse ihres Hauses einen wechselseitigen Erbvertrag abschlossen, der die Möglichkeit einer Vereinigung der österreichischen und der böhmischen Länder eröffnete.

Schon ein paar Jahre zuvor hatte Rudolf mit König Ludwig I. von Ungarn einen Vertrag geschlossen, in dem die beiden Herrscherhäuser einander im Falle des Aussterbens die gegenseitige Nachfolge in ihren Ländern verbrieften.

Mit diesen Verträgen nahm der ungestüme Herzog, dem man politischen Weitblick bei Gott nicht absprechen kann, Entwicklungen vorweg, die Jahrhunderte später eintraten. Man könnte, überspitzt formuliert, sagen, daß er die Habsburgermonarchie gedanklich vorweggenommen hat. Den Weg Österreichs in die Selbständigkeit und Unabhängigkeit hat er jedenfalls vorgezeichnet.

Auch bei seinen internen Maßnahmen war Rudolf IV. in der Wahl seiner Mittel nicht immer wählerisch. Die Inbesitznahme des Hab und Gutes von Adelsgeschlechtern, die sich bislang der herzoglichen Herrschaftsgewalt entzogen hatten, bereitete ihm keinerlei Skrupel. Er scheute aber auch nicht davor zurück, die Kirche in die Mangel zu nehmen. Der Herzog erließ Amortisationsgesetze gegen das Anwachsen der »toten Hand«, des unbeweglichen Kirchenbesitzes, und hob die kirchlichen Steuerprivilegien und Sondergerichte auf. Klöster und Kirchen sollten nur noch für ihre eigentlichen Gebäude, nicht aber für ihren städtischen Besitz Abgabenfreiheit genießen. Er verwies die Kirche mehr als das bisher der Fall war, auf ihren rein geistlichen Aufgabenbereich, den er allerdings nicht zu schmälern gedachte.

Rudolf IV. war ein frommer Mann. Er brachte der Reliquienverehrung großes Interesse, den Heiligen seines Hauses Verehrung entgegen, und auch seine Anordnungen für kirchliche Feste lassen auf eine tiefreligiöse Grundhaltung schließen.

Als Landesfürst war er jedoch bestrebt, die weltliche Macht der Kirche einzudämmen und auf die Personalpolitik der Kurie bei der Besetzung wichtiger kirchlicher Ämter in seinem Herrschaftsbereich Einfluß zu nehmen. Er steuerte einen Kurs, der von einigen seiner Nachfolger in späteren Jahrhunderten fortgesetzt wurde und der schließlich in das habsburgische Staatskirchentum des 18. Jahrhunderts mündete.

Es ist nicht verwunderlich, daß die zeitgenössischen Chronisten, die größtenteils dem Klerikerstand angehörten, auf ihn nicht gut zu sprechen waren. Rudolf IV. wird in den Quellen nicht selten als »persecutor et devastator cleri« bezeichnet, als »Verfolger und Ausplünderer des Klerus«. Aber das ist natürlich eine von Animosität geprägte Übertreibung.

Rudolf IV., der einen so ausgeprägten Sinn für seine landesfürstliche Stellung besaß, konnte sich nicht damit abfinden, daß es in Österreich kein eigenes Landesbistum gab. Das ganze österreichische Donautal unterstand dem Bistum Passau, das seinerseits dem Erzbischof von Salzburg untergeordnet war. Die Fürsterzbischöfe von Salzburg waren unabhängige Territorialherren, deren Land erst 1816 habsburgisch wurde.

Schon der Babenbergerherzog Leopold VI. (1198–1230) dachte daher an die Errichtung einer eigenen Kirchenprovinz. Er konnte seinen Plan jedoch gegen kirchliche Widerstände nicht durchsetzen. Rudolf IV. nahm diesen geistigen Faden wieder auf. Aber auch er scheiterte. Diesmal war es Karl IV., der sich beim Papst dagegen aussprach. Der Kaiser wollte von der Schaffung eines Wiener Landesbistums, das ganz auf der Linie der staatlichen Unabhängigkeitsbestrebungen des Herzogs lag, nichts wissen. Dem taktisch klug operierenden Habsburger war in dieser heiklen kirchenpolitischen Angelegenheit jedoch zumindest ein halber Erfolg beschieden. Es gelang ihm, ein von den Passauer Bischöfen unabhängiges Kollegiatstift bei St. Stephan zu errichten, an dessen Spitze ein Propst stand. Dieser sowie die 24 Mitglieder des Kollegiatkapitels mußten über Anordnung des Herzogs eine kardinalsähnliche Kleidung mit einem goldenen Kreuz auf dem Mantel tragen und sich einer strengen, klösterlichen Disziplin fügen. Die kleinste Übertretung des Kleidungsgebotes, Verstöße gegen die detaillierten kultischen Anordnungen und gegen die diversen Verbote, zum Beispiel gegen die Keuschheitsverpflichtung, wurden streng geahndet.

In engem geistigen Zusammenhang mit der Errichtung eines Landesbistums steht auch die Ausgestaltung der Pfarrkirche von St. Stephan zu einer eindrucksvollen Domkirche. Bereits Albrecht II. hatte den romanischen Bau erweitern und einen neuen Chor errichten lassen. Rudolf IV., der in seinem Lande »Papst, König, Bischof, Archidiakon und Dekan« sein wollte, wie ein Salzburger Chronist spitz bemerkte, legte den Grundstein zum Bau des gotischen Domes, den er am 7. April 1359 im Beisein der Geistlichkeit, Vertretern der Bürgerschaft und zahlreicher Gäste eigenhändig vornahm. Schon wenige Wochen zuvor hatte der Herzog den ersten Spatenstich getan.

Der Stephansdom, der in seinen Ausmaßen und seiner Ausgestaltung dem Prager Veitsdom Karls IV. zumindest gleichkommen, wenn ihn nicht sogar in den Schatten stellen sollte, sollte mit seinen reichgeschmückten Portalen, den Herzogskapellen, den stammbaumgeschmückten Glasfenstern, kostbaren Reliquienschreinen und den beiden Türmen, deren einer dann bekanntlich ein Torso geblieben ist, den Namen seines Stifters verewigen, aber auch der weithin sichtbare religiöse Ausdruck seiner Landesherrlichkeit sein.

Der künstlerischen folgte einige Jahre später die wissenschaftliche Tat. Am 12. März 1365 unterschrieb der Herzog den Stiftsbrief für die »Alma mater Rudolphina«, die Wiener Universität. Wieder setzte sich dieser eigenwillige Sproß am vielastigen Baum des Hauses Habsburg über Herkommen, Tradition und Rechtsgewohnheiten glatt hinweg. Er holte für seine Gründung weder die

Zustimmung des Kaisers ein noch hat er die viel wichtigere des Papstes abgewartet.

Hochschulen waren im Mittelalter kirchliche Anstalten. Die Professoren waren in der Hauptsache Kleriker, die Unterrichtssprache war Latein, die theologische Fakultät nahm im Universitätsbetrieb eine zentrale Position ein. Der Verzicht darauf, den der Herzog in Kauf nehmen mußte, hat die Wiener Universität in den beiden ersten Jahrzehnten ihres Bestehens in ihrer Entfaltung schwer gehemmt. Erst ab 1384, als Herzog Albrecht III., der Nachfolger Rudolfs, nach langen Verhandlungen die päpstliche Einwilligung für das Theologiestudium erhielt, konnte sich die Wiener Hohe Schule voll entwickeln.

Vorbild Rudolfs für die innere Organisation und den Studienbetrieb seiner Neuschöpfung, mit der er den Wettbewerb mit dem Kaiser aufnahm (Karl IV. hatte 1348 in Prag die erste deutsche Universität begründet), war offensichtlich die Pariser Sorbonne. Das Studium war an vier Fakultäten möglich, die Studenten wurden in vier Nationen gegliedert (eine österreichische, rheinische, ungarische und sächsische), an deren Spitze je ein Prokurator stand. Die Prokuratoren wählten aus ihrer Mitte einen Rektor.

Der Herzog stattete die neue Schule reich aus, wobei er auf kirchliche Mittel für ihren Unterhalt bewußt verzichtete, und bedachte sie mit einer Reihe von Vorrechten. Ein ganzer Stadtteil zwischen Burg und Schottentor wurde zum Universitätsviertel erklärt, doch sind die Pläne für seine Ausgestaltung dann großteils unausgeführt geblieben.

Professoren und Studenten erhielten, um sie nach Wien zu lokken, steuerliche Begünstigungen, die Universitätsangehörigen wurden der ausschließlichen Gerichtsbarkeit des Rektors unterstellt. Von dessen Jurisdiktion waren lediglich Verbrechen ausgenommen, die mit der Todesstrafe geahndet wurden. Der umsichtige Herrscher, der sich bei der Durchführung seiner Pläne höchstpersönlich um das kleinste Detail kümmerte, dachte auch bereits an die Einrichtung einer Bibliothek. Sie sollte mit den Büchern jener Mitglieder bedacht werden, die ohne Erben und testamentarische Verfügungen starben. Die erforderlichen Mittel zur Deckung der laufenden Ausgaben stellte der Herzog aus den eigenen Finanzquellen zur Verfügung: er lenkte eine einträgliche Donaumaut in die Universitätskasse um.

Mit der Begründung der Wiener Universität schuf Rudolf IV. die Voraussetzung für die Entfaltung von Wissenschaft und Kultur in den österreichischen Ländern.

Bei der Wiener Bürgerschaft löste die herzogliche Neuschöpfung keineswegs Jubel und Begeisterung aus. Vor allem die rechtliche Sonderstellung der Universitätsangehörigen, die vom Herzog nach besten Kräften und mit einem hohen Einsatz an Mitteln gefördert wurde, stieß auf Widerspruch und verursachte Unbehagen. Die Wiener haben sich erst allmählich an das studentische Treiben in ihrer Stadt gewöhnt.

Rudolf IV. war, so würde man das heute formulieren, ein ausgesprochener Wien-Fan. Seiner Residenzstadt, der »stat ze Wienn, die ein haupt ist all unser land und herrschaft und wo wir auch tod und lebend beleiben wellen« (bleiben wollen), wie er in seinen Urkunden immer wieder betont, ließ er seine besondere Fürsorge angedeihen. Nach der Pestepidemie des Jahres 1349 und einer verheerenden Feuersbrunst, die 1361 fast ein Drittel der Stadt einäscherte, traf er umgehend Maßnahmen, um der schwer angeschlagenen Stadt wirtschaftlich wieder auf die Beine zu helfen.

Um die Zuwanderung in die Stadt anzukurbeln und zu fördern, hob der Herzog den Zunftzwang auf. Alle Handwerker, die sich in der Stadt niederließen, konnten nun ohne Behinderung durch die Zechen ihr Handwerk frei ausüben und wurden auf die Dauer von drei Jahren von der Bezahlung der bürgerlichen Schatzsteuer, einer Art Vermögenssteuer, befreit. Er erleichterte für die Neubürger den Erwerb von Grund und Boden und beschleunigte den Wiederaufbau der zerstörten Stadt durch die Verfügung, daß »unverbaute oder wüste Häuser und Hofstätten« in der Stadt und in den Vorstädten binnen Jahresfrist verbaut sein müßten, widrigenfalls die betreffenden Objekte und Areale dem Herzog oder der Stadt anheimfielen. Mit diesen Maßnahmen versuchte der reformfreudige Herzog, dessen Krisenmanagement bei den reichen Wiener Erbbürgern auf heftigen Widerstand stieß, auch dem Wohnungsmangel abzuhelfen.

Eine fiskalische Maßnahme besonderer Art setzte Rudolf IV. durch den Verzicht auf die alljährliche Münzerneuerung. Die bisherige Übung, das im Umlauf befindliche Münzgeld einzuziehen und durch neue Münzen mit einem niedrigeren Feingehalt zu ersetzen (Münzverschlechterung), was de facto einer amtlichen Inflation zu Gunsten des Herrschers gleichkam, wurde für eine zehnprozentige Steuer von allen in öffentlichen Gasthäusern ausgeschenkten alkoholischen Getränken (Wein, Met, Bier) aufgegeben. Das »Ungeld« ersetzte den Gewinn aus der jährlichen Münzmanipulation voll und ganz und wuchs sich zu einer einträglichen Einnahmequelle der herzoglichen Finanzkammer aus. Der »Mann auf der Straße«, der davon vor allem betroffen war, wird über diese herzogliche Entscheidung wohl kaum erfreut gewesen sein.

Rudolf IV. erkannte mit klarem Blick die wirtschaftliche und sozialpolitische Bedeutung der Städte. Er förderte daher nicht nur sein geliebtes Wien, sondern das Städtewesen allgemein. Der Wohlstand der Bürger, vor allem jener der landesfürstlichen Kommunen, lag ihm, natürlich auch aus machtpolitischen Überlegungen, sehr am Herzen. Je reicher die Städte waren, desto größer waren die Einnahmen der herzoglichen Kammer. Und Geld begann neben dem Besitz an Grund und Boden in der Zeit des beginnenden Frühkapitalismus in Wirtschaft und Politik eine immer größere Rolle zu spielen. Im übrigen hat dieser dynamische Regent, der in seinem Denken und Handeln seiner Zeit weit voraus war, eine geradezu wohlfahrtsstaatliche Auffassung vom Herrscheramt gehabt. »Aller Ruhm und alle Macht des Fürstentums beruhen im festbegründeten Glück der Untertanen«, ließ er in einer Urkunde für das Wiener Schottenstift vom 8. Juli 1360 verlauten. Dieses politische Credo rückt den Herzog in die geistige Nähe Josephs II., mit dem ihn auch sein überstürzter Reformeifer verbindet.

Seinen bemerkenswertesten und dauerhaftesten (außen-)politischen Erfolg, der beinahe ausschließlich auf sein rasches, entschlossenes Handeln zurückzuführen ist, erzielte Rudolf IV. mit der Erwerbung Tirols.

Tirol, das »Land im Gebirge«, war im Mittelalter wegen seiner winterfesten Alpenübergänge (Brenner- und Reschenpaß) als Verbindungsglied, aber auch als Sperrzone zwischen dem deutschen Norden und dem italienischen Süden von großer strategischer und damit auch politischer Bedeutung. Die deutschen Könige, gleichgültig ob sie dem Geschlecht der Habsburger, der Luxemburger oder der Wittelsbacher angehörten, versuchten daher, das auch für ihre Romzüge wichtige Land unter ihre Herrschaft zu bringen.

Eine günstige Gelegenheit dazu bot sich, als 1335 der letzte männliche Sproß des regierenden gräflichen Hauses verstarb. Seine Erbtochter Margarete, der die Geschichtsschreibung den nicht gerade schmeichelhaften Beinamen »Maultasch« angehängt hat, wurde in den folgenden Jahrzehnten zur bedauernswerten Schlüsselfigur im Kampf um das begehrenswerte Land.

Margarete Maultasch, wankelmütig und leicht beeinflußbar, wurde heiß umworben. Im Wettrennen um ihre Gunst waren zunächst die Luxemburger erfolgreich. Johann Heinrich, ein Bruder Kaiser Karls IV., wurde noch als Kind mit ihr verkuppelt. Die Ehe ging jedoch schief. Unterstützt vom Tiroler Adel, der die luxemburgisch-böhmische Fremdherrschaft nicht ertragen wollte, zwang sie den ungeliebten Gemahl und sein Gefolge, das Land fluchtartig zu verlassen. Nun waren die Wittelsbacher an der Reihe. 1342 heiratete sie Ludwig von Brandenburg, den Sohn des deutschen Königs und Kaisers Ludwig von Bayern.

Die Maultasch war mit ihm, wie es scheint, im großen und ganzen glücklich. Aber persönliches Glück zählt in dynastischen Eheverbindungen nicht. Papst Clemens VI., ein unversöhnlicher Gegner der Wittelsbacher, belegte das Ehepaar mit dem Bann und das Land Tirol mit dem Interdikt, da Margarete die Scheidung von ihrem ersten Mann nicht hatte durchsetzen können und mit ihrem zweiten nach kanonischem Recht in sündhafter, wilder Ehe lebte. Das war nun gerade der Punkt, an dem sich auch die Habsburger in das mit militärischen und diplomatischen Mitteln ausgetragene Ringen um das umkämpfte Land einzuschalten begannen. Albrecht II., der Vater Rudolfs, trat, wohl nicht ganz uneigennützig, als Mittelsmann auf. Der fromme Herzog erreichte beim Papst für Ludwig und Margarete die Lösung vom Kirchenbann.

Seine Vermittlerdienste sollten sich bald bezahlt machen. Nach dem Tod Ludwigs im September 1361 und dessen lungenkrankem Sohn Meinhard im Januar 1363 kam Tirol wieder an Margarete Maultasch, die jedoch nicht mehr imstande war, selbständig zu regieren. Sie überließ die Regierung einem neunköpfigen Team von Landesherren. Das politische Ränkespiel um die Herrschaft über das Land trat in sein letztes, entscheidendes Stadium.

Herzog Rudolf IV., der über die geschilderten Verhältnisse aus bester Quelle informiert war, handelte unverzüglich und mit resoluter Entschlossenheit. Anfang Januar 1363 brach er trotz ungünstiger Witterungsverhältnisse, von einigen wenigen getreuen Gefolgsmännern begleitet, zu der ungemein beschwerlichen Reise nach Südtirol auf. Die erste größere Station auf dem langen Weg war das steirische Judenburg. Von dort zogen der Herzog und sein Gefolge nach Radstadt weiter. Durch den Pinzgau ging es dann über den etwa 2630 m hohen Krimmler-Tauernpaß in das Pustertal. Der Alpenübergang war ungeheuer kräfteraubend und riskant. Daß Rudolf die schwere Gebirgstour überstand, ohne gesundheitlichen Schaden zu nehmen, spricht für seine gute körperliche Konstitution. Auf Burg Rodeneck bei Brixen erreichte den Herzog die Nachricht vom Tode Meinhards. Er zog hierauf eilends nach Bozen weiter, wo ihn Margarete Maultasch, die von seinem Eintreffen bereits Kenntnis hatte, mit ihren Räten erwartete. Man schrieb den 20. Januar 1363. Sogleich begannen die Verhandlungen zur Übergabe des Landes an die Habsburger. Bereits am 26. Januar 1363 stand das Ergebnis fest: Margarete überließ in einer überaus detaillierten, fünfzehnfach gesiegelten Urkunde Herzog Rudolf und seinen Brüdern Albrecht und Leopold als ihren nächsten Verwandten und Erben die Grafschaft Tirol, das Land an der Etsch und im Inntal sowie ihre Besitzungen in Bayern. Die Regierung des Landes behielt sie sich auf Lebenszeit vor.

Um ihren Räten, denen sie die schriftliche Zusage gegeben hatte, die Person des künftigen Herrschers von Tirol nur gemeinsam mit den Tiroler Standesherren zu entscheiden, den Wind aus den Segeln zu nehmen, wurde wieder einmal eine Fälschung ins Werk gesetzt. Die gewieften Kanzlisten des Herzogs fertigten unter dem Datum des 2. September 1359 eine zweite Vermächtnisurkunde aus, in der alle Passagen, die der Übergaberegelung von 1363 widersprachen – also auch die Abmachung mit den Räten –, für ungültig erklärt wurden. Das vordatierte Dokument wurde vom einheimischen Adel überraschenderweise akzeptiert.

Der Handel war perfekt. Der Herzog konnte zufrieden sein. Rudolf nahm den Titel eines Grafen von Tirol an, unternahm eine kurze Rundreise durch das Land, auf der er den Städten ihre Rechte und Freiheiten bestätigte, und kehrte nach Österreich zurück.

Der Übergang Tirols an das Haus Habsburg ging nicht völlig widerspruchslos vor sich. Die Grafen von Görz und die Herzöge von Bayern erhoben Einwände. Aus diesem Grund reiste der Herzog im Sommer 1363 abermals nach Tirol, um seiner bedrängten Statthalterin Margarete zu Hilfe zu kommen und sie zur endgültigen Abdankung zu bewegen. Es bedurfte dazu keiner großen Überredungskunst. Am 2. September 1363 legte die glücklose Gräfin in Bozen in Anwesenheit der ständischen Vertreter des Landes, des Adels, der Bürgerschaft und der Bauern, die Regierung nieder, enthob die Untertanen aller ihrer Verpflichtungen und übertrug die Herrschaftsgewalt an die Herzöge von Österreich, in deren Vertretung Rudolf IV. abermals die Huldigung der Landstände entgegennahm. Die Abdankungsurkunde wurde am 29. September 1363 gefertigt und gesiegelt. Margarete Maultasch kehrte dem Land den Rücken und ließ sich in Wien nieder, wo sie 1369 im Alter von 51 Jahren, enttäuscht und verbittert, starb.

Rudolf IV. mußte seine neu erworbene Besitzung gegen die Ansprüche des Herzogs von Bayern mit Waffengewalt verteidigen, wobei es nicht ohne Verrat, Verwüstungen, Raub und Brand auf beiden Seiten abging. Erst 1369 verzichtete der nördliche Nachbar im Frieden von Schärding auf sämtliche Ansprüche auf Tirol. Das Land war nun endgültig als habsburgischer Besitzstand gesichert. Kaiser Karl IV. gab der Schenkung bereits im Jahre 1364 während eines Kongresses in Brünn seine Zustim-

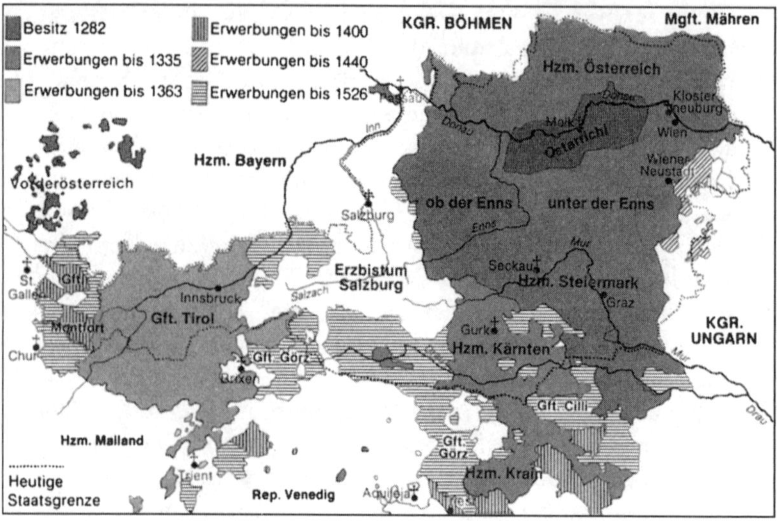

Der habsburgische Länderbesitz im Spätmittelalter

mung, wodurch die Erwerbung auch ihre reichsrechtliche Absicherung fand.

Tirol war ein wichtiger territorialer Baustein im Gebäude der habsburgischen Hausmachtpolitik. Es fungierte als Landbrücke zwischen dem althabsburgischen Besitz in Vorderösterreich und den neuen Besitzungen im Südosten und spielte später eine wichtige Rolle in der Italienpolitik der Habsburger. Über die Sprachengrenze der Salurner Klause hinaus reichte der habsburgische Machtbereich nun bis in das italienische Sprachgebiet, und der tatendurstige Herzog konnte an den Dogen von Venedig schreiben: »Alle Straßen, die von Deutschland nach Italien führen, stehen in unserer Gewalt.«

Rudolfs Erwerbs- und Ausdehnungspolitik griff östlich von Tirol noch weiter nach dem Süden aus. Nach der Erwerbung Kärntens und Krains im Jahre 1335 durch seinen Vater, den schon mehrmals genannten Herzog Albrecht II., versuchte der Herzog auch die in diesen Territorien liegenden Besitzungen des Patriarchen von Aquileia an sich zu bringen. Dies führte natürlich zu einem Konflikt, in dessen Verlauf Rudolf IV. den Herzog von Mailand, Barnabò Visconti, als Verbündeten gewann. Das Bündnis wurde durch die Heirat seines Bruders Leopold III. mit Viridis Visconti, der unehelichen Tochter des Mailänder Herzogs, bekräftigt. Zu mehr reichte es nicht. Ein durchschlagender Erfolg in Oberitalien blieb dem ruhmsüchtigen Habsburger versagt.

Im Jahre 1364, ein Jahr vor seinem frühen Tod, schloß Rudolf IV. mit seinen beiden jüngeren Brüdern Albrecht und Leopold, die sich der Volljährigkeit näherten, eine »Hausordnung«, in welcher die Erbfolge geregelt wurde. Gemäß den Bestimmungen dieses Vertrages sollten die habsburgischen Territorien »ewiglich« ungeteilt bleiben und gemeinsamer Besitz aller sein. Jeder der drei Brüder sollte die Titel aller Länder führen, die zum Besitz des Hauses gehörten, sie sollten in brüderlicher Treue zusammenstehen und einander vor Heiraten und bei Besitzveränderungen konsultieren. Am Primogeniturprinzip hielt die Erbfolgeregelung jedoch fest. Der Älteste sollte »die obristen herschaft und den grözzisten gewalt« (die oberste Herrschaft und die größte Gewalt) haben. Das Dokument verbriefte ihm das Recht, das Gesamthaus im Namen aller nach außen hin zu vertreten, die geistlichen und weltlichen Lehen zu vergeben, die Reichslehen in Empfang zu nehmen, Steuern auszuschreiben und einzuheben, die Schatzkammer zu verwalten und für das Archiv mit seinen Urkunden und Privilegien Sorge zu tragen. Die jüngeren Brüder durften keine eigenständige Politik treiben und ohne Wissen des Ältesten weder Bündnisse schließen noch einen Krieg beginnen.

Durch diese Regelungen sollte die Einheit des Hauses nach innen und außen gewährleistet werden. Sie hielten jedoch der politischen Realität nicht stand. Nach dem Tod Rudolfs regierten Albrecht und Leopold vierzehn Jahre gemeinsam, ehe die in ihren politischen Ansichten und ihren Charaktereigenschaften so ungleichen Brüder 1379 im Vertrag zu Neuberg in der Steiermark ihre Länder teilten.

Hat Rudolf IV. seinen Tod vorausgeahnt? Man möchte es fast annehmen. Warum sonst hätte er schon in so jungen Jahren die Erbfolge geregelt? Er hat die »Hausordnung« jedenfalls nicht lange überlebt.

Am 27. Juli 1365 ist der ehrgeizige Herzog in Mailand, wo er das oben erwähnte Bündnis mit Barnabò Visconti auf eine feste Grundlage stellen wollte, nach sechswöchiger Krankheit kinderlos gestorben. Sein Leichnam wurde, in eine Ochsenhaut eingenäht, nach Wien gebracht und in der Herzogsgruft zu St. Stephan zur letzten Ruhe bestattet.

Über die Ursachen seines frühen Todes hat die Geschichtsforschung die verschiedensten Vermutungen angestellt. Daß er der Syphilis zum Opfer gefallen sei, wie dies von einem renommierten Historiker behauptet wurde, muß man in das Reich der Fabel verweisen. Die »Lustseuche« ist in Europa erst gegen Ende des 15. Jahrhunderts aufgetreten. Höchstwahrscheinlich ist der Herzog an Abdominaltyphus oder an einer Erkrankung der Lunge gestorben. Das Lungenleiden würde erklären, weshalb sich Rudolf IV. kaum Zeit für seine Reformen nahm, warum er mit so fieberhafter Ungeduld ans Werk gegangen ist. Das Wissen um sein kurzes Erdendasein hätte dann wohl viele seiner Handlungen beflügelt. Ein Frühvollendeter war der sprunghafte Habsburger, dessen politische Phantasie Kapriolen schlug, jedenfalls.

Als man vor Jahrzehnten seinen Sarg öffnete und das Skelett einer Untersuchung unterzog, ließ der Zustand der Schädelnähte, wie der anthropologische Befund feststellt, auf ein Alter von mindestens fünfzig Jahren schließen. Und dieses morphologische Faktum, so heißt es in dem Bericht weiter, gestatte auch einen Rückschluß auf den Gesamtorganismus des Fürsten.

Persönlichkeit und Werk Rudolfs haben durch die Jahrhunderte die verschiedensten Beurteilungen und Deutungen erfahren. Die Zeitgenossen haben seine Bedeutung mit wenigen Ausnahmen nicht erkannt. Sie haben ihn eher geschmäht als gepriesen. Erst langsam setzte sich die Erkenntnis durch, daß dieser junge, ungeduldige, ehrgeizzerfressene Herrscher in den wenigen Jahren seiner Herrschaft mehr geplant, bewirkt und erreicht hat als viele seiner Vorgänger und Nachfolger.

Rudolfs politische Ziele waren hochgesteckt. Er beanspruchte die volle Unabhängigkeit seines Landes von der Reichsgewalt, er war von seiner fürstlichen Würde und von der Auserwähltheit seines Hauses zutiefst überzeugt, er glaubte an das Recht seiner Dynastie auf die römisch-deutsche Königswürde. Rudolf IV. hat mit seinen weitausholenden Plänen und zukunftsweisenden Konzepten für ein »dominium Austriae« den habsburgischen Mythos begründet, der dann durch die Jahrhunderte gewirkt und fortgewirkt hat. Und so wird man wohl auch abschließend das Urteil fällen dürfen, daß dieser rastlose, politisch hochbegabte Regent eine der bedcutsamsten Herrschaftspersönlichkeiten des europäischen Spätmittelalters gewesen ist.

Friedrich III.:
Habsburgs geringgeschätzter Kaiser

Bronzeskulptur Friedrichs III. *in der Hofkirche in Innsbruck, zwischen 1509 und 1550, entworfen von Jörg Kölderer, gegossen von Stefan Godl.*

Es gibt in der langen Reihe seiner Ahnen und Nachfolger vortrefflichere, bedeutendere Persönlichkeiten als ihn. Rudolf der Stifter, den er sich in vielem zum Vorbild nahm, war dynamischer, sein Sohn Maximilian phantasiebegabter, Joseph II. durchschlagskräftiger. Die Erzherzoge Karl und Albrecht besaßen bei weitem größeres militärisches Talent, Franz Joseph übertraf ihn an Fleiß und Pflichtbewußtsein.

Kaum ein habsburgischer Herrscher war so macht- und heimatlos wie er, kaum einer wurde zeitlebens von seinen Gegnern so gedemütigt. Aber es gibt auch keinen unter ihnen, der mit solcher Zähigkeit an der Rechtmäßigkeit seiner Stellung festgehalten, mit solcher Inbrunst an die kaiserliche Sendung seines Hauses geglaubt hat.

Friedrich III. war alles andere als ein strahlender Held. Er hat keine glänzenden Schlachten geschlagen, sein Lebensweg war nicht von heroischen Taten gesäumt. Er war ein Phlegmatiker, ein Zauderer, ein kontaktarmer, lethargischer Egozentriker, der seine politischen Erfolge durch hinhaltendes Taktieren und geschickte Diplomatie erreichte. Aber so erfolglos er über weite Strecken seines Lebens auch gewesen sein mag, so hat er doch durch die Anbahnung der Heirat seines Sohnes Maximilian mit Maria, der Erbtochter des Herzogs von Burgund, dem Haus Habsburg das Tor zur weltpolitischen Machtgeltung aufgestoßen.

Bernd Rill, sein jüngster, verdienstvoller Biograph, hat Friedrich III. einen dynastischen Kolumbus genannt. Der Vergleich ist von überraschender, frappierender Treffsicherheit. Denn so wie der genuesische Seefahrer sephardischer Abstammung durch seine Entdeckungsfahrten der europäischen Zivilisation neue Möglichkeiten der Entfaltung eröffnet hat, die erst nach seinem Tod voll ausgeschöpft wurden, hat der schwerblütige Kaiser seinem Haus Wege dynastischen Wachstums gewiesen, die erst nach seinem Hinscheiden beschritten wurden. Weiter soll man diesen Vergleich freilich nicht treiben. Denn obwohl diese beiden Persönlichkeiten Zeitgenossen waren, hatten sie charakterlich kaum etwas gemeinsam, liefen ihre Pläne, Taten und Unternehmungen auf zwei völlig verschiedenen Handlungsebenen ab.

Von der Entdeckungsfahrt des Kolumbus hat der Kaiser knapp vor seinem Tod wohl noch erfahren, ihre Bedeutung hat er aber, wie die meisten Menschen seiner Zeit, gewiß nicht erkannt.

Das Kaisertum und die Kaiserwürde wurden Friedrich beileibe nicht in die Wiege gelegt. Er war der Sohn Ernsts (des »Eisernen«), eines aus europäischer Sicht unbedeutenden habsburgischen Herzogs, dessen Herrschaftsbereich die Steiermark, Kärnten, Krain, die Windische Mark und die Markgrafschaft Istrien umfaßte.

Ernst hatte im Februar 1412 in Bruck an der Mur Czimbarka (Zymburga), die Tochter des Herzogs von Masowien aus dem fernen Litauen, geheiratet, die ihm drei Jahre später, am 21. September 1415, in Innsbruck den Stammhalter gebar, der auf den Namen Friedrich getauft wurde.

Über Czimbarka berichten die Urkunden nicht allzu viel. Sie hatte im Unterschied zu ihrem von cholerischem Tatendrang erfüllten Gemahl ein ruhiges Temperament, das sie auf ihren Erstgeborenen weitervererbte. Ein anderes, dominanteres dynastisches Erbstück, das sie Generationen von Habsburgern aufprägte, war die hängende Unterlippe, die ihrer Physiognomie in Verbindung mit einem ausladenden, breiten Kinn keineswegs das Aussehen einer Schönheitskönigin verlieh. Wie immer: mit Czimbarka ist dem Stammbaum der Habsburger ein kraftvoll-knorriger Ast zugewachsen, wenn man sie nicht überhaupt als eine der Stammütter des Hauses betrachten will.

Der erstgeborene Sohn des Herzogspaares erhielt eine für die damalige Zeit gediegene Ausbildung. Er konnte geläufig lesen und schreiben und war des Lateinischen in Wort und Schrift mächtig. Mit welcher Gründlichkeit, ist eine andere Frage. Mit dem italienischen Humanisten Enea Silvio Piccolomini, seinem zeitweiligen Sekretär, der später als Papst Pius II. auch die Tiara trug (1458–1464), hat er sich jedenfalls nur in lateinischer Sprache unterhalten, wenn auch nicht gerade zu dessen vollkommener Zufriedenheit. Friedrich, der mit seinem Bruder Albrecht in der Wiener Neustädter Burg einträchtig aufwuchs – später sollten sie einander bitter bekämpfen –, interessierte sich vor allem für die Historiographie und die Staatslehre, während er der Theologie nur wenig abzugewinnen vermochte. Schon in jungen Jahren wurde ihm ein Hang zur Grübelei und ein schwer zu erschütterndes Phlegma nachgesagt.

Friedrich verlor im Alter von neun Jahren den Vater, die Mutter starb, als der Knabe im 14. Lebensjahr stand. Die Vormundschaft über den Minderjährigen übernahm dessen Onkel, Friedrich IV. von Tirol, der sein Mündel erst reichlich spät, nämlich zwanzigjährig, aus macht- und finanzpolitischen Gründen für volljährig erklären ließ. Der Neffe forderte seinen gleichnamigen, habgierigen Oheim zur Herausgabe des ihm gehörenden Vermögens auf, trat die Herrschaft in seinen Erblanden an und begab sich zunächst auf eine Pilgerfahrt in das Heilige Land, wo er 1436 am Heiligen Grab zum Ritter geschlagen wurde. Bei seiner Rückkehr machte er Wiener Neustadt zu seiner Residenz.

Die Stadt, die damals noch zum Herzogtum Steiermark gehörte, blieb ihm bis an das Ende seiner Tage an das Herz gewachsen. Immer, wenn er in Bedrängnis war, und er war es oft, hat er sich hinter die Mauern seiner »allzeit Getreuen«, die er fürsorglich verstärken ließ, zurückgezogen und dort bereitwillige Aufnahme gefunden. Er hat es ihr durch Bauten und Ausbauten, die noch heute an ihn erinnern, gedankt. Neben der Gottesleichnamskapelle, die er vollenden ließ, entstanden das Zisterzienserstift Neukloster, Kirche und Kloster St. Peter an der Sperr, die St. Georgskapelle, um nur einige zu nennen. Die Stadt, der er für ihre jederzeit erwiesene Treue die Erlaubnis erteilte, den Doppeladler im Wappen zu führen, erlebte in der zweiten Hälfte des 15. Jahrhunderts die Glanzzeit ihrer wechselhaften Geschichte.

Neben Wiener Neustadt haben in der langen Regierungszeit Friedrichs III. noch Graz, wo der sparsame Regent ebenfalls eine rege Bautätigkeit entfaltete (Burg, Dom), und Linz als Residenzen eine Rolle gespielt. Mit Wien, der eigentlichen Haupt- und

Residenzstadt des Hauses Habsburg, verband Friedrich überwiegend unliebsame Erinnerungen. Er hat sie deshalb, so gut es ging, gemieden.

Im Jahre 1437, das der Herzog fast zur Gänze in seinem geliebten Wiener Neustadt zubrachte, starb Kaiser Sigismund. Der Nachfolger des letzten Luxemburgers auf dem deutschen Königsthron in Böhmen und Ungarn wurde ein Habsburger: Herzog Albrecht V. von Österreich, der mit Elisabeth, der Erbtochter Sigismunds, verheiratet war.

Albrecht, als deutscher König der zweite seines Namens, erfreute sich auf diese Weise nicht unangefochten und nur für kurze Zeit – er starb bereits 1439 an der Ruhr – einer dreifachen Königswürde. In seiner Person verwirklichte sich vorübergehend zum erstenmal die altösterreichische Staatsidee, die Verbindung Österreichs, Böhmens und Ungarns in einer Hand. Es sollte noch viel Zeit vergehen, ehe die Zusammenfassung des Donau-, Alpen- und Karpatenraumes zu einer politischen Einheit durch das Haus Habsburg zur längerwährenden Realität wurde.

Nach dem Tode Albrechts, der zu Lebzeiten keinen männlichen Erben hinterließ – sein Sohn Ladislaus wurde postum geboren –, und Herzog Friedrichs IV. von Tirol, dem wir bereits begegnet sind, sah sich Friedrich plötzlich in der Rolle des einzigen erwachsenen Habsburgers. Das Schicksal und sein politisches Credo, an dem er zeitlebens mit Zähigkeit festhielt, bürdeten ihm eine schwere Verantwortung auf: er mußte versuchen, die Teilung der habsburgischen Länder zu überwinden und sie wieder zu einer Einheit zusammenzuführen. Zu dieser schweren, Zeit, Kraft und Mühe erfordernden Aufgabe gesellte sich überraschend eine zusätzliche: Im Jahre 1440 wählten die Kurfürsten den Habsburger einstimmig zum deutschen König.

Wie das? Warum waren sie ausgerechnet auf ihn verfallen, der sich noch nicht einmal in seinen eigenen Ländern als Herrscher profiliert hatte, den kaum jemand im ganzen Reichsgebiet kannte? Die Antwort auf diese Fragen fällt dem Historiker nicht allzu schwer. Die deutschen Kurfürsten wollten keinen starken König. Von dem bedächtigen, friedliebenden Habsburger, der dreimal überlegte, ehe er handelte, dem noch dazu die Probleme im eigenen Land bis zum Hals reichten, brauchten sie nicht viel zu befürchten.

Der Erwählte zierte sich, zögerte mit der Annahme der Wahl, erbat sich Bedenkzeit. Fünf volle Wochen dauerte es, ehe er am 6. April 1440 im Wiener Neustädter Dom seine Zusage vor den versammelten Räten der Kurfürsten, Vertretern der Geistlichkeit und des hohen Adels feierlich verkünden ließ. Als sein Sprachrohr fungierte ein gewisser Thomas Ebendorfer, Doktor der Theologie und Professor an der Wiener Universität, dem wir ein bedeutendes Werk über Österreich im 15. Jahrhundert verdanken. Friedrichs Entscheidung war von historischer Tragweite. Denn von nun an blieb die deutsche Königs- und die Kaiserwürde (mit der kurzen Unterbrechung durch den Wittelsbacher Karl VII., 1742–1745) bis zum Ende des »Heiligen Römischen Reiches Deutscher Nation« im Jahre 1806 beim Haus Habsburg, mit allen Vor- und Nachteilen, die damit verbunden waren.

Zur Krönung nach Aachen wollte Friedrich erst zwei Jahre nach seiner Wahl reisen. Und so geschah es denn auch. Am 17. Juni 1442 setzte ihm der Erzbischof von Köln die Krone aufs Haupt. Die Reichsinsignien waren zuvor von Nürnberg eilends in die Krönungsstadt gebracht worden. Friedrich III. hatte darauf bestanden. Der ansonsten nüchterne, prosaische Habsburger wußte in entscheidenden Situationen, was er der Würde seiner Stellung schuldig war.

Vom neuen Herrscher erhoffte man sich unter anderem eine Reform des Reiches. Aber Friedrich hat im Reich nicht viel zustande gebracht. Zu sehr war er mit seinen Erbländern beschäftigt, zu schwach war die Macht des Königtums, zu stark der Widerstand der Partikulargewalten gegen eine kraftvolle Reichsspitze. Friedrich bekam es bald zu spüren, und er resignierte frühzeitig. Von 1445 bis 1471 blieb er den Reichstagen persönlich fern. Was hätte er dort auch tun sollen? Ein jeder der Reichsstände kochte dort sein eigenes, egoistisches Süppchen, vergaß oft die gemeinsame Sache, besser: wollte nichts davon wissen. Eigennutz ging dort, wie so oft, vor Gemeinnutz. Und so stieß der Kaiser, als er sich 1471 in Regensburg wieder auf einem Reichstag zeigte, mit seinem Vorschlag, zum Zweck der Finanzierung eines Kriegszuges gegen die Türken eine allgemeine Reichssteuer einzuheben, auf taube Ohren. Das Steuerprojekt wurde verworfen, der Feldzug kam nicht zustande.

Kann man es Friedrich verargen, daß er der Reichspolitik kaum Beachtung schenkte? Gegen die Übergriffe waffenklirrender Ritter und die Ausschreitungen marodierender Söldnerhaufen war von ihm keine Hilfe zu erwarten.

»Des Heiligen Reiches Erzschlafmütze« schmähte ihn deshalb schon 1470 ein Pamphlet. Dieses harte Urteil klebte viele Jahrhunderte wie eine Etikette an Friedrichs vielschichtiger Persönlichkeit und an seiner Politik, zumal es von vielen Historikern bedenkenlos übernommen wurde. Aber es ist vordergründig und ungerecht. Für alles, was damals im Reich passierte, kann man nicht ausschließlich den schwerblütigen Habsburger verantwortlich machen.

Friedrich III. konnte seine Aufgaben als deutscher König auch deshalb nicht zur Zufriedenheit wahrnehmen und sich um die Vorgänge in der großen Welt ringsum kümmern, weil er in seiner Eigenschaft als habsburgischer Landesfürst von allen Seiten auf das äußerste bedrängt wurde.

In Böhmen und Ungarn stießen die Thronrechte des Ladislaus Postumus, dessen Vormundschaft er übernommen hatte, auf Widerstand. In beiden Ländern wurden nationale Reichsverweser gewählt, da Friedrich die Auslieferung seines Mündels als Vorbedingung für dessen Wahl zum König kategorisch zurückwies.

Besonders heikel war die Position des frischgebackenen deutschen Königs in Österreich. Der »Steirer« Friedrich war bei den österreichischen Ständen, den Vertretern des Adels, der Geistlichkeit und der Städte, von allem Anfang an unbeliebt.

Schon 1439 hatten ihm die Wiener die Tore ihrer Stadt erst geöffnet, nachdem er ihnen ihre verbrieften Rechte und Freiheiten schriftlich bestätigt hatte. Zwei Jahre später kam es dann noch schlimmer. Ein führender Adeliger beschimpfte ihn öffentlich als »König der Juden«, worauf die versammelte Menge in ein johlendes »Kreuziget ihn!« ausbrach. Es entstand ein Tumult, aus dem sich der mit dem Leben bedrohte Herrscher nur durch eiligste Flucht retten konnte. Friedrich hat diese beiden Vorkommnisse den Wienern zeitlebens nicht verziehen. Kann man es ihm übelnehmen?

Heftig bedrängt wurde der leidgeprüfte Regent auch von der ständischen Opposition, die sich um den aus bayerischem Adel stammenden, hochbegüterten Ulrich Eytzing und Graf Ulrich II. von Cilli scharte, der über reichen Landbesitz in Kärnten, Krain, der Steiermark und in Kroatien verfügte. Beide Herren versuchten, aus der Schwäche der Zentralgewalt Nutzen zu schlagen und verlangten immer wieder mit Nachdruck, allerdings vergeblich, von Friedrich die Herausgabe seines Mündels. Schließlich formierte sich unter ihrer Führung 1451 ein Adelsbund, der dem Landesfürsten offen den Fehdehandschuh hinwarf. Friedrich stand vor der Wahl, ihn aufzunehmen oder in Verhandlungen mit seinen Gegnern einzutreten. Er tat keines von beiden, sondern wählte eine für ihn charakteristische Ausflucht: er ging der Entscheidung aus dem Weg und trat seelenruhig den schon seit längerem geplanten Zug nach Rom an, wo er vom Papst zum Kaiser gekrönt werden sollte. Sein Mündel Ladislaus nahm er mit.

Im Winter 1451/52 machte sich der knauserige Habsburger mit einem Gefolge von ein paar tausend Rittern auf den beschwerlichen Weg nach Italien. Es war keineswegs eine imponierende Streitmacht, die er anführte, aber Friedrich war gar nicht darum zu tun, Macht vorzutäuschen. Es ging ihm um die Kaiserkrone. Er war der erste Habsburger, der sich mit diesem verblassenden Symbol mittelalterlich-weltlicher Vorrangstellung und universalen Führungsanspruches über das Abendland schmücken wollte. Um es vorwegzunehmen: Friedrich III. war der einzige seines Geschlechtes und der letzte deutsche König, der in der Ewigen Stadt aus den Händen des Papstes die Kaiserkrone empfing. Der lethargische Habsburger war unerschütterlich von seiner königlichen und kaiserlichen Würde überzeugt, obwohl er es häufig an majestätischer Grandezza fehlen ließ.

Sein Italienzug diente auch noch einem weiteren, prosaischeren Zweck. Friedrich wollte sich vor seiner Krönung vom höchsten Würdenträger der katholischen Kirche das Sakrament der Ehe spenden lassen. Die Auserwählte war eine Südländerin, die Infantin von Portugal, eine Nichte Heinrichs des Seefahrers, des großen Förderers der portugiesischen Entdeckungsfahrten und Begründers der portugiesischen Seemacht.

Alle Schritte, die vor einer fürstlichen Verbindung damals üblich und notwendig waren, waren getan. Der Ehekontrakt war geschlossen, die Mitgift ausverhandelt, die symbolische Trauung durch einen Vertrauten des Königs vollzogen.

Vor den Toren Sienas in der schönen Toskana sollten Braut und Bräutigam einander zum erstenmal begegnen. So war es geplant, und so geschah es dann auch an einem Wintertag des Jahres 1452. »Anfänglich war der König ganz blaß geworden, als er seine Braut aus der Ferne kommen sah«, schreibt Aenea Silvio, der den Italienzug Friedrichs diplomatisch vorbereitet und ihn der Nachwelt überliefert hat. »Aber sobald er ihre reizende Gestalt in der Nähe erblickte und ihre wahrhaft königlichen Bewegungen mehr und mehr erkennen konnte, da kam er wieder zu sich und gewann seine frühe Farbe wieder; er war erfreut, daß er eine schöne Gattin gefunden, die weit schöner war, als es ihr Ruf besagte.«

Die kleine, zierliche, temperamentvolle Portugiesin mit dem rabenschwarzen Haar und den feurigen Augen war für damalige Begriffe eine ausgesprochene Schönheit. Sie stand im 16. Lebensjahr und war einundzwanzig Jahre jünger als ihr kontaktarmer, ichbezogener Bräutigam. Eleonore und Friedrich paßten weder figürlich noch charakterlich zusammen. Aber wer fragte bei Fürstenheiraten schon nach körperlicher und geistiger Übereinstimmung, nach Seelenverwandtschaft?

Die Ehe, nehmen wir es vorweg, wurde nicht besonders glücklich. Die luxusverwöhnte Südländerin kam mit den klimatischen Verhältnissen in Mitteleuropa, vor allem aber mit der räumlichen und geistigen Enge in der Wiener Neustädter Burg, die überhaupt nichts von einer Kaiserresidenz an sich hatte, nur schwer zurecht. Mit dem phlegmatischen Gemahl fand sie sich nur allmählich ab und nur mühsam verwand sie die vielen Demütigungen, die ihm von allen Seiten zugefügt wurden. Im Grunde genommen verband das Kaiserpaar nur die gemeinsame Abneigung gegen den Alkohol und der Glaube an Gott.

Eleonore schenkte dem Kaiser fünf Kinder. Drei davon starben im Babyalter, ihren Tod lastete Friedrich der Kaiserin an. Angeblich verabreichte sie den Kleinkindern zu viele Leckereien. Eine Tochter, Kunigunde, heiratete einen Wittelsbacher. Der zweitgeborene Sohn, auf den im Hause ungewöhnlichen Namen Maximilian getauft, entwickelte sich in der Nachfolge des Vaters zu einer der bedeutendsten Herrscherpersönlichkeiten am Übergang vom Mittelalter zur Neuzeit.

Eleonores Erdendasein war kurz. Sie starb nach fünfzehnjähriger Ehe am 3. September 1467 im 31. Lebensjahr. Ihr Grabmal befindet sich im Wiener Neustädter Neukloster.

Der Kaiser heiratete kein zweites Mal. Er blieb Witwer und hat seine schöne Gemahlin offenbar nie vergessen. Von Liebschaften mit Hof- oder anderen Damen ist nichts, zumindest nichts Genaues, bekannt. Friedrich III. war kein Heros und schon gar kein Frauenheld.

Wir sind den historischen Ereignissen weit vorausgeeilt. Nach viertägigem Aufenthalt in Siena setzten das Brautpaar und sein Gefolge am 1. März 1452 den Zug nach Süden fort. Am 9. März folgte der feierliche Einzug in Rom. Es war ein Schauspiel ganz nach dem Geschmack der Römer. Unter der Führung von Friedrichs Bruder Albrecht (VI.) zogen fünftausend Reiter durch die Straßen der Ewigen Stadt, gefolgt von den Gesandten der italienischen Fürsten und Städte. An sie reihte sich der junge Ladislaus, der Senator und Präfekt der Stadt Rom, der das Pferd des Kaisers an der Hand führte, sodann der Reichsmarschall Heinrich von Pappenheim, der dem Kaiser das entblößte Reichsschwert vorantrug. Friedrich selbst war in einen Prunkmantel gehüllt, der einen Wert von 200000 Gulden repräsentiert haben soll. Bei ungewöhnlichen, einmaligen Anlässen ließ sich der kaiserliche Geizhals nicht lumpen. Da wußte er genau, was er seiner Stellung schuldig war. Hinter dem Kaiser folgten Bischöfe und Räte, Eleonore mit ihrem südländischen Gefolge, Fußknechte und edle Frauen. Den Zug beschloß die päpstliche Reiterei.

Der Papst erwartete das königliche Paar inmitten des Kardinalskollegiums auf den Stufen der Peterskirche. Friedrich und Eleonore knieten nieder, der König küßte Fuß, Hand und Wange des Papstes und begab sich mit ihm in den Dom, um die Einzelheiten der Krönung zu besprechen. Die Zeremonie wurde auf den 19. März festgesetzt. Drei Tage vorher gaben Friedrich und Eleonore einander das Jawort.

Die Krönung des Habsburgers zum römisch-deutschen Kaiser lief nach einem alten, eingespielten Ritual ab. Um die dienende Stellung des Kaisertums gegenüber dem Papsttum zu veranschaulichen, hielt Friedrich beim Einzug in den Petersdom dem Papst den Steigbügel und führte dessen Pferd eine Strecke weit am Zügel. Er wurde dann zunächst zum Domherrn von St. Peter ernannt und in einen Bischofsornat gekleidet. Hierauf sprach er mit einem Kardinal Gebete und die Allerheiligenlitanei und wurde anschließend von einem Kardinalbischof am Arm gesalbt. Die Krönung und die Übergabe der Reichsinsignien (Schwert, Reichsapfel, Szepter) erfolgte während eines vom Papst zelebrierten Hochamtes. Der Kaiser gelobte hierauf, die Kirche zu beschützen, nahm die Lobpreisungen des Klerus entgegen, empfing gemeinsam mit dem Papst die Kommunion und verließ nach dem Ende der Messe mit ihm den Dom. Ein Umzug in der Stadt und ein Krönungsmahl in der Lateranbasilika bildeten den Abschluß der Zeremonie.

Die Kaiserin wurde in die feierliche Handlung miteinbezogen, auch sie wurde gesalbt und gekrönt.

Der Prunk, der bei der Krönung entfaltet wurde, und der gesamte Ablauf des Geschehens waren in der Mitte des 15. Jahrhunderts wohl nicht mehr ganz zeitgemäß. Das empfand auch Aenea Silvio Piccolomini, der bei der Schilderung der Ereignisse mit Kritik nicht hinter dem Berg hält.

Das Kaiserpaar zog am 24. März 1452 nach Neapel weiter, wo Friedrich auf Drängen seines Gastgebers, König Alfons, nach etlichen Hindernissen und Verlegenheiten die Ehe vollzog. Nach einigen Wochen Aufenthaltes trat Friedrich die Rückreise in die Heimat an. Bereits in Rom kündigten erste Vorzeichen an, was ihn dort erwartete. Ladislaus, der in der Ewigen Stadt zurückgeblieben war, war um ein Haar einer Entführung entgangen und hatte zu allem Überdruß den Papst gebeten, sich für seine Entlassung aus dem Gewahrsam des Kaisers einzusetzen.

Der Konflikt, dem Friedrich aus dem Weg gegangen war, verlangte gebieterisch nach einer Lösung. Die neue Würde, die er erlangt hatte, half ihm dabei wenig. Der Kaisertitel zählte nichts mehr. Friedrich sollte es bald am eigenen Leib zu spüren bekommen. Seine Gegner hatten während seiner Abwesenheit mobil gemacht, eine militärische Auseinandersetzung war unvermeidlich geworden. Von Italien zurückgekehrt, zog sich der Kaiser mit 500 Reitern und 500 Mann Fußvolk nach Wiener Neustadt zurück. Er erwartete dort den Angriff des feindlichen Heeres, das seiner kleinen Streitmacht zahlenmäßig weit überlegen war. Bei den Kämpfen um den Zugang zur Stadt tat sich unter den Kaiserlichen der steirische Ritter Andreas Baumkircher besonders hervor. Wir werden diesem Mann später noch einmal begegnen.

Die Kampfhandlungen, bei denen man »Steine bis zur Größe eines Menschenkopfes« aufeinander abfeuerte, dauerten nur einen Tag. Dann wurde ein Waffenstillstand vereinbart, an dessen Ende die Kapitulation Friedrichs stand: der gedemütigte Kaiser mußte sich dazu bereit erklären, sein Mündel Ladislaus auszuliefern. Tatsächlich wurde der bedauernswerte dreizehnjährige Prinz, der seit seiner Geburt nichts anderes gewesen war als ein Spielball der Mächtigen im Kampf um ihre egoistischen politischen Interessen und Ziele, am 4. September 1452 vor dem Äußeren Wiener Tor (»Spinnerin am Kreuz«) an Ulrich von Cilli übergeben.

Wenige Tage später zog er unter dem Jubel der Bevölkerung in Wien ein, wo man ihn in einen Badezuber (Bottich) steckte, »um alles Steirische von ihm abzuwaschen«. Im Oktober 1453 wurde Ladislaus zum König von Böhmen gewählt, vier Jahre später starb der Siebzehnjährige unter mysteriösen Umständen in Prag. Mit ihm erlosch die albertinische Linie des Hauses Habsburg. In Böhmen wurde Georg Podiebrad, in Ungarn Matthias Hunyadi (»Corvinus«) zum König gewählt.

Kaiser Friedrich war am Tiefpunkt seiner Laufbahn angelangt. Die schwerste persönliche Demütigung in seinem an Kränkungen und Erniedrigungen wahrlich nicht armen Leben stand ihm allerdings noch bevor.

Nach dem Verlust Böhmens und Ungarns erhob Friedrichs Bruder Albrecht VI. Anspruch auf das Erzherzogtum Österreich. Zwar kam es zwischen den Brüdern 1458 zunächst zu einer einvernehmlichen Regelung, die dem Kaiser das Land unter der Enns (Niederösterreich) und Albrecht das Land ob der Enns (Oberösterreich) zusprach, aber der Bruderzwist, der nicht nur machtpolitische, sondern auch persönliche Gründe hatte, schwelte weiter. Friedrich und Albrecht waren Gegensätze. Während der eine die Gewalt verabscheute, strebte der andere nach Kriegsruhm, war resolut und durchschlagskräftig.

Der bedächtige Kaiser war nicht imstande, sich in Niederösterreich Autorität zu verschaffen. Räuberbanden verwüsteten weite Landstriche, Söldnerführer befehdeten einander, die Münze verfiel. Die öffentliche Unsicherheit führte zum Niedergang von Handwerk, Handel und Gewerbe, eine Hungersnot drohte, die Unzufriedenheit wuchs. Albrecht VI. nützte die Gunst der Stunde und fiel 1462 mit einer Streitmacht in Niederösterreich ein. Seine Anhänger gewannen auch in Wien unter Führung des Viehhändlers Wolfgang Holzer die Oberhand und begannen, den Kaiser in der Hofburg zu belagern. Laufgräben wurden ausgehoben, zentnerschwere Steine mit Wurfmaschinen gegen die Mauern und Schutzwehre geschleudert.

Friedrich harrte mit seiner Gemahlin, dem dreijährigen Maximilian und seinen Getreuen aus. Zähigkeit und Ausdauer waren nun einmal seine Stärke. Selbst als die Lebensmittel knapp wurden und die Belagerten gezwungen waren, die Haustiere zu schlachten und zu verspeisen, gab Friedrich nicht auf. »Hund, kaczen warden gessen gar und ain geir, was wol dreissig jar«, schildert ein zeitgenössischer Chronist die mißliche Situation. Er war nicht so leicht unterzukriegen, dieser schwerblütige Habsburger, dessen Lebensmotto »Felix oblivio« (Das Glück liegt im Vergessen) so ganz und gar zu ihm paßte.

Schließlich befreite ihn ein böhmisches Entsatzheer aus seiner unerquicklichen Lage, und der Kaiser zog sich in sein »allzeit getreues« Wiener Neustadt zurück. Der Zwist der verfeindeten Brüder wurde schon 1463 durch den plötzlichen Tod Albrechts beendet. Friedrich hatte wieder einen Gegner überlebt.

Der Kaiser war nun Herr der Donauländer und vorübergehend nicht in Bedrängnis. Er nützte die kurze Zeit der Ruhe dazu, kirchenpolitische Anliegen, die ihm am Herzen lagen und die in sein Gesamtkonzept von der Erhöhung seines Hauses paßten, zu verwirklichen. Friedrich gab ja stets – notwendigerweise – der österreichischen Politik den Vorzug vor der Reichspolitik.

Bereits im Jahre 1453 hatte der Kaiser das »Privilegium maius«, durch das sich sein von ihm verehrter und in vielem nachgeahmter Vorgänger, Herzog Rudolf IV., große Vorrechte für sich und sein Land verbrieft hatte, für gültig erklärt und dem Dokument damit reichsrechtliche Anerkennung verschafft. Der steirischen Linie seines Hauses, der er entstammte, schanzte er bei dieser Gelegenheit gleich noch weitere Vorrechte zu. Sie durften den Titel Erzherzog führen, Abgaben wie Mauten und Zölle nach Bedarf einführen, Adel und Wappen verleihen. Dieser Rechtsakt des Kaisers hat die bevorzugte Stellung des Hauses Habsburg im Reichsgefüge endgültig fixiert und abgesichert.

Um seine kirchenpolitischen Ziele durchzusetzen, unternahm Friedrich schon bald nach dem Tod seiner Gemahlin eine zweite Fahrt nach Rom. Er löste damit auch ein Gelübde ein, das er während der Belagerung in der Wiener Burg gemacht hatte.

Von einigen hundert Fürsten, Grafen und Rittern begleitet, machte sich der Kaiser im Dezember 1468 auf den Weg und traf am Heiligen Abend in St. Peter ein, wo er von Papst Paul II. feierlich begrüßt wurde. Er nahm an der Christmette teil, empfing die Kommunion und erhielt vom Papst ein geweihtes Schwert zum Geschenk.

Den eigentlichen Zweck der Reise, die Errichtung eines Bistums in Wien und Wiener Neustadt sowie die Approbation des von ihm gestifteten St.-Georgs-Ritter-Ordens, erreichte der Kaiser rasch und mühelos. Bereits am Neujahrstag des Jahres 1469 führten Paul II. und Friedrich im Lateran den ersten Hochmeister des Georgsordens, Hans Siebenhirter, feierlich in sein Amt ein. Am 18. Januar erhob eine päpstliche Bulle Wiener Neustadt zum Bischofssitz. Die Diözese, die nur das Stadtgebiet umfaßte, wurde aus dem Salzburger Erzbistum ausgeschieden, was seitens des Salzburger Erzbischofes nicht unwidersprochen blieb. Auch die Rangerhöhung des Kollegiatskapitels von St. Stephan zu einem Domkapitel stieß auf energischen Widerstand. In diesem

Fall war es der Bischof von Passau, der gegen die Minderung seines kirchlichen Einflußbereiches Protest erhob. Papst und Kaiser nahmen es zur Kenntnis, die Entscheidung blieb aufrecht.

Das Bistum Wien, für das der Landesfürst das Ernennungsrecht für den Bischof zugesprochen erhielt, reichte ebenfalls nur im Westen über das Stadtgebiet hinaus. Der angeblich so erfolglose Habsburger hatte Pläne verwirklicht, an denen einige seiner Vorgänger glatt gescheitert waren.

Dem zähen, unbeirrbar an seinen Vorsätzen festhaltenden Verhandler gelang es bei seinem zweiten Romaufenthalt sogar, die Kurie zur Einleitung eines Heiligsprechungsprozesses für den babenbergischen Markgrafen Leopold III. zu bewegen. Es dauerte dann zwar fast zwei Jahrzehnte, ehe das langwierige Verfahren abgeschlossen wurde, doch der Kaiser erlebte es noch. Im Jahre 1485 wurde der Babenberger kanonisiert. Es war ein weiterer erfolgreicher Schritt auf Friedrichs Weg, seinem Haus und seiner Dynastie Glanz und Ansehen zu verschaffen.

Ob auch die berühmte Buchstabenkombination AEIOU, die der rätselhafte Kaiser zum erstenmal 1437 in seinem Notizbuch verwendete, der mystischen Überhöhung seines Hauses diente oder nicht, darüber sind sich die Historiker nicht ganz einig. Ursprünglich waren die fünf Vokale wohl eine auf Aberglauben und Magie beruhende Eigentumsbezeichnung. »Pei belhem pau (bei welchem Bau) oder auff welchem Silbergeschirr oder kirchengebant (Kirchengewand) oder anderen klainaten der strich und die fünf puestaben, stend, das ist mein, herczog Friedreis des Jüngeren, gebessen oder ich hab das selbig paun oder machen lassen«, vermerkte der junge Herzog. Und tatsächlich ließ er dieses Zeichen auf seinem persönlichen Eigentum anbringen, auf Schriftstücken, Bucheinbänden, Meßgewändern, ja sogar auf Bauwerken (Neuberger Münster in der Steiermark, Kaiserempore im Wiener Neustädter Dom, Wappenwand an der Georgskapelle in Wiener Neustadt, Orgelbrüstung in der Wiener Ruprechtskirche).

Der oben zitierten Eintragung wurde später in unschöner Handschrift die Devise angefügt: »Als erdreich ist Österreich underthan« und »Austrie est imperare orbi universo«. Wer sie hinzugefügt hat, ist unbekannt.

War die Vokalreihe für Friedrich nur eine buchstabenmagische Spielerei oder hat er damit einen österreichischen Weltherrschaftsanspruch zum Ausdruck gebracht? Wie auch immer, das Haus Habsburg hat in den nächsten, auf Friedrich III. folgenden Jahrhunderten weite Gebiete Europas und über seine spanische Linie auch Teile der Neuen Welt durch Verträge, Heiraten und Kriege seinem Herrschaftsanspruch unterworfen.

Als der Kaiser im Januar 1471 von seiner Pilgerfahrt wieder nach Österreich zurückkehrte, sah er sich, wie schon nach seiner ersten Italienfahrt, einer Revolte gegenüber. Diesmal war es der bereits genannte Krainer Adelige und Söldnerführer Andreas Baumkircher, der das Haupt gegen ihn erhob. Baumkircher, der bis dahin ein treuer Parteigänger Friedrichs gewesen war, empörte sich gegen seinen Herrn, da ihn dieser mit der Bezahlung längst fälliger Schulden allzu lange hingehalten hatte. Er wurde vom Ungarnkönig und einer Anzahl von steirischen Adeligen unterstützt.

Es kam zu schweren Kämpfen mit zahlreichen Opfern auf beiden Seiten. Nach einem erfolgreichen Vermittlungsversuch der innerösterreichischen Stände und einem Vergleich begab sich Baumkircher unter Zusicherung freien Geleites zu weiteren Gesprächen nach Graz. Der Kaiser, dem zu Ohren gekommen war, daß der Söldnerführer einen Anschlag auf sein Leben plante oder geplant hatte, ließ den Condottiere kurzerhand verhaften und ohne Gerichtsverhandlung enthaupten. Der gnadenlose Racheakt im Stil der italienischen Renaissance paßt nur schwer in Friedrichs behäbig-phlegmatisches Charakterbild.

Unterdessen machte sich am Beginn der siebziger Jahre des 15. Jahrhunderts jener Feind immer stärker und mit Nachdruck bemerkbar, der auch in den nächsten beiden Jahrhunderten dem europäischen Osten und Südosten schwer zu schaffen machen sollte: die osmanischen Türken.

Die islamischen Heerscharen, die bereits weite Teile des Balkans unter ihre Herrschaft gebracht hatten, unternahmen über Kroatien hinweg Raubzüge bis tief in den Süden der österreichischen Länder und überrannten Krain sowie Teile der Steiermark und Kärntens. Sie verwüsteten Felder und Fluren, brandschatzten die Dörfer und kehrten auch mit menschlicher Beute, mit Christenknaben, die sie zu Janitscharen ausbildeten, in ihre Ausgangspositionen zurück.

An eine geordnete, erfolgreiche Abwehr gegen den militärisch überlegenen Gegner war nicht zu denken. Es fehlte an allen Ekken und Enden an Geld, Truppen und einer ernstzunehmenden Verteidigungsbereitschaft. Der Kaiser war macht- und mittellos und bei den Reichsfürsten – wir haben es bereits erwähnt – stieß er mit seinen wiederholten Appellen um militärische und materielle Unterstützung für einen Türkenkrieg auf taube Ohren.

Für die Kurie war der Bannerträger Europas im Kampf gegen den Islam der Ungarnkönig Matthias Corvinus (der Zuname leitet sich von einem Raben in seinem Wappen ab).

Matthias, ein geborener Feldherr und ein großes Organisationstalent, hatte ein diszipliniertes Heer hinter sich, das den Türken manche Niederlage zufügte. Aber die Abwehr der Osmanengefahr hätte einer gesamteuropäischen Anstrengung bedurft, die natürlich nichts weiter war als ein Hirngespinst in den Köpfen ideologischer Utopisten. Auf sich allein gestellt, richtete Corvinus gegen die Truppen des Sultans nichts aus. Dazu war er zu schwach, und es war auch gar nicht seine Absicht, seine Kräfte in einem endlosen Türkenkrieg zu verzetteln.

Der fähige, kulturbeflissene Ungarnkönig, der die Universität Preßburg begründet hatte und an dessen Hof Künstler und Gelehrte aus Italien und Deutschland tätig waren, wollte nicht als Türkenbezwinger in die Geschichte eingehen. Er wollte einen alten habsburgischen Traum verwirklichen: die Zusammenfassung Ungarns, Böhmens und der österreichischen Länder zu einer politischen Einheit, mit Buda als Zentrum.

Bei der Durchsetzung dieser historischen Konzeption, die er mit Schwung in Angriff nahm, konnte er Teilerfolge verzeichnen: Böhmen, wo er 1469 zum König gewählt wurde, Mähren, Schlesien und die Lausitz gehörten zeitweilig zu seinem Machtbereich. Die dauerhafte Realisierung dieses Plans blieb freilich dem Haus Habsburg vorbehalten.

Die ehrgeizigen Pläne des Matthias Corvinus stießen verständlicherweise auf den Widerstand des Kaisers, der im Konflikt mit dem Ungarnkönig ebenso selbstverständlich den Kürzeren zog. Bereits 1477 fiel Matthias mit seiner Armee in Österreich ein und bedrohte Wien, das der Belagerung jedoch ohne Hilfe von außen standhielt. Einige Jahre später schlossen die Ungarn die Stadt erneut ein, aber diesmal stand Wien auf verlorenem Posten. Zwar gelang es den Wienern, mit dem Ungarnkönig zwecks Einbringung der Weinernte einen siebenwöchigen Waffenstillstand zu vereinbaren und auf dem Donauweg immer wieder Lebensmittel und Kriegsmaterial in die Stadt zu schaffen, aber als Matthias den Belagerungsring enger und enger zog, erlahmte die Widerstandskraft.

Der Kaiser saß unterdessen in Linz und mußte, da er kein Entsatzheer auf die Beine stellen konnte, zusehen, wie der Ungarnkönig am 1. Juni 1485 an der Spitze seiner Truppen und eines überaus großzügigen »ungarischen Hilfszuges« mit Lebensmitteln und Schlachtrindern für die notleidende Bevölkerung in der Kaiserstadt an der Donau seinen Einzug hielt.

Im August 1487 wurde auch Wiener Neustadt Beute der Ungarn. Dem leidgeprüften Kaiser blieb wirklich nichts erspart. Nun hatte er auch seine »allzeit Getreue« verloren. Er sollte nicht wieder in ihre Mauern zurückkehren.

Die ungarische Besatzung Wiens, Wiener Neustadts, der Steiermark und weiter Teile Niederösterreichs fand mit dem plötzlichen Tod des Matthias Corvinus, der keinen legitimen Erben hatte, am 6. April 1490 ihr Ende. Friedrichs Langmut und seine Langlebigkeit hatten ein letztes Mal einen Gegner ausmanövriert.

Neben der Osmanengefahr beschäftigte den alternden Kaiser in den beiden letzten Jahrzehnten seiner Regierung im zunehmenden Maße die Westpolitik. Der unmittelbare Anlaß für diese Wendung nach Westen war die Entwicklung in Tirol und den Vorlanden, dem zersplitterten habsburgischen Länderbesitz im Südwesten des Reiches (u.a. Aargau, Thurgau, Elsaß, Breisgau, Teile von Oberschwaben, Vorarlberg).

Zur Zeit Friedrichs herrschte dort dessen ehemaliges Mündel Sigismund »der Münzreiche« (1446–1490). Der maßlos freigebige, prunkliebende Habsburger führte nicht nur mit dem Bischof von Trient einen langjährigen Streit um die Durchsetzung seiner Landeshoheit, er mußte sich auch gegen die Expansionsbestrebungen der Schweizer Eidgenossenschaft zur Wehr setzen.

Um gegen die kriegstüchtigen Schweizer bestehen zu können, versuchte er, sich mit den Herzogen von Burgund zu verbünden, die im Grenzraum zwischen Frankreich und Deutschland durch eine glückliche Familienpolitik zahlreiche Herrschaften zu einem Staat zusammengefaßt hatten. Lediglich vom Herzogtum Lothringen unterbrochen, erstreckte sich dieser Länderkomplex vom Jura bis zur Nordsee.

Sigismund verpfändete Herzog Karl dem Kühnen (1467–1477) einen Teil seiner Besitzungen, die burgundische Unterstützung blieb jedoch aus. Nun trat auch der Kaiser auf den Plan. Das burgundische Machtgebilde, das sich auf Kosten des Reiches und des Hauses Habsburg zu entfalten drohte, flößte ihm seit längerem Unbehagen ein. Man mußte versuchen, den ruhmbegierigen Herzog, der nicht nur sein unzusammenhängendes Herrschaftsgebiet abrunden wollte, sondern auch eine Rangerhöhung anstrebte, in die Schranken zu weisen. Aber wie?

Der listenreiche Sigismund glaubte es zu wissen, und er schlug es Friedrich vor: durch eine dynastische Verbindung zwischen den beiden Herrscherhäusern, einer Ehe zwischen Maria, der Erbtochter des Herzogs, und Maximilian, dem ältesten Sohn des Kaisers.

Der angeblich so phantasielose Friedrich erkannte die Zukunftsträchtigkeit des Projektes. Er vereinbarte für Mitte September 1473 in Trier eine Zusammenkunft mit dem prachtliebenden Herzog, den er nicht zu Unrecht für einen Parvenü hielt.

Was sich in Trier abspielte, kann man geradezu als grotesk bezeichnen. Der Herzog trat mit einem glanzvollen Gefolge auf, demonstrierte bei jeder sich bietenden Gelegenheit seinen verschwenderischen Reichtum und versuchte dem armen Kaiser, der sich in der Tat mit dem Geld der Fugger eingekleidet hatte, die Show zu stehlen, was ihm auch mühelos gelang. Es war ein in das 15. Jahrhundert vorverlegtes barockes Staatsschauspiel. Dem vierzehnjährigen Maximilian, der seinen Vater begleitete, hat es sich tief eingeprägt.

Die Verhandlungen, bei denen es nicht nur um das Heiratsprojekt, sondern um handfeste politische Fragen wie den Königstitel für Karl ging, verliefen im Sand und endeten mit einem regelrechten Eklat: Friedrich verließ Ende November die Stadt, ohne fixe Zugeständnisse zu machen und ohne sich von seinem Gesprächspartner zu verabschieden. Die Begleichung der Aufenthaltskosten überließ er dem Erzbischof von Mainz.

Karl der Kühne überspannte den Bogen seiner ehrgeizigen Machtpolitik. Er unterlag den Eidgenossen in zwei Schlachten und verlor am 5. Januar 1477 im Kampf gegen eine Übermacht eidgenössischer, elsässischer und lothringischer Truppen sein Leben.

Nun schlug die große Stunde Friedrichs des Bedächtigen, der, wenn es nötig war, auch rasch und entschlossen zu handeln vermochte. Er entfaltete einen ungewöhnlichen Eifer, um Geld und Truppen für die Brautfahrt seines Sohnes Maximilian nach Burgund zusammenzubringen, denn um den Anspruch seines Hauses auf das reiche Land durchzusetzen, mußten die Waffen entscheiden. Tatsächlich wehrten sich der König von Frankreich und die selbstbewußte Bürgerschaft der flandrischen Städte gegen eine habsburgische Herrschaft. Machen wir es kurz: Maximilian zog nach Flandern und heiratete am 19. August 1477 in Gent Maria von Burgund. Damit begann ein neuer Abschnitt in der abwechslungs- und ereignisreichen Geschichte seines Hauses. Eine neue Welt tat sich auf, das Tor zur Weltpolitik und zur Weltmacht war aufgestoßen, auch wenn es zunächst gar nicht danach aussah.

Die Kräfte des alten Kaisers wurden bald wieder von der Reichspolitik, von der Türkengefahr und von seinem hartnäckigen Gegner Matthias Corvinus in Anspruch genommen, dem er militärisch nicht Paroli bieten konnte.

Erfolge waren selten, aber es gab sie. Am 16. Februar 1486 wählten die Kurfürsten Maximilian zum Deutschen König. Die Nachfolge Friedrichs und das habsburgische Kaisertum waren damit gesichert. Andererseits gab er Randgebiete des Reiches preis: den preußischen Ordensstaat etwa und Schleswig-Holstein.

Schwieriger gestalteten sich die Verhältnisse in Tirol. Der intelligente, aber zügellose Herzog Sigismund stürzte sein Land infolge seiner senilitätsbedingten Verschwendungssucht, die immer schlimmere Formen annahm, in riesige Kalamitäten. Zuletzt trug er sich sogar mit dem Gedanken, Tirol und Vorderösterreich an Albrecht IV. von Bayern-München zu verpfänden. Die Tiroler Landstände und der Kaiser konnten in gemeinsamer Anstrengung den Ausverkauf des reichen und strategisch so wichtigen Landes gerade noch verhindern. Schließlich wendete sich das Blatt doch noch zum Guten. Im Jahre 1490 dankte der Herzog gegen eine saftige Abfindung zu Gunsten des jungen Maximilian ab und widmete sich nur noch seinem sorglosen Leben.

Die Wiedervereinigung aller habsburgischen Länder war jetzt nur noch eine Frage der Zeit. Maximilian versuchte, gleich auch die Verhältnisse im Osten seines zukünftigen Herrschaftsbereiches einer Lösung zuzuführen. Nach dem Tode des Matthias Corvinus vertrieb er in einem kurzen Feldzug die Ungarn aus Österreich, Wien und der Steiermark und stieß mit seinen Landsknechten bis tief auf ungarisches Gebiet vor. Maximilian hatte die Absicht, Ofen zu erobern, mußte aber den Feldzug abbrechen, da die Söldner meuterten und ein früher, harter Winter über das Land hereinbrach. Im Frieden zu Preßburg (1491) sicherte er sich aber die Erbfolge in Ungarn und Böhmen. Er hatte einen zukunftsweisenden Erfolg errungen.

Der Kaiser, dessen Leben sich langsam seinem Ende zuneigte, hielt sich unterdessen in Linz an der Donau auf, das er zu seiner Altersresidenz erkoren hatte. In der Linzer Burg, die er hatte ausbauen lassen, sammelte er wertvolle Steine, beschäftigte sich mit Alchemie und ließ sich von seinem jüdischen Leibarzt Hebräisch lehren. Die Weltpolitik, die er selbst entscheidend mitgestaltet und unter der er persönlich zu leiden gehabt hatte, drang nur aus weiter Ferne an sein Ohr.

Mit seiner Gesundheit ging es bergab. Friedrich litt an Arterienverkalkung und Altersschwäche. Besonders arg machten ihm die Beine zu schaffen. Das linke Bein war vom Altersbrand befallen und starb bis zum Knie ab. Die Ärzte rieten zu einer Amputation, die dann auch im Juni 1493 durchgeführt wurde. Zwei Meister der Chirurgie sägten dem alten Herrn bei wachen Sinnen das kranke Bein ab. Der Kaiser ließ den »chirurgischen Eingriff« mit stoischer Ruhe über sich ergehen und meinte danach humorvoll, wie berichtet wird, nun werde er wohl als »Friedrich der Einbeinige« in die Geschichte eingehen.

Er war bereits wieder auf dem Weg der Besserung und schien wieder vollkommen zu gesunden, als nach dem Genuß von Melonen und kaltem Wasser eine rasche Verschlechterung seines Befindens eintrat. Am 19. August 1493 starb er nach dem Empfang der Sterbesakramente 78jährig. Sein für die damalige Zeit ungewöhnlich hohes Alter ist wohl mit seiner maßvollen, gesunden Lebensführung zu erklären. Friedrich lebte »eher spießbürgerlich als fürstlich«, trank kaum Wein und aß mäßig, aber besonders viel Obst: Melonen, Weintrauben und Birnen.

Die Eingeweide und das Herz des Kaisers wurden in der Linzer Stadtpfarrkirche beigesetzt, sein Leichnam am 28. August 1493 in der Herzogsgruft des Wiener Stephansdomes bestattet. Erst im Oktober wurden auf Anordnung Maximilians, der aus einem Türkenkrieg nach Wien zurückkehrte, die Begräbnisfeierlichkeiten abgehalten. Seine letzte Ruhestätte fand der Kaiser 1513 im prächtigen Hochgrab im Apostelchor des Stephansdomes.

Friedrich III. hat 53 Jahre lang die deutsche Königswürde und mehr als vier Jahrzehnte die Kaiserwürde innegehabt. Dieser Herrscherrekord wurde später nur noch von Kaiser Franz Joseph überboten.

Das Bild und das Wirken dieses schwer einschätzbaren und zu beurteilenden Regenten ist von der Geschichtsschreibung ohne Zweifel negativ verzeichnet worden. Ein endgültiges Urteil über den beharrlichen, an die Größe seines Hauses glaubenden Kaisers steht noch aus. Es wird erst dann gefällt werden können, wenn das gesamte Archivmaterial über ihn und seine Regierungszeit aufgearbeitet ist. Dieses Urteil wird, das kann man annehmen, wahrscheinlich günstiger, zumindest jedoch differenzierter sein als das bisherige. Das ungerechte Wort vom habsburgischen Kaiser, der als des »Reiches Erzschlafmütze« die Zeiten überdauert hat, wird dann hoffentlich zum alten Eisen der Geschichtsschreibung gehören.

Maximilian I.:
Kaiser an der Zeitenwende

Maximilian I., *Kopie nach einem Gemälde (1499) von Bernhard Strigel.*

Die Bürger von Gent reckten im dichten Spalier die Hälse, als am 18. August 1477 Maximilian, der Sohn des römisch-deutschen Kaisers, hoch zu Roß in einem silbernen, goldverzierten Prunkharnisch mit einer goldenen Fürstenkrone auf dem Haupt und einem prächtigen Gefolge von 1200 Reisigen in ihre Stadt einritt. Der achtzehnjährige, gutaussehende Prinz, der so gekonnt-majestätisch im Sattel saß, strahlte jugendliche Entschlußkraft und Zuversicht aus. Er wurde begeistert empfangen.

Maximilian war den langen Weg von Österreich über Frankfurt und Köln nach Flandern gezogen, um Maria, die Herzogin von Burgund, zu ehelichen. Die Ehe war, wie damals üblich, bereits per procurationem, also stellvertretenderweise durch ein symbolisches Beilager, vollzogen worden.

Das Herzogtum Burgund, das von der Schweiz bis an die Nordsee reichte, war im 15. Jahrhundert einer der reichsten und mächtigsten Staaten Europas. Die burgundischen Herzöge hatten mit Klugheit und Gewalt im Grenzraum zwischen Frankreich und Deutschland ein Reich geschaffen, dessen nationale, kulturelle und wirtschaftliche Vielgestaltigkeit nur durch das einigende Band der Dynastie zusammengehalten worden war.

Schon bald nach dem Tod Herzog Karls des Kühnen, der im Januar 1477 in einer Schlacht gegen die Schweizer sein Leben verloren hatte, hatte der König von Frankreich seine Hand nach dem Land ausgestreckt und auch im Inneren erhob sich Widerstand. Die freiheitsliebenden Stände forderten die Rückgabe ihrer Privilegien, die ihnen der Herzog geschmälert oder überhaupt genommen hatte. Den jungen, politisch unerfahrenen Habsburgerprinz aus dem fernen Österreich erwarten schwere Aufgaben. Er muß in den nächsten dreizehn Jahren, in denen er damit beschäftigt ist, das burgundische Erbe zu verteidigen und zu behaupten, einen Krieg nach dem anderen führen, in eine Schlacht nach der anderen ziehen. Er muß persönliche Demütigungen in Kauf nehmen, Niederlagen einstecken, aber Burgund mit seiner ritterlichen Lebens- und seiner hochstehenden, erlesenen Hofkultur, seinen Lebensformen und zukunftsweisenden staatlichen Einrichtungen wird ihn für sein ganzes weiteres Leben entscheidend prägen.

Der Achtzehnjährige wird, Gott sei Dank, nicht stante pede mit der harten politischen Realität konfrontiert. Noch am Tag seines Einrittes in Gent sehen Braut und Bräutigam im Stadtschloß einander zum erstenmal. Sie können sich miteinander nur durch Gesten und mimische Zeichen verständigen. Der eine spricht die Sprache des anderen nicht. Aber sie finden aneinander sofort Gefallen. So wird es jedenfalls überliefert. Der endgültige Heiratsvertrag wird unterzeichnet und gesiegelt, die Brautleute erneuern ihr Verlöbnis.

Am nächsten Tag, dem 19. August 1477, findet in der Hofkapelle die schlichte Hochzeit statt. Maximilian trägt eine silberne Rüstung, Maria ein weißes Damastkleid. Auf ihrem zierlichen Haupt funkelt die Krone Burgunds. Der Zeremonie, die bald vorüber ist, folgt das unvermeidliche Festmahl. Turniere und Belustigungen aller Art schließen sich an.

Das jungvermählte Paar schwelgt im Eheglück. Die beiden verstehen und ergänzen einander blendend. Sie machen gemeinsame Ausritte, sie laufen Eis, sie sind beide begeisterte Schachspieler. Sie lehren einander, zwischen Küssen, ihre Muttersprachen: sie ihn Französisch, er sie Deutsch.

Wenige Wochen nach der Hochzeit schreibt Maximilian an seinen Freund Siegmund Prüschenk: »Lieber herr siegmund, ich füge euch zu wissen, daß mir von gottes gnaden wohl gehet – ich hab ein schöns fromms tugendhafts weib und gott dafür danke. Sie ist schneeweiß, braunes haar, ein kleins näsl, ein kleins häuptel und antlitz, augen braun und grau gemischt, schön und lauter, das untere häutel am aug etwas herunter gesenkt, so als ob sie geschlafen hätt, doch man merkt nicht viel davon, der mund rein und rot. Eine viel schönere jungfrau als ich gesehen hab, und fröhlich.« Zarter, liebevoller, poetischer hätte der Bericht des jugendlichen Bräutigams gar nicht ausfallen können.

Der habsburgische Prinz, an räumliche Enge und ein verhältnismäßig sparsam-karges Hofleben gewöhnt, war von der Pracht der burgundischen Städte und Schlösser beeindruckt. Wohl zwanzig große Städte wie Wien besitze er hier, berichtete er überschwenglich nach Hause, und außerdem zahlreiche kleinere wie Steyr und Graz. »Hätten wir hier Frieden«, schrieb er, »wir säßen im Rosengarten.«

Aber es gab keinen Frieden. König Ludwig XI. von Frankreich, der bereits das Herzogtum Burgund mit der Hauptstadt Dijon an sich gebracht hatte, setzte immer wieder seine Armee in Marsch und schürte Aufstände gegen den jungen Habsburger.

Maximilian wehrte sich nach Kräften. Er war mehr oder minder auf sich allein gestellt. Vom kaiserlichen Vater konnte er keine Hilfe erwarten, und auch die Reichsstände wollten sich nicht in einen Krieg mit Frankreich verwickeln lassen. Lediglich die reichen flandrischen Handelsstädte standen vorerst auf seiner Seite und stellten ihm die horrenden Geldbeträge zur Verfügung, die er benötigte.

Im August 1479 erfocht der »Weißkunig« bei Guinegate-Thérouanne einen ersten großen Sieg über die Franzosen, der seinem Namen mit einem Schlag Feldherrenglanz verlieh. Was später seinen Nimbus als Schlachtenlenker ausmachte, zeigte sich bereits bei Guinegate: Maximilian bewies strategische Phantasie, er paßte sich blitzschnell einer neuen Situation an, warf sich tollkühn in das Schlachtgetümmel und spornte die Truppen durch seinen persönlichen Einsatz zur äußersten Kraftanstrengung an.

Maximilian erkannte die militärischen Zeichen der Zeit. Mit den großen Ritterschlachten war es vorbei. Er setzte nach Schweizer Art auf das Fußvolk und die Artillerie, der seine besondere Vorliebe gehörte und um deren Weiterentwicklung er sich zeitlebens persönlich kümmerte. Mit Spieß und Hellebarde allein war kein Staat mehr zu machen. Das erkannte er mit strategischer Hellsichtigkeit.

Eine endgültige militärische Entscheidung brachte Guinegate nicht. Die Kampfhandlungen gingen weiter, Städte und Festungen wechselten mehrmals den Besitzer, Heere wurden entlassen und wieder angeworben. Das schwer heimgesuchte Land blutete aus allen Wunden. Die burgundischen Schatztruhen leerten sich. Um seine Söldner entlohnen zu können, verpfändete Maximilian sogar Teile des wertvollen Besitzes, den der herzogliche Schwiegervater zusammengetragen hatte: Gobelins, Ringe, Edelsteine, Purpurmäntel.

Die Gattin sah es mit Schwermut, aber sie fügte sich den Notwendigkeiten. Sie schenkte ihrem kampflustigen jungen Gemahl, der sich größte Mühe gab, die burgundische Staatskunst zu erlernen, 1478 einen Sohn, der auf den Namen Philipp getauft wurde. Das nächste Kind wurde eineinhalb Jahre später geboren, die Tochter Margarethe. Ein drittes Kind starb kurz nach der Geburt.

Maximilian genoß in den Pausen zwischen der Verteidigung seines Erbes sein häusliches Glück. Er ging mit seiner ein wenig rundlichen, fröhlichen Gemahlin, deren Sanftheit sich zuweilen auch in resolute Entschlossenheit verwandeln konnte, häufig auf die Falkenjagd und ergötzte sich ausgiebig am ausgelassenen, üppigen Hofleben. Bis ein ungnädiges Schicksal diesem munteren Treiben ein jähes Ende bereitete und sein Leben in andere Bahnen lenkte. Anfang März 1482 kam Maria von Burgund auf einer Reiherbeize beim Überspringen eines Grabens schwer zu Sturz. Drei Wochen später erlag sie qualvoll den inneren Verletzungen, die sie dabei erlitten hatte.

Der Tod seiner geliebten Gattin erschütterte Maximilian zutiefst. Er verbarg seine Traurigkeit nicht. Er weinte. Den seelischen Schmerz, den ihm der Verlust verursachte, hat er nur langsam überwunden.

Nicht nur das häusliche Glück war zerstört. Auch in der Politik war nun plötzlich alles ganz anders. Maria hatte ihre Kinder als Erben eingesetzt. Dem Gemahl hatte sie die Vormundschaft übertragen. Er sollte bis zur Volljährigkeit des Sohnes auch die Regentschaft übernehmen. Die Herzogin hatte sich diese testamentarischen Verfügungen auf dem Totenbett von Vertretern der Landstände bestätigen lassen. Aber das war bald vergessen. Die niederländischen Generalstände machten Front gegen den Fremdling aus Österreich und schlossen mit dem König von Frankreich den für Maximilian demütigenden Vertrag von Arras. Die zweijährige Margarethe wurde mit dem Dauphin verlobt und sogleich nach Frankreich gebracht. Als Mitgift erhielt sie die Freigrafschaft Burgund. Philipp, den kleinen Sohn Maximilians, nahmen die Genter in Gewahrsam.

Der Habsburger nahm den Fehdehandschuh auf. Wild entschlossen bekämpfte er seine Gegner, belagerte und zerstörte Städte, raubte den Bauern das Vieh, vernichtete die Ernte und scheute vor keiner Grausamkeit zurück. Die Rädelsführer des Aufstandes wurden hingerichtet, der Bürgermeister von Antwerpen öffentlich enthauptet. Seine Widersacher standen ihm im übrigen in nichts nach.

1485 unterwarfen sich Gent und Brügge. Es war das Jahr, in welchem der kaiserliche Vater im Osten seines Herrschaftsgebietes Wien an die Ungarn verlor.

In Gent sah Maximilian nach mehreren Jahren seinen Sohn wieder. Er schloß ihn freudig bewegt in seine Arme. Mit der widerspenstigen Stadt ging er hart ins Gericht. Sie mußte eine hohe Kriegsentschädigung zahlen und ging ihrer Privilegien verlustig. Die alten Freiheitsbriefe der Stadt ließ der grimmige, rachelüsterne Sieger vor den Augen der Bürger vernichten.

In der kurzen Atempause, die Maximilian nun gegönnt war, gelang Friedrich III., dem bedächtigen, schwerblütigen Vater seines temperamentvollen Sohnes, ein großer diplomatischer Erfolg. 1486 wurde Maximilian in Frankfurt zum deutschen König gekrönt. Die Kurfürsten entschieden sich für ihn nicht ohne Hintergedanken. Sie hofften, Maximilian würde nach seinen Erfolgen in Flandern den Reichskrieg gegen die Ungarn ohne ihre finanzielle Beteiligung mit eigenen Mitteln führen. Aber sie täuschten sich. Der König kehrte in die Niederlande zurück, wo die endgültige militärische Entscheidung noch nicht gefallen war. Diesmal nahm er auch den Vater mit, der aber nach der Teilnahme an Turnieren, Umzügen, Banketten und anderen Festen und Vergnüglichkeiten bald wieder in die Heimat zurückreiste.

Wieder gab es Krieg mit Frankreich. Und diesmal blieb dem jungen deutschen König eine der größten Demütigungen seines Lebens nicht erspart. Die Bürger von Brügge bemächtigten sich seiner Person und setzten ihn gefangen. Sechzehn lange Wochen blieb er seiner Freiheit beraubt. Es war eine Schmach, die ihresgleichen suchte, ein Majestätsverbrechen, das in Europa Aufsehen erregte. Der Papst, der Maximilians Wahl noch immer nicht anerkannt hatte, drohte den Rebellen mit dem Kirchenbann, der greise Kaiser – es ist kaum zu glauben – trommelte ein Reichsheer zusammen, an dessen Spitze er persönlich in die Niederlande zog.

Maximilian bestätigte den Brüggern ihre Privilegien, verzichtete auf die Regentschaft für seinen Sohn Philipp und wurde freigelassen. Mit aufständischen Bürgern hatte er schon als dreijähriger Knabe seine Erfahrungen gemacht, 1462, als die Wiener den Vater in der Hofburg belagert hatten. Es war ein traumatisches Erlebnis gewesen. Ob er daran gedacht hat, als er das Haus Kranenburg verließ, wo er so lange gefangensaß?

Maximilian schloß Frieden mit Frankreich, aber das Ringen um das burgundische Erbe war damit noch lange nicht zu Ende. Die aufständischen Niederländer gaben nicht auf. Vier volle Jahre dauerte es noch, ehe es Herzog Albrecht von Sachsen, Maximilians Sachwalter, gelang, den fünfzehnjährigen Krieg endgültig zu beenden.

Frankreich, seinen Hauptfeind, hatte der »Weißkunig« zuletzt noch mittels Heiratspolitik aus dem Feld zu schlagen versucht. Im Dezember 1490 ehelichte er, selbstverständlich durch Stellvertreter, die elfjährige Anna, die Erbin der Bretagne. Das unabhängige Herzogtum Bretagne war ein Stachel im Fleisch Frankreichs. Durch die Eingliederung des Landes in ein Bündnis mit England und Spanien wollte er den französischen König Karl VIII. in die Zange nehmen. Dieser aber reagierte prompt. Er rückte mit Heeresmacht in die Bretagne ein und heiratete Anna selbst. Seine langjährige Braut, Maximilians Tochter Margarethe, ließ er laufen.

Der Römische König tobte. Er fühlte sich doppelt düpiert: als Vater und als Gatte. Man sprach vom »bretonischen Brautraub«. Maximilian trug sich ernsthaft mit dem Gedanken, den König von Frankreich zum Zweikampf herauszufordern. Die an und für sich gar nicht so üble Idee, einmal nicht das Volk für dynastische Hirngespinste bluten zu lassen, kam nicht zur Durchführung. Historia non fecit saltus (Die Weltgeschichte macht keine Sprünge). Es blieb alles beim alten. Maximilian besetzte in einem Winterfeldzug 1492/93 die Freigrafschaft Burgund, schlug ein französisches Heer und machte endgültig Frieden mit dem verhaßten Frankreich. Der Vertrag von Senlis (1493) sicherte ihm das burgundische Erbe. Maximilian hatte sich trotz zahlreicher Rückschläge behauptet und den Expansionsbestrebungen des aufsteigenden französischen Nationalstaates Einhalt geboten. Die reichen flandrischen Handelsstädte und die Grafschaft Artois waren habsburgisch geworden. Das Fundament für die zukünftige Größe des Hauses Habsburg war damit gelegt.

Burgund, wir haben schon darauf hingewiesen, prägte Maximilians Charakter, sein Denken und Handeln. Die Eindrücke, die er in dem reichen, von einer Dynastie geschaffenen, übernationalen Staatengebilde empfing, die Erfahrungen, die er dort als junger Prinz und Monarch gesammelt hat, haben ihn ein ganzes Leben lang nicht losgelassen.

Burgund nahm er sich zum Vorbild für die von ihm in Angriff genommene Verwaltungsorganisation in Österreich und im Reich, mit der er die Schaffung eines »modernen Beamtenstaates« in die Wege leitete. Die burgundische Staatsidee stärkte sein Reichsbewußtsein und bestärkte ihn wohl auch in seinen Plänen zur Begründung eines ähnlich gelagerten übernationalen Staatengebildes im Donauraum. In Burgund lernte er, wenn nötig, mit kaiserlicher Grandezza aufzutreten. Das »spanische« Hofzeremoniell des Hauses Habsburg war burgundischer Herkunft, der Ritterorden vom Goldenen Vlies wurde zur Ordensgemeinschaft der Familie Habsburg.

Burgund verstärkte seine Neigung zur Abhaltung von Turnieren und Ritterspielen, an denen er als gefürchteter Einzelkämpfer teilnahm, burgundische literarische Vorbilder inspirierten ihn zur Abfassung von historischen, genealogischen und politischen Werken, sein künstlerisches Mäzenatentum hatte dort seine Wurzeln. Schließlich sind auch sein sorgloser Umgang mit Geld und seine verschwenderische Freigiebigkeit mit den scheinbar unerschöpflichen Finanz- und Wirtschaftsquellen zu erklären, die ihm in Burgund zur Verfügung standen.

Burgund, das kann man zusammenfassend sagen, wurde nicht nur Maximilian, sondern dem Haus Habsburg zum politischen Schicksal. Die Gegnerschaft zum französischen Königshaus bestimmte in den nächsten drei Jahrhunderten die Politik Mittel- und Westeuropas und wirkte weit in den osteuropäischen Raum hinein, wenn man etwa an das Zusammenspiel zwischen Ludwig XIV., dem allerchristlichsten König von Frankreich, und den osmanischen Sultanen in den Türkenkriegen denkt.

Ende August 1493 trat Maximilian die Nachfolge des verstorbenen Vaters an. Er war der erste Habsburger, der seit den Erbteilungen der Jahre 1379 und 1411 alle Linien des Hauses wieder in einer Hand vereinigte. Maximilian war nun Herr seiner eigenen Entschlüsse und konnte versuchen, seine hochfliegenden Pläne, die freilich nicht selten an der harten politischen Realität zerschellten, in die Tat umzusetzen.

Sein nächstes, langjähriges kriegerisches Betätigungsfeld fand er – notgedrungenermaßen – in Italien. Wieder war Frankreich, das seinen begehrlichen Arm danach ausstreckte, der Hauptgegner. Der deutsche König trat dem französischen auch in Italien zunächst als Heiratspolitiker entgegen. Noch zu Lebzeiten des Vaters hatte er sein Auge auf Bianca Sforza, die Tochter des Herzogs von Mailand, geworfen. Aus reinem politischen Kalkül, versteht sich. Die Sforza waren dynastische Emporkömmlinge, aber das kümmerte Maximilian nicht. Für ihn zählte nur, daß sie reich und mächtig waren. Wenn er Bianca heiratete, konnte er eine ansehnliche Mitgift erwarten und er gewann mit Mailand einen starken Bündnispartner. Der Ehevertrag wurde geschlossen, die Ehe im März 1494 gefeiert, nachdem die Braut drei Monate lang in Innsbruck auf den Bräutigam, der militärisch und politisch anderweitig beschäftigt war, hatte warten müssen.

Maximilian hat seine zweite Frau im Gegensatz zur ersten keineswegs vornehm behandelt. Die Liebe, wenn er je ein solches Gefühl für sie empfunden hat, war rasch verflogen. Als das ersehnte Kind ausblieb, kümmerte er sich kaum noch um seine stets ein wenig kränkelnde, kapriziöse Gemahlin und hielt sich sexuell bei anderen Frauen von Stand, sogenannten »Schlafweibern«, schadlos, mit denen er neun uneheliche Kinder zeugte. Er ließ die bedauernswerte Kaiserin zuweilen in einer Reichsstadt als Pfand zurück, wenn er, was nicht selten vorkam, seine Schulden nicht bezahlen konnte. Biancas freudloses Leben erlosch am 31. Dezember 1510. Der Kaiser fand es nicht einmal der Mühe wert, ihrem Begräbnis im Kloster Stams in Tirol beizuwohnen. Selbst ein Grabstein für seine Gemahlin war ihm offenbar zu teuer.

Karl VIII. fiel im Jahre 1494 mit einem gewaltigen Heer, unerwartet und doch nicht überraschend, in Italien ein. Nach einem verhältnismäßig komplikationslosen Alpenübergang hielt der kleine, bucklige König von Frankreich seinen Einzug in Turin. Von dort zog er über Asti und Pavia nach Pisa und Florenz weiter, eine Blutspur hinterlassend. In Florenz empfing ihn der Dominikanermönch und fanatische Bußprediger Girolamo Savonarola als den gottgewollten Retter Italiens, Rom ergab sich kampflos. Ein paar Wochen später eroberte er Neapel, das Ziel seines Feldzuges, und machte sich auch Unteritalien untertan. Die Apenninenhalbinsel, politisch zerrissen und aus diesem Grund eine leichte und begehrte Beute fremder Eroberer, stand unter französischer Herrschaft.

Maximilian reagierte auf die französische Invasion unverzüglich. Er konnte den militärischen Überfall nicht tatenlos hinnehmen. War Italien nicht uraltes Reichsland, ein Teil des Heiligen Römischen Reiches (Deutscher Nation)? Wenn er, obwohl er noch nicht die Kaiserkrone trug, seine Vorrangstellung im Abendland nicht preisgeben wollte, mußte er handeln. Für einen Alleingang gegen das kriegsgewaltige Frankreich reichten seine militärischen und finanziellen Mittel freilich nicht aus. Also mußte er versuchen, ein Bündnis gegen Frankreich zustande zu bringen, was ihm auch tatsächlich gelang. Im März 1495 schloß er mit dem Papst, Spanien, Venedig und Mailand die »Heilige Liga«. Es war der erste große außenpolitische Erfolg Maximilians, der allerdings in den nächsten beiden Jahrzehnten ein mehrmaliges Eingreifen in Italien nötig machte. Maximilian betrachtete Italien als das »Herz des Reiches«. Auf den Besitz dieses Landes, davon war er überzeugt, gründete sich die Herrschaft des Kaisers über die christliche Welt.

Die deutschen Reichsfürsten, denen er das klarzumachen versuchte, nahmen das nicht zur Kenntnis. Sie stellten für den Italienzug, den das Reichsoberhaupt plante und auf dem es hoffte, zum Kaiser gekrönt zu werden, nur geringe, unzulängliche Mittel zur Verfügung. Die Mitgliedsstaaten der Liga waren etwas freigiebiger, sagten größere finanzielle und energischere militärische Unterstützung zu. Trotzdem war es mehr als nur ein Wagnis, als Maximilian im August 1496 mit ein paar hundert Reisigen über die Alpen in die Lombardei zog. Er hatte große Pläne. Er wollte Pisa befreien, Florenz unterwerfen, den französischen Stützpunkt Livorno erobern und nach dem erfolgreichen Abschluß des Unternehmens mit den Spaniern gegen Paris marschieren. Sein Franzosenhaß raubte ihm den klaren Verstand.

Natürlich wurde aus all dem nichts. Die Verbündeten machten nur halbherzig mit, es fehlte an allen Ecken und Enden an Truppen und Geld. Der Mißerfolg war vorgeplant. Maximilian war schließlich gezwungen, die Belagerung von Livorno abzubrechen. Verbittert kehrte er über die verschneiten Alpen nach Innsbruck zurück.

Glücklicher, vor allem aber erfolgreicher als auf seinen Kriegszügen war der phantasiebegabte, unstete, sprunghafte Habsburger mit seiner Heiratspolitik. Das Schicksal hat dabei freilich seine Hand im Spiel gehabt, der Tod sich als eifriger Helfer betätigt. In den Jahren 1486/87 kam gegen den anfänglichen Widerstand Maximilians, der anderen dynastischen Verbindungen den Vorrang geben wollte, jene berühmte habsburgisch-spanische Doppelheirat zustande, die die Großmachtstellung des Hauses Habsburg begründete.

Die Kinder des spanischen Königspaares, Don Juan und Donna Juana, heirateten die Kinder Maximilians, Philipp und Margarethe. Das damit verbundene, gegen Frankreich gerichtete Vertragswerk begründete eine außenpolitische Konstellation, die in den nächsten beiden Jahrhunderten die europäische Politik bestimmte.

Der Tod, wir haben es schon gesagt, half bei der Installation der habsburgischen Herrschaft in Spanien kräftig mit. 1497 starb der Infant Juan. Nachdem in den folgenden Jahren alle Thronanwärter der Reihe nach das Zeitliche gesegnet hatten, fiel Juana (Johanna der »Wahnsinnigen«) und Philipp (dem »Schönen«) das Erbfolgerecht in den Schoß. Der Sohn der beiden, der 1500 in Gent zur Welt kam, hat schließlich 1516 den spanischen Thron bestiegen und als Kaiser Karl V. die habsburgische Weltmachtstellung verkörpert.

Maximilian konnte diese Entwicklung natürlich nicht voraussehen. Er nahm, nachdem er sich mit zahlreichen anderen Problemen herumgeschlagen hatte, 1508 seine Aktivitäten in Italien wieder auf. Er müsse zur Wiederherstellung der Reichsrechte und um endlich die Kaiserkrönung durchzusetzen, nach Rom ziehen, erklärte er den Ständen. Diese sagten ihm diesmal sogar ihre Unterstützung zu. Der Italienzug Maximilians löste einen achtjährigen Krieg mit wechselnden Koalitionen zwischen Frankreich, Spanien, Venedig, dem Papst und dem deutschen König aus, der in ganz Italien schwere Verwüstungen zur Folge hatte.

Die Krönung zum römisch-deutschen Kaiser durch den Papst in Rom gelang Maximilian nicht. Die Venezianer und Franzosen versperrten ihm in der Lombardei den Weitermarsch nach Süden. Auch Papst Julius II. verhielt sich ablehnend. Die Anwesenheit eines Reichsheeres in der Heiligen Stadt war ihm nicht geheuer. Er ließ jedoch ausrichten, er werde die Kaiserkrönung anerkennen, »wo immer sie geschähe, als hätte er dem römischen König die Krone mit eigener Hand aufgesetzt«.

Maximilian machte aus der Not eine Tugend. Er ließ sich am 4. Februar 1508 in einer feierlichen Zeremonie im Dom zu Trient durch seinen Weihbischof Matthäus Lang zum »Erwählten Römischen Kaiser« proklamieren. Krönung, Salbung und Weihe unterblieben. Es gab lediglich den traditionellen Kaiserzuruf durch die anwesenden Ritter vom Georgenschild und die kirchlichen Segensgebete.

Ein »romfreies« Kaisertum, wie das von zahlreichen Historikern behauptet wurde, wollte Maximilian mit diesem Schritt nicht begründen. Er nahm nur den Kaisertitel in Anspruch, das päpstliche Krönungsrecht blieb gewahrt. Er gab auch dem Wunsch nach priesterlicher Salbung und kirchlicher Weihe Ausdruck. Aber da es die Machtverhältnisse und die politische Situation nicht zuließen, hielt er auf diese Weise gegen feindliche Zugriffe am Rechtstitel fest.

Der Kaiser war, wir können das hier gleich einfügen, persönlich ein durchaus frommer Mann. Er beachtete streng die Gebote der Kirche, ging täglich zur Messe und lebte mit dem Kirchenjahr. So pflegte er sich alljährlich in klösterlicher Askese auf das

Osterfest vorzubereiten. Aus den kirchlichen Sakramenten schöpfte er Kraft und Zufriedenheit, so manche Reliquie verehrte er inbrünstig. All das konnte ihn allerdings nicht daran hindern, als Regent gegenüber den Päpsten und der Kurie einen Vorherrschaftsanspruch zu stellen. Maximilian fühlte sich als Kaiser zum Stellvertreter Gottes auf Erden berufen, dem sich die Kirche unterzuordnen hatte. Er war in seiner kirchenpolitischen Zielsetzung ein unbedingter Verfechter landesfürstlicher Kirchenhoheit und versuchte, wann immer sich dazu die Gelegenheit bot, die geistliche Gerichtsbarkeit einzuschränken, Bistümer und Pfarreien mit ihm genehmen Kandidaten zu besetzen. Kirchliche Einkünfte wie Annaten (Abgaben an die Kurie für die Verleihung eines kirchlichen Amtes) und Kreuzzugsgelder hatten es dem ständig von Geldnöten geplagten Kaiser natürlich besonders angetan.

Mit den Päpsten seiner Zeit, vor allem mit dem lasterhaften Alexander VI. und Julius II., kam Maximilian nur schlecht zurecht. Er schreckte ihnen gegenüber selbst vor persönlichen Schmähungen nicht zurück. So nannte er Julius einen »reißenden Wolf und grausamen Tyrannen, der keine Versprechungen, keine Treue, keine Religion hält«. Der Kaiser trug sich sogar mit dem Gedanken, diesen Papst abzusetzen. Solchen Überlegungen entsprang auch der seltsame Plan, sich 1511, nach dem Tod seiner zweiten Gemahlin und einer schweren Erkrankung Julius' II. der päpstlichen Krone zu bemächtigen. Hinter dieser Idee, die er gegenüber seiner Tochter Margarethe scherzhaft mit seiner persönlichen Läuterung begründete – er wolle, schrieb er ihr, niemals mehr heiraten und keine nackte Frau mehr ansehen –, steckten handfeste materielle Überlegungen. Der Papst-Kaiser hätte über die deutschen Kirchengelder verfügen können und wäre nicht mehr auf die Reichssteuern angewiesen gewesen, die nur spärlich flossen und deren Verweigerung viele seiner hochgespannten Ziele von vorneherein zunichte machte. Das schöne maximilianische Traumgebilde löste sich in nichts auf. Der Papst gesundete, dem Kaiser ohne Mittel blieb sein leerer Titel.

Der Vorwurf ist da und dort noch immer zu hören: Maximilian habe durch seine Italienpolitik das Reich vernachlässigt, ihm geschadet. Er sei in Italien seinen persönlichen und dynastischen Interessen nachgegangen, habe habsburgische und nicht deutsche Politik betrieben. Die Historiker, die diesen Vorwurf erheben, haben in einem recht: die Wiederherstellung des hochmittelalterlichen Kaisertums ottonischer und staufischer Prägung war zu Beginn des 16. Jahrhunderts, in einer Zeit nationalstaatlicher Auf- und Umbrüche, anachronistisch. Maximilian freilich hielt an der Maxime von einem universalen Kaisertum fest. Sie war ein unverrückbarer Bestandteil seiner politischen Ideenwelt. Seine politischen Träume stimmten mit der historischen Realität nicht immer überein.

Dem Reich hat er sein Interesse trotzdem nicht versagt. Die Reichsreform war ihm ein ernsthaftes und dringendes Anliegen. Es ging ihm dabei vordringlich um die Stärkung der Zentralgewalt, denn das »Heilige Römische Reich Deutscher Nation«, wie es von nun an hieß, war beinahe unregierbar geworden. Es verfügte über kein eigenes Heer, über keine eigenen Steuereinkünfte, kein Reichsgericht, keinen Beamtenapparat und schon gar nicht über ein Reichsregiment, eine Reichsregierung.

Das Reich war im Inneren zerrissen und nach außen hin politisch und militärisch vollkommen ohnmächtig. Sein Zerfall war weit fortgeschritten. Reichsgebiete in Italien, die Schweizer Eidgenossenschaft, die Niederlande drohten abgetrennt zu werden oder sich abzuspalten, das Ordensland des Deutschen Ritterordens in Preußen und Livland überließ man seinem Schicksal. Die deutschen Reichsfürsten kümmerte das alles wenig. Sie dachten nicht an das gemeinsame Ganze, sondern nur an ihren eigenen Vorteil. Ihre partikulare Eigenstaatlichkeit war ihnen wichtiger als ein mächtiges Reich, an dessen Spitze ein starker Herrscher stand.

Maximilian strebte keineswegs eine straffe monarchische Alleinherrschaft an. Er wußte, daß eine solche Absicht nicht durchzusetzen war. Er konnte und wollte eine zweihundertjährige politische Entwicklung nicht rückgängig machen. Was ihm vorschwebte, war eine Reichsreform im Sinne einer funktionierenden Zusammenarbeit zwischen den Reichsfürsten und einem starken Reichsoberhaupt, die den inneren Frieden und den äußeren

Schutz des Staatsgebildes garantierte, das zu regieren ihm aufgetragen war. Mit der Einführung einer jährlichen Reichssteuer, der Schaffung eines stehenden Heeres und einer einheitlichen Gerichtsbarkeit sollten nach den Vorstellungen Maximilians die Voraussetzungen dafür geschaffen werden. Auf den verschiedenen Reichstagen, die der Kaiser zum Zwecke der Reichsreform einberief, leisteten die Reichsstände unter der Führung des Mainzer Kurfürsten Berthold von Henneberg gegen diese Pläne hinhaltenden Widerstand. Da half alles gute Zureden, alles Zürnen und Poltern nichts. Immerhin verabschiedete der Wormser Reichstag des Jahres 1495 das Reichsgrundgesetz über den »Ewigen Landfrieden«, das in seinem ersten Artikel die Fehde ausnahmslos jedem untersagte, »von was Würden, Stand und Wesen er sei«. Er wurde durch das Reichskammergericht ergänzt, dessen Gründung ebenfalls in Worms beschlossen wurde.

Die Fürsten äußerten sich abfällig darüber, aber sie beugten sich, wenn auch zähneknirschend und mit hinhaltender Verschleppungstaktik der neuen Rechtsordnung. Das Reichskammergericht war die erste selbständige Reichsbehörde. Es leitete auf dem Gebiet des Rechtswesens die Neuzeit ein. Allerdings gab es auch den Anstoß für die Trennung der Eidgenossen vom Reich, da diese sich weigerten, die Zuständigkeit des Gerichtes auf ihrem Territorium zu akzeptieren. Nach einem verlustreichen Krieg, in dem der Kaiser persönlich den Oberbefehl innehatte, mußte Maximilian 1499 die faktische Unabhängigkeit der Schweiz vom Reich anerkennen (die staatsrechtliche Zugehörigkeit währte bis zum Westfälischen Frieden des Jahres 1648).

Am zähesten wurde in Worms um die Reichssteuer gerungen. Geld hat bekanntlich schon immer die Welt regiert. Nach wochenlangen Verhandlungen einigten sich Kaiser und Reichsstände schließlich auf die Einführung des »Gemeinen Pfennigs«, einer auf vier Jahre limitierten Reichssteuer, die mangels eigener Behörden von den Pfarreien eingezogen wurde. Noch vor ihrem zeitlichen Auslaufen mußte die Steuer wieder abgesetzt werden, da sie von vielen einfach nicht bezahlt wurde. Die Aufstellung eines Reichsheeres war damit illusorisch geworden. Auch die Frage einer Reichsregierung blieb ungelöst.

Maximilian war mit den Ergebnissen des Wormser Reichstages unzufrieden. Seine Versuche, die Reform in den nächsten Jahren und Jahrzehnten weiter voranzutreiben, blieben im großen und ganzen wenig erfolgreich. Sie scheiterten am Privilegiendenken der Reichsfürsten. Als eine weitere Reform, die in die Zukunft wirkte, ist noch die Einteilung des Reiches in zehn Kreise zu erwähnen, regionale Verwaltungskörper, die Verteidigungs- und Besteuerungszwecken dienten. Insgesamt war die Reichsreform unter Maximilian lange nicht so wirkungsvoll wie sie hätte sein müssen, um den Staatsverband des Römisch Deutschen Reiches auf ein solides, regierbares Fundament zu stellen.

Wesentlich erfolgreicher beim Auf- und Ausbau staatlicher Strukturen als im Reich war Maximilian in seinen Erbländern. Er faßte nach burgundischem Vorbild die historisch so verschieden gewachsenen und verwalteten habsburgischen Länder aus Gründen der besseren Verwaltung und einer effizienteren Steuerleistung zu zwei Ländergruppen, einer nieder- und einer oberösterreichischen, zusammen. Sie wurden Zentralbehörden mit Sitz in Innsbruck und Wien unterstellt. Beamte exekutierten den Willen des Herrschers. Der alte mittelalterliche Verwaltungsapparat wurde weitgehend ausgeschaltet. Die maximilianische Verwaltungsreform in Österreich blieb in seiner Grundstruktur trotz mancher Mängel bis in die Zeit Maria Theresias erhalten.

Der geltungs- und ruhmsüchtige Kaiser benötigte für seine vielen Kriege – er unternahm in 40 Jahren nicht weniger als 25 Kriegszüge –, seine Hofhaltung, seine Kampfspiele, seine riesigen Festmähler und diversen Festlichkeiten Unsummen Geldes. Sein ganzes Herrscherleben stand unter dem Zwang der Geldbeschaffung. Maximilian wurde von ständiger Geldnot geplagt. Viele seiner Pläne und seiner kriegerischen Unternehmungen sind an Geldmangel gescheitert.

»Die Blätter der Pappeln ganz Italiens in Gold verwandelt, hätten für den Kaiser nicht ausgereicht«, meinte der florentinische Staatsdenker Niccolò Machiavelli. Die Volksmeinung brachte das Dauerdilemma des Kaisers auf eine weniger poetische, aber dafür um so einprägsamere Formel: »Massimiliano senza danaro«, spöttelten die Italiener. »Maximilian ohne Geld«. Der Kaiser mit den leeren Taschen, das charakterisiert diesen Habsburger treffend.

Woher nahm der Kaiser überhaupt die Mittel, die nie ausreichten, für seine aufwendige Politik? Er preßte sie aus seinen Untertanen heraus, denen er immer mehr und immer höhere Steuern aufhalste, er verpfändete Hab und Gut, nahm Darlehen auf, machte Schulden, die er nicht zurückzahlte.

Die Geldverlegenheiten des Kaisers entbehrten nicht der Peinlichkeit und wurden von den Zeitgenossen je nach Gemütslage, Sympathie oder Antipathie für den volkstümlichen, aber doch auch wieder, vor allem wegen seiner Finanzpolitik unbeliebten Habsburger, ironisch bis höhnisch kommentiert. Verstieß es nicht wirklich gegen jedwede menschliche Verhaltensnorm, wenn der Kaiser, der oberste Repräsentant des christlichen Abendlandes, seine Gemahlin und deren Hofstaat in einer Stadt als »Pfand« zurückließ, da er die Aufenthaltskosten nicht bezahlen konnte? War es für einen Kaiser nicht demütigend, wenn sein Troß wegen der ständig anwachsenden Schulden in den Gasthöfen nicht aufgenommen wurde, wenn man beim Herannahen des kaiserlichen Hofes die Stadttore versperrte und Seine Majestät buchstäblich im Regen stehen ließ? Auch Dreistigkeiten kamen zuweilen vor. Man vergriff sich zwar nicht an der Person des Kaisers, aber man hinderte Maximilian am Verlassen einer Herberge, versuchte, sein Weiterziehen zu unterbinden, bevor er nicht seine Spesen bezahlt hatte. Der Kaiser borgte riesige Geldsummen von den Fuggern, ohne deren Kredite er seine politischen und militärischen Pläne kaum hätte finanzieren können. Er gewährte der Augsburger Kaufmannsfamilie dafür Handelsprivilegien aller Art, eine Monopolstellung im Bergbau (Kupfer, Silber, Eisen) und verpfändete ihnen einen Teil seiner Einkünfte.

Im übrigen hat Maximilian jüngsten Forschungen zufolge seine Erbländer finanziell wesentlich stärker ausgebeutet als das Reich. Der lange gegen ihn erhobene Vorwurf, er habe den Aufstieg seines Hauses mit Reichsmitteln finanziert, ist demnach völlig aus der Luft gegriffen. Betrugen die Leistungen der österreichischen Länder für den Staatshaushalt jährlich eine halbe bis zu einer Million Gulden, so beliefen sich die Einnahmen aus dem Reich auf lediglich 30000 bis 50000 Gulden, also auf etwa ein Zehntel. Maximilian hat die Wirtschaftskraft Österreichs bis hart an den Rand des Ruins ausgeschöpft.

Zentrum der maximilianischen Finanz- und Kriegspolitik war Tirol, das Land, dem seine Liebe gehörte. Der Kaiser hielt sich oft und gerne in Tirol auf. Er ging in den Tiroler Bergen auf die Gems- und Hirschjagd, er mischte sich gerne unter das Volk und war in allen Gesellschaftsschichten beliebt. Es dürfte nicht übertrieben sein zu behaupten, daß Maximilian bis zum heutigen Tag in Tirol zu den populärsten Persönlichkeiten des habsburgischen Herrscherhauses zählt.

Der Kaiser hat durch verschiedene Gebietserwerbungen das Land vergrößert und ihm jene Grenzen gegeben, die bis zum Ende des Ersten Weltkrieges Bestand gehabt haben. So sicherte er sich nach dem Aussterben der Görzer Grafen im Jahr 1500 die Grafschaft Görz und Gradiska, Osttirol mit Lienz und dem Pustertal, gewann im Bayerischen Erbfolgekrieg Kufstein, Kitzbühel und Rattenberg für sein Haus und brachte auch das Grenzgebiet von Cortina in den Dolomiten, Ala, Riva am Gardasee und Rovereto an der Etsch in seinen Besitz. Vergessen wir nicht zu erwähnen, daß sich Maximilian mit der Absicht trug, Tirol die Kurwürde zu verschaffen, und daß er den Abbau der Silber- und Kupfergruben von Schwaz, gewiß nicht ohne Eigennutz, mit Eifer förderte.

Die Stadt Innsbruck, die damals zwischen 4000 und 5000 Einwohner zählte, war der liebste Aufenthaltsort des Kaisers. Sie galt als Hauptstadt des gesamten Reiches, doch regierte Maximilian wie sein Vater eigentlich vom Sattel aus. Er war den Großteil des Jahres mit seinem Hofstaat unterwegs. Die Stadt profitierte aber natürlich von den Behörden, die sie beherbergte, und von den an das Zeughaus angeschlossenen Rüstungswerkstätten, Geschützgießereien, den Harnischschlägereien, in denen sich zahlreiche Bürger ihr Brot verdienten, und vom blühenden Baugeschäft. Maximilian ließ die unter Sigmund dem Münzreichen errichtete neue Burg mit großen Höfen versehen, der prächtige, von Jörg Kölderer bemalte Wappenturm erhielt das »Goldene Dachl« aufgesetzt. Es ist heute das Wahrzeichen der schönen Stadt am Inn.

Trotz seiner Vorliebe für den Westen verlor Kaiser Maximilian I. doch auch den Osten nicht aus den Augen. Seine Ostpolitik hatte handfeste Ziele. Sie war vordergründig auf die Erwerbung des Königreiches Ungarn für sein Haus, in letzter Konsequenz jedoch auf die Verdrängung der Osmanen aus Europa und die Rückgewinnung Konstantinopels ausgerichtet.

Maximilian träumte zeitlebens vom großen Kreuzzug der europäischen Staaten gegen die Türken unter seiner Führung. Nicht der habsburgische Hausmachtpolitiker, der Kaiser, die Kaiseridee stand hinter dem Plan, die ganze Christenheit gegen den Glaubensfeind zu mobilisieren. Daß daraus nichts wurde, ist nicht die Schuld Maximilians. Die Reichsstände sprachen sich einmütig dagegen aus, für die Könige von Frankreich war die Türkenabwehr kein echtes, ernsthaftes Anliegen und England war weit vom Schuß. Nicht einmal der politische Gleichklang der Interessen zwischen Kaiser und Papst, der sich in dieser Frage aus der Natur der Sache ergab, zeitigte handfeste Ergebnisse.

Kam der geplante große Kreuzzug gegen die Osmanen nicht zustande, so gelang es den Unterhändlern Maximilians, mit dem Ungarnkönig Wladislaw II. aus der polnischen Dynastie der Jagellonen und dessen Bruder Sigismund von Polen Vereinbarungen für ein Eheprojekt mit wechselseitigen Erbzusagen zu treffen, die für das weitere Geschick des Donauraumes von entscheidender Bedeutung sein sollten. Nach langwierigen Verhandlungen kam man überein, daß die Enkelkinder Maximilians, Maria und Karl (oder Ferdinand), mit den Kindern Wladislaws, Ludwig und Anna, vermählt werden sollten. Sie waren zwar noch nicht im heiratsfähigen Alter und wußten natürlich nichts von ihrem Glück, aber wer fragte damals bei einer Fürstenheirat schon danach? Es ging nicht um das Eheglück der Betroffenen, sondern um dynastische Überlegungen, um politischen Einfluß, um Macht und Ländererwerb.

Die Vorverträge über das Eheprojekt wurden in Preßburg am 20. Mai 1515 abgeschlossen, das Verhandlungsergebnis sollte bei einem Treffen der drei Herrscher in Wien besiegelt, die Doppelhochzeit im Stephansdom gefeiert werden.

Maximilian traf für die Zusammenkunft umfangreiche Vorbereitungen. Er wollte in Wien glanzvoll auftreten, in strahlender kaiserlicher Pracht. Dazu fehlten ihm natürlich (wieder einmal) die Mittel, aber was machte das schon aus? Die Fugger würden sie ihm schon verschaffen. Sie griffen tatsächlich tief in die Tasche, statteten den Kaiser mit allem aus, was er brauchte und verlangte. Selbst die Reichskleinodien, die Maximilian zum feierlichen Anlaß nach Wien schaffen ließ, mußten mit dem Geld der Fugger erst ausgelöst werden. Sie waren verpfändet.

Albrecht Dürer entwarf unbezahlt Festkleider und Hoftrachten, die schon ein wenig desolate Hofburg wurde auf Glanz hergerichtet, ein stattliches Gefolge aufgeboten. Wenn es um das Prestige ging, wußte Maximilian aufzutreten. Das hatte er in jungen Jahren in Burgund gelernt. Am 10. Juli 1515 zog er in Wien ein, sechs Tage später brach er mit zehntausend prachtvoll ausgestatteten Reitern zur Begegnung mit den beiden Potentaten in der Nähe des Schlosses Trautmannsdorf bei Bruck an der Leitha (NÖ) auf. Man begrüßte einander in kurzer lateinischer Rede, tauschte Geschenke aus, vergnügte sich bei einer anschließenden Jagd.

Am nächsten Tag folgte der gemeinsame feierliche Einzug in der Donaustadt. Es war ein riesiges Spektakel, ganz nach dem Geschmack der schaulustigen Wiener. Der Bürgermeister, der Stadtrat, die Geistlichkeit, die Professoren und Studenten der Universität, die Handwerkerzünfte mit ihren bunten Fahnen, 300 Landsknechte mit ihren langen Spießen und 1500 Bürger und Bürgerssöhne, alle scharlachrot gekleidet, bereiteten dem Kaiser und seinen Gästen einen großartigen, imponierenden Empfang.

Am 22. Juli 1515 ging dann das entscheidende Ereignis, die Doppelhochzeit, im Rahmen eines Hochamtes im Wiener Stephansdom in Szene. Der für den ungewöhnlichen Anlaß mit prachtvollen Tapisserien aus Flandern geschmückte, von Hunderten von Kerzen in mystisches Licht getauchte Dom war bis auf den letzten Platz mit adeligen Würdenträgern gefüllt, die den Atem anhielten, als der 55jährige Kaiser in Vertretung einer seiner Enkel der zwölfjährigen Anna symbolisch angetraut wurde. Ludwig und Maria gaben einander ebenfalls das Eheversprechen. Die tatsächliche Hochzeit der beiden Paare (an die Stelle Maximilians trat sein Enkel Ferdinand) fand Jahre später statt. Mit einem Tedeum klang die Zeremonie aus. Ein Festmahl und ein Turnier

»Am Hof« beschlossen den Tag, den man mit ein wenig Phantasie als den Geburtstag der Österreichisch-Ungarischen Doppelmonarchie bezeichnen kann.

Die mit dem Hochzeitsprojekt verbundenen politischen Verträge, die im Todesfall eine wechselseitige dynastische Erbfolge vorsahen, wurden unterzeichnet und gesiegelt. Am Abend des 28. Juli 1515 fand dann in der Hofburg die feierliche Schlußkundgebung des »Wiener Kongresses« statt, der vom Humanisten Dr. Johannes Cuspinian in allen Details und mit großer Lebendigkeit beschrieben wurde.

Der Erbfall, von dem die Rede war, trat überraschend schnell ein. 1526 fiel König Ludwig II. von Ungarn zwanzigjährig bei Mohács in einer Schlacht gegen die Türken. Die Nachfolge in Ungarn und Böhmen trat sein Schwager, der Habsburger Ferdinand, an, der 1520 im Linzer Dom Ludwigs Schwester Anna geheiratet hatte. Ferdinand wurde im Februar 1527 in Prag zum böhmischen, im November in der Kathedrale von Stuhlweißenburg zum ungarischen König gekrönt. Seine Herrschaft blieb jedoch auf Westungarn beschränkt. Denn die Habsburger erbten mit der ungarischen Krone auch den jahrhundertelangen Abwehrkampf gegen die Türken, den sie in ihrem eigenen Interesse und im Interesse Europas unter Aufbietung aller Kräfte geführt haben.

Zurück zu Maximilian. Der ideenreiche Kaiser hat mit seiner Heiratspolitik den Grundstein für die Weltmachtstellung seines Hauses gelegt. »Bella gerant allii! Tu felix Austria, nube!« (»Die anderen mögen Kriege führen, Du, glückliches Österreich, heirate!«), dieses, von den Historikern auf die Heiratspolitik des Hauses Habsburg gemünzte Wort trifft gerade auf Maximilian nur bedingt zu. Maximilian hat beinahe ununterbrochen Kriege geführt. Unbestreitbar ist allerdings, daß er mit den von ihm gestifteten Ehen wesentlich mehr und wesentlich dauerhaftere Erfolge erzielt hat als mit seinen, zum Teil von ihm selbst konstruierten Geschützen und Kanonen und seinen Landsknechten.

Maximilian war der Schöpfer der Artillerie. Er kümmerte sich bei der Herstellung der schweren Belagerungsgeschütze, der Mörser, der leichten Feldgeschütze und der Handbüchsen um jedes Detail, vom Gießen über den künstlerischen Schmuck bis zum Einsatz in der Schlacht. Besondere Freude bereitete ihm das Einschießen der neuen Stücke, deren Ladung er oft persönlich zündete und abfeuerte. Auf sein umfangreiches Waffenlager im Innsbrucker Zeughaus war der Kaiser mächtig stolz. Er war bei jeder Gelegenheit dort zu finden und zeigte es wohlgefällig interessierten Gästen. Maximilian war auch, wir haben es bereits angedeutet, ein tüchtiger, überlegter, rasch zupackender, von seinen Landsknechten bewunderter Feldherr. Viele seiner Zeitgenossen priesen ihn als einen der bedeutendsten Heerführer seines Jahrhunderts. Bei der Beurteilung seiner Persönlichkeit darf diese Seite seines Wesens nicht unbeachtet bleiben.

Der vielseitige Kaiser war nicht nur ein grimmiger Kriegsherr. Er war auch ein eifriger Förderer der Wissenschaften und der Künste, ein großzügiger Mäzen und ein schöpferisch-gestaltender Mensch. An einer Zeitenwende, am Übergang vom Mittelalter zur Neuzeit lebend und wirkend, verband er in seiner Person das Althergebrachte mit dem Neuen und Neuartigen. In seinem innersten künstlerischen Empfinden doch wohl eher dem Mittelalter zugeneigt – Maximilian ließ in Tirol die altdeutschen Heldenlieder aufzeichnen, die im »Ambraser Heldenbuch« gesammelt vorliegen –, war er doch neuen künstlerischen Strömungen gegenüber sehr aufgeschlossen und stellte sie in den Dienst seiner Persönlichkeit und seines Hauses.

Nachruhm galt ihm viel. »Wer ihme (sich) im Leben kein Gedächtnis macht, der hat nach seinem Tod kein Gedächtnis und wird mit dem Glockenton vergessen«, formulierte er im »Weißkunig«, seinem Lebensroman, in dem sich seine universelle, alle Lebensbereiche umfassende Geistigkeit reflektiert. Daß er sich und seinen Taten in seinen poetischen Werken ein Denkmal setzte, sich von seinem künstlerischen Freundeskreis verherrlichen ließ, ist ganz und gar neuzeitlich. In seinem Versepos »Theuerdank« schildert er seine Brautfahrt nach Burgund, die gewaltigen Holzschnittwerke »Die Ehrenpforte« und »Der Triumphzug« dienten seiner eigenen Verherrlichung und der seiner Familie. Sie sind mit dem Namen Albrecht Dürers verbunden, mit dem er in den letzten Jahren seines Lebens in reger geistiger Verbindung stand. Auch die Porträts und Gemälde, die er von Dürer und dem Schwaben Bernhard Strigel aus Memmingen, seinem Hofmaler, anfertigen ließ, vor allem aber sein Grabmal mit den überlebensgroßen Erzstandbildern seiner kaiserlichen Ahnen in der Innsbrucker Hofkirche, das er noch zu seinen Lebzeiten anfertigen ließ, sind ganz renaissancezeitlichem Denken verhaftet.

Maximilian erkannte mit dem Weitblick, der ihm eigen war, die Bedeutung des Buchdruckes als Informations-, Bildungs- und Propagandamedium. Er hat die neue, revolutionäre und zukunftsweisende Erfindung, die zunächst das Leben der gebildeten und später jenes breiter Bevölkerungsschichten entscheidend verändert hat, in den Dienst der Kaiserpropaganda gestellt. Der Buchdruck förderte und vertiefte seine Popularität und leistete auch seinem Nachruhm gute Dienste. Mit den Humanisten, den Gelehrten seiner Zeit, pflegte der Kaiser einen anregenden Gedankenaustausch. Er stand mit einigen von ihnen in schriftlicher und persönlicher Verbindung. Maximilians geistige Welt umfaßte alle Bereiche menschlichen Denkens und Schaffens von der Dichtkunst, der Malerei und der Musik bis zu Fragen der Medizin, der Astronomie und der Mathematik. Gelehrte Unterhaltung schätzte er, den großen Entdeckungsfahrten der Portugiesen und Spanier brachte er großes Interesse entgegen. »Es gibt in Deutschland niemanden, der eine größere Wißbegier, eine ernstere Liebe zu den mannigfaltigen Studien besäße und eine herzlichere Freude an dem Aufblühen der Wissenschaften und Künste als König Maximilian«, urteilte der hochangesehene Humanist Johannes Trithemius.

Der geistige Aufbruch in eine neue Zeit machte sich auch an den Universitäten bemerkbar, die das ganze Mittelalter hindurch von der Theologie und der Scholastik beherrscht wurden.

Maximilian errichtete an der Wiener Universität, deren wissenschaftlichen Ruf er mit Erfolg festigte und vertiefte, neue humanistische Lehrkanzeln, an deren Spitze er berühmte Professoren aus Italien und Deutschland berief. Sie haben der Scholastik den Garaus gemacht. Der Oberösterreicher Johannes Stabius, der aus Ingolstadt nach Wien kam, widmete sich über Wunsch des Kaisers der wissenschaftlichen Geschichtsschreibung, vor allem der Genealogie des Hauses Habsburg. An der medizinischen Fakultät wirkte der bereits genannte Johannes Cuspinian (Spießheimer) aus Spießheim bei Frankfurt, ein Polyhistor, der Arzt, Staatsmann und Gelehrter in einem war.

Dem Kaiser gelang es auch, den »Erzhumanisten« Konrad Celtis, der mit seinem deutschen Namen Pickel hieß, nach Wien zu bringen. Celtis war der erste von Friedrich III. zum Dichter gekrönte Deutsche. Er versammelte Gleichgesinnte um sich und schloß sie nach dem Muster der platonischen Akademie in Florenz zu einer gelehrten Gesellschaft zusammen.

In Wien begründete er die »Sodalitas Danubiana«, ein Zentrum wissenschaftlichen Denkens, dessen geistige Strahlkraft über die Donaustadt hinaus in die Nachbarländer ausstrahlte.

Celtis förderte auch, was Maximilian besonders an ihm schätzte, den Kaiserkult und pries den Ruhm Deutschlands, die Tugenden und Sitten der alten Germanen. Die freizügigen Liebesgedichte und die mit Spott getränkten Ausfälle des »poeta laureatus« gegen Mönche und Priester dürften dem Kaiser etwas weniger Freude bereitet haben. Celtis rief auch das »Collegium poetarum et mathematicorum« ins Leben, ein Institut, in dem, wie schon sein Name sagt, neben der Poesie auch die naturwissenschaftliche Tradition der Wiener Universität fortgesetzt und gefördert wurde.

Die »Poeten« des Collegiums widmeten sich vordringlich dem Studium der deutschen Vergangenheit und erzielten auf dem Gebiet der historischen Grundlagenforschung bedeutende Erfolge. Celtis selbst entdeckte im Kloster Emmeram in Regensburg die »Gesta Ottonis« (die »Taten Ottos des Großen«), ein Werk der Äbtissin Hroswitha von Gandersheim, und fand eine römische Straßenkarte, die unter dem Namen »Tabula Peutingeriana« – er hat sie dem Nürnberger Altertumsforscher Konrad Peutinger hinterlassen – bekannt und berühmt geworden ist.

Der vielseitig interessierte Kaiser schenkte auch der Kartographie und der Astronomie seine Aufmerksamkeit, hatte aber andererseits durchaus auch für Magie und Geheimwissenschaften etwas übrig. Weissagungen, Sterndeutereien und anderen okkulten Einflüsterungen lieh er willig sein Ohr. Propheten wie Josef Grünpeck und der Abt Trithemius von Sponheim genossen sein

Vertrauen. Er war auch in dieser Hinsicht dem Alten zugetan und dem Neuen gegenüber aufgeschlossen.

Kaiser Maximilian war, diesen Eindruck müßte diese kurze Lebensskizze, wie ich hoffe, vermittelt haben, alles andere als eine mittelmäßige Persönlichkeit. An ihm führt für den Historiker kein Weg vorbei. Sein zwiespältiges Wesen, seine ins Auge fallenden Tugenden, aber auch seine nicht zu leugnenden Schwächen haben ihm seitens der Geschichtsschreibung die widersprüchlichsten Urteile eingetragen. Schon der Schiedsspruch der Zeitgenossen fiel ausgesprochen kontroversiell aus. Während ihn die einen verhöhnten und verspotteten, die ihm zuteil gewordenen Demütigungen genüßlich registrierten und auskosteten, bejubelten die anderen seine oft kurzlebigen Erfolge und weitblickenden Handlungen.

Maximilian war ein Mensch in seinem Widerspruch. Sein Wesen war so kompliziert und zwiespältig wie die Zeit, in der er lebte und wirkte. Er war leutselig und hoheitsvoll, tollkühn und zuwartend, großzügig und kleinkrämerisch, freimütig und verschlossen, mildtätig und grausam, rücksichtslos offen bis zur Derbheit, vor allem aber maßlos, ungeduldig und sprunghaft. Er hat alle diese Charaktereigenschaften bei den verschiedensten Gelegenheiten je nach Situation und Laune unter Beweis gestellt und war deshalb als Verhandlungs- und Gesprächspartner schwer ab- und einzuschätzen. Man wußte bei ihm nie, welches Register seiner farbigen Gemüts- und Charakterskala er ziehen würde.

Der Kaiser war aber auch selbstkritisch. Er kannte seine Schwächen und war bemüht, ihrer Herr zu werden. Er besaß auch genug Humor, um sich über seine Fehler lustig zu machen, er war geistreich und witzig, er konnte unbeschreiblich liebenswürdig sein und besaß ein beeindruckendes Talent zur Selbstdarstellung. Und natürlich machte auch er, wie jeder Mensch, eine Entwicklung durch. Aus dem jungen, tatenfrohen, kraftstrotzenden Prinzen, der auszog, die Welt zu erkunden, wurde mit zunehmendem Alter eine nachdenkliche Persönlichkeit, der Niedergeschlagenheit und Verzweiflung nicht fremd waren. Bedeutende Zeitgenossen haben Maximilian als »Melancholiker« eingestuft, was immer man sich darunter vorzustellen vermag.

Fragt man nach den Leitmotiven, die das Denken und Handeln Maximilians bestimmten, so stößt man abermals auf Widersprüchliches. Einerseits war es die mittelalterliche Ritterehre, die er seinen Taten zugrunde legte – »Alles in der Welt zergeht, nur die Ehr bleibt stet« heißt es im »Theuerdank« –, andererseits beflügelte ihn die vom Renaissancedenken stimulierte Unsterblichkeit des Ruhmes. Maximilian wollte als »größter Kaiser nach Karl dem Großen« in die Geschichte eingehen. Dazu kamen ein mystischer Erwählungsglaube und die unverrückbare Überzeugung von der Größe und zukunftsweisenden Bestimmung seines Hauses. Den Aufstieg des Hauses Habsburg grundgelegt zu haben, ist wohl Maximilians größtes historisches Verdienst. Man sollte aber auch nicht übersehen, daß es dem von einem hohen Majestätsbewußtsein und von der Idee eines universalen Kaisertums erfüllten Monarchen gelungen ist, dem Reichsverfall zumindest für kurze Zeit Einhalt zu gebieten. Die Ersetzung feudaler Staatsformen durch einen modernen Beamtenstaat, den er in Ansätzen verwirklichte, gehört ebenfalls zu den politischen Aktivposten des Kaisers. Maximilians Wirken als Impulsgeber und Mäzen von Kunst und Wissenschaft ist unbestritten und hat den uneingeschränkten Beifall der Mit- und Nachwelt gefunden.

In seinen letzten Lebensjahren war der vor Männlichkeit strotzende Kaiser nicht mehr im Vollbesitz seiner Körperkräfte und seiner Gesundheit. Er fühlte sich schwach und ausgelaugt. Von Todesängsten geplagt, führte er auf allen seinen Reisen seinen Sarg mit, der ihm auch zur Aufbewahrung wichtiger und geheimer Akten diente. Seinen Aufgaben als Reichsoberhaupt kam er mit unverminderter Beharrlichkeit nach. Er unternahm einen Italienzug, den er wegen einer Meuterei der Landsknechte schmählich abbrechen mußte, hielt Reichstage ab, schickte Sigmund von Herberstein zur Anbahnung diplomatischer Beziehungen an den russischen Zarenhof und plante gemeinsam mit dem Papst einen Kreuzzug der gesamten Christenheit gegen die Türken.

Den Thesenanschlag Luthers am 31. Oktober 1517 und die sich daraus ergebenden Konsequenzen hat er in seiner ganzen Tragweite, wie die meisten seiner Zeitgenossen, gewiß nicht erkannt.

Als sich Luthers Konflikt mit dem Papsttum immer deutlicher abzuzeichnen begann, stellte er sich mit Entschiedenheit auf die Seite Roms.

Von Juni bis Oktober 1518 präsidierte der Kaiser seinen letzten Reichstag in Augsburg, der äußerlich glanzvoll verlief, bei dem er aber kaum etwas durchzusetzen vermochte. Wehmütig und todkrank verließ er die Stadt, die neben Innsbruck sein beliebtester Aufenthaltsort gewesen war. Der an Leib und Seele gebrochene Kaiser zog zunächst nach Tirol, wo er in seinen geliebten Bergen neue Kraft zu schöpfen hoffte. Aber selbst jetzt im Angesicht des Todes blieben ihm Demütigungen nicht erspart. Die Innsbrucker Wirte weigerten sich, den kaiserlichen Troß aufzunehmen. Grund: unbeglichene Rechnungen des Kaisers in der Höhe von 24000 Gulden. Maximilian zog erzürnt weiter. Da er kein Pferd mehr besteigen konnte, mußte er sich in einer Sänfte tragen lassen. Zu guter Letzt nahm er in der Burg zu Wels (OÖ) Aufenthalt, wo seine schwere Krankheit voll zum Ausbruch kam. Durchfälle und ein altes Leber- und Gallenleiden machten die letzten Wochen seines Lebens zum Martyrium. Der Kaiser ertrug seine qualvollen Schmerzen mit großer Gefaßtheit, wartete geduldig auf den Tod. Er diktierte sein letztes Testament, empfing die letzte Ölung. Am 12. Januar 1519 schloß er für immer die Augen.

Der Leichnam wurde in der Welser Burg offen aufgebahrt und dann, wie es der Kaiser angeordnet hatte, in der Wiener Neustädter Georgskapelle zur letzten Ruhe bestattet.

Maximilian hinterließ seinen Erben, seinen Enkelkindern Karl und Ferdinand, ein Riesenreich und eine religiöse Streitfrage, deren Bewältigung Europa in den nächsten eineinhalb Jahrhunderten in eine tiefe geistige und politische Krise stürzen sollte. Er hinterließ ihnen aber auch, und das war sein persönlichstes Vermächtnis, einen Berg von Schulden.

Karl V.:
Der gescheiterte Weltmonarch

Karl V., *Gemälde von Francesco Terzio, 1550. Schloß Ambras, Porträtgalerie.*

Es dauerte fast ein halbes Jahr, ehe sich die deutschen Kurfürsten nach dem Tod Kaiser Maximilians für einen neuen König entschieden. Ihre einstimmige Wahl fiel am 28. Juni 1519 in der Seitenkapelle des Frankfurter Bartholomäusstiftes auf Karl, einen Enkel Maximilians, der als Karl V. in die Weltgeschichte eingegangen ist.

Der kurfürstlichen Entscheidung waren Wochen und Monate banger Ungewißheit und würdelosen Feilschens vorangegangen. Karl war nicht der einzige Kandidat, der sich um die deutsche Königswürde bewarb. Auch der englische König Heinrich VIII. und Franz I. von Frankreich traten als Bewerber auf. Ersterer allerdings von allem Anfang an mit geringen Aussichten auf Erfolg. Franz I. freilich war ein überaus gefährlicher Konkurrent des Habsburgers. Er wurde von Papst Leo X. unterstützt, der die geistlichen Kurfürsten von Mainz, Köln und Trier sogar mit der Kardinalswürde zu ködern versuchte.

Das Ringen um die Stimmen der sieben Reichsfürsten wogte hin und her. Es gab Einflußnahmen von allen möglichen Seiten, Verhandlungen, Drohgebärden, Angebote, Zusagen, Versprechungen, Widerrufe. Schließlich und endlich gab das Geld der Fugger den Ausschlag. Das Augsburger Kaufmannsgeschlecht griff tief in die Tasche. Ungefähr eine halbe Million rheinischer Gulden ließen sich die Fugger Karls Wahl kosten, eine riesige Geldsumme, wenn man die Relationen sieht. Ein Schulmeister etwa verdiente damals ganze drei bis vier Gulden im Jahr, eine Dienstmagd um die Hälfte weniger und selbst ein fürstlicher Beamter mußte mit 150 Gulden das Auslangen finden. Insgesamt belief sich die Summe, die der Habsburger für seine Rangerhöhung auftreiben mußte – mit der deutschen Königswürde war zu dieser Zeit automatisch der Kaisertitel verbunden –, auf 825000 Gulden. Es waren Bestechungsgelder, Gratifikationen und Geschenke an die Kurfürsten und ihre Räte. Im 16. Jahrhundert sprach man von »Handsalben«. Aber jeder, der sich in der Politik ein wenig auskannte, wußte, daß damit kein Medikament gemeint war.

Karl erfuhr von seiner Wahl, die er nicht nur mit Bestechungsgeldern, sondern ganz persönlich mit einer leidenschaftlichen Zielgerichtetheit und einem hohen Maß an fürstlichem Selbstbewußtsein betrieben hatte, am 6. Juli 1519 in Barcelona, wo er sich gerade aufhielt. Ein neuer Abschnitt in seinem schon bisher recht ereignisreichen jungen Leben hatte begonnen.

Wie sah er aus, dieser Sproß des Hauses Habsburg, der im jugendlichen Alter von neunzehn Jahren zur höchsten Würde berufen worden war, die das christliche Abendland zu vergeben hatte? Welche Charaktereigenschaften zeichneten ihn aus? Welche Vorstellungen hatte er vom Herrscheramt?

Um diese Fragen zu beantworten, müssen wir ein wenig zurückblättern in seinem Lebensbuch, müssen wir uns mit seiner Abkunft beschäftigen, dem charakterlichen und geistigen Erbe, das er in die Wiege gelegt bekam, müssen wir uns kurz mit den Personen und Persönlichkeiten anfreunden, die die charakterliche und geistige Entwicklung des Knaben förderten, formten und bestimmten. Denn jeder Mensch, auch ein Prinz, auch ein Kaiser, ist letztlich ein Geschöpf seiner Zeit, ein Produkt aus Erbe, Erziehung und Umwelt.

Der Enkel Maximilians, der einer der bedeutendsten Herrscher in der langen Ahnenreihe des Hauses Habsburg werden sollte, kam am 24. Februar 1500 im Genter »Prinsenhof« zur Welt, der längst der Spitzhacke zum Opfer gefallen ist. Sein Vater, Philipp der Schöne, Herzog von Burgund, war ein leichtlebiger Kavalier und Frauenheld, die Mutter, Johanna, das dritte Kind des spanischen Königspaares Ferdinand von Aragonien und Isabella von Kastilien, eine leidenschaftliche Südländerin mit einem vererbten Hang zur Schwermut. Die neunjährige Ehe der beiden ungleichen Partner, der sechs Kinder entsprossen, war von schweren Eifersuchtsszenen der Gattin überschattet, die schließlich in ihre geistige Umnachtung einmündeten. Nach dem frühen Hinscheiden ihres Gemahles im Jahre 1506 dämmerte die Geisteskranke in einem Schlößchen in dem Städtchen Tordesillas beinahe ein halbes Jahrhundert dahin, ehe sie 1555 der Tod aus ihrem schweren Erdendasein erlöste. Es fehlte nicht viel und sie hätte ihren kaiserlichen Sohn, der ihr gelegentlich einen Besuch abstattete, überlebt.

Karl wuchs elternlos auf. Das sagt nicht viel, denn es gab und gibt, vor allem in königlichen Familien und Adelskreisen, Vollwaisen mit Vater und Mutter. Um seine Erziehung kümmerte und bemühte sich eine der klügsten und gebildetsten Frauen des Hauses Habsburg: seine Tante Margarete, die Tochter Maximilians. Nach zwei kurzen, leidenschaftlichen Ehen verwitwet, wurde die junge, tatkräftige Frau vom Kaiser 1507 zur Statthalterin der Niederlande ernannt. Sie ließ sich in Mecheln ein geräumiges Renaissancepalais erbauen und regierte von dort mit diplomatischem Geschick und staatskundiger Hand das reiche Land mit seinen selbstbewußten, schwer zähmbaren Bürgern. Auf dem Marktplatz der geschichtsträchtigen Stadt in Brabant steht noch heute auf einem Sockel ihr füllig-mütterliches Standbild.

In Mecheln, im Palais der Tante, verbrachte der schüchterne, kleine Karl mit seinen Schwestern Eleonore, Isabella und Maria einen Gutteil seiner Kindheit und Jugend. Für eine standesgemäße Erziehung mit sorgfältig ausgewählten adeligen Gefährten sorgte die liebevolle, lebenskluge Statthalterin. Der Unterricht wurde von Niederländern und Spaniern erteilt. Der zarte, schmächtige, stets ein wenig kränkelnde Karl fand schon als Knabe mehr Gefallen an Sport und Spiel als an theoretischer Unterweisung. Und diese Neigung verstärkte sich noch, als im Jahre 1509 der burgundische Edelmann Wilhelm von Croy, Seigneur de Chièvres, die Leitung seiner Erziehung übernahm. Chièvres, der mit seinem Schützling sogar das Schlafzimmer teilte, ersetzte Karl den Vater und übte auf den zum Jüngling heranwachsenden Prinzen einen prägenden Einfluß aus.

Chièvres pädagogisches Programm setzte in erster Linie auf die körperliche Ertüchtigung des Knaben. Die Jagd und das Reiten, Fechten und Schießen, der Umgang mit Schwert und Lanze waren die erzieherischen Instrumente, mit denen er behutsam, aber konsequent die schwächliche Konstitution Karls bekämpfte. Der Erfolg war verblüffend. Verzagtheit und Unsicherheit wichen nach und nach einem gesunden Selbstbewußtsein. Eine eiserne Willenskraft, die viele Lebensäußerungen und -umstände unter ihre Kontrolle zwang, wurde zum Hauptcharakteristikum der sich zur Reife entwickelnden Persönlichkeit.

Die geistige Ausbildung kam in diesem Erziehungskonzept zu kurz. Von theoretischem Wissen hielt die burgundische Rittertradition, in der Karl erzogen wurde, nicht viel. Seine Lehrer, denen übrigens Tüchtigkeit nachgesagt wird, machten ihn mit den Taten seiner Vorfahren bekannt, brachten ihm geographische Kenntnisse bei und erteilten ihm Sprachunterricht. Neben dem Französischen, der Sprache des burgundischen Hofes, lernte Karl Latein, dessen Studium ihm jedoch wenig Freude bereitete. Der niederländischen Volkssprache widmete er sich erst intensiv, als ihn der kaiserliche Großvater energisch dazu anhielt, Deutsch, das er spät erlernte, sprach er zeitlebens nur gebrochen. Im Gegensatz zu vielen Habsburgern war Karl weder sprachbegabt noch besaß er ausgeprägte künstlerische Neigungen. Lediglich der Musik brachte er Liebe, der Malerei Interesse entgegen.

Die ritterliche Welt Burgunds, in der er aufwuchs, und die im Orden vom Goldenen Vlies ihren geistig-religiösen Brennpunkt hatte, prägte ihn tief. Karl, der bereits in frühester Jugend von Wilhelm von Croy in das Leben und Denken des 1429 vom Burgunderherzog Philipp dem Guten begründeten Ordens eingewiesen wurde, hat die Ideale und Satzungen dieses exklusiven Männerbundes zu den Leitsternen seines Lebens gemacht. Gottesfurcht, religiöse Lebensführung, die Verteidigung des christlichen Glaubens, Tapferkeit, Edelmut, Milde und Nachsicht gegenüber dem geschlagenen Feind waren die Richtwerte seines Daseins. Nicht nur das: Über das persönliche Bekenntnis hinaus haben diese Ideale, die ihm in seiner Knabenzeit in Burgund in Herz und Geist eingebrannt wurden, auch seine Entscheidungen als Herrscher bestimmt. Es ist gewiß kein Zufall, daß sich der Monarch, worauf Ferdinand Seibt hingewiesen hat (siehe Literaturverzeichnis), auf den Porträts, die er von sich anfertigen ließ, nicht mit kaiserlichem Pomp, der ihm fernlag, hat darstellen lassen, sondern mit dem Band aus Gold oder Seide, an dem das Ordenszeichen hing: ein goldenes, in der Mitte von einer Spange gehaltenes Widderfell.

War Wilhelm von Croy Karls weltlicher Mentor, so legte sein geistlicher Lehrer, Adrian von Utrecht, den Grundstein für seine Religiosität und Frömmigkeit. Fromm war der Kaiser mit Sicherheit. Seine Biographen sind sich allerdings nicht ganz einig darüber, ob die Wurzeln seiner Frömmigkeit in die Glaubenswelt des Mittelalters zurückreichten oder ob seine Gläubigkeit eher modernerer, individuellerer Natur war, etwa nach dem Vorbild der niederländischen »devotio moderna«. Wie auch immer: mit der reformbedürftigen Amtskirche seiner Zeit und dem Renaissancepapsttum hatte der Kaiser seine liebe Not. Der im Grunde seines Herzens friedliebende Monarch führte nicht nur Kriege gegen die Türken, die Protestanten und den katholischen König von Frankreich, er mußte sich darüber hinaus mit sieben Päpsten herumschlagen, die nicht selten auf der Seite seiner Gegner standen.

Der Sohn des Herzogs von Burgund wurde von der Natur nicht gerade mit großen körperlichen Vorzügen ausgestattet. Er war von mittelgroßer, zierlicher Statur, sein längliches Gesicht wurde von der scharfgeschnittenen Nase und großen, ausdrucksstarken Augen dominiert. Als physiognomische Eigenart ist auf seinen Porträts schon früh ein unproportioniert stark ausgeprägter Unterkiefer zu erkennen. Verwachsungen in den Luftwegen nötigten ihn, den Mund zumeist offenzuhalten, was nicht unbedingt vorteilhaft wirkte. Trotzdem oder vielleicht gerade deswegen legte Karl bereits in jungen Jahren eine hoheitsvolle Würde an den Tag, die sich später bis zur Unnahbarkeit steigerte und ihm vielfach als Hochmut ausgelegt wurde.

Es dürften allerdings eher Menschenscheu und Kontaktarmut gewesen sein, die es ihm schwermachten, sich seinen Ratgebern voll anzuvertrauen und lebenslange Bindungen einzugehen. Der wortkarge, zurückhaltende Kaiser übte jedenfalls auf seine Umgebung eine ungeheure Faszination aus. Sein Majestätsbewußtsein und sein religiös inspirierter Herrscherstolz empfingen ihre Strahlkraft aus einer inneren Quelle, wurden von einem starken seelischen Energiehaushalt angetrieben. Diese seelische Antriebskraft ermöglichte es ihm auch, die mit seinem Herrscheramt verbundenen riesigen körperlichen Strapazen zu ertragen.

Karl V. war der letzte römisch-deutsche Kaiser, der keine feste Residenz hatte. Er war andauernd im Sattel, in der Sänfte oder per Schiff unterwegs, von einem Land zum anderen, von Kriegszug zu Kriegszug, von einem Reichstag in Deutschland zu einer Konferenz in Spanien. Von Nordafrika bis England, von Spanien bis Ungarn führte ihn auf holprigen Straßen und schmalen Pfaden in Eiseskälte und Sonnenglut sein Weg über steile Gebirgskämme und endlose Ebenen. Neunmal sei er nach Deutschland gezogen, bilanzierte er 1555 am Ende seiner Herrschaft, viermal nach Frankreich, zweimal nach Afrika, zweimal nach England. Beinahe jeder Kilometer, den er auf diesen beschwerlichen Reisen zurücklegte, war ein Sieg seines zähen Willens und seines imperialen Geistes über seinen gichtgeplagten Körper.

Der Willens- und Geistesstärke, die diese überragende Persönlichkeit auszeichneten, steht ein Mangel an Gemütswärme gegenüber. Oder sind wir darüber nur unzureichend informiert? Herzlichkeit, überquellende Lebensfreude, urwüchsiger Humor, Spontaneität, Eigenschaften, die Maximilian, den kaiserlichen Großvater, auszeichneten und populär machten, sucht man auf seiner Gefühlsskala vergebens. Bei ihm war alles gemessen, gemäßigt, gebändigt. Alle seine Lebensäußerungen wirken verhalten, gedämpft, kontrolliert. Das gilt auch für sein Liebesleben. Im Gegensatz zu seinen heißblütigen Eltern war Karl kein leidenschaftlicher Liebhaber. Liebesabenteuer wie seinem Vater lagen ihm fern.

Der Kaiser heiratete im Alter von 26 Jahren die schöne Prinzessin Isabella von Portugal. Die Ehe, die bis zum Tod Isabellas im Jahre 1539 währte, war glücklich und von gegenseitiger Zuneigung und Achtung geprägt. Mätressen wie viele seiner gekrönten Zeitgenossen, man denke etwa an Heinrich VIII. von England, hielt sich Karl V. keine. Daß er für weibliche Reize nicht unempfänglich war, beweist sein amouröses Intermezzo mit der Regensburger Bürgerstochter Barbara Blomberg, die am 47. Geburtstag des Kaisers einen Sohn gebar, der später noch von sich reden machen sollte: Don Juan d'Austria. Der uneheliche Habsburgersproß errang in der Seeschlacht bei Lepanto 1571 einen denkwürdigen Sieg über die türkische Flotte.

Karl V. war, und das hängt wohl mit seinem Wesen zusammen, ein Meister der Beherrschung und der Mäßigung. Mit einer einzigen Ausnahme: bei Tisch war er maßlos. Seine Gefräßigkeit war bei Hof nicht selten ein heimliches, aber ergiebiges Tagesgespräch. Ein venezianischer Gesandter, der das kaiserliche Laster aus der Nähe beobachtete, berichtet: »Er ist ein wenig unregelmäßig in seiner Lebensführung, denn er ißt und trinkt so viel bei den Mahlzeiten, daß er alle in Erstaunen versetzt ... Er bevorzugt schwere Gerichte, obgleich ihm das nicht bekommt. Und das schlimmste ist, daß er die Nahrung nicht kaut, sondern hinunterschlingt, was vorwiegend darauf zurückzuführen ist, daß er nur wenige Zähne in schlechtem Zustand hat.«

Karl bezahlte für seinen ungezügelten Appetit einen hohen Preis. Er wurde über weite Strecken seines nicht ganz sechs Jahrzehnte währenden Lebens von schweren Gichtanfällen und Rheumatismus geplagt.

Kehren wir zu seinen ungezwungenen, sorglosen Jugendtagen in Burgund zurück. Sie fanden bereits im Alter von fünfzehn Jahren ein frühzeitiges Ende. Am 5. Januar 1515 wurde Karl im Ständesaal des Herzogsschlosses von Brüssel in einer feierlichen Zeremonie für großjährig erklärt und übernahm gegen den Willen seiner Tante Margarete, aber aus ihren Händen, die Regierung seines niederländisch-burgundischen Herzogtums. Ein paar Tage zuvor, am 1. Januar 1515, war in Frankreich – Zufall der Weltgeschichte – nach dem Tod Ludwigs XII. jener Monarch auf den Thron gelangt, der Karls hartnäckigster Widersacher werden sollte: König Franz I.

Noch lastete die Bürde der Verantwortung nicht mit voller Wucht auf den jungen Schultern des Herzogs. Viel eher hatte sie sein Obersthofkämmerer Wilhelm von Croy zu tragen, der sich plötzlich in die Rolle des mächtigsten Mannes in Burgund versetzt sah, eines Landes, in dem nach wie vor Handel und Gewerbe florierten und die Künste, allen voran die Malerei, blühten.

Der energische, selbstsichere Herr von Chièvres bewährte sich auch jetzt. Er arrangierte eine Huldigungsreise durch die Provinzen, organisierte Feste, Turniere und Jagden und stellte die burgundische Politik staatsklug auf freundschaftliche Beziehungen zum französischen Nachbarn um. Das gute Verhältnis zu England, auf das Margarete großen Wert gelegt hatte, blieb gewahrt. Der Orden vom Goldenen Vlies gewann an Einfluß und Bedeutung.

Nicht viel länger als ein Jahr nach der Zeremonie im Brüsseler Herzogspalast trat ein Ereignis ein, das dem Leben Karls neuerlich eine entscheidende Wendung gab. Am 23. Januar 1516 starb König Ferdinand von Aragonien, des Herzogs spanischer Großvater. Der König hatte zwar testamentarisch Karls jüngeren Bruder Ferdinand, der am spanischen Hof erzogen worden war, zu seinem Nachfolger bestimmt. Aber nach altkastilischem Recht gebührte die Krone Karl, gemeinsam mit seiner nicht regierungsfähigen Mutter Johanna. Am Brüsseler Hof setzte man die Segel auch sogleich in diese Richtung. Nach einer Trauerkundgebung für den toten König rief man dort »Doña Juana und Don Carlos« zum König aus. Die spanischen Granden murrten zwar, als sie davon erfuhren, aber sie standen Gewehr bei Fuß. Sie ließen allerdings wissen, der junge König möge so bald wie möglich in das Land kommen, um die Regierung anzutreten.

In Brüssel ließ man sich freilich Zeit. Es dauerte mehr als ein Jahr, ehe sich der Hof schwerfällig in Bewegung zu setzen begann, um die Reise in Karls neues Königreich anzutreten. Inzwischen hielt der Erzbischof von Toledo, Kardinal Jimenez de Cisneros, für den jungen König in Spanien die Stellung. Erst Anfang 1517 hißte die aus vierzig Schiffen bestehende Flotte mit Karl, seiner Schwester Eleonore und dem burgundischen Hofstaat an Bord die Segel. Sie landete nach zehntägiger stürmischer Fahrt in einem kleinen, unbedeutenden Hafen an der Nordküste der Pyrenäenhalbinsel. An die verunglückte Ankunft schloß sich eine wochenlange, beschwerliche Wanderung über Pässe, Felsen und Berge in das Landesinnere an, ehe der König und seine Gefolgschaft an der Stadt Valladolid vorbei Schloß Tordesillas erreichte, wo Karl seine kranke Mutter aufsuchte. Über den Verlauf der Begegnung ist wenig überliefert. Einige Tage später begegnete er zum erstenmal in seinem Leben seinem Bruder Ferdinand. Die beiden begrüßten einander artig und zogen dann gemeinsam mit großem Gepränge in Valladolid ein. In der alten Stadt in Kastilien verbrachte man mit Turnieren und Festen den Winter. Die Fremdlinge aus dem Norden stellten dabei ihre Selbstgefälligkeit und ihren Luxus zur Schau, was den Spaniern gründlich mißfiel. Karls Hof, klagten sie, werfe das Geld beim Fenster hinaus, der König sei nur von seinen »flämischen Schweinen« umgeben und mache keinerlei Anstalten, sich den Verhältnissen des Landes anzupassen.

In der Tat benötigte Karl einige Zeit, um sich an die neue Umgebung und den völlig anderen Lebensstil zu gewöhnen. Zweifellos wurden aber jetzt allmählich die Konturen seiner Persönlichkeit, seine dynastischen Ziele und seine Vorstellungen vom Herrscheramt deutlicher sichtbar. Er trat aus dem Schatten seiner Ratgeber heraus, sein politischer Wille festigte sich, verschaffte sich freie Bahn, begann sich durchzusetzen.

Im Februar 1518 huldigten die Cortes in Valladolid ihrem neuen König, im April sagte Ferdinand, der ihm politisch hätte gefährlich werden können, über ausdrücklichen Wunsch Karls Spanien für immer Lebewohl. Er ging in die Niederlande, wo er die Stellvertretung des älteren Bruders übernahm. Ferdinand fügte sich auch in den nächsten Jahrzehnten in das Los des Stellvertreters. Er wurde, wie wir noch hören werden, von Karl an der Herrschaft mitbeteiligt und übernahm nach dessen Tod 1558 die Kaiserwürde (bis 1564). Auf diese Weise blieb dem Hause Habsburg ein möglicher Bruderzwist erspart.

Karl, der im Sommer 1518 auch in Aragón und in Katalonien die Huldigung durch die Stände entgegennahm, ernannte nach dem Tod seines Großkanzlers Jean Sauvage einen Mann zum Nachfolger, der in den nächsten zwölf Jahren als sein engster Ratgeber die Fäden der Politik zog: Mercurino Gattinara.

Gattinara stammte aus dem piemontesischen Kleinadel. Vielseitig gebildet, energisch, charakterstark und mit einem natürlichen politischen Instinkt begabt, weitete er Karls Blick bei den Verhandlungen um die Nachfolge Kaiser Maximilians I. vom Dynastischen ins Universelle. Es war Gattinara, der nach Karls Wahl zum deutschen König, über die wir eingangs berichtet haben, seinem Herrn in einer Denkschrift die großen Ziele einer kaiserlichen Universalherrschaft vor Augen stellte. »Sire«, hieß es darin einleitend, »da Euch Gott der Schöpfer die Gnade erwiesen hat,

Euch unter allen christlichen Königen und Fürsten zu erhöhen, indem er Euch zum größten Kaiser und König seit Eurem Vorgänger Karl dem Großen gemacht hat, weist er Euch auf den rechten Weg zur Monarchie, die die gesamte Welt unter einem Hirten vereint.«

Hat Karl diese universale Kaiseridee zum Inhalt und Angelpunkt seiner Politik gemacht? Strebte er, der auf zwei Kontinenten, in der Alten und der Neuen Welt, ein so riesiges Reich beherrschte wie kein habsburgischer Regent vor und nach ihm, nach der Weltmonarchie? Oder hatte er vor allem dynastische Ziele? Stand im Mittelpunkt seiner politischen Ideenwelt das Haus Habsburg? Über die Antwort auf diese Fragen sind sich die Historiker nicht einig. Von Karl selbst gibt es dazu ein paar interessante Stellungnahmen. Im November 1529 erklärte der Kaiser in einem Gespräch mit dem venezianischen Botschafter Gasparo Contarini: ihm sei zu Ohren gekommen, er strebe die Universalmonarchie an. Das sei eine Verleumdung, die er ernsthaftest zurückweisen müsse. Sieben Jahre später sagte er, von einem Feldzug aus Tunis zurückgekehrt, zum Papst: »Einige sagen, daß ich Monarch der Welt sein möchte. Mein Denken und meine Werke zeigen, daß es im Gegenteil meine Absicht ist, nicht Krieg gegen Christen, sondern gegen die Ungläubigen zu führen, und daß Italien und die Christenheit im Frieden leben mögen und jeder das Seine besitzen soll.«

Weltmonarch im Sinne eines Welttyrannen, der über versklavte Völker sein Zepter schwingt, wollte Karl V. ganz gewiß nicht sein. Dieser römisch-deutsche Kaiser aus dem Hause Habsburg war kein imperialistischer Welteroberer. Er war auch kein blutrünstiger Condottiere im Stil seiner Zeit und schon gar kein prestigesüchtiger Renaissancefürst. Das beweisen sein Lebensstil, sein Auftreten und seine Abgang von der Geschichte, von dem noch die Rede sein wird. Karls Herrschaftsethos war von ganz anderer Art. Diese überragende Herrscherpersönlichkeit war von der mittelalterlichen Idee eines universellen Kaisertums beseelt, dem die weltliche Vorrangstellung innerhalb der Christenheit zukam und dem die Aufgabe oblag, die alte Kirche gegen alle Anfeindungen durch innere und äußere Gegner zu verteidigen.

Mit dieser Grundkonzeption verquickt war Karls offenkundiges Ziel, die von ihm ererbten heterogenen Länder und Herrschaften unter seiner dynastischen Führung zu einem Reich zusammenzuschweißen. In diesen beiden herrscherlichen Grundkonzeptionen finden seine Handlungen, seine Erfolge und Mißerfolge ihre Begründung.

Nach seiner Wahl zum deutschen König hätte Karl auf schnellstem Weg zur Krönung nach Aachen kommen müssen. Aber wie schon einige Jahre zuvor hatte er auch jetzt, im Sommer 1519, keine Eile. Er hielt sich monatelang im Kloster Molins de Rey auf und zog dann über Burgos nach Santiago de Compostela, dem in der damaligen Zeit bekanntesten Wallfahrtsort des Abendlandes, wohin er ganz gegen alle Gewohnheit die Cortes berief. Endlich, zehn Monate nach seiner Wahl, verließ er Spanien. In seinem Rücken flammte der bürgerlich-städtische Aufstand der Comuneros auf, mit dem sich der von Karl ernannte Statthalter Adrian von Utrecht herumschlagen mußte.

Karl und sein Gefolge begaben sich auch jetzt nicht auf direktem Weg nach Deutschland. Der König von Spanien stattete zunächst Heinrich VIII., dem englischen König, der mit Katharina, der Schwester seiner geisteskranken Mutter, verheiratet war, in Canterbury einen Besuch ab.

Auf den Kontinent zurückgekehrt, hielt er sich noch einige Zeit in den Niederlanden auf und schwelgte in Erinnerungen an seine Jugendtage. Dann erst brach er zur Krönung nach Aachen auf. Der Herbst war bereits ins Land gezogen, als Karl am 22. Oktober 1520 gegen Abend mit einem eindrucksvollen Gefolge von spanischen Granden, Rittern des Goldenen Vlieses, Herolden, Pagen und Dienern in der alten Krönungsstadt einritt. Der König selbst, der in silberner Rüstung auf einem Schimmelhengst saß, erweckte den Eindruck eines stolzen, ehrfurchtheischenden Gebieters. Noch am Abend beschwor er gebeugten Hauptes die Wahlkapitulation der Kurfürsten. Die Bedingungen, die er akzeptieren mußte, machten ihm schmerzlich klar, daß man ihn als einen Fremden betrachtete, der er ja auch tatsächlich war. Er sollte nur geborenen Deutschen Reichs- und Hofämter verleihen, verlangten die Fürsten, keine fremden Truppen ins Land bringen, bei allen schriftlichen Ausfertigungen, die das Reich betrafen, nur die deutsche oder die lateinische Sprache gebrauchen, keinen Reichstag außerhalb der Reichsgrenze einberufen und das Reich nicht mindern, sondern mehren. Außerdem verlangten die Reichsfürsten von ihm Schutz und Beistand gegen Erhebungen ihrer Untertanen. Was durfte das Reichsoberhaupt noch tun und lassen, was veranlassen, was entscheiden?

Am Morgen des 23. Oktober 1520 rollte im Aachener Dom die feierliche Krönung des jungen Herrschers in jenem umständlichen, stundenlang währenden Zeremoniell ab, wie es durch die Jahrhunderte geübt wurde. Nachdem der König gelobt hatte, den christlichen Glauben zu erhalten, die Witwen und Waisen zu beschützen, Kirche und Reich kraftvoll zu verteidigen und dem Heiligen Vater ergeben zu sein, wurde er an Haupt, Nacken, Brust, Ellbogen und Händen gesalbt. Es folgten die Einkleidung, die Krönung und die Inthronisation auf dem Stuhl Karls des Großen. Ein Te Deum, in das alle im Dom versammelten Würdenträger einstimmten, beschloß die kirchliche Zeremonie.

Der weltliche Teil der Feierlichkeit, das Krönungsmahl, fand im Reichssaal des Rathauses statt. Während drinnen in der zweischiffigen gotischen Halle der König und die höchsten Würdenträger des Reiches an einem langen Tisch tafelten, machte sich draußen das Volk über einen Ochsen her, der aus dem festlichen Anlaß am Spieß gebraten wurde, und stürzte sich auf die Reste der Königsmahlzeit, die aus dem Fenster geworfen wurden. Drei Tage nach der Krönung wurde dem deutschen König seitens des Papstes mitgeteilt, daß er den Titel eines »erwählten römischen Kaisers« tragen dürfe. Übrigens: was Karl in Aachen empfand, wie er die Krönung erlebte, welche Gedanken ihm dabei durch den Kopf gegangen sind, darüber sind wir mit keiner einzigen Zeile unterrichtet.

Ungefähr eine Woche nach dem sakralen Staatsakt im Münster Karls des Großen zog der König mit seinem Gefolge nach Köln weiter. Es war viel zu besprechen, zu erledigen, zu entscheiden. Ungelöste Fragen und Probleme gab es zuhauf.

Unter Kaiser Maximilian war das Fundament für eine Reichsreform gelegt worden. Aber vieles war offengeblieben. Welchen

Anteil sollten die Reichsstände an der Regierung haben? Wer sollte über die Steuern verfügen dürfen und zu welchem Zweck? Wie sollten die Mitglieder des Reichskammergerichtes besoldet werden? Welche Agenden sollte dieses Gericht an sich ziehen dürfen? Wer sollte die Exekution gegen Landfriedensbrecher, die es noch immer gab, besorgen? Wer sollte während der Abwesenheit des Kaisers im Reich – Karl mußte sich ja schließlich auch um sein spanisches Königreich kümmern – das Reichsregiment führen? Ein Stellvertreter oder eine ständische Regierung?

Der Kaiser wollte diese und andere Fragen auf einem Reichstag besprechen, den er für Ende Januar 1521 nach Worms einberief. Die Verhandlungen kamen dort zunächst gut voran. Sie wurden aber bald von einem Thema überschattet, das gar nicht auf der Tagesordnung stand und im Grunde keine Reichstagsangelegenheit war: der Stellungnahme zu den Lehren Martin Luthers.

Seit der Augustinermönch und Professor für Bibelauslegung an der Universität Wittenberg am 31. Oktober 1517 seine 95 Thesen gegen den Ablaßhandel veröffentlicht und damit zur Diskussion gestellt hatte, gingen in Deutschland die religiösen Wogen hoch. Die Thesen Luthers und die religiösen Schriften, die er in den folgenden Jahren veröffentlichte, wurden mit Hilfe des gedruckten Wortes in deutschen Landen mit Windeseile verbreitet und stießen in breiten Bevölkerungskreisen auf Zustimmung. Das weltliche Treiben der Päpste, die in Rom wie Renaissancefürsten residierten, die Prunkliebe und das Lotterleben vieler deutscher Erzbischöfe, Bischöfe und Äbte, die unhaltbaren Zustände in manchen Klöstern, die hohen Geldforderungen der römischen Kurie hatten längst Mißfallen erregt und berechtigte Kritik herausgefordert. Spott und Hohn hatten sich über die scheinheiligen Pfaffen ergossen, die Wasser predigten und Wein tranken, mit aller Vehemenz wurde seit langem eine Reform der Kirche an Haupt und Gliedern gefordert.

Martin Luther war gewissermaßen das Sprachrohr der allgemeinen Unzufriedenheit mit der Kirche, in seiner Person bündelten sich die »Gravamina der deutschen Nation«. Persönlich ging es dem tiefgläubigen Theologen natürlich um mehr als um wenn auch noch so verabscheuungswürdige Äußerlichkeiten. Er rang um sein Seelenheil, um ein neues Verständnis der Gerechtigkeit Gottes, um die Rechtfertigung des sündigen Menschen vor dem Allmächtigen. »Sola fide«, allein aus dem Glauben wird der Mensch selig, »sola scriptura«, allein auf die Schrift, auf die Bibel, gründet sich die Lehre der Kirche, verkündete er. Alles andere, die ganze kirchliche Überlieferung, sei ein unnötiges, hinfälliges Beiwerk.

In öffentlichen Disputationen mit katholischen Theologen und in Publikationen entfernte sich Luther immer weiter von der alten Kirche, wurden die Konturen seiner neuen Theologie immer deutlicher sichtbar.

Rom wehrte sich. Nicht sofort und zunächst nicht mit allzu großem Eifer. Dann aber, als die Konfrontation eine substantielle Dimension anzunehmen begann, mit aller Härte. Die Schilderung der einzelnen Stadien der Auseinandersetzung müssen wir uns versagen. Am 15. Juni 1520 wurde Martin Luther mit dem Bann bedroht. Der zum Ketzer gestempelte Mönch reagierte auf diese Maßnahme der römischen Kurie mit einem »Happening«. Er verbrannte die Bannandrohungsbulle und die kirchlichen Rechtsbücher vor dem Elstertor in Wittenberg. Der Bruch mit der römisch-katholischen Kirche war damit symbolisch vollzogen.

So weit war das religiöse Geschehen gediehen, als Karl zur Krönung nach Deutschland kam. Nach altem Herkommen hätte der Kaiser nach dem päpstlichen Bannstrahl über Luther, der im Januar 1521 erfolgte, die Reichsacht verhängen müssen, was er zunächst auch beabsichtigte. Aber die Stände sprachen sich dagegen aus. Sie beharrten darauf, den Wittenberger Universitätsprofessor unter Zusicherung freien Geleites vor den Reichstag zu zitieren, wo er einem Verhör unterzogen werden sollte. Der rebellische Mönch sollte nicht ungehört gerichtet werden. Der Kaiser gab nach. Die »causa Lutheri« war zum Politikum geworden.

Am 6. März 1521 erging an Luther das kaiserliche Ersuchen, nach Worms zu kommen. Trotz Warnungen von mancher Seite entschloß sich der Reformator, der Einladung Folge zu leisten. Seine Reise in die Stadt am Rhein quer durch die deutschen Lande wurde zum Triumphzug. Luther traf am 16. April unter dem ermunternden Zuspruch zahlreicher Menschen, die die Straßen säumten, in Worms ein.

Tags darauf hat er seinen ersten Auftritt vor dem Kaiser, den in der Hofstube der bischöflichen Residenz versammelten Klerikern, den kaiserlichen Räten und den Mitgliedern der Stände. Auf einem Tisch liegen einige seiner Schriften. Ob er sich zu ihnen bekenne, wird er gefragt, und ob er bereit sei, sie ganz oder teilweise zu widerrufen. Luther erbittet mit leiser Stimme Bedenkzeit. Sie wird ihm gewährt.

Am Nachmittag des 18. April 1521 steht er erneut vor dem Kaiser und der Versammlung, der Karl präsidiert. Diesmal, so wird berichtet, spricht er klar und deutlich vernehmbar. Was so mancher Teilnehmer des Geschehens im engen Saal der Bischofsresidenz im stillen gehofft haben mag, geschieht nicht. Luther lehnt es ab, seine Ansichten zu widerrufen. »Da Eure Majestät und Eure Herrlichkeiten eine schlichte Antwort begehren, so will ich eine ohne Hörner und Zähne geben«, sagt er zunächst in deutscher, und dann über Aufforderung in lateinischer Sprache. »Wenn ich nicht durch Zeugnisse der Schrift und klare Vernunftgründe überzeugt werde – denn ich glaube weder dem Papst noch den Konzilien allein, da es am Tag ist, daß sie des öfteren geirrt und sich selbst widersprochen haben –, so bin ich durch die Stellen der Heiligen Schrift, die ich angeführt habe, überwunden in meinem Gewissen und gefangen in dem Worte Gottes. Daher kann und will ich nichts widerrufen, weil wider das Gewissen etwas zu tun weder sicher noch ratsam ist. Gott, helfe mir, Amen.«

Dem Kaiser, der kein Wort deutsch versteht und auch im Lateinischen nicht sattelfest ist, wird Luthers Rede in das Französische übersetzt. Er hört unbewegten Gesichtes zu und nimmt, als der Bettelmönch mit seinen Ausführungen zu Ende ist, mit keinem Wort dazu Stellung. Erst am nächsten Tag reagiert er vor dem Reichstag mit einer Stellungnahme, die er in nächtlicher Stunde eigenhändig niedergeschrieben hat. Es ist ein persönliches Glaubensbekenntnis, in dem der 21jährige Herrscher, wie nie vorher und kaum je wieder danach, sein Denken und Fühlen offengelegt hat.

»Ihr wißt«, heißt es einleitend in dem aufschlußreichen Dokument, das zunächst nur im französischen Original und dann in der deutschen Übersetzung vorgelesen wird, »daß ich von den allerchristlichen Kaisern der edlen deutschen Nation abstamme, von den katholischen Königen Spaniens, den Erzherzögen Österreichs, den Herzögen von Burgund, welche alle bis zum Tode getreue Söhne der römischen Kirche gewesen sind, Verteidiger des katholischen Glaubens, der geheiligten Handlungen, Dekrete und Gewohnheiten des Gottesdienstes, die das alles nach ihrem Tode mir hinterlassen haben und nach deren Beispiel ich durch Gottes Gnade bisher gelebt habe.« Nach diesen formelhaften Wendungen, mit denen er sich auf Recht und Herkommen und die Kraft der Tradition beruft, formuliert der Kaiser dann ganz persönlich weiter: »Deshalb bin ich entschlossen, an allem festzuhalten, wie meine Vorgänger und ich bisher getan haben ... Denn es ist sicher, daß ein einzelner Bruder mit seiner Meinung, die gegen die ganze Christenheit steht, irrt, da nach dieser Meinung die Christenheit tausend Jahre und mehr geirrt haben müßte. So bin ich entschlossen, meine Königreiche und Herrschaften, meine Freunde, Leib und Blut dafür einzusetzen ...«

Und dann verkündet der unverrückbar am katholischen Glauben festhaltende Kaiser mit unmißverständlicher Entschiedenheit seinen welthistorisch bedeutsamen Entschluß. »Nach der halsstarrigen Antwort, die Luther gestern in aller Anwesenheit gegeben hat«, heißt es in dem Dokument weiter, »erkläre ich euch, daß ich bedaure, so lange gezögert zu haben, gegen ihn und seine falsche Lehre vorzugehen, und daß ich nicht gewillt bin, ihn noch einmal anzuhören. Die Zusage freien Geleites werde ich halten ... aber ich werde ihn, wie gesagt, in Zukunft wie einen notorischen Ketzer behandeln und ersuche euch als gute Christen, euch ebenso zu verhalten.«

Die Würfel sind gefallen. Die höchste weltliche Autorität hat nach der geistlichen der Glaubensspaltung den Kampf angesagt. Das Zeitalter der Glaubenskriege hat begonnen. Es wird Europa in den nächsten einhundertfünfzig Jahren in Atem halten.

Luther verläßt Worms. Er wird auf dem Rückweg nach Thüringen zum Schein überfallen und auf die Wartburg bei Eisenach gebracht, wo er unter dem Schutz des sächsischen Kurfürsten, Friedrichs III., des Weisen, als »Junker Jörg« Zuflucht findet und eine großartige wissenschaftliche Leistung vollbringt: die Übersetzung des Neuen Testamentes in das Deutsche.

Seinen ersten Deutschlandaufenthalt benützte der Kaiser auch dazu, mit seinem Bruder Ferdinand ins reine zu kommen. Nach habsburgischem Hausrecht war Karl dazu verpflichtet, das Erbe mit dem jüngeren Bruder zu teilen. Man einigte sich zunächst darauf, daß Ferdinand in den österreichischen Herzogtümern Nieder- und Oberösterreich, Steiermark, Kärnten und in Krain die Herrschaft übernehmen sollte. Der übrige Länderbesitz sollte an Karl fallen. Gegen diesen Teilungsplan, der Ferdinand schwer benachteiligt hätte, erhoben vor allem die Ungarn Einspruch. Wie das? Nun, 1521 war das sechs Jahre zuvor von Kaiser Maximilian in Wien vereinbarte Eheprojekt zustande gekommen, von dem wir schon gehört haben. Ferdinand hatte im Mai die Jagellonenprinzessin Anna geheiratet, zwei Monate später gaben einander Maria, die Schwester Ferdinands, und der Jagellonenkönig Ludwig von Böhmen und Ungarn das Jawort. Zur Sicherung des ungarischen Erbes, das durch diese Doppelhochzeit in Aussicht stand, aber auch für den Abwehrkampf gegen die Türken, der sich mit Deutlichkeit abzeichnete, reichte Ferdinands territoriale Machtbasis nicht aus. Das machten er und die Ungarn dem Kaiser klar, und Karl sah das auch ein. Er überantwortete 1522 im Vertrag zu Brüssel Ferdinand auch noch das reiche Tirol mit den habsburgischen Vorlanden und übertrug ihm für die Zeit seiner Abwesenheit die Statthalterschaft im Reich. Mit dem Brüsseler Vertrag zwischen Kaiser Karl V. und seinem Bruder Ferdinand wurde, ohne daß man das damals ahnen konnte, geschweige denn beabsichtigte, die Grundlage für die spätere Teilung des Hauses Habsburg in eine spanische und eine österreichische Linie gelegt.

Mit diesem Vertrag überließ der Kaiser den Türkenkrieg in Ungarn in der Hauptsache Ferdinand und den Reichsständen, die sich im Abwehrkampf des christlichen Abendlandes gegen den Glaubensfeind allerdings nicht übermäßig engagierten. Er selbst führte den Glaubenskrieg gegen die Türken vornehmlich als spanischer König im Mittelmeer.

Um die Angelegenheiten des Reiches, um die deutsche Politik, kümmerte er sich nur, so weit das in sein Konzept vom Universalkaisertum paßte und so weit es die realpolitische Situation und die Umstände erforderten und erlaubten.

Erzherzog Ferdinand wurde am 5. Januar 1531 in Köln (nicht im protestantischen Frankfurt) von den Kurfürsten zum römisch-deutschen König gewählt und wenige Tage später in Aachen gekrönt. Ferdinand und nicht Karls Sohn Philipp – wir haben es bereits erwähnt – trat 1558 dann auch die Nachfolge des Kaisers an.

Im Juli 1522 kehrte Karl nach einem abermaligen Englandaufenthalt, bei dem er die Bündnispartnerschaft mit Heinrich VIII. erneuert hatte, nach Spanien zurück. Er sollte bis zum Herbst 1529 im Lande verweilen. In diesen sieben Jahren seines kontinuierlichen Aufenthaltes auf der Pyrenäenhalbinsel lernte der Kaiser die landschaftliche Vielfalt seines südlichen Königreiches und die Mentalität, die Sitten und Gebräuche seiner spanischen Untertanen erst richtig kennen. Beim ersten Mal, 1517 bis 1520, hatte er dazu zu wenig Zeit und Gelegenheit gehabt.

Nach dem Strafgericht über die Hauptbeteiligten des Comunero-Aufstandes besuchte Karl mehrmals seine Mutter in Tordesillas und reiste kreuz und quer durch das Land. Er hielt sich eine Weile in Saragossa auf, stattete Madrid, das damals politisch noch keine Rolle spielte, und dem schönen, unvergleichlichen Toledo einen Besuch ab, verbrachte ein paar Tage in der Sommerresidenz Aranjuez und bestaunte das römische Aquädukt von Segovia. In Sevilla feierte er 1526 Hochzeit mit der portugiesischen Infantin Isabella (wir haben es bereits erwähnt), die ihm am 21. Mai 1527 einen männlichen Erben, den späteren Philipp II., schenkte. Die Hochzeitsreise führte das Kaiserpaar über Córdoba nach Granada, wo es auf der Alhambra für die Dauer von sechs Monaten Aufenthalt nahm. Es war eine Zeit persönlichen Glückes unter dem heiteren Himmel Andalusiens. Dann ging es wieder zurück in den unwirtlicheren Norden.

In all diesen Jahren überstürzten sich in den anderen Herrschaftsbereichen des Kaisers die Ereignisse. Das machtpolitische Ringen zwischen dem Reichsoberhaupt und dem französischen König, das bereits zur Zeit Kaiser Maximilians I. das historische

Geschehen in West-, Mittel- und Südeuropa bestimmt hatte, entlud sich in einem neuen Krieg.

Für König Franz I. von Frankreich ging es dabei darum, sich der territorialen Umklammerung durch das Haus Habsburg zu entziehen. Karl V. wollte das Herzogtum Burgund mit der Hauptstadt Dijon, wo seine burgundischen Ahnen begraben lagen, zurückgewinnen. Auf die einzelnen Phasen der Auseinandersetzung, die sich fast über die gesamte Regierungszeit des Kaisers erstreckte, können wir natürlich aus Raumgründen nicht eingehen. Wir müssen uns mit ein paar grundsätzlichen Feststellungen begnügen.

Zunächst einmal wäre festzuhalten, daß in die Kriege, die die beiden Monarchen gegeneinander führten, halb Europa politisch wie militärisch verwickelt war. Die Allianzen wechselten in bunter Abfolge. Das eine Mal stand der Papst auf der Seite des Kaisers, ein anderes Mal unterstützte er die Franzosen. Auch England und die italienischen Kleinstaaten hielten es nicht anders. Franz I. scheute andererseits nicht davor zurück, sich mit den Türken und den deutschen Protestanten zu verbünden, was den Kaiser zu einer Schaukelpolitik gegenüber der Reformation zwang, deren weitere Verbreitung unter diesen Umständen nicht zu verhindern war. Wenn er außenpolitisch und militärisch in Bedrängnis war, machte Karl dem Luthertum Zugeständnisse. Sobald seine Kräfte dazu ausreichten, ließ der Kaiser auf Reichstagen die evangelisch gesinnten Stände seine Macht und Stärke spüren. So spielte der konfessionelle Streit auch in das Ringen zwischen der landesherrlichen Ständemacht und dem Kaiser um mehr Einfluß im Reich und den Reichsorganen hinein.

Seine kostspieligen Kriege um die Vorherrschaft in Europa führte Karl mit spanischen Steuergeldern und den Einnahmen, die aus den überseeischen Besitzungen Spaniens in die königliche Kasse flossen. In einträglichen Jahren trug das Amerikageschäft dem Kaiser jährlich bis zu einer Million Dukaten ein, ein immenser Betrag, von dem Maximilian, der habsburgische Ehestifter mit den ewig leeren Taschen, nur hätte träumen können. Aber auch diese Mittel reichten nicht aus. Dem schwer verschuldeten Kaiser, der Spaniens Einnahmequellen bis zur Neige ausschöpfte, fehlte des öfteren das Geld zur Bezahlung seiner spanischen und deutschen Söldner. Dies führte im Jahr 1527 in Italien, wo die Kriege zwischen den miteinander verfeindeten Herrschern und Mächten ausgefochten wurden, zu einem der seltsamsten und ungeheuerlichsten Ereignisse des an Greueltaten nicht eben zimperlichen Jahrhunderts: zum berühmt-berüchtigten »Sacco di Roma«, zur Plünderung Roms durch die kaiserliche Soldateska. Die unter der Führung des bekannten deutschen Condottiere Georg von Frundsberg stehenden kaiserlichen Truppen hatten in Oberitalien 1526/27 einen harten, entbehrungsreichen Winter verbracht und wurden unzulänglich besoldet. In ihren dickschädeligen Landsknechtgehirnen braute sich ein Gewitter zusammen. Eine Meuterei drohte. Als Frundsberg »seinen Kindern« gut zureden wollte und sich drohend die Spieße gegen ihn senkten, traf den alten Haudegen der Schlagfluß. Der Tod ihres Kommandeurs riß alle Dämme der Disziplin ein. Nur von schwacher Hand gelenkt, wälzte sich der Heerhaufen durch die Toskana, an Florenz und Siena vorbei, auf Rom zu, das am 6. Mai 1527 erstürmt wurde. Auf die Erstürmung der Stadt folgte ihre Plünderung durch die zügellose Landsknechtstruppe. Gotteshäuser und Paläste wurden ihrer Schätze beraubt, Geschäfte und Speicher gebrandschatzt, Menschen niedergemetzelt. Ein spanischer Augenzeuge berichtet: »In Rom, der Hauptstadt der Christenheit, wird keine Glocke geläutet, keine Kirche geöffnet, keine Messe gelesen, es gibt weder Sonntag noch Feiertag. Die reichen Buden der Kaufleute sind Pferdeställe; die herrlichsten Paläste sind verwüstet, viele Häuser verbrannt, die Türen und Fenster der anderen zerbrochen und fortgeschleppt, die Straßen in Misthaufen verwandelt, der Gestank der Leichen ist entsetzlich; Menschen und Tiere haben gleiches Begräbnis; in den Kirchen habe ich von Hunden zerfressene Leichen gesehen. Auf den Plätzen stehen die Tische gedrängt, auf denen um große Haufen Dukaten gewürfelt wird.«

Papst Clemens VII., der vor den außer Rand und Band geratenen Söldnerhorden durch einen Geheimgang in die Engelsburg geflüchtet war, mußte sich Anfang Juni ergeben. Er war nun, wie schon sein Verbündeter, Franz I., nach der Schlacht von Pavia zwei Jahre zuvor, in der Gewalt des Kaisers.

Karl erreichte die Nachricht von den Vorgängen in Rom in der dritten Maiwoche 1527 während der Feierlichkeiten anläßlich der Geburt seines Sohnes in Valladolid. Wie sollte er darauf reagieren? Nach langen Beratungen mit seinem engsten Mitarbeiterstab entschied er sich für einen Weg der Mäßigung. Er sprach dem Papst sein Bedauern über die Untaten aus und entließ ihn aus der Gefangenschaft. Als Gegenleistung erwartete er von ihm die Krönung zum Kaiser.

Nicht nur in Italien, auch in Deutschland und an der Ostgrenze des habsburgischen Reiches kam es im Jahrzehnt zwischen 1520 und 1530 zu bedrohlichen Konflikten.

In den Jahren 1524 bis 1526 erhoben sich in Schwaben, Franken und Thüringen, in Salzburg und Tirol die Bauern gegen ihre weltlichen und geistlichen Grundherren, die sich nicht selten wie Zwingherren gebärdeten. Die soziale Massenbewegung, die, überspitzt formuliert, ohne die Verkündigung des Evangeliums, auf das sie sich berief, nicht möglich gewesen wäre, wurde von den Fürsten blutig niedergeschlagen.

Der Kaiser hat in die Auseinandersetzung nicht eingegriffen. Ob er die Ursachen des Aufstandes und den Zusammenhang mit der religiösen Bewegung erkannt hat, ist fraglich.

Für das Haus Habsburg wesentlich folgenschwerer als der Bauernkrieg waren die Vorgänge in Ungarn. Dort war am 29. August 1526 König Ludwig in einer Schlacht gegen die Türken gefallen. Da er keinen Thronerben hatte, ging die Nachfolge in den beiden Königreichen Böhmen und Ungarn aufgrund der Abmachungen des Jahres 1515 auf Erzherzog Ferdinand von Österreich über. Sie stieß jedoch auf Schwierigkeiten. Während Ferdinand in Böhmen relativ rasch zum König gewählt wurde, konnte er sich in Ungarn erst nach Überwindung der ständischen Opposition und auch dann nur für kurze Zeit behaupten. Denn schon drei Jahre nach ihrem Sieg bei Mohács standen die osmanischen Heerscharen unter ihrem Sultan Soleiman dem Prächtigen im Frühjahr 1529 vor den Toren Wiens. Zwar mußten sie die Belagerung der Stadt abbrechen, aber ein Großteil Ungarns verblieb unter ihrer Herrschaft. Ferdinand konnte sich nur im westlichen Teil des Landes behaupten. In den folgenden 150 Jahren blieb die Türkenabwehr eine der großen außenpolitischen Aufgaben der habsburgischen

Dynastie. Der Kaiser, der sich während der Türkenbelagerung Wiens bereits in Italien aufhielt, reagierte auf die dringenden Hilferufe des Bruders hinhaltend. Erst 1532 hat er persönlich am Türkenfeldzug in Ungarn teilgenommen.

Karl V. betrat am 9. August 1529 bei Savona an der ligurischen Küste zum erstenmal italienischen Boden. Um diese Reise hatte sich sein Großkanzler Gattinara, in dessen politischem Weltbild Italien die Mitte einnahm, lange Zeit vergeblich bemüht. Nun hatte er sie endlich durchgesetzt.

Karls Reiseziel war Bologna, wo seine Krönung zum Kaiser stattfinden sollte. Rom war nach den entsetzlichen Vorgängen des »Sacco« wohl nicht der passende Ort dafür.

Der Zug des Kaisers bewegte sich im Schneckentempo in das Landesinnere. Karl hatte offenbar viel Zeit. Erst vier Monate nach der Landung, am 6. Dezember, ritt er mit seinem Gefolge im festlich geschmückten Bologna ein. Der Papst war bereits da. Er wohnte im Palazzo Publico, wo auch der Kaiser Quartier nahm. Die beiden einst miteinander so sehr verfeindeten Häupter der Christenheit, deren Gemächer durch Geheimtüren miteinander verbunden waren, führten in den nächsten Wochen und Monaten eine Reihe von Gesprächen: über die gewaltsame Wiederherstellung der Herrschaft der Medici in Florenz (Clemens VII. entstammte diesem Geschlecht) durch die kaiserlichen Truppen, über eine politische Neuordnung der Apenninenhalbinsel, über die Einberufung eines Konzils zur Beilegung des Glaubensstreites, auf die der Kaiser drängte.

Die Kaiserkrönung wurde für den 24. Februar 1530 anberaumt, zu Karls 30. Geburtstag. Ob sich die Verhandlungen deshalb so lange hingezogen haben? Noch einmal, zum allerletzten Mal, erlebten die Bewohner einer italienischen Stadt mitten im Renaissancezeitalter ein Stück Mittelalter. Es lief alles nach uraltem Zeremoniell ab. Karl wurde in einer langwierigen Prozedur mit den Insignien seiner Macht ausgestattet, mit Öl gesalbt und gekrönt. Danach küßte er mit gebeugtem Knie Brust und Füße des Papstes.

Der Kaiser blieb noch einige Wochen in der Krönungsstadt. Dann brach er nach Deutschland auf. Er hatte zu einem Reichstag nach Augsburg geladen. Über Mantua und Trient erreichte er am 4. Mai Innsbruck, wo tags darauf sein Großkanzler und maßgeblicher Berater, Mercurino Gattinara, aus dem Leben schied. Ab diesem Zeitpunkt traf er alle seine großen politischen Entscheidungen allein.

In der Tiroler Hauptstadt gab es ein Wiedersehen mit Ferdinand. Gemeinsam zogen die habsburgischen Brüder dann über Schwaz, Kufstein und München nach Augsburg, wo der kaiserliche Hofstaat von den Stadtvätern vor dem Roten Tor feierlich eingeholt und in einem glanzvollen Festzug unter dem Jubel des Volkes zum Gottesdienst im Dom geleitet wurde. Der Kaiser war nach Augsburg gekommen, um die Glaubenseinheit wiederherzustellen. Als er die Stadt am Lech ein paar Monate später verließ, stand die Spaltung Deutschlands in zwei konfessionelle Lager unwiderruflich fest.

Seit Worms hatte sich in der Religionsfrage einiges verändert. Das kaiserliche Edikt des Jahres 1521 war im wesentlichen unbeachtet geblieben. Auf dem Reichstag zu Speyer im Jahre 1526 hatte man sich auf die Formel geeinigt, die Stände sollten »mit ihren Untertanen also leben, regieren und sich halten, wie ein jeder solches gegen Gott und kaiserliche Majestät hoffe und vertraue zu verantworten«.

Dieser Beschluß wurde 1529 auf einem zweiten Reichstag zu Speyer von der katholischen Mehrheit wieder aufgehoben, wogegen die evangelische Minderheit energischen Protest einlegte (Protestanten!) und der Meinung Ausdruck verlieh, daß in Glaubensfragen Mehrheitsentscheidungen nicht verbindlich sein können und dürfen. Sie übersandten den Protest an den Kaiser und appellierten an ein künftiges Konzil.

Der Kaiser, der den Augsburger Reichstag am 20. Juni 1530 eröffnet hatte, stand nun persönlich vor ihnen. Im Gegensatz zu Worms sah er sich aber nicht einem einzelnen Glaubensgegner gegenüber, sondern einer Gruppe von Fürsten und Städten.

Karl war durchaus kompromißbereit und erbat von den lutherisch gesinnten Ständen als Diskussionsgrundlage eine Darlegung ihres Standpunktes. Diese kamen dem Ersuchen unverzüglich nach. Sie übergaben dem Reichsoberhaupt am 25. Juni eine 28

Artikel umfassende Bekenntnisschrift, die als »Augsburger Bekenntnis« (»Confessio Augustana«) in die Geschichtsbücher eingegangen ist. Ihre Verfasser waren der geschmeidige Philipp Melanchthon, ein Schüler und enger Mitarbeiter Luthers, und der Wittenberger Stadtpfarrer Johannes Bugenhagen, ein Altersgenosse des Reformators.

Das Dokument signalisierte durchaus Verständigungsbereitschaft. Acht Tage nach der Übergabe antwortete der Kaiser darauf mit einer von seinen Theologen ausgearbeiteten, von ihm unterzeichneten »Confutatio« (»Widerlegung«), der er in einigen Punkten persönlich die Schärfe genommen hatte.

In den Verhandlungen, die anschließend über die gegensätzlichen Stand- und Streitpunkte geführt wurden, gewannen die Gegner eines Kompromisses, je länger die Gespräche dauerten, mehr und mehr an Übergewicht. Die kaiserliche »Widerlegung« wurde zum Reichstagsbeschluß erhoben. Kursachsen, Hessen und einige Reichsstädte, wie Bremen und Straßburg, schlossen sich im Februar 1531 in der kleinen Stadt Schmalkalden zu einem Verteidigungsbündnis zusammen. Der Versuch der Wiederherstellung der Glaubenseinheit war gescheitert.

Der Kaiser brach von Augsburg in die Niederlande auf. Auf dem Weg dorthin erfuhr er vom Tod seiner Tante Margarete, die er wegen ihrer staatsmännischen Klugheit und Tüchtigkeit stets sehr geschätzt hatte. Zu ihrer Nachfolgerin als Statthalterin der Niederlande machte er seine Schwester Maria, die verwitwete Gattin des in der Schlacht bei Mohács ums Leben gekommenen Königs Ludwig von Ungarn. Es war eine gute Wahl. Maria hat die schwere politische Aufgabe, die ihr übertragen wurde, mit großem Einfühlungsvermögen, mit Fleiß und Festigkeit gemeistert.

Karl reiste 1532 wieder nach Deutschland zurück, hielt sich zwischen Februar und September in Regensburg auf und zog dann mit einem starken Reichsheer gegen die Türken. Ein militärisches Eingreifen war nicht notwendig. Die osmanische Kriegsmaschine war vor der kleinen westungarischen Festung Güns (Köszeg) zum Stehen gebracht worden. Der Kaiser zog am 23. September 1532 im Triumph in Wien ein. Nach zwölftägigem Aufenthalt begab er sich zu Gesprächen mit dem Papst nach Italien. In Bologna begegnete er auch Tizian, dem wir eine Reihe von Porträts des Kaisers verdanken. Der bedeutende Maler schuf eine Biographie des Kaisers in Farben. Im April 1533 war Karl V. wieder zurück in Spanien.

Es war das Jahr, in dem der spanische Konquistador Francisco Pizarro, der mit 180 Soldaten und 27 Pferden ausgezogen war, um das Inkareich in Peru zu erobern, den Inkaherrscher Atahualpa erdrosseln ließ. Mit der Eroberung der Neuen Welt durch die Spanier und mit Karls Verhältnis zur kolonialen Unterwerfung der indianischen Völker und der Vernichtung ihrer hochstehenden Kulturen müssen wir uns nun kurz beschäftigen. Es kann sich natürlich im Rahmen dieser Darstellung nur um ein Randthema handeln, obwohl es einer ausführlicheren Behandlung würdig wäre. Ein Ruhmesblatt im Geschichtsbuch Spaniens und darüber hinaus Europas ist die Eroberung des Aztekenreiches in Mexiko durch Hernándo (Ferdinand) Cortéz in den Jahren von 1519–21 und des Inkareiches durch den bereits erwähnten »analphabetischen Schweinezüchter« Pizarro gewiß nicht. Darüber sind sich die meisten Historiker heute einig. Da wurde im Namen des Christentums geplündert, gebrandschatzt, gemordet, gehenkt, vergewaltigt und zerstört, daß Gott erbarm.

Was wußte der Kaiser davon? Was unternahm er dagegen? Er war über die Greueltaten, die auch in seinem Namen unternommen wurden, mehr oder weniger gut unterrichtet. Die Berichte, die Cortéz an ihn übersandte, sprechen eine deutliche Sprache, wenn darin auch vieles ausgespart blieb. Cortéz schickte dem Kaiser auch einen Teil der geraubten Schätze des Aztekenherrschers Montezuma, die diesem über die Maßen gefielen. »Ich habe«, vermerkte er in seinem Tagebuch der niederländischen Reise, »all mein Leben nichts gesehen, das mein Herz also erfreut hat als diese Ding.«

Die prachtvollen Stücke aus Gold, die Edelsteine und der Federschmuck, die er an seinen Bruder Ferdinand weiterschenkte, werden heute im Wiener Völkerkundemuseum aufbewahrt.

Der Kaiser war, was die spanische Kolonialpolitik betraf, in einem Dilemma. Den Pluspol des unlösbaren Spannungsfeldes, in dem er sich befand, bildeten sein christliches Gewissen und seine religiös-sittliche Herrscherverpflichtung allen seinen Untertanen gegenüber, den Minuspol die ökonomischen Bedürfnisse der Krone. Aus den spanischen Überseegebieten floß der gigantische Silberstrom, mit dem er zum Teil seine zahlreichen Kriege, seine vielen Reisen und seine Hofhaltung finanzierte.

Karl hat zur Beruhigung seines Gewissens immer wieder versucht, die Eingeborenen durch Gesetze vor Ausbeutung und Versklavung zu schützen. Als er Cortéz zum Statthalter von Neuspanien ernannte, ließ er ihn wissen, daß es seine wichtigste Aufgabe sein müsse, »die Eingeborenen zum christlichen Glauben zu bekehren durch freundliche Belehrung und Behandlung unter Vermeidung jeder Gewalttat«. Das war eine klare Anweisung, eine eindeutige Stellungnahme aus christlichem Geist. Aber die grausamen Eroberernaturen in der Neuen Welt kümmerten sich nicht darum. Der Kaiser konnte verfügen, was *er* wollte. Sie taten, was *sie* wollten, was ihre Habgier und ihre Raublust befriedigte. Da halfen die besten Absichten nichts.

Als Bartolomé de Las Casas, ein Dominikanermönch und Augenzeuge vieler Greueltaten in den Kolonien, 1542 in Gegenwart des Kaisers, wie schon einige Male zuvor, eine Lanze für die ausgebeuteten Indios brach, erließ Karl die »Nuevas Leyes«, die »Neuen Gesetze«, für die Neue Welt. Sie enthielten das Verbot, die Indianer zu versklaven, Vorschriften für ihren Rechtsschutz, Arbeitsschutzbestimmungen und anderes mehr. Nach einigen Jahren mußte sie der Kaiser wieder aufheben, da sie sich als undurchführbar erwiesen. Im Reich Karls V. ging wohl die Sonne nicht unter, aber sein Machtwort, sein kaiserlich-christlicher Missionsgedanke ging in der Neuen Welt nicht auf. In diesem Sinne war er ein gescheiterter Weltmonarch.

Begleiten wir den Kaiser weiter auf seinem Weg durch die Weltgeschichte. Im Jahre 1535 unternahm Karl V. einen Kriegszug gegen den Seepiraten Chaireddin Barbarossa, einen Vasallen des Sultans, der mit seiner schlagkräftigen Flotte das westliche Mittelmeer unsicher machte.

Die spanischen Kriegsschiffe gingen unter der persönlichen Führung des Kaisers, der das Unternehmen als einen Kreuzzug gegen die Ungläubigen betrachtete, an der Küste des alten Karthago vor Anker. Nach der Einnahme der Festung La Goletta rückten die kaiserlichen Truppen auf Tunis vor, wobei sich Karl als kaltblütiger Krieger und überlegter Stratege erwies. Tunis wurde erobert, dem Feldzug war aber nur ein vorübergehender Erfolg beschieden. Ein neuerlicher Türkenkrieg sechs Jahre später mit dem Ziel der Eroberung Algiers wurde zu einem totalen Fiasko. Im Kampf gegen den Islam blieb Karl V. glücklos.

Im Mittelpunkt der kaiserlichen Politik standen auch in den nächsten zwanzig Jahren (1535–1555) der Kampf gegen Frankreich und die deutsche Glaubensfrage. Zweimal noch, 1536–1538 und 1542–1544, maßen der Kaiser und sein französischer Rivale die Kräfte, wobei das weltliche Oberhaupt der Christenheit einmal sogar versuchte, allerdings vergeblich, vor den in Rom versammelten Kardinälen in einer wohlüberlegten, einstündigen Rede den Papst auf seine Seite zu ziehen. Er forderte bei dieser Gelegenheit Franz I. sogar zu einem Duell auf, um den Völkern Blutvergießen zu ersparen. Es war eine gutgemeinte Geste im Geiste mittelalterlich-ritterlichen Denkens, nicht mehr. Die kaiserlichen Räte waren verärgert, da sie vom Inhalt der Rede nicht unterrichtet worden waren. Sie hielten das Duellangebot für völlig unzeitgemäß.

Anfang der vierziger Jahre wandte sich Karl V. wieder in verstärktem Maße den Problemen in Deutschland zu. Noch immer hielt er einen Ausgleich zwischen den beiden Konfessionen für möglich.

Im Jahre 1540 hatte es zwischen den maßgebenden Theologen beider Seiten an verschiedenen Orten hoffnungsvolle Gespräche gegeben. Der Kaiser, der für den 6. Januar 1541 einen Reichstag nach Regensburg ausgeschrieben hatte, der dann aber erst Anfang April eröffnet werden konnte, versprach sich eine weitere Annäherung der Standpunkte. Die Verhandlungen begannen tatsächlich vielversprechend. Karl nahm daran großen inneren Anteil. Aber je länger die Gespräche dauerten, desto mehr verhärteten sich die Positionen. Schließlich scheiterten sie an der Unnachgiebigkeit Luthers und der römischen Kurie, die aus dem Hinterhalt agierten. Der Reichstag ging am 29. Juli 1541 ohne greifbares Ergebnis auseinander. Resigniert verließ Karl V. Deutschland. An eine friedliche Lösung der Religionsfrage war nicht mehr zu denken.

Im Jahre 1544 führte der Kaiser abermals Krieg gegen Frankreich, im Herbst 1545 wurde in Trient endlich das Konzil eröffnet, auf das Karl so sehr gedrängt und das die Päpste immer wieder hinausgezögert hatten. Das Konzil, das mit Unterbrechungen bis zum Jahre 1563 tagen sollte, legte die dogmatische Grundlage für den Gegenschlag der römisch-katholischen Kirche gegen die Reformation.

Inzwischen drängte die religiöse Frage zu einer militärischen Entscheidung. Nachdem sich der Kaiser der Unterstützung durch den Papst, der Neutralität des Herzogs von Bayern versichert und ein Heer von 57000 Mann zusammengetrommelt hatte, begannen im Sommer 1546 die Feindseligkeiten zwischen den beiden konfessionellen Lagern. Es war der erste Religionskrieg in Deutschland. Auf die politisch-diplomatischen Ränkespiele, die ihm vorangingen, und auf die einzelnen Phasen der Auseinandersetzung können und wollen wir nicht eingehen. Wohl aber müssen wir festhalten, daß sich der Kaiser, der rein äußerlich so gar nichts Heldisches an sich hatte, in diesem Krieg durch Unerschrockenheit, Mut und ein hohes Maß an strategischer Begabung auszeichnete. Der gichtgeplagte Mann, der mit seinen 47 Jahren bereits wie ein Greis aussah, teilte mit seinen Soldaten alle Gefahren und Strapazen und verstand es, die Landsknechte für seine Sache zu begeistern. »Der Kaiser ist ein ehrlich Mann, allzeit ist er der vorderst dran, zu Roß und auch zu Fussen«, sangen sie. Das war natürlich eine Übertreibung. Zu Fuß hat der Kaiser nicht gekämpft. Dazu war er körperlich nicht imstande. Jedenfalls aber hatte er am entscheidenden Sieg, den die kaiserliche Armee am 24. April 1547 bei Mühlberg an der Elbe über die Truppen des Schmalkaldischen Bundes errang, einen persönlichen Anteil. Das Kaisertum Karls V. stand nach dem Sieg bei Mühlberg auf der Höhe seiner Macht.

Tizian, das renaissancezeitliche Malgenie, hat das mit der untrüglichen Intuition des Künstlers festgehalten. Auf seinem berühmten Bild, das im Madrider Prado hängt, ist der Kaiser als Triumphator dargestellt: zu Pferd, in glänzender Ritterrüstung, mit der Heiligen Reichslanze in der Hand, die seit den Tagen Kaiser Ottos I. zu den ehrwürdigen Reichsinsignien zählte (der Kaiser trug in der Schlacht allerdings eine kurze Lanze). Und so hat sich Kaiser Karl V. gewiß auch gerne gesehen: als tapferer und unerschrockener Streiter Christi.

Der Kaiser hatte einen entscheidenden Sieg über die evangelischen Fürsten errungen. Christliche Milde ließ er gegen die Unterlegenen nicht walten. Er bedrohte den gefangenen Kurfürsten Johann Friedrich von Sachsen wegen Hochverrates und Majestätsbeleidigung mit der Todesstrafe und ließ den Landgrafen Philipp von Hessen, der mit ihm verhandelte, einfach gefangensetzen. Er war hart und unbeugsam geworden.

Karl zog mit den gefangenen Führern des Schmalkaldischen Bundes nach Augsburg, wo er den »geharnischten« Reichstag abhielt, der vom September 1547 bis Mai 1548 tagte. Er wollte die Gunst der Stunde nutzen. Was ihm vorschwebte, war die Gründung eines Reichsbundes, eine Idee, hinter der sich eine neue Reichsverfassung mit einer starken kaiserlichen Zentralgewalt verbarg. Dafür waren aber weder die evangelischen noch die katholischen Fürsten zu haben. Der Papst, der das Konzil von Trient nach Bologna, vom Reichsboden in das Territorium des Kirchenstaates, verlegt hatte, ließ den Kaiser wieder im Stich und näherte sich Frankreich. Die Beziehungen zwischen Kaisertum und Papsttum waren wieder einmal an einem Tiefpunkt angelangt.

In der Kirchenfrage endete der Reichstag mit einem von Karl V. erzwungenen Kompromiß, einem Interim im Geiste des Erasmus von Rotterdam: er gestand den Protestanten die Kommunion in beiderlei Gestalt und die Priesterehe bis zur Entscheidung durch ein allgemeines Konzil zu. Dafür sollten sie zum Katholizismus zurückkehren.

Der Kompromiß stieß in beiden Konfessionen auf Widerstand und blieb im wesentlichen unbeachtet. Der Kaiser hatte es nicht vermocht, seinen militärischen Sieg in einen politischen bzw. religiösen Erfolg umzumünzen.

Karl zog sich von Augsburg in die Niederlande zurück, in seine alte, vertraute Heimat, wo er im letzten Jahrzehnt seines Lebens immer öfter und länger Zuflucht suchte vor den Widerwärtigkeiten und Wechselfällen seines Herrscherdaseins. Er fühlte sich müde und alt. Todesahnungen beschlichen, die Sorge um seine Nachfolge und um die Zukunft des Reiches erfüllten ihn. Wieder einmal – er hat sich im Verlauf seines Lebens unter wechselnden Konstellationen immer wieder mit seinem Erbe beschäftigt und die politischen Strukturen für die nächste Generation zu bestimmen versucht – diktierte er ein Testament, eine politische Denkschrift für seinen Sohn Philipp. Er erteilt ihm darin Ratschläge für die zukünftige Regierungstätigkeit, gibt einen ausführlichen, kritisch-wertenden Überblick über die europäische Staatenwelt und erörtert dynastische Probleme. Die Sorge um die Einheit des Hauses, um die Erblichkeit des Kaisertums und um die Erhaltung des Weltreiches bewegte ihn tief. Karls Plan sah vor, daß ihm sein Bruder Ferdinand als Kaiser nachfolgen sollte. Dann sollte die Kaiserwürde aber nicht auf dessen Sohn Maximilian, sondern auf Karls Sohn Philipp übergehen. Das Projekt stieß seitens der österreichischen Linie des Hauses auf zähen Widerstand. In Augsburg, wo die Angelegenheit zwischen den Brüdern und deren Nachkommen beraten wurden, kam es im Sommer 1550 hinter verschlossenen Türen zu erregten Debatten. Die gegensätzlichen Meinungen prallten hart aufeinander und hätten beinahe zu einem Bruch zwischen Karl und Ferdinand geführt. Schließlich gab Karl nach. Er ließ den Plan fallen. Die beiden Brüder haben einander nach dem Streit um das Erbe nicht mehr so recht verstanden.

Der Kaiser verbrachte den Winter 1551/52 in Innsbruck. Während er an seinen alten Leiden laborierte (Gicht, Arthritis, Hämorrhoiden), braute sich in Deutschland ein Unwetter gegen ihn zusammen. Eine Gruppe von evangelischen Fürsten unter der Führung des ehrgeizigen und machthungrigen Kurfürsten Moritz von Sachsen plante den Aufstand gegen den Kaiser. Sie schlossen im Januar 1552 mit König Heinrich II. von Frankreich den Vertrag von Chambord, in welchem sie ihm gegen die Zusicherung bedeutender Summen das Reichsvikariat über die

Städte Cambrai, Metz, Toul und Verdun zusicherten. Der militärische Grundgedanke des Bündnisses lief darauf hinaus, den Kaiser von seinen Verbindungen mit den Niederlanden abzuschneiden. Darüber hinaus wollte man sich seiner Person bemächtigen. »Fürter wollen wir rücken nach des Kaisers Person«, hieß das im handfesten Deutsch der Zeit.

Karl, der ohne militärischen Schutz in Innsbruck saß, schlug alle diesbezüglichen Warnungen, die ihm von verschiedenen Seiten zukamen, in den Wind. Wie? Jemand wollte es wagen, sich an der geheiligten Person des Kaisers zu vergreifen? Das konnte doch nicht wahr sein!

Erst als das feindliche Heer vor den Toren Innsbrucks auftauchte, erkannte er den Ernst der Situation. Und jetzt blieb nur noch die Flucht in stockfinsterer Nacht. Über den Brenner, Sterzing und Lienz floh der römisch-deutsche Kaiser, der Monarch, in dessen Reich die Sonne jetzt im buchstäblichen Sinne des Wortes untergegangen war, mit ein paar Getreuen nach Villach, wo man endlich zur Ruhe kam. Es war die tiefste Erniedrigung seines Lebens.

Nun schaltete sich Ferdinand ein. Er handelte mit den evangelischen Fürsten, auch mit jenen, die gegen den kaiserlichen Bruder die Waffen erhoben hatten, einen Vergleich aus: die aufständischen Fürsten, denen eine Amnestie gewährt wurde, verzichteten auf das Bündnis mit Frankreich, den Bekennern der Augsburgischen Konfession wurde bis zu einem neuen Reichstag freie Religionsausübung gewährt. Im Gegenzug verpflichteten sich der Kurfürst und seine Verbündeten, Ferdinand Truppen für den Türkenkrieg zur Verfügung zu stellen.

Karl stimme dem Vertrag nur widerstrebend zu. Er stellte sich noch einmal an die Spitze eines Heeres, um die Stadt Metz zurückzuerobern, die von den Franzosen besetzt worden war. Es gelang ihm nicht. Der Verlust Lothringens, das zum altburgundischen Erbe gehörte, traf den Kaiser schwer. Körperlich leidend und seelisch gebrochen, ließ er sich in einer Sänfte in die Niederlande tragen. Es war sein endgültiger Abschied vom Reich. Die Regelung der Religionsfrage und die Reichsregierung überließ er seinem Bruder Ferdinand.

Die letzten Jahre vor seiner Rückkehr nach Spanien verbrachte Karl V. im »Brabanter Hof«, dem weitläufigen Herzogsschloß von Brüssel. Müde, verbraucht, von Schmerzen geplagt, lebte er weltentrückt in tiefer Abgeschiedenheit. Es gab Wochen und Monate, in denen er in einem abgedunkelten Raum stundenlang vor sich hinbrütete, schwermütigen Gedanken nachhing und betete. Er duldete nur wenige Menschen um sich, die die notwendigen Dienstleistungen verrichteten: ihn mit Nahrung und Getränken versorgten, ihn pflegten, die Leibstühle wechselten, seine gichtgeschwollenen Beine auf einen hohen Schemel betteten.

Trotz seiner schweren Krankheit und der Verdunkelung seines Gemütes machte er noch immer Politik. 1554 vermittelte er die Ehe zwischen seinem Sohn Philipp und Mary Tudor, die nach dem Tod Eduards VI. Königin von England geworden war. Und gerade als man in Winchester die Hochzeit feierte, am 25. Juli 1554, zog der Gichtkranke noch einmal in das Feld gegen die Franzosen. Er vertauschte den Sattel allerdings bald mit der Sänfte und kehrte dann wieder in sein Brüsseler Schloß zurück, das er dann bis zum Sommer 1556 kaum mehr verließ. Den Augsburger Reichstag, der im Februar 1555 von Ferdinand im kaiserlichen Auftrag eröffnet worden war, verfolgte er mit Interesse. Die Nachricht vom Tod der Mutter, die ihn im Mai 1555 erreichte, erschütterte ihn zutiefst.

Langsam reifte in Karl V. der Entschluß, von der Bühne der Weltpolitik abzutreten, die Bürde der Verantwortung für das Riesenreich, das er regierte, von seinen Schultern zu nehmen, allen seinen Würden zu entsagen. Er hat mit dem Gedanken abzudanken und sich am Ende seines Lebens in ein Kloster zurückzuziehen, schon in jungen Jahren gespielt. Das ist zuverlässig überliefert. Seine scheue Natur war offenbar auf Weltentsagung angelegt. Seine Frömmigkeit, seine tiefverwurzelten Schuldgefühle, die Überzeugung, seine Herrscheridee nicht verwirklicht zu haben, könnten seinen Entschluß vom Seelischen her mitbestimmt haben. Den letzten Anstoß dazu gaben aber gewiß die Demütigungen und Enttäuschungen, über die wir gesprochen haben: seine erzwungene Flucht aus Innsbruck, das Scheitern vor Metz, die Spaltung der Christenheit, die kurz zuvor reichsrechtlich fixiert worden war. Der Augsburger Religionsfrieden sicherte den Reichsständen, also den Fürsten, Reichsrittern und Reichsstädten, freie Religionsausübung zu. Die Untertanen blieben von dieser Regelung ausgeschlossen. Sie mußten sich nach dem Glaubensbekenntnis des Landesherren richten oder auswandern.

Der Kaiser hat seinen Abschied von der Macht wie ein Dramaturg inszeniert, nach einem wohldurchdachten Plan Schritt für Schritt gesetzt.

Zunächst übergab er am 22. Oktober 1555 die Souveränität des Ritterordens vom Goldenen Vlies an seinen Sohn Philipp. Drei Tage später legte er im großen Saal des Brüsseler Schlosses, in dem er vierzig Jahre zuvor die Herzogswürde übernommen hatte, die Regierung der Niederlande zurück.

Der feierliche Staatsakt, zu dem die Stände aus den siebzehn niederländischen Provinzen geladen sind, ist für drei Uhr nachmittags angesetzt. Gespannte, erwartungsvolle Stille erfüllt den ringsum mit Gobelins geschmückten Saal, als der Kaiser, gefolgt von seinen beiden Schwestern Maria und Eleonore, in Trauerkleidung den Raum betritt. Er stützt sich mit der rechten Hand auf einen Stock, die linke liegt auf der Schulter Wilhelms von Oranien, eines jungen Mannes, der ihm nahesteht, der aber später zum Todfeind seines Sohnes Philipp werden wird. Langsamen, beschwerlichen Schrittes geht er auf den Thronsessel zu, der an der Stirnwand des Saales unter einem prächtigen Thronhimmel aufgestellt ist. Nachdem er Platz genommen hat, verliest der Staatsrat den Entschluß des Kaisers, die Herrschaft über die Niederlande in die Hände seines Sohnes zu legen. Dann ergreift Karl selbst das Wort. Anhand eines kleinen Merkzettels erinnert er an seine Großjährigkeitserklärung im selben Saal vor vier Jahrzehnten und gibt dann einen Rückblick über die wichtigsten Stationen seines Lebens: über seine vielen Reisen und Kriegszüge, über die Bedrohungen seitens seiner Gegner, über seine vergeblichen Bemühungen zur Erhaltung der Einheit des Christentums und des Friedens. Zum Schluß bekennt er, oft aus Schwäche und Eigensinn gehandelt zu haben, und bittet jene Menschen um Vergebung, denen er ungewollt und unbeabsichtigt Unrecht getan hat. Er hat seine Rede stehend und mit fester Stimme gesprochen.

Nun setzt er sich erschöpft nieder. Im Saal wird Bewegung hörbar, und auch der Kaiser kann seine Rührung nicht verbergen. Philipp, der Sohn und Erbe, wirft sich zu Füßen des Vaters nieder und gelobt, am Glauben der Vorfahren festzuhalten. Die kaiserlichen Insignien an den Wänden des Saales werden entfernt. Der Kaiser erhebt sich von seinem Sitz und verläßt schweren Schrittes den Saal. Ein einmaliges welthistorisches Ereignis ist zu Ende.

Karl will sein Leben in Spanien beschließen. Aber er kann seine letzte Reise nicht gleich antreten, wie er es sich vorgenommen hat. Es fehlt das Geld zur Bezahlung der Dienerschaft und zur Auflösung des Haushaltes. Und so setzt er den dritten Abdankungsakt notgedrungenermaßen ebenfalls in Brüssel. Am 18. Januar 1556 verzichtet er vor spanischen Edelleuten in einem Wohngemach des Herzogsschlosses auf Kastilien, Aragón, Sizilien und die amerikanischen Besitzungen.

Die Niederlegung der Kaisermacht erfolgte ein halbes Jahr vor seinem Tod, nachdem die deutschen Kurfürsten die Abdankung Karls formell anerkannt und Ferdinand die Kaiserwürde übertragen hatten.

Im September 1556 trat der Kaiser, begleitet von seinen beiden Schwestern, die Fahrt nach Spanien an. Nach der Landung der Flotte in der Nähe von Santander reiste er in einer Sänfte in das Landesinnere und nahm in einem Schloß westlich von Toledo in Zentralspanien Quartier, ehe er am 5. Februar 1557 in eine Villa neben dem Kloster von San Jeronimo de Juste einzog, deren Grundriß er selbst entworfen hatte. Es war sein letztes Domizil.

Karl V. hat die letzten eineinhalb Jahre seines Lebens keineswegs in klösterlicher Askese zugebracht, wie das manchmal noch immer behauptet wird. Sein männlicher Hofstaat umfaßte fünfzig Personen: Kammerdiener, Köche, Barbiere, Musiker, einen flämischen Leibarzt, einen Sekretär, einen Vorleser.

Die zweistöckige Villa, die inmitten eines Gartens stand, war erlesen eingerichtet, mit kostbaren flämischen Tapisserien, kostbaren Möbeln und Bildern. Der Kaiser schlief in einem Eckzimmer, von dem aus er durch ein Fenster, das im Chor der angrenzenden Klosterkirche ausgebrochen worden war, der Meßfeier zusehen konnte. Nach dem Morgengebet und dem Frühstück pflegte er sich mit seinen Uhren zu beschäftigen oder in der Bibliothek zu lesen. Dort standen unter anderen die Werke des Augustinus, Caesars, Macchiavellis und Oliviers de la Marche. Sein Werk »Chevalier delibéré«, dessen Titelheld ihn an sein eigenes Leben erinnerte, war das Lieblingsbuch des Kaisers. Er hat den Entwicklungsroman in das Spanische übersetzt. Karl führte lange Gespräche mit seinem Beichtvater, empfing Briefe und Berichte, gab Ratschläge und Anweisungen.

Bezeugt ist auch, daß der Kaiser trotz der oftmaligen Ermahnungen seines Leibarztes an seinen gesundheitsschädlichen Eßgewohnheiten festhielt. Er trank eiskaltes Bier und bevorzugte fette und stark gewürzte Speisen. Seine Mahlzeiten, die Stunden in Anspruch nahmen, zelebrierte er wie einen Gottesdienst.

Karls körperlicher Zustand verschlechterte sich von Monat zu Monat. Zu seinen Gichtbeschwerden gesellte sich im Sommer 1558 eine fiebrige Erkältung.

Als die Ärzte das Ende nahen sahen, riefen sie den Erzbischof von Toledo herbei, der dem Todkranken die Letzte Ölung erteilte. In den Morgenstunden des 21. September 1558 schied der Kaiser aus dem Leben. Sein Sarg wurde in der Krypta des Klosters San Jeronimo beigesetzt und sechzehn Jahre später in den Escorial überführt, wo der »letzte Kaiser des Mittelalters« seine letzte Ruhestätte gefunden hat.

Rudolf II.:

Kaiserlicher Neurotiker und fürstlicher Mäzen

Bronzebüste Rudolfs II. *von Adriaen de Vries.*
Wien, Kunsthistorisches Museum.

Mit Rudolf II. tut sich die Geschichtswissenschaft schwer. Sein Persönlichkeitsbild gibt den Historikern bis heute Rätsel auf. War der seltsamste aller seltsamen Habsburger, der 36 Jahre lang (1576–1612) die Kaiserwürde innehatte, der sich wochen- und monatelang nicht in der Öffentlichkeit zeigte, in der Prager Königsburg auf dem Hradschin seinen alchemistischen, astrologischen und okkulten Vorlieben frönte und dann und wann einen seiner Diener verprügelte, nur ein Sonderling? Oder war er geisteskrank, erblich schizophren, wie manche Historiker behaupten? Oder manisch-depressiv? Da keine medizinischen Befunde vorliegen, die schriftlichen Aufzeichnungen von seiner Hand ausgesprochen spärlich sind und die zeitgenössischen Berichte über ihn alles andere als objektiv, sind wir darauf angewiesen, von seinen Handlungen, beziehungsweise seiner Passivität, auf seinen Geisteszustand und seine seelische Verfassung zu schließen. Jedes Urteil über diesen merkwürdigen Kaiser muß daher von Zurückhaltung und Besonnenheit geprägt sein.

Rudolf II. ist nicht mit normalen Maßstäben zu messen. Er war ein seelisch ausgesprochen unglücklich veranlagter Mensch, ein schwerer Psychopath, der mit sich und der Welt nicht zurechtkam und zumindest in einigen Phasen seines Lebens, vor allem in seinem letzten Lebensabschnitt, die Grenzen der Normalität überschritten hat. Das kann man bei aller gebotenen Vorsicht sagen. Dieser Kaiser wäre heute ein Fall für die Psychiatrie.

Rudolf II. war trotzdem oder gerade deswegen eine außergewöhnliche, facettenreiche und vielseitige Persönlichkeit. Seine bestimmenden Charaktermerkmale waren eine angeborene Schüchternheit, die über Kontaktarmut bis zu Menschenscheu und Menschenverachtung reichte, eine tiefsitzende seelische Unausgeglichenheit, eine ausgeprägte geistige Labilität und ein pathologisches Mißtrauen, das sich bis zum Verfolgungswahn steigern konnte. An Humor fehlte es ihm vollständig, Lachen war ihm fremd. Aber er hatte auch wenig Grund dazu.

Rudolf konnte gütig sein und bösartig, unbeherrscht und apathisch, bigott und tolerant, großzügig und kleinmütig. Er war halsstarrig, unentschlossen und frustriert, schwermütig, unnahbar und einsilbig. Er mied große Gesellschaften und unangenehme Begegnungen, schlechten Nachrichten ging er geflissentlich aus dem Weg. Er war ein lethargischer Zauderer, ein weltflüchtiger Ästhet und kunstsinniger Mäzen, der nur inmitten seiner Kunstschätze und seiner Wunderkammern sein persönliches Glück fand. Der Kaiser besaß eine schnelle Auffassungsgabe, einen politischen Verstand und eine durchschnittliche Intelligenz. Er war belesen, gebildet und wißbegierig. Seine Sprachkenntnisse überstiegen das herrscherliche Normalmaß. Rudolf sprach zwar zumeist Deutsch, aber er beherrschte Spanisch, Italienisch und Französisch ebensogut, Tschechisch dürfte er zumindest gebrochen gesprochen haben. Latein gehörte zur selbstverständlichen Grundlage seiner Bildung. Er verfügte über ein tiefes kulturelles Verständnis, hatte einen ausgeprägten Sinn für Würde und Majestät und einen Hang zu Pomp und Feierlichkeit.

Rudolf II. war stark triebhaft veranlagt. Aus den Aufträgen an die Künstler, die an seinem Prager Hof lebten, ist abzulesen, daß er für das Perverse in der Erotik viel übrig hatte. Einer seiner Kammermaler, Bartholomäus Spranger, ein Künstler aus den Niederlanden, den er sehr schätzte, mußte für ihn zahlreiche Bilder mit schlüpfrigen und indezenten Themen malen, Bilder, auf denen sich wollüstige Nymphen mit Greisen paaren, Ölgemälde, die den Beschauer mit Liebesabenteuern und Lüsternheiten in allen möglichen Variationen erfreuen.

Der Kaiser selbst war Junggeselle und hatte keine legitimen Erben. Auch das stempelt ihn in der Genealogie seines Hauses zu einem Außenseiter. Der Grund für seine Ehelosigkeit war jedoch nicht Impotenz oder Frauenfeindlichkeit, wie man vielleicht vermuten könnte. Ganz im Gegenteil. Rudolf II. hatte sogar eine Schwäche für das weibliche Geschlecht. Seine langjährige Geliebte, Katharina Strada, die schöne, hochgebildete Tochter des für ihn tätigen Kunstexperten Jacopo da Strada, gebar ihm mehrere Kinder. Ansonsten hielt sich der Kaiser sexuell bei Frauen schadlos, die er aus seinen weiblichen Bediensteten auswählte oder die man ihm zuführte.

Rudolf II. mied die Ehe, weil er sich zu einer festen, dauerhaften Bindung nicht entschließen konnte und dazu wohl auch nicht fähig war. Wie das in Dynastenfamilien üblich war, hatte man bereits 1568 für den Sechzehnjährigen eine eheliche Verbindung ins Auge gefaßt. Die Frau, die für ihn ausersehen war, war Infantin Isabella Klara, eine Tochter König Philipps II. von Spanien. Natürlich steckte hinter diesem Eheprojekt ein politisches Kalkül. Don Carlos, der einzige Sohn Philipps aus erster Ehe, war krank und hatte sich durch seine Exzesse die Sympathien des Vaters verscherzt. Rudolf konnte sich bei einer Vermählung Hoffnungen auf den spanischen Thron machen. Er stand der aussichtsreichen Verbindung zunächst auch durchaus positiv gegenüber. Das Problem war nur, daß bei der Fixierung des Verlöbnisses die Braut erst zwei Jahre als war. Als sie dann das heiratsfähige Alter erreichte, war dem Kaiser offenbar die Lust an einer Heirat vergangen. Er zögerte die Verhandlungen mit Philipp II. immer wieder hinaus, wobei er die Frage der Mitgift als Vorwand für seine Hinhaltetaktik benützte. Fünfzehn Jahre lang wurde die Heiratsfrage immer wieder aufgeschoben, Rudolfs Räte konnten sich das Verhalten des Kaisers nicht erklären. Sie wußten nicht, ob Seine Majestät, wie einer von ihnen es formulierte, »von Ihrem freien Leben, wie Sie es bisher gehabt, nit gern wichen oder ob es geschäh, ein gute Summa Gelds herauszupressen«.

Schließlich machte der spanische König dem schändlichen Spiel mit seiner Tochter ein Ende. Er vermählte seine geliebte Isabella 1597 mit Rudolfs jüngstem Bruder Albrecht und überantwortete dem Paar die Statthalterschaft der Niederlande. Der Kaiser war darüber tief verärgert und gekränkt, obwohl die Schuld einzig und allein bei ihm zu suchen ist.

Rudolf hielt weiterhin nach Bräuten Ausschau. Einmal war Maria von Medici im Gespräch, die dann aber, da der Kaiser die Ehe immer wieder hinauszögerte, den französischen König Heinrich IV. heiratete, ein andermal seine Cousine Anna von Tirol. Sie vermählte sich mit des Kaisers verhaßtem Bruder Matthias. Selbst protestantische Prinzessinnen wurden in die nähere Auswahl gezogen. Der Kaiser trat bis knapp vor seinem Tod als Freier auf dem Heiratsmarkt der europäischen Fürstenhöfe auf. Er scheint daran Spaß gehabt zu haben. Die kaiserlichen Eheprojekte passen jedenfalls in das ganz und gar absonderliche Charakterbild, das wir uns von diesem Herrscher machen müssen.

In Rudolfs Adern floß das schwere Blut seiner spanischen Ahnen. Seit der Heirat von Maximilians I. Sohn Philipp mit der psychisch labilen, geistig abnormen Johanna, der Tochter der katholischen Könige Ferdinand und Isabella von Kastilien und Aragón, haben manche Mitglieder des Hauses Habsburg ein schweres seelisch-geistiges Erbe zu tragen gehabt. Die inzüchtigen Eheverbindungen zwischen der spanischen und der österreichischen Linie der Dynastie haben dieses belastende Erbe noch verstärkt. Auch Kaiser Maximilian II., der lebensfrohe, leutselige, gebildete und kunstsinnige Vater Rudolfs, war mit einer Spanierin verheiratet, und zwar mit Maria, einer Tochter Karls V.

Maximilian und Maria waren Geschwisterkinder. Sie unterschieden sich aber in ihrer Einstellung zum Leben, vor allem in Religionsfragen, grundsätzlich. Maximilian neigte dem Protestantismus zu, Maria war streng katholisch. Die Ehe war trotzdem glücklich und kinderreich. Maria gebar ihrem Gemahl 16 Sprößlinge. Rudolf, der am 18. Juli 1552 das Licht der Welt erblickte, war der älteste Sohn des Kaiserpaares. Ob ihn die verschiedene religiöse Einstellung und Praxis der Eltern in einen seelischen Zwiespalt gestürzt hat, als er reif genug war, sie zu erkennen und zu verstehen? Undenkbar ist es nicht. Die Religion war im 16. Jahrhundert die alles bestimmende geistige, politische und gesellschaftliche Kraft. Sie griff tief ein in das Dasein der Menschen, vom Kaiser bis hinunter zum geringsten seiner Untertanen.

Von den beiden Elternteilen scheint der humanistisch gebildete Vater auf das Kind und den heranwachsenden Knaben die größere erzieherische Wirkung ausgeübt zu haben. Von ihm erbte Rudolf seine Sprachbegabung, von ihm übernahm er sein Kunstverständnis und seine Sammelleidenschaft.

Maximilian umgab sich am Wiener Kaiserhof mit den bedeutendsten Gelehrten seiner Zeit. Einer von ihnen war sein Leibarzt Johannes Crato von Crafftheim (Johannes Krafft), ein hervorragender Praktiker, der ihn auch in politischen und religiösen Fragen beriet. Der aus Breslau stammende Crato hatte in Wittenberg studiert, war mit Luther und Melanchthon eng befreundet und neigte zum Calvinismus, was den Kaiser jedoch überhaupt nicht störte. Nach dem Glaubensbekenntnis seiner Ratgeber fragte er nicht. Rudolf sollte es später genauso halten.

Ein anderer Gelehrter, der sich der Gunst Maximilians erfreute, war der berühmte Botaniker und Naturforscher Carolus Clusius (Charles de l'Ecluse). Auch er war Protestant. Der flämische Naturhistoriker Ghislaine de Busbecq (Busbeck), der ökumenisch dachte, genoß ebenfalls hohes wissenschaftliches Ansehen. Er war der erste Erzieher Rudolfs, zu dem er dann über mehrere Jahrzehnte hinweg enge Beziehungen unterhielt und für den er Aufträge aller Art erledigte.

Die Kaiserin sah den intellektuellen und religiösen Einfluß, den diese und andere Persönlichkeiten auf den Thronfolger ausübten, höchst ungern. Sie bangte um sein Seelenheil. Als der kaiserliche Gatte die Leitung des Unterrichtes für ihn und ihren Zweitgeborenen, Erzherzog Ernst, in protestantische Hände legte, drängte sie ihren Bruder Philipp II., der sich als Schutzherr der katholischen Religion fühlte, ihre beiden Söhne unter seine weltanschaulichen Fittiche zu nehmen.

Der König von Spanien lud seine beiden Neffen in aller Form ein, an seinem Hof Aufenthalt zu nehmen, wozu der Vater, wenn auch nur hinhaltend und zögernd, seine Zustimmung gab.

Im Herbst 1563 nahmen die beiden Erzherzöge, von einem kleinen Kreis von Höflingen begleitet, Abschied von ihren kaiserlichen Eltern. Sie verbrachten die nächsten acht Jahre, die prägenden Jahre ihres Lebens, am spanischen Königshof.

Die Knaben, die sich in Spanien zu jungen Männern entwickelten, erhielten eine gediegene humanistische Ausbildung. Sie lasen Cicero, Sallust, Caesars »Kommentare zum Gallischen Krieg« und die Gedichte des Horaz. Sie beschäftigten sich mit griechischer und römischer Mythologie, lernten viel Geschichte und wenig Mathematik und schrieben im übrigen dem Vater Briefe in lateinischer Sprache. Vor allem aber nahmen sie die steife, ganz auf höfisches Zeremoniell abgestellte Atmosphäre des Königshofes und die Katholizität Spaniens in sich auf. Das prägte sie für ihr ganzes Leben, bestimmte ihre Auffassung vom Herrschertum und ihr dynastisches Bewußtsein.

Philipp II. war ein tiefreligiöser katholischer Zelot. Er ging in seinem Reich mit äußerster Strenge und Konsequenz gegen alle Nichtkatholiken vor, ließ die Andersgläubigen foltern und hinrichten oder aus dem Lande vertreiben. Wen die Inquisition zum Tode verurteilte, der wurde der weltlichen Macht zur Exekution übergeben und in aller Regel in der Öffentlichkeit verbrannt. Allerorten loderten damals in Spanien die Scheiterhaufen. Ein Autodafé, wie man es auf portugiesisch nannte, war ein Glaubensakt, ein Spektakel, das zumeist im Zentrum einer Stadt, auf der Plaza mayor, ablief und an dem man von den Fenstern und Erkern der umliegenden Häuser bequem und, durchströmt von einem Wonnegefühl der Schaulust, teilhaben konnte.

Der König hat seine beiden Neffen im Juni 1568 zu einem solchen Autodafé nach Toledo mitgenommen, offenbar in der Absicht, die Seelen der Knaben mit religiösem Feuer zu erfüllen – oder mit Abscheu vor der schändlichen Verirrung der Irreligiosität.

Die Brüder wurden auch Zeugen des geheimnisvollen Todes ihres Vetters Don Carlos. Es war ein Ereignis, das tiefe Spuren in ihnen hinterlassen hat.

Welchen Eindruck die Autodafés auf sie gemacht haben, ist nicht bekannt. Möglicherweise hat das mittelalterlich-schaurige Schauspiel zumindest auf Rudolf abschreckend gewirkt. Der Kaiser hat später in Böhmen, seinem eigentlichen Herrschafts- und Einflußbereich, wegen eines Glaubensdeliktes kaum einen Scheiterhaufen entzünden lassen. Hingegen hat ihn sein Spanienaufenthalt auf andere Weise verändert. Er nahm »spanische Humores« an, wie es die Zeitgenossen nannten, er umgab sich mit einer Aura von Steifheit, Würde und Unnahbarkeit, er kleidete sich nach der spanischen Mode und bevorzugte Ratgeber mit Spanienerfahrung oder zumindest hispanischen Beziehungen.

Der Kaiser registrierte es mit Mißfallen, als seine beiden ältesten Söhne nach Wien zurückkehrten. Aber auch so mancher scharfsichtige Beobachter am Kaiserhof nahm die Veränderung im Verhalten der beiden jungen Herren mit Verwunderung wahr. »...sie haben von ihrer Erziehung in Spanien etwas, was ihnen ebenso schädlich, wie das andere (die streng katholische Einstellung) nützlich sein kann«, berichtete der venezianische Gesandte, »und zwar einen gewissen Stolz, sei es im Schreiten, sei es in jeder anderen ihrer Gebärden, der sie, ich möchte nicht verhaßt sagen, um dieses unerfreuliche Wort zu vermeiden, aber jedenfalls viel weniger beliebt macht, als sie es sein könnten«. Denn es widerspricht in jeder Hinsicht dem hiesigen Landesbrauch, fuhr der Gesandte fort, »der beim Fürsten eine gewisse familiäre Redeweise verlangt, und es gilt als eine aus Spanien mitgebrachte Eigenschaft, die gewiß als schlecht und verabscheuungswürdig angesehen wird«.

Der Kaiser habe seinen Söhnen mehrmals befohlen, ihr Verhalten zu ändern, aber es habe nichts geholfen, berichtete der Gesandte weiter, der abschließend feststellte: »Die Menge, die sich auf äußeren Schein verläßt, nimmt Anstoß und deutet das Verhalten als Hochmut, und das um so mehr, als sie von Natur aus nicht sehr gesprächig sind.«

Der wegen seines spanischen Gehabes so sehr kritisierte neunzehnjährige Erzherzog war dennoch glücklich, wieder in der Heimat zu sein. »Als ich in meinen jüngeren Jahren von Spanien abberufen wurde, um in mein Vaterland zurückzukehren, habe ich in der folgenden Nacht solche Freude empfunden, daß ich keinen Schlaf in die Augen bringen konnte«, erinnerte er sich noch am Ende seines Lebens.

Bereits ein Jahr nach seiner Rückkehr, im September 1572, wurde Rudolf anstandslos zum König von Ungarn gekrönt.

Als nächstes ging es für den Kaiser darum, die Nachfolge seines Sohnes in Böhmen durchzusetzen. Das mußte deshalb mühsam werden, weil sich das Land längst mehrheitlich von der katholischen Kirche losgesagt hatte. Der päpstliche Nuntius Johann Delfino, der von 1571 bis 1577 in Prag tätig war, schilderte bei seinem Amtsantritt die religiöse Situation in den düstersten Farben. »Wie mir berichtet wird«, hielt er fest, »sind im ganzen nur noch 304000 Einwohner katholisch, die anderen sind größtenteils hussitisch oder ›unter beiderlei‹ (Utraquisten), wie sie sich selbst nennen … Außerdem finden sich in diesen Gegenden auch viele Lutheraner, Picarden, Calvinisten, Wiedertäufer, Trinitarier und viele andere Sekten.«

Die böhmischen Stände wollten keinen Herrscher, von dem die Rekatholisierung der Landes zu erwarten stand. Maximilian II. mußte 1575 auf dem böhmischen Landtag in Prag seine ganzen Überredungs- und Verstellungskünste aufbieten und religiöse Zugeständnisse machen, ehe die Stände dazu bereit waren, Rudolf zu akzeptieren. Sie taten es dann doch einstimmig, was für Maximilians diplomatische Fähigkeiten und seine hohe Kunst der Staatsführung spricht.

Rudolf wurde am 7. September 1575 im Prager St. Veitsdom die heilige Wenzelskrone auf das Haupt gesetzt. Die Kommunion nahm der junge König bei der Krönung nur in einer Gestalt, was den Protestanten gehörig mißfiel. Die Jesuiten hingegen waren höchst zufrieden. Bereits auf dem ersten Landtag, den er im Mai 1576 eröffnete, wehte ihm die rauhe Luft des Religionsstreites in Böhmen entgegen. Er sollte sie in den nächsten Jahrzehnten noch des öfteren zu spüren bekommen.

Während sich Rudolf auf der unwirtlichen Prager Burg häuslich einzurichten versuchte, zur Jagd ging und sich die Zeit mit Ballspiel und Reiten vertrieb, schlug sich der Kaiser auf dem Reichstag zu Regensburg mit den deutschen Ständen um eine ansehnliche Türkenhilfe, die Wahl seines Sohnes zum römisch-deutschen König, mit der Religionsfrage und Reformen im Rechtswesen herum.

Maximilian war bereits schwerkrank nach Regensburg gekommen. Schlimme Diätfehler – der Kaiser trank eisgekühlten Wein und verzehrte Unmengen von Kirschen und Pfirsichen – lösten eine Nierenkolik aus, sein altes Herzleiden wurde wieder akut. Sein Zustand verschlechterte sich von Tag zu Tag, die ärztliche Kunst versagte. Am 12. Oktober 1576 hauchte der Kaiser im Beisein Rudolfs, der aus Prag zum Krankenbett herbeigeeilt war, sein Leben aus. Der Versuch seines Beichtvaters, ihn zum Empfang der Sterbesakramente zu bewegen, war erfolglos geblieben.

Die Wahl Rudolfs zum römisch-deutschen König war nach dem Tod Maximilians eine reine Formsache. Sie wurde von den Kurfürsten einstimmig gefällt. Am 1. November 1576 fand in Regensburg die feierliche Krönung statt, bei der der schwerblütige Habsburger, der Bedeutung des Tages entsprechend, majestätische Haltung bewies. Rudolf hatte, wir haben es bereits gesagt, einen ausgeprägten Sinn für Würde und Majestät. Dies demonstrierte er in jungen Jahren bei jeder Gelegenheit, unter anderem auch bei der Grablegung des Vaters im Prager Veitsdom im März 1577, bei der er zeremoniell alles aufbot, was der Prager Hof und das Haus Habsburg zu bieten hatten.

Rudolf II. war im Gegensatz zu seinem Vater, der das Ländererbe mit seinen Brüdern hatte teilen müssen – Erzherzog Karl II. erhielt Steiermark, Kärnten und Krain, Ferdinand regierte in Tirol und den Vorlanden, dem habsburgischen Streubesitz in Süddeutschland –, Alleinerbe. Das hatte Maximilian II. in seinem Testament verfügt. Seine Brüder wurden mit der relativ bescheidenen jährlichen Apanage von 45000 Gulden bedacht. 1578 verpflichteten sie sich in einer Vereinbarung, »bei einander freundlich, brüderlich, einig, friedlich, ohne allen Mißverstand zu verharren« und den Ältesten als Familienoberhaupt anzuerkennen. Das waren schöne Floskeln, nicht mehr. Die Übereinkunft war das Pergament nicht wert, auf das es geschrieben wurde.

Am allerwenigsten konnte sich Rudolfs jüngerer Bruder Matthias mit der durch den Tod des Vaters geschaffenen neuen Situation abfinden. Matthias war zwar nicht sonderlich begabt, aber ungemein ehrgeizig. Er ertrug die Last des zu spät Geborenen nicht. Der Bruderzwist im Hause Habsburg, den Franz Grillparzer ein paar Jahrhunderte später in seinem Drama »Bruderzwist in Habsburg« mit dichterischem Einfühlungsvermögen so großartig gestaltet hat, war somit vorprogrammiert.

Das erste große Zerwürfnis zwischen Rudolf und Matthias gab es bereits im Herbst 1577, als Matthias ohne Wissen des kaiserlichen Bruders Wien bei Nacht und Nebel verließ, um über Einladung einiger Edelleute die Statthalterschaft in den gegen die Religionspolitik Philipps II. rebellierenden Niederlanden zu übernehmen. Der politisch unerfahrene Erzherzog wurde von dem schlauen Wilhelm von Oranien, der seine Machtbefugnisse beschnitt und ihm die nötigen Einkünfte verweigerte, regelrecht ausgetrickst. Der Versuch des Marionettenstatthalters, zwischen den Parteien zu vermitteln, endete mit einem totalen Fiasko. Matthias mußte seine Funktion als Statthalter niederlegen. Da er wegen seiner hohen Schulden das Land nicht verlassen konnte, war der Kaiser gezwungen, Kredite aufzunehmen, um ihn bei seinen Gläubigern auslösen zu können. Matthias kehrte mit Schimpf und Schande nach Österreich zurück.

Rudolf war über den eigenmächtigen Schritt des Bruders so verärgert, daß er ihm Linz als Aufenthaltsort zuwies.

Das Verhältnis zwischen den beiden Brüdern blieb von diesem Zeitpunkt an ausgesprochen gehässig und unversöhnlich. Der Kaiser nahm jede Gelegenheit wahr, um Matthias Stolpersteine in den Weg zu legen. Er verweigerte ihm sogar die Zustimmung zu einer Heirat. Dieser wiederum war rastlos um eine Position bemüht, die seinen weitgesteckten Ambitionen entsprach. Schließlich erhielt der ehrgeizige Erzherzog über Vermittlung der Mutter die Statthalterschaft in Nieder- und Oberösterreich, wo er im Verein mit dem zum Katholizismus konvertierten, hochgebildeten und kampfeslustigen Propst von St. Stephan, Melchior Khlesl, die Gegenreformation mit voller Wucht und Härte durchführte. Auf die weiteren Phasen des Bruderzwistes werden wir später noch zu sprechen kommen.

Auch mit den übrigen Familienmitgliedern, mit Ausnahme seines Bruders Ernst, mit dem er die Jugendjahre in Spanien verbrachte, kam Rudolf schwer zurecht. Mit der Mutter, die 1581 Wien verließ, hatte er kaum Kontakt, ebensowenig wie mit seinem um sieben Jahre jüngeren Bruder Albrecht. Seinem Onkel Ferdinand von Tirol brachte er wenig Sympathien entgegen, seinem Bruder Maximilian verschaffte Rudolf die Hochmeisterwürde des Deutschen Ritterordens, was diesen jedoch nicht daran hinderte, mit Matthias gemeinsame Sache zu machen.

Im übrigen, und das sei hier gleich vermerkt, erkrankte der Kaiser bereits im September 1578 an einem Magenleiden. Die Krankheit dürfte psychosomatischer Natur gewesen sein und zog sich über Jahre hin. Gegen Ende des Jahres 1580 hegte man mancherorts schon die ärgsten Befürchtungen und begann bereits Vorkehrungen für den Fall eines Interregnums zu treffen. Rudolfs Obersthofmeister Graf Paul Trautson und sein Oberstkämmerer Freiherr Wolfgang Rumpf, die die Regierungsgeschäfte führten, zeigten sich besorgt. Seiner Majestät Melancholie, Schwermütigkeit und Schwachheit »herten nit auf«, klagten sie. Im Sommer 1581 trat eine Besserung im Befinden des Patienten ein, doch war auch die lange Rekonvaleszenz von Depressionen, Entschlußlosigkeit und Handlungsunfähigkeit geprägt.

Im September 1582 beendete Rudolf seinen ersten Reichstag, auf dem die Annahme des Gregorianischen Kalenders in den katholischen Ländern des Reiches beschlossen wurde, im Februar 1583 nahm der scheinbar völlig genesene Kaiser am Karneval teil. Im Frühsommer des Jahres 1583 verlegte er seinen Herrschersitz auf Dauer auf den Prager Hradschin.

Die Gründe für diese Entscheidung waren wahrscheinlich persönlicher und strategischer Natur. Die Prager Königsburg liegt nicht inmitten der Stadt wie die Wiener Hofburg, von ihr hat man einen herrlichen Blick über den Strom zu ihren Füßen und die Dächer der Häuser und Paläste. Die Abgeschiedenheit des Gebäudekomplexes vom Trubel des städtischen Lebens kam Rudolfs Menschenscheu und seinem Hang zur Einsamkeit und Weltflucht entgegen. Andererseits war Prag vor den Türken, die in Ungarn saßen und von dort immer wieder Überfälle nach Westen unternahmen, sicherer als Wien. Die erste Türkenbelagerung der Stadt lag erst ein halbes Jahrhundert zurück und war noch in frischer Erinnerung.

Die Hauptstadt Böhmens war um 1600 mit ihren ungefähr 65000 Einwohnern nicht nur eine der größten Städte Europas. Sie war eine kosmopolitische, von großer Weltoffenheit geprägte Stadt. Zur Zeit Rudolfs unterhielten zahlreiche europäische Staaten ständige Vertretungen in der Moldaumetropole. Wie schon unter Kaiser Karl IV. im 14. Jahrhundert, war Prag damals ein europäisches Kulturzentrum, eine Stadt mit internationaler Ausstrahlung.

Rudolfs Hof auf dem Hradschin war eine Welt für sich. Hier herrschten eigene Gesetze und geheimnisvolle, ungeschriebene Spielregeln, die der Kaiser vorgab und deren Bruch für den einzelnen verhängnisvolle Folgen haben konnte.

Rudolfs Vorliebe galt der Geschichte und Altertumskunde, vor allem aber der Astronomie, die damals noch mit der Astrologie verquickt war, und der Alchemie. Der Kaiser umgab sich mit einer stattlichen Anzahl von Gelehrten und Scharlatanen, deren Forschungen er förderte und die seine Ideen in die Tat umzusetzen versuchten. Wir können sie nicht alle aufzählen, aber einige müssen wir doch erwähnen.

Da war zunächst einmal der Däne Tycho Brahe, ein weissagender Astronom, den der Kaiser 1599 an seinen Hof zog. Rudolf empfing den Gelehrten wie einen Fürsten, bedachte ihn mit einem ansehnlichen Jahresgehalt und richtete ein neues Observatorium für ihn ein. Brahe, der das neue kopernikanische Weltbild ablehnte, erstellte für den leicht- und abergläubischen Kaiser auch pessimistische Horoskope, die dessen Mißtrauen in seine Umgebung und seine Depressionen vertieften. Er starb, von Rudolf sehr betrauert, im Oktober 1601 an einer Harnvergiftung.

Ein Jahr zuvor hatte der dänische Gelehrte mit Zustimmung des Kaisers den Astronomen Johannes Kepler als Mitarbeiter von Graz an den Prager Hof geholt. Der lutherisch gesinnte Wissenschaftler, der vor der Gegenreformation aus der Steiermark geflüchtet war, entdeckte in der Moldaustadt, daß der Planet Mars in seiner Umlaufbahn eine Ellipse beschreibt und legte damit den Grundstein für eine neue Epoche der Astronomie.

Nach Brahes Tod ernannte ihn Rudolf, dem Kepler seine bahnbrechenden Werke widmete, zum kaiserlichen Hofmathematiker. Kepler erstellte für den Kaiser auf dessen ausdrücklichen Wunsch auch Horoskope, obwohl er von der Astrologie wenig hielt. Er war Rudolf treu ergeben und blieb bis 1612 in Prag.

Das rudolphinische Zeitalter hegte eine große Leidenschaft für die Alchemie. Rudolf war wie viele seiner Zeitgenossen von der

Idee besessen, den »Stein der Weisen« zu finden, aus unedlen Metallen Gold zu machen. Es konnte daher nicht ausbleiben, daß auch die beiden berühmten englischen Magier John Dee und Edward Kelley den Weg auf den Hradschin fanden. Die beiden experimentierten eifrig. Kelley stellte ein Lebenselixier her, das er dem Kaiser zu kosten gab, und führte mit Hilfe eines goldenen Pulvers Metallverwandlungen durch. Die alchemistischen Versuche brachten jedoch nicht die erwarteten Ergebnisse, und Kelley, der beim Kaiser in hoher Gunst gestanden war, wurde auf Geheiß Rudolfs inhaftiert. Das Wohlwollen des unberechenbaren Habsburgers konnte von einem Tag auf den anderen in Ungnade umschlagen.

Auch Giordano Bruno, einer der originellsten Denker der zweiten Hälfte des 16. Jahrhunderts, der im Jahre 1600 wegen seiner ketzerischen philosophischen Ansichten auf dem Scheiterhaufen verbrannt wurde, hielt sich kurze Zeit am Hof Rudolfs auf. Die ausgeprägte Neigung des rätselhaften Herrschers für Geheimwissenschaften reflektierte sich unter anderem in seinem Interesse für die jüdische Kabbalistik und in seinem Verhältnis zu Rabbi Löw, dem angeblichen Erfinder eines Golems, eines künstlichen Roboters, der dem »Homunculus« der Alchemisten entsprach. Die Beziehung zwischen dem zum Okkultismus neigenden katholischen Kaiser und dem jüdischen Mystiker ist allerdings nur schütter belegt.

Die Prager jüdische Gemeinde erlebte zur Zeit Rudolfs eine wirtschaftliche und geistige Blüte. Der Kaiser stand den Juden wohlwollend gegenüber. Er erteilte ihnen Handelsprivilegien und schätzte sie als Geldgeber. So unterhielt etwa der reichste Mann Prags, der Jude Mordechei Meisl, engste Kontakte zum Kaiserhof.

Rudolf II. war ein ausgesprochen kunstsinniger Monarch, ein außergewöhnlicher Kunstmäzen, der vielen zeitgenössischen Malern, Bildhauern, Graphikern, Graveuren, Goldschmieden, Edelsteinschneidern und anderen Kunsthandwerkern an seinem Hof die Gelegenheit gab, ihr Talent zu entfalten. Er nahm sie in seine persönlichen Dienste, erteilte ihnen Aufträge, gab Anregungen, verbesserte ihre Arbeitsbedingungen, ermunterte und kritisierte sie. Das großzügige Mäzenatentum des Kaisers trug viel zur gesellschaftlichen Aufwertung des Künstlers bei, der nun, im Zeitalter der Renaissance, aus seiner mittelalterlichen Anonymität heraustrat, selbstbewußt und selbstsicher seine Werke schuf. Der Künstler galt im 16. Jahrhundert als eine mit übernatürlichen Kräften ausgestattete Persönlichkeit, Rudolfs Hofmaler übertrugen die Träume ihres Herrn in die Symbolwelt der Farben. In den Gemälden seiner Lieblingsmaler Bartholomäus Spranger, Hans von Aachen, Joseph Heintz und Giuseppe Arcimboldo spielen die Symbolik, die Allegorie und die antike Mythologie eine hervorragende Rolle. Der kaiserliche Auftraggeber ließ sich auf ihnen als Türkenbezwinger und als Kunstmäzen feiern, sie sind ein Spiegelbild seiner vermeintlichen Tugenden, ein Ausdruck seiner Interessen.

Der Kaiser war auch ein eifriger Förderer des Kunsthandwerks. In seiner Prager Hofwerkstatt arbeiteten zahlreiche Kupferstecher, Medailleure, Plattner, Kunsttischler und Vergolder, ständig damit beschäftigt, die vielfältigen Aufträge ihres Gebieters auszuführen.

Eines der kostbarsten Objekte, das der Kaiser herstellen ließ, war seine Hauskrone, die um 1602 unter Anleitung des holländischen Goldschmiedemeisters Hans Vermeyen geschaffen wurde. Über Zweck und Verwendung dieses Prunkstückes haben die Historiker die verschiedensten Vermutungen angestellt. Feststeht, daß sie nie Teil der Reichsinsignien war und keine staatsrechtliche Bedeutung hatte. Die Krone wurde 1804 zur Krone des Kaisertums Österreich, wurde aber nie für eine Krönung verwendet. Sie wird heute in der Schatzkammer der Wiener Hofburg aufbewahrt.

Besondere Verdienste erwarb sich Rudolf II. als Sammler von Gemälden und Kunstgegenständen aller Art. Der Kaiser war ein Kunstkenner mit einem vorzüglichen Geschmack, der mit seiner Sammlertätigkeit auch für spätere Jahrhunderte Maßstäbe gesetzt hat. Rudolf hat weder Mühe noch Geld gescheut, um in den Besitz wertvoller Kunstgüter zu gelangen. Er erwarb aus dem Nachlaß des Kardinals Antoine Granvelle Handzeichnungen Albrecht Dürers und erstand in Venedig dessen berühmtes »Rosenkranzfest«, das er von vier Trägern wie eine Reliquie über die Alpen transportieren ließ. Auch zahlreiche Werke Pieter Breughels zählten zu den Schätzen seiner Gemäldegalerie.

Der kunstliebende Monarch sammelte mit Hilfe von Kennern, die für ihn in ganz Europa Wertvolles aufstöberten und ankauften, aber auch Antikes, wie zum Beispiel die berühmte »Gemma Augustea«, ein Meisterwerk der antiken Steinschneidekunst, und exotische Objekte, die seine Phantasie beflügelten. Eine besondere Vorliebe hatte er für Uhren und Automaten.

Rudolf unterhielt eine Hofkapelle, der mehr als sechzig einheimische und ausländische Musiker angehörten. Der Musik, der Literatur und der Architektur maß der Kaiser allerdings keine so große Bedeutung bei wie der bildenden Kunst. Die Prager Burg, die zur Zeit Rudolfs II. ein kultureller Brennpunkt europäischen Formates war, erfuhr nur geringe bauliche Veränderungen.

Als Reichsoberhaupt sah sich Rudolf mit zwei großen Problemen konfrontiert: der Religionsfrage und der Türkengefahr. In den letzten Jahrzehnten des 16. Jahrhunderts bemühte sich die katholische Kirche, die sich durch das Trienter Konzil reformiert und innerlich gefestigt hatte, verstärkt um die Rückgewinnung der an das Luthertum verlorenen Seelen. Sie schreckte dabei vor harten Maßnahmen und Gewissenszwang nicht zurück.

Das Haus Habsburg, vor allem seine spanische Linie, hielt unverrückbar am katholischen Glauben fest. Philipp II. war ein zäher, beharrlicher Vorkämpfer des Katholizismus. Über Rudolfs religiöse Gesinnung gehen die Meinungen auseinander. Während ihn manche Historiker als entschieden katholisch bezeichnen, halten ihn andere für religiös indifferent. Die Wahrheit dürfte in der Mitte liegen. Rudolf war ganz gewiß kein entschiedener Verfechter der Gegenreformation und kein Freund der Kurie, deren Machtstreben ihm Unbehagen einflößte. Er hatte eine Abneigung gegen Dogmen, war aber der religiösen Gefühlswelt durchaus verbunden. Er war gottesfürchtig, der Marienkult sprach ihn an. Seine religiöse Praxis entsprach allerdings nicht den Vorstellungen von Strenggläubigkeit, die das Papsttum vom weltlichen Oberhaupt der Kirche erwartete. Der Kaiser empfing die Kommunion so selten, daß ihm aus Rom aus diesem Anlaß sogar einmal (aus purer Ironie?) Glückwünsche übermittelt wurden.

Im konfessionellen Streit, der nicht nur im Reich an Heftigkeit zunahm, verfolgte Rudolf eine Politik des Ausgleichs. Ein Brükkenschlag zwischen den verfeindeten Lagern gelang ihm jedoch nicht. Den Reichstagen, die er anfangs mit seiner Anwesenheit ausgezeichnet hatte, blieb der Kaiser später fern. Er vernachlässigte in zunehmendem Maße die Reichspolitik, ließ den Dingen ihren Lauf und verkroch sich hinter den Mauern seiner Prager Burg. Die Autorität des Kaisers, die ohnehin nie groß gewesen war, schmolz unter diesen Umständen vollends dahin, die Führungsrolle im Reich ging auf Territorialfürsten über, allen voran auf Herzog (ab 1623 Kurfürst) Maximilian I. von Bayern, der sich an die Spitze der Gegenreformation stellte und eine eigenständige Politik betrieb.

Persönlich fromm, hochgebildet, sparsam, streng gegen sich und andere, ein Mann von nüchterner Rationalität und praktischem Verstand, ein eifriger Förderer von Kunst und Wissenschaft, gründete Maximilian 1609 zur Verteidigung und Erhaltung des katholischen Glaubens die »Liga«, ein Bündnis der katholischen Fürsten Deutschlands, als deren Bundesoberst er im Dreißigjährigen Krieg eine bedeutende Rolle spielte.

Im Kampf gegen die Türken, der nach langjährigen Grenzscharmützeln ab dem Jahr 1592 wieder in einen regelrechten Krieg einmündete, verbuchte Rudolf II. zunächst Erfolge. 1595 gelang den kaiserlichen Truppen die Einnahme der Festung Gran (Esztergom), im gleichen Jahr übergab Sigismund Báthory von Siebenbürgen sein Land an die Habsburger. 1598 wurde Raab (Györ), »die Schlüsselfestung der Christenheit«, die ein paar Jahre zuvor an die Osmanen verlorengegangen war, zurückerobert.
Der Kaiser war auf das tiefste beglückt. Er ließ sich auf Gemälden als Türkenbezwinger feiern. In den Städten Böhmens wurden Gedenksäulen aufgestellt und zerstörte Bildstöcke wieder aufgerichtet. Einige dieser »Raabkreuze« sind bis heute erhalten geblieben.

Rudolf befand sich in einer psychischen Hochstimmung, sein Lebensstern war am Zenit angelangt.

Die Rückschläge blieben nicht aus. Der Türkenkrieg überforderte auf Dauer die kaiserlichen Finanzen und stärkte die Position der Stände, die ihre Zusagen für die Bewilligung der Türkensteuer von religiösen Zugeständnissen abhängig machten. Das Gemüt des Kaisers verdüsterte sich. An der Wende vom 16. zum 17. Jahrhundert durchlebte Rudolf wieder eine schwere gesundheitliche Krise. Von furchtbaren Depressionen geplagt, glaubte sich der unglücklich veranlagte Habsburger vom Teufel besessen, wurde von Stimmungen hin- und hergerissen, hegte Selbstmordgedanken. Er wütete gegen seine Umgebung, mißhandelte seine Diener und zerschlug im Jähzorn alles, was ihm in die Hände fiel. Auf Phasen der Verzagtheit und Niedergeschlagenheit folgten Tage übersteigerten Selbstbewußtseins und hektischer Aktivität, die typischen Symptome einer Psychoneurose.

Der Verwalter der kaiserlichen Finanzen, Wolf Freiherr von Unverzagt, berichtete an Erzherzog Ferdinand von Steiermark, den späteren Kaiser Ferdinand II., den Kaiser quäle Tag und Nacht der Gedanke, er habe keinen Getreuen, man trachte ihm nach dem Leben und wolle ihn vergiften.

Am Prager Hof umgab sich der mißtrauische Kaiser in seinen letzten Lebensjahren mit einer Schar von Kammerdienern, Schreibern und Lakaien, mit denen er vertraulichen Umgang pflegte, während er die höheren Chargen seines Hofstaates, Minister und Beamte, von sich fernhielt. Eine dieser Vertrauenspersonen war sein langjähriger Kammerherr Johann Popp, ein anderer Philipp Lang, ein konvertierter Jude aus Tirol, ein dritter ein Ofenheizer, der schon infolge seiner Funktion regelmäßigen Zugang zu Seiner Majestät hatte. Hohe ausländische Würdenträger, Botschafter, Gesandtschaften und Abordnungen aus fremden Ländern, ja selbst der päpstliche Nuntius mußten oft monatelang auf eine Audienz warten. Die Regierungsgeschäfte blieben unerledigt oder wurden nur sehr zögernd abgewickelt.

Die Unzufriedenheit mit der kaiserlichen Regierung wuchs. Insbesondere die Brüder des Kaisers, allen voran Erzherzog Matthias, der nach dem Tod von Erzherzog Ernst als Statthalter der österreichischen Erblande eine Schlüsselposition innehatte, drängten auf eine Änderung der Machtverhältnisse. Die Nachfolge des unverheirateten Kaisers harrte einer Regelung, der Türkenkrieg verlangte entschiedene Maßnahmen. Die Fäden im Hintergrund zog der bereits erwähnte Melchior Khlesl, ein glänzender politischer Taktiker, der den schwachen Matthias völlig seinem Einfluß unterwarf.

Unter Khlesls Regie trafen Rudolfs Brüder im November 1600 in Schottwien, einem kleinen Ort in NÖ, zusammen und beschlossen, Rudolf zur Nominierung eines Nachfolgers zu ermahnen. Der Kaiser reagierte ausweichend. Er übertrug Matthias den Oberbefehl im Türkenkrieg und ließ sich von ihm auf den Reichstagen von 1598 und 1603 vertreten. Die Nachfolgefrage ließ er offen. Die Gefahren für das habsburgische Gesamthaus wurden bei der eklatanten Handlungsunfähigkeit des Kaisers immer augenscheinlicher. Wenn sich Rudolf weiterhin hartnäckig weigerte, ein Mitglied seiner Familie zum römisch-deutschen König wählen zu lassen, konnte das im Falle seines Todes das Reich und die habsburgischen Länder in eine schwere politische Krise stürzen.

Als sich unter der Führung des siebenbürgischen Magnaten Stephan Bocskay die Ungarn gegen die »deutsche Herrschaft« erhoben und die Grenzgebiete Mährens, Niederösterreichs und der Steiermark verheerten, als das unbezahlte kaiserliche Heer zu meutern drohte, die Protestanten die Schwäche des Kaisertums zur Mehrung ihrer Privilegien zu nützen versuchten, trat der habsburgische Bruderzwist, der durch die Jahre hinter den Kulissen weitergeschwelt hatte, in ein neues Stadium. Die Erzherzöge versammelten sich im April 1605 in Linz zu einer Beratung und forderten Rudolf auf, Matthias die Vollmacht zu Verhandlungen mit den Ungarn und Türken zu erteilen. Nur mit äußerstem Widerstreben fand sich der Kaiser dazu bereit.

Matthias schloß mit den Ungarn im Juni 1606 den Frieden zu Wien, in welchem er ihnen Religionsfreiheit und eine weitgehende staatliche Autonomie zugestand. Der Friede mit den Türken kam einige Monate später zustande. Der Kaiser mußte sich im Vertragsdokument, das in Zsitvatorok bei Komorn unterzeichnet wurde, zur Bezahlung eines einmaligen Ehrengeschenkes von 200000 Gulden anstelle des bisherigen jährlichen Tributes verpflichten. Im Gegenzug wurde er vom Sultan erstmals in der Geschichte der Beziehungen zwischen den beiden Staaten als gleichberechtigter Partner anerkannt. Der bestehende territoriale Besitzstand beider Seiten sollte unangetastet bleiben.

Rudolf II. gab den beiden Friedensschlüssen nur widerwillig und zögernd seine Zustimmung. Die religiösen Konzessionen des verhaßten Bruders an die Ungarn gingen ihm zu weit, der Friedensliebe der Türken mißtraute er.

Der Bruderzwist im Hause Habsburg trat nun in seine Endphase. Auf Anraten Melchior Khlesls trafen Rudolfs Brüder Matthias und Maximilian sowie die Grazer Erzherzöge Ferdinand und Maximilian Ernst in Wien zu einer geheimen Verabredung zusammen. Sie erklärten Matthias zum Oberhaupt des Hauses Habsburg und nominierten ihn als Kandidaten für die Römische Kaiserwürde. Es war eine Verschwörung gegen das Familienoberhaupt, ein Akt von Rebellion.

Der Kaiser muß von den Vorgängen in Wien Wind bekommen haben. Er beorderte jedenfalls Melchior Khlesl, den Drahtzieher aller gegen ihn gerichteter Maßnahmen, zur Berichterstattung nach Prag. Der Kirchenfürst ließ ihn über die Absichten des Bruders nicht im unklaren.

In der sich anbahnenden bewaffneten Auseinandersetzung um die Übernahme der Macht sicherte sich Matthias 1608 auf dem Reichstag zu Preßburg die Unterstützung der protestantischen Stände Ungarns und Österreichs, die Vertreter dorthin entsandt hatten. Die mährischen Stände schlossen sich der Konföderation an. Matthias fiel an der Spitze eines ständischen Heeres in Böhmen ein und bedrohte Prag. Sein Ziel war die restlose Entmachtung des Kaisers. Das Vorhaben mißlang jedoch, da die böhmischen Stände gegen die Zusicherung religiöser und politischer Zugeständnisse an Rudolf als König festhielten. Im Vertrag von Lieben bei Prag im Juni 1608 mußte der Kaiser wohl auf die Herrschaft in Ungarn, in Nieder- und Oberösterreich und Mähren verzichten, behielt aber die Kaiserwürde, Böhmen und Schlesien.

Matthias hatte einen Erfolg errungen, der für ihn jedoch kein Anlaß zur Freude war. Denn nun forderten auch die nieder- und oberösterreichischen Stände den Tribut für ihre Hilfeleistung ein.

Sie verlangten die Rücknahme der gegenreformatorischen Maßnahmen, die der Landesfürst in seiner Eigenschaft als Statthalter gemeinsam mit Melchior Khlesl gesetzt hatte. Als Matthias diese Forderung ablehnte, griffen sie zur Gewalt. Der Habsburger mußte ihnen schließlich im März 1609 die gewünschten weitgehenden konfessionellen Zugeständnisse machen.

Der Kaiser kapitulierte seinerseits vor den böhmischen Ständen. Im berühmten »Majestätsbrief« vom 9. Juli 1609 gestattete er den Herren, Rittern und Bewohnern königlicher Städte die freie Ausübung ihrer Religion. Die Protestanten erhielten darüber hinaus das Recht, in königlichen Städten und Orten und auf königlichen Domänen Kirchen zu bauen, Schulen zu errichten und an der Prager Universität Lehrstühle zu besetzen.

Die Ständemacht hatte über das Landesfürstentum triumphiert, die kaiserliche Autorität und das Prestige der Zentralgewalt hatten einen absoluten Tiefpunkt erreicht.

Der noch immer auf seine Würde bedachte Kaiser verwand die Schmach, die ihm von Matthias angetan worden war, nur schwer. Er warb mit Hilfe seines steirischen Vetters Erzherzog Leopold, Bischof von Passau und Straßburg, ein eigenes Heer an, um das verlorene Terrain wiedergutzumachen. Das »Passauer Kriegsvolk« Leopolds brach jedoch nach einer fehlgeschlagenen militärischen Intervention im Herzogtum Jülich-Kleve marodierend in Böhmen ein und besetzte die Prager Kleinseite. Die Soldateska plünderte, raubte und brandschatzte in Stadt und Land so mörderisch, daß die Stände Matthias zur Hilfe riefen.

Rudolf hatte seine letzte Karte verspielt, Matthias nutzte seine Chance. Er zog im März 1611 mit königlichem Pomp ungehindert in Prag ein und wurde am 23. Mai 1611 im Veitsdom zum König von Böhmen gekrönt, nicht ohne vorher den Ständen ihre Privilegien bestätigt zu haben.

Rudolf II., dem nur die Kaiserwürde geblieben war, »residierte« weiter auf dem Prager Hradschin. Aller seiner Macht beraubt, knüpfte er in ohnmächtigem Haß mit der protestantischen Union und mit den Kurfürsten Verbindungen an, um mit deren Hilfe die Wahl des Bruders zum römisch-deutschen König zu hintertreiben. Das ist ihm zu seinen Lebzeiten auch tatsächlich gelungen.

Die Demütigungen und Aufregungen der vorangegangenen Jahre und der Verlust seiner Machtposition, der ihn persönlich tief traf, verschlimmerten den ohnehin sehr labilen Gesundheitszustand des Kaisers. Anfang Januar 1612 fühlte sich der Herrscher nach einer Audienz so übel, daß er das Bett aufsuchen mußte. Ärztliche Betreuung lehnte der eigensinnige Patient ab. Er nahm lediglich einen Zaubertrank zu sich, dessen Rezept von einem englischen Alchemisten stammte. Der Alchemie schwor der abgründige, unergründliche, von magischen Kräften besessene Monarch bis an sein Lebensende nicht ab.

In den frühen Morgenstunden des 20. Januar 1612, als das Ende nahte, wurde der Domprediger an Rudolfs Lager gerufen. Der Kaiser soll es jedoch abgelehnt haben, die Tröstungen der katholischen Religion zu empfangen. Gegen sieben Uhr verschied er. Sein Leichnam wurde in einem schmucklosen Bleisarg in der Krypta des Veitsdomes beigesetzt.

Auf dem Hradschin, der jahrzehntelangen Residenz Rudolfs II., waren die Lichter ausgegangen. Sechs Jahre nach dem Tod des rätselhaften Kaisers nahm von der Prager Schicksalsburg aus der Dreißigjährige Krieg seinen Anfang.

»Fulget Caesaris Astrum« – Es glänzt des Kaisers Stern – war die Devise Rudolfs II. gewesen. Des Kaisers Stern hat nie geglänzt, aber er beleuchtete nun von einem fernen Himmel das Grauen der europäischen Schlachtfelder.

Leopold I.:
Der »Türkenpoldl«

Leopold I. *im Krönungsharnisch,*
um 1658 gemalt von Guido Cagnacci.
Wien, Kunsthistorisches Museum.

Der »Türkenpoldl«, wie die Wiener ihren Barockkaiser, in dessen Regierungszeit das Haus Österreich durch die Siege über die Türken zur europäischen Großmacht emporwuchs, liebevoll-despektierlich nannten, war bei Gott keine strahlende Erscheinung. »Er war mehr klein als mittelmäßig und dabei zart von Gliedern, welche wohlgestaltet und proportioniert waren«, schrieb einer seiner frühesten Biographen, der deutsche Professor Gottlieb Eucharius Rinck, der den Monarchen persönlich kannte, »er hatte lebhaffte, schwartze Augen, eine große vorhangende Lippe, schwarze Haare wiewohl er allezeit eine peruque trug ... der Bart war auf teutsch, die Zähne waren mehrenteils durch den Scharbock (= Skorbut, Anm. d. Verf.) verderbt, wie er den in seiner Jugend fast bis auf den Tod gehabt, solchermaßen waren seine Worte nicht scharf, da sie von der vorhangenden Lippe mehr geschlossen wurden ... das gesicht war sehr schwach und hatte sich dermaßen an das fernglas gewöhnt, daß er auch in der Nähe nichts ohne dieses erkennen konnte«.

Die typische habsburgische Unterlippe und das markant vorspringende Kinn waren tatsächlich die hervorstechendsten Merkmale im Erscheinungsbild des unscheinbaren Kaisers. Nicht von jedermann wurden sie so freundlich und wohlwollend registriert, wie von dem aus Altdorf bei Nürnberg stammenden Historiker.

Herzog Antoine III. von Gramont etwa, Gesandter beim Reichstag zur Zeit der Kaiserwahl Leopolds, bemerkte mit spitzer, respektloser Feder in seinen Memoiren: »Er hat einen ungewöhnlich großen Mund, den er immer offen hält; als er eines Tages mit dem Prinzen Porcia Kegel spielte und es zu regnen begann, beklagte er sich, daß die Tropfen immer in seinen Mund fielen. Der Prinz Porcia, sein Günstling, strengte sein erfinderisches Hirn an und riet nach einigem Nachdenken, sein königlicher Herr möge doch den Mund zumachen. Das versuchte der König von Ungarn denn auch und fand dadurch eine beträchtliche Erleichterung.«

Überschäumende orientalische Phantasie sprudelt dem Leser aus der Beschreibung des Kaisers durch den osmanischen Geschichtsschreiber Evliyâ Çelebi entgegen, der 1665 als bescheidener Reisender die Kaiserstadt an der Donau besuchte. »Sein Gesicht ist lang und spitz wie das des Meister Reineke, mit Ohren, groß wie Kinderpantoffel, und einer roten Nase, die wie eine unreife Beere leuchtet…«, fabulierte er. Und weiter: »Aus den weiten Nasenlöchern, in die er je drei Finger auf einmal hineinstekken könnte, hängen ihm Haare, lang wie die vom Schnurrbart eines dreißigjährigen Haudegens, heraus und vermischen sich im dichten Wirrwarr mit dem Bart auf seiner Oberlippe und mit seinem schwarzen Backenbart, der ihm bis zu den Ohren hinanreicht. Seine Lippen sind wulstig wie die eines Kamels und in seinen Mund würde ein ganzer Laib Brot auf einmal passen …« Und dann wird es geradezu unappetitlich. »Immer wenn er spricht«, ereifert sich Çelebi, »spritzt und trieft ihm der Speichel aus dem Mund und von seinen Kamellippen, als ob er erbrechen würde. Da wischen ihm dann die strahlend schönen Pagen, die ihm zur Seite stehen, mit riesigen roten Mundtüchern ständig den Geifer ab.«

Des Kaisers offenkundige körperliche Mängel wurden von seinen geistigen Qualitäten und seinen soliden Charaktereigenschaften wettgemacht. Leopold war intelligent und vielseitig begabt. Er hatte eine rasche Auffassungsgabe und ein verläßliches Gedächtnis, er entledigte sich seiner Amtsgeschäfte mit Eifer und Fleiß. Vor allem aber war er gebildet, eine Eigenschaft, die man nicht jedem Kaiser aus dem Haus Habsburg nachsagen kann. Er beherrschte Latein, Italienisch, Spanisch und Deutsch, stand mit Gelehrten in regem Briefwechsel, dichtete Oden und hegte eine besondere Vorliebe für Musik. Er spielte Spinett, komponierte Oratorien, Madrigale, musikalische Komödien, Arien und Intermezzos, die bei Opernaufführungen am Wiener Hof dem Original beigefügt wurden, und dirigierte zuweilen höchstpersönlich sein Hoforchester. Das ergiebige musikalische Schöpfertum des Kaisers beweisen mehr als hundert Kompositionen, die in der

Musiksammlung der Österreichischen Nationalbibliothek aufbewahrt werden.

Leopold war ein großzügiger Mäzen, ein sachkundiger und eifriger Förderer von Kunst und Wissenschaft. Neben der Musik war die Jagd die zweite große Passion im Leben des frommen Barockkaisers. Man möchte es nicht für möglich halten, aber Leopold wird uns als exzellenter Reiter geschildert, der in den weitläufigen kaiserlichen Jagdgründen ebenso zuhause war wie in seinen Residenzen: der Wiener Hofburg, Schloß Laxenburg, der Favorita, dem heutigen Theresianum im 4. Wiener Gemeindebezirk. Er war ein guter Zeichner und hegte eine Vorliebe für Maschinen aller Art.

Leopold I. war ein bedächtiger Mann. Rasche Entschlüsse, entschiedenes, tatkräftiges Handeln waren seine Sache nicht, entsprachen nicht seinem eher auf Kontemplation als auf Draufgängertum angelegten Naturell. Er überlegte lange, drehte und wendete die Dinge nach allen Seiten, ehe er eine Entscheidung fällte, an der er dann aber mit Beharrlichkeit festhielt. Er war bescheiden, zurückhaltend, wortkarg und duldsam im Mißgeschick.

Seine Lebensführung wird uns als pedantisch überliefert. Alles mußte seine Ordnung haben und lief nach Plan ab. Alles war genau geregelt, zeitlich fixiert. Empfänge und Hoffeste, Amtsgeschäfte, Sitzungen und Gottesdienste, Jagden und Ausfahrten liefen nach einem regelmäßigen Schema ab. Und natürlich hielt sich der Kaiser streng an das Hofzeremoniell. Die Unnahbarkeit, mit der er sich umgab, die steife Würde, die er an den Tag legte, entsprach allerdings eher seiner Erziehung als seiner natürlichen Veranlagung. Im engsten Familienkreis, in dem er sich am wohlsten fühlte, war er durchaus umgänglich und unterhaltsam.

Leopold I. war nicht zum Herrscher geboren. Der zweitälteste Sohn Kaiser Ferdinands III. aus der Ehe mit Maria Anna von Spanien war für den geistlichen Stand bestimmt, für den ihm eine gewisse Neigung nachgesagt wird. Leopold soll als Kind am liebsten mit geistlichen Geräten hantiert und Messen zelebriert haben. Belegt ist das freilich nicht. Für die Thronfolge war er jedenfalls nicht vorgesehen. Diese stand, wie das nach den Erbregelungen in den europäischen Herrscherhäusern seit Jahrhunderten üblich war, seinem älteren Bruder Ferdinand zu.

Der sechsjährige Leopold erhielt 1646 nach dem frühen Tod seiner Mutter einen eigenen Hofstaat und wurde von Männern erzogen, die sich eher durch Frömmigkeit und Bildung als durch politischen Weitblick auszeichneten. Der Sprößling einer Dynastenfamilie, der für eine geistliche Laufbahn und ein hochdotiertes Kirchenamt vorgesehen war, benötigte keine tiefschürfende politische Schulung. Er mußte gottesfürchtig, schicksalsergeben und bigott sein. Leopold war das zeitlebens.

Der einflußreichste Lehrer des kleinen, häßlichen Erzherzogs dürfte unter der Leitung des Obersthofmeisters Johann Ferdinand Graf Portia der Jesuit Christoph Philipp Miller (Müller) gewesen sein. Miller, der an den Universitäten Wien und Graz Moraltheologie, Philosophie und Mathematik gelehrt hatte, ließ seinem Schützling eine gründliche theologisch-wissenschaftliche Ausbildung angedeihen, die ihn für sein ganzes Leben prägte. Leopold war in der langen Reihe der habsburgischen Herrscher einer der frömmsten. Von der Vorsehung, vom Walten der göttlichen Gnade hielt er mehr als von eigenen Entschlüssen, das Gebet galt ihm mehr als die historische Tat. Er hat die Siege über seine Gegner zwar nicht herbeigebetet, aber sie doch als Wunder betrachtet, die der Schöpfer dem Hause Habsburg gnädig zuteil werden ließ.

Leopolds Ausbildung zum Priester fand im Alter von vierzehn Jahren ein abruptes Ende. 1654 starb der zum Thronfolger bestimmte ältere Bruder unerwartet an den Blattern. Das Schicksal hatte eine schwerwiegende Entscheidung gefällt. Das Los der Nachfolge in der vielgestaltigen Habsburgermonarchie fiel nun auf ihn. Es traf ihn völlig unvorbereitet.

Sogleich ging der schon kränkliche Vater daran, seinem Sohn den Weg zum Thron zu ebnen. Am 27. Juni 1655 wurde Leopold in Preßburg zum König von Ungarn gekrönt, etwas mehr als ein Jahr später, am 14. September 1656, folgte in Prag seine Krönung zum böhmischen König. Die deutsche Königskrone, die mit der Kaiserwürde verbunden war, konnte Ferdinand seinem Sohn nicht mehr verschaffen. Dazu reichte es nicht mehr, denn der Kaiser starb schon im April 1657 im Alter von neunundvierzig Jahren.

Um die deutsche Königswürde tobte in den nächsten fünfzehn Monaten eine diplomatische Schlacht mit allen dazu gehörenden Intrigen und Ränkespielen. Leopold Ignatius von Habsburg hatte Mitbewerber. Seine Kandidatur blieb nicht unbestritten. Vor allem Frankreich und Schweden stemmten sich mit allen Kräften dagegen. Kardinal Jules Mazarin, der als Leiter der französischen Politik alle Register seiner diplomatischen Kunst zog, um Frankreich zur Vormacht Europas zu machen, brachte sein Mündel, König Ludwig XIV., ins Spiel. Er knüpfte Verbindungen mit den Reichsständen an, die unter der Führung Johann Philipps von Schönborn, des Kurfürsten von Mainz, ihr eigenes politisches Süppchen kochten, um bei dieser Gelegenheit für sich und ihr Land möglichst viel herauszuschlagen. Die deutschen Kurfürsten verkauften sich bei jeder Königswahl so teuer wie möglich. Warum sollte es diesmal anders sein?

Nach langem Feilschen, an dem auch Kurfürst Friedrich Wilhelm von Brandenburg (»Der Große Kurfürst«) eifrigst beteiligt war, einigte man sich schließlich doch auf den Habsburger. Am 18. Juli 1658 wurde Leopold I. zum »durch Gottes Gnade gewählten Römischen Kaiser Deutscher Nation und Mehrer des Reiches« gewählt. Nicht freilich, ohne zuvor eine Wahlkapitulation unterzeichnet zu haben, die ihn zur Neutralität im Krieg zwischen den spanischen Habsburgern und Frankreich verpflichtete, der im Jahr darauf, am 7. November 1659, durch den Abschluß des Pyrenäenfriedens beendet wurde. Dem knapp Achtzehnjährigen wurde in Frankfurt am Main die Krone auf das Haupt gesetzt. Er sollte ihre Last, falls er sie nicht schon am Krönungstag als schwer empfand, bald zu spüren bekommen.

Zwei Jahre nach Leopolds Krönung steckte in Adrianopel (dem heutigen Edirne), am anderen Ende Europas, der Albaner Mehmet Köprülü, der im Dienste des Sultans vom Küchenjungen bis zum Großwesir aufgestiegen war, die Roßschweife auf. Die osmanischen Heerscharen setzten sich nach Jahrzehnten verhältnismäßiger Ruhe wieder einmal nach Westen in Marsch. Der energische Großwesir, der dem erlahmten Reich der Osmanen durch zielstrebige Reformen neues Leben eingehaucht hatte, eröffnete vorerst nicht gegen das Haus Habsburg den Krieg, sondern gegen den Fürsten Georg II. Rákóczi von Siebenbürgen, der sich durch seine Ambitionen auf den polnischen Königsthron die Ungnade des Sultans zugezogen hatte. Rákóczi wurde von den Türken mühelos besiegt.

Die Nachricht vom Einmarsch der Osmanen in das an Bodenschätzen reiche Siebenbürgen löste am Wiener Kaiserhof eine schockartige Reaktion aus. Leopold I. entschloß sich, wenn auch nur zögernd, seinen aus Modena stammenden Heerführer Raimund Montecuccoli mit geringen Kräften nach Osten zu entsenden. Montecuccoli, der größte österreichische Feldherr und Kriegstheoretiker seiner Zeit, richtete wenig aus. Die Staatskasse war wieder einmal leer. Die Soldaten mußten lange auf ihren Sold warten, die Magyaren waren auf die Kaiserlichen schlecht zu sprechen. Montecuccoli zog sich unverrichteter Dinge in das Winterquartier nach Oberungarn zurück. Durch sein Eingreifen war der Krieg mit den Türken freilich unvermeidlich geworden. Der kaiserliche Gesandte in Konstantinopel warnte den Wiener Hof vor der Aggressivität des Großwesirs Ahmet Köprülü, des Sohnes von Mehmet.

Eine neue große Auseinandersetzung mit den Osmanen stand unmittelbar bevor. Der friedliebende Kaiser nahm es höchst unerfreut zur Kenntnis. Seine Armee war für einen Waffengang mit der überlegenen türkischen Streitmacht nicht gerüstet. Er brauchte Hilfe. Aber wer würde, wollte und konnte ihm beistehen? Die deutschen Reichsfürsten? Der Großteil von ihnen war antihabsburgisch gesinnt. Oder gar Ludwig XIV., der junge König von Frankreich, der im März 1661 die Regierung seines Landes in die eigenen Hände genommen hatte?

Auf alle Fälle war der bedächtige Kaiser in dieser bedrohlichen Lage unter erheblichen Entscheidungsdruck geraten. Leopold I. berief den Reichstag nach Regensburg ein und bemühte sich persönlich um die dringend benötigte Hilfe.

Die Reichsfürsten waren erst nach langwierigen, mühsamen Verhandlungen dazu zu bewegen, ihr Scherflein zum Kampf gegen den Glaubensfeind beizutragen. Sie erklärten sich dazu bereit, dem Kaiser 6000 Mann zur Verfügung zu stellen, ein französisches Truppenkontingent mitinbegriffen.

Im April 1663 erfolgte die Kriegserklärung des Sultans, im Frühjahr des folgenden Jahres begann die türkische Offensive. Nun erst, buchstäblich im letzten Augenblick, stimmte der Reichstag der Entsendung einer 21000 Mann starken Armee zur Unterstützung des Kaisers zu. Raimund Montecuccoli gelang es, die bunt gemischte Streitmacht, die ihm zur Verfügung stand, unter seiner Befehlsgewalt zu vereinigen. Die beiden Heere trafen am 1. August 1664 bei St. Gotthard an der Raab aufeinander. Der Tag endete, was kaum jemand zu hoffen gewagt hatte, mit einem Sieg der kaiserlichen Armee. Die türkischen Elitetruppen, die Janitscharen, hatten so schwere Verluste erlitten, daß der Großwesir zum Rückzug blasen mußte. Die Türkengefahr war vorderhand gebannt.

In Wien atmete man erleichtert auf. Schon zehn Tage nach der Schlacht schloß der sonst so unentschlossene Kaiser mit den Türken den Friedensvertrag von Vasvàr (Eisenburg), der die Armee um die Früchte ihres Sieges brachte. Nicht nur das: Leopold beließ den Türken die von ihnen eroberte, strategisch wichtige Festung Neuhäusel und erklärte sich zur Zahlung eines jährlichen »Ehrengeschenkes« von 200000 Gulden an die Pforte für die Dauer von zwanzig Jahren bereit. Warum das? Welche Gründe bewogen den Kaiser, einen so demütigenden Frieden abzuschließen? Der Kaiser selbst hat auf diese Fragen die Antwort gegeben. Er sei gezwungen gewesen, »aus der Notwendigkeit eine Tugend zu machen«, schrieb er am 1. Oktober 1664 an seinen Cousin, Erzherzog Sigmund Franz von Tirol, angesichts der Gefahr, der seinem Hause durch Frankreich drohe.

Leopold mißtraute der französischen Politik und er zweifelte an der politischen Zuverlässigkeit der ungarischen Magnaten, die die habsburgische Herrschaft nur grollend ertrugen. Seine Einschätzung sollte sich als richtig erweisen.

Die Unzufriedenheit der Ungarn mit dem Frieden von Vasvàr führte zur sogenannten Magnatenverschwörung. Die aufständischen ungarischen Adeligen nahmen Kontakt mit dem Sultan und dem französischen König auf. Die Verschwörung wurde niedergeschlagen, die Anführer wurden verhaftet und hingerichtet, ihre Güter konfisziert. Ähnlich wie sein Vorgänger Ferdinand II. nach der Schlacht am Weißen Berg in Böhmen, versuchte der Kaiser nunmehr auch Ungarn dem habsburgischen Absolutismus zu unterwerfen und die katholische Gegenreformation voranzutreiben. Die protestantischen Prädikanten mußten aus zahlreichen Dörfern und Städten weichen, Zehntausende Ungarn wurden von den Jesuiten zwangsbekehrt. Die ungarische Verfassung wurde außer Kraft gesetzt, in Preßburg eine königliche Statthalterei eingerichtet, die Steuern erhob. Die habsburgische Besatzungsarmee lebte vom Land. Gegen diese, nur aus dem Geist der Zeit verständlichen Unterdrückungsmaßnahmen formierte sich wachsender Widerstand. Zahlreiche ungarische »Malkontenten« flohen in das von den Türken besetzte ungarische Territorium und unternahmen von dort aus Überfälle über die Grenze, bei denen sie sich aus ihrer alten Heimat holten, was sie benötigten. Die »Kuruzzen«, wie sie sich nannten, versetzten die von ihren Streifzügen betroffenen Regionen in Angst und Schrecken und machten der kaiserlichen Armee schwer zu schaffen. Die Grenzzwischenfälle wuchsen sich schließlich zu einer regelrechten Rebellion aus, die in der Person des »Kuruzzenkönigs« Emmerich Graf Tököly einen begabten Führer fand. Tököly brachte die Bergwerkstädte des nordungarischen (heute slowakischen) Hügellandes mit ihrem für die österreichische Münzprägung wichtigen Gold- und Silberreichtum unter seine Kontrolle und fügte dadurch dem Kaiser einen harten fiskalischen Schlag zu. Leopold I. blieb letztlich unter dem Zwang der außenpolitischen Verhältnisse nichts anderes übrig, als die ständische Verfassung Ungarns wiederherzustellen und den Protestanten eine begrenzte Religionsfreiheit zuzugestehen. Das ungarische Problem sollte ihn bis an das Ende seiner Regierungszeit beschäftigen.

Der ursprünglich für den Priesterstand vorgesehene Leopold konnte als Kaiser natürlich kein Zölibatär bleiben. Das war ihm von allem Anfang an klar. Das Haus Habsburg brauchte von Generation zu Generation männliche Erben. Es hätte auch dringend eine Blutauffrischung benötigt, denn die Verwandtenehen zwischen der spanischen und der österreichischen Linie nagten an seiner erblichen Substanz. Erbgesundheitlichen Gedanken hing

Leopold freilich nicht nach. Bei seinen Heiratsplänen spielten ausschließlich dynastische Überlegungen eine Rolle. Des Kaisers vordringlichstes politisches Interesse galt seinen Erbansprüchen auf Spanien, wo 1665 nach dem Tod Philipps IV. dessen vierjähriger Sohn aus zweiter Ehe als Karl II. auf den Thron gelangt war. Mit dem herzkranken, regierungs- und zeugungsunfähigen König, das ließ sich voraussehen, schien die spanische Linie des Hauses Habsburg im Mannesstamm zum Aussterben verurteilt.

Das spanische Erbe war daher an den europäischen Höfen, allen voran in Paris und Wien, jahrelang ein brandheißes Thema, Gegenstand und Ziel von Geheimgesprächen, diplomatischen Aktivitäten und Winkelzügen aller Art. König Ludwig XIV. von Frankreich und Kaiser Leopold I. lieferten sich einen unedlen Wettstreit um die Hand der beiden Töchter Philipps, Maria Teresa und Margarita Teresa, auf deren Haupt nach dem zu erwartenden frühen Tod des Thronfolgers das spanische Erbe ruhte.

Aus dem monarchischen Brautkampf ging der »Sonnenkönig« als Sieger hervor. Er führte die ältere und begehrenswertere der beiden Infantinnen zum Traualtar, die allerdings gegen eine hohe Mitgift auf den spanischen Thron verzichtete. Leopold mußte mit Margarita Teresa, der jüngeren der beiden Halbschwestern, vorliebnehmen. Er mußte zudem aber auch noch auf die Vermählung warten, was ihm bei seinem sprichwörtlichen Phlegma gar nicht einmal so schwergefallen sein mag. Die Braut war seine Cousine und Nichte und noch nicht im heiratsfähigen Alter. Diego Velázquez, der spanische Hofmaler und große Meister der barokken Porträtmalerei, bannte die kleine Infantin jedoch von Zeit zu Zeit auf die Leinwand, so daß sich der Bräutigam eine Vorstellung von ihrer zunehmenden Reife machen konnte. Die Bildnisse der blondgelockten Prinzessin verblieben in der Wiener kaiserlichen Sammlung und ergötzen noch heute den Betrachter. Wie sie auf Leopold gewirkt haben, ist nicht überliefert.

Als Margarita Teresa zwölf Jahre alt war, gaben die beiden Höfe die offizielle Verlobung bekannt. Die Hochzeit fand, wie das damals üblich war, zu Ostern 1666 per procurationem in Spanien statt. Dann begab sich die kaum fünfzehnjährige Infantin auf Brautfahrt in das ferne Wien. Von Madrid aus ging es zunächst nach Barcelona, wo sich die blutjunge Kaiserin auf einem prachtvollen, goldverzierten Segler, der von 34 Galeeren begleitet wurde, nach Genua einschiffte. Von dort reiste sie zu Lande nach Mailand und Bréscia weiter. In der kleinen Stadt in der Lombardei wurde sie von kaiserlichen Abgesandten empfangen und über die Alpen auf österreichisches Gebiet weitergeleitet. Der Bräutigam erwartete sie in Schottwien, einem kleinen Ort im Semmeringgebiet. Nach dem triumphalen Einzug in der Kaiserstadt an der Donau fand am 12. Dezember 1666 die Hochzeit statt.

Bei den Hochzeitsfeierlichkeiten, die mehrere Wochen dauerten, scheute Leopold keine Kosten. Es gab Schlittenfahrten, Jagdpartien, Feuerwerke und als Höhepunkt ein prunkvolles »Roßballett« auf dem Burgplatz, an dem der Kaiser persönlich mitwirkte. Die schaulustigen Wiener kamen im buchstäblichsten Sinn des Wortes auf ihre Rechnung. Denn als die Festveranstaltungen zu Ende waren und der Hof Bilanz zog, fehlte kaiserliches Silbergeschirr im Wert von 6000 Talern.

Leopold war persönlich bedürfnislos, aber wenn es zu feiern galt, griff er tief in die Staatskasse. Für Theateraufführungen und Konzerte gab er trotz der stets angespannten Finanzlage hohe Summen aus. Als man ihn einmal darauf ansprach, meinte er, man möge ihm doch diese kleine Freude gönnen. Andere Herrscher verschwendeten weit höhere Beträge für ihre Mätressen. Das war eine Anspielung auf seinen verhaßten Widersacher Ludwig XIV. und die Sittenlosigkeit, die am französischen Königshof in Versailles herrschte. Der Vergleich hat natürlich etwas für sich. Aber man darf doch nicht vergessen, daß in jedem Fall das Volk für die Kosten aufzukommen hatte.

Die Ehe zwischen Onkel und Nichte war harmonisch, obwohl Margaritas spanisches Gefolge in Wien zu zahlreichen Klagen Anlaß gab. Das Eheleben des Kaiserpaares wurde dadurch nicht beeinträchtigt. Margarita Teresa schenkte ihrem Gemahl innerhalb eines Zeitraumes von sechs Jahren (außer zwei Fehlgeburten) vier Kinder, von denen jedoch nur eines das Kleinkindalter überlebte. Die rasch aufeinanderfolgenden Schwangerschaften schwächten den Körper der jungen Kaiserin derart, daß die spanische Königstochter mit 22 Jahren aus dem Leben schied. Margarita Teresa übte trotz ihrer Jugend auf Leopold großen Einfluß aus. So veranlaßte sie ihn vier Jahre vor ihrem Tod zur Vertreibung der Juden aus Wien.

Leopold I. war als junger Herrscher den Juden durchaus gewogen gewesen. Er nahm sie einige Male vor der Volkswut, die sich bei jeder Gelegenheit über sie ergoß, in Schutz. Nach einer Feuersbrunst im neuerbauten Leopoldinischen Trakt der Hofburg, die von einem unvorsichtigen Tischlergesellen beim Leimsieden verursacht wurde, mußten die Juden abermals als Sündenböcke herhalten. Bischof Leopold Graf Kollonitsch wetterte von der Kanzel herab gegen sie, die Wiener Kaufmannschaft schloß sich seinen antisemitischen Tiraden an, die fromme Kaiserin verlieh den Forderungen, sich der Juden zu entledigen, bei ihrem Gemahl Nachdruck. Leopold besann sich eine Weile. Er war kein Mann rascher Entschlüsse. Sobald er aber die Entscheidung getroffen hatte, ging alles sehr rasch. Am Fronleichnamstag des Jahres 1669 erfolgte der Ausweisungsbeschluß, bereits ein paar Wochen später verließen die ersten vierzehnhundert Juden die Stadt.

Die jüdische Gemeinde in Wien zählte damals etwa viertausend Personen, die in 132 Häusern im Unteren Werd, einem Teil des heutigen zweiten Gemeindebezirkes, wohnten. Es gab unter ihnen nicht nur Händler und Kaufleute, sondern auch Ärzte, Juristen und Schriftgelehrte, Menschen von Bildung und Geschmack.

Als im Winter die gänzliche Austreibung drohte, wandten sich die Zurückgebliebenen »in allergnädigster Erwägung, daß ein Jude zu sein, an sich selbst kein Laster ist«, mit der Bitte an den Kaiser, ihnen weiteren Aufenthalt zu gewähren. Die Petition wurde abgelehnt.

Ihrer unbeweglichen Habe beraubt, zog auch der Rest der Judengemeinde mit ein paar Habseligkeiten auf Karren, vor die sie sich selbst spannten, zu den Stadttoren hinaus. Die Vertriebenen fanden in Böhmen, Mähren und Schlesien Aufnahme. Fünfzig Familien erhielten in Berlin eine neue Heimstätte.

Viele Wiener jubelten. Der Kaiser ließ an der Stelle dreier Häuser, die von Juden bewohnt gewesen waren, ein Zuchthaus errichten. Das Ghettoareal kam an die Stadt Wien und erhielt den Namen Leopoldstadt, die Synagoge wurde abgerissen und an ihrer Stelle die Leopoldskirche errichtet, die 1683 der Türkenbelagerung zum Opfer fiel. Dem Jubel über die Vertreibung der Wiener Judengemeinde folgte bald die Ernüchterung. Sie ging nicht vom Mann auf der Straße aus und auch nicht von der katholischen Kirche, sondern von den Finanzbehörden. Die neuen Hausherren in der Leopoldstadt brauchten keine Toleranzgelder zu bezahlen, die Bürger beklagten den Ausfall von Mietzinsen für leerstehende Gebäude. Die Hofkammer setzte den jährlichen Verlust an Steuern, Maut- und Zollabgaben, die dem Staat durch die Judenvertreibung entgingen, mit 40000 Gulden an. Die oberste Finanzbehörde riet daher dem Kaiser dringend, die Juden wieder aufzunehmen. Leopold wies den Vorschlag zurück. Er tat es zu seinem Schaden. Denn in der Staatskasse herrschte gähnende Leere. Die vielen Kriege, die steigenden Bedürfnisse des wachsenden Verwaltungsapparates, die Ansprüche des Hofes und die blühende Korruption verschlangen Unsummen Geldes. Die Steuereinnahmen reichten längst nicht mehr aus, um auch nur die notwendigsten Ausgaben zu decken.

Die Hofjuden hatten den Habsburgern immer wieder Geld und Kredite verschafft, wenn sie in finanzieller Bedrängnis gewesen waren. Aber jetzt stand keiner zur Verfügung. Zehn Jahre dauerte es, bis sich der Kaiser zur Entscheidung durchrang, die Juden wieder in seiner Residenz aufzunehmen. Der erste Jude, der wieder das Recht erhielt, sich in Wien niederzulassen, war der aus der Pfalz stammende Samuel Oppenheimer, der zum Inbegriff des Hofjuden in der Zeit des Absolutismus wurde. Ein anderer hieß Samson Wertheimer.

Oppenheimer versorgte das kaiserliche Heer und den Hof mit allem, was sie brauchten, und finanzierte die Türken- und Franzosenkriege des Hauses Habsburg. Der Staat, der auf seine Kredite angewiesen war, schuldete ihm zuletzt 6 Millionen Gulden. Als das Bankhaus Oppenheimer im Frühjahr 1703 fallierte, riß es den Staat mit in den finanziellen Abgrund. Eine neue Welle des Antisemitismus war die Folge, obwohl der Kaiser die Rechte der Juden nach ihrer Zulassung empfindlich eingeschränkt hatte: sie durften keine Gemeinde bilden, ihren Gottesdienst nur einzeln und heimlich verrichten und mußten beim jederzeit möglichen Widerruf ihrer Aufenthaltsgenehmigung durch die Kaiser die Stadt wieder verlassen. Die Juden blieben in Wien die Outlaws der Gesellschaft.

Kaiserin Margarita Teresa starb am 22. März 1673 nach knapp siebenjähriger Ehe. Leopold war untröstlich. Er komponierte ein Requiem für seine tote Gemahlin und war entschlossen, nicht wieder zu heiraten. Aber in Eheangelegenheiten war selbst ein absoluter Monarch nicht Herr seiner eigenen Entschlüsse. Seine Person mußte hinter dynastischen Überlegungen zurücktreten.

Kanzler Johann Paul Hocher, ein tüchtiger, unbestechlicher Mann bürgerlicher Abkunft, der gewissermaßen als »Premierminister« des Kaisers fungierte, betrieb mit Eifer die Wiederverheiratung seines Herrn und Gebieters und hielt gleich auch Ausschau nach einer Braut. Sein Auge fiel auf die zwanzigjährige Claudia Felicitas von Tirol, die Tochter des letzten Sprosses der Linie Habsburg-Tirol, deren Erbe das Kaiserhaus bereits 1665 angetreten hatte.

Claudia war Leopolds Cousine zweiten Grades, mit ihm also weniger eng verwandt als die erste Gemahlin. Aber das spielte bei den Heiratsüberlegungen überhaupt keine Rolle. Was viel wichtiger war: sie war jung, kräftig, gesund, fromm und hatte ein angenehmes Wesen. Hocher drängte auf eine Ehe, und der Kaiser gab nach. Es mußte alles so schnell vor sich gehen, daß man nicht einmal das im Hause Habsburg nach dem Tod eines Familienangehörigen streng einzuhaltende Trauerjahr abwartete. Am 5. Oktober 1673 wurde Hochzeit gefeiert, und zwar nicht in der Wiener Augustinerkirche, sondern ganz unüblicherweise in Graz.

Auch des Kaisers zweite Ehe stand unter einem unglücklichen Stern. Claudia Felicitas starb bereits nach zweieinhalbjähriger Ehe. Sie hatte zwei Töchter zur Welt gebracht, die aber kurz nach der Geburt aus dem Leben geschieden waren. Über dem Hause Habsburg zogen sich dräuende dynastische Gewitterwolken zusammen. In Spanien regierte ein König, der nicht zeugungsfähig war, der Kaiser in Wien hatte nach zehn Jahren Ehe noch immer für keinen männlichen Erben gesorgt.

In dieser besorgniserregenden Situation mußte etwas Außerordentliches geschehen, eine dynastische Verbindung hergestellt werden, die eine Blutauffrischung versprach. Allem Anschein nach traf Leopold die Wahl diesmal selbst. Er heiratete am 14. Dezember 1676 in Passau in dritter Ehe die fromme Eleonore Magdalena von Pfalz-Neuburg. Eleonore hatte wie Leopold in ihrer frühen Jugend klösterliche Neigungen gezeigt, sich aber dann doch von ihrer Familie zur Hochzeit mit dem Kaiser überreden lassen. Im kaiserlichen Ehebett ging es dann keineswegs zölibatär zu. Bereits nach eineinhalbjähriger Ehe gebar die Kaiserin den ersehnten Thronfolger, den späteren Kaiser Joseph I. Neun weitere Kinder folgten, von denen fünf die Eltern überlebten: im 17. Jahrhundert ein beachtlicher Beweis robuster Gesundheit.

Die Kaiserin, die übrigens 1690 im Dom zu Augsburg gekrönt wurde, eine Ehre, die nicht jeder Gattin eines römisch-deutschen Kaisers widerfuhr, verabscheute jedweden Prunk und hielt tägliche Bußübungen ab, denen sich auch Leopold anschloß. Sie nahm großen Einfluß auf die Politik und war die engste Mitarbeiterin ihres Gemahls, der nach dem Abgang des Fürsten Wenzel Lobkowitz, seines einflußreichen Obersthofmeisters (1665–1674), den Entschluß faßte, selbst sein erster Minister zu sein.

Leopolds Heirat mit der Pfalzgräfin von Neuburg stellte sich bald als ein kluger reichspolitischer Schachzug heraus. Ihr Vater, Philipp Wilhelm, der 1685 Kurfürst von der Pfalz wurde, war ein politisch einflußreicher katholischer Reichsfürst. Seine Residenzen Neuburg, Düsseldorf und Heidelberg wurden zu Stützpunkten leopoldinischer Reichspolitik. Dem Kaiser, der es geschickt verstand, Würden zu vergeben und Standeserhöhungen zu gewähren, ist es gelungen, die deutschen Reichsfürsten, auch die evangelischen, wieder stärker politisch an das Haus Habsburg zu binden. Er machte, wie seine Vorgänger und seine Nachfolger, natürlich auch mit seinen Kindern Politik. So verheiratete er eine seiner Töchter mit dem Kurfürsten Max Emanuel von Bayern und vermählte seinen ältesten Sohn Joseph mit der hannoveranischen Welfin Amalie Wilhelmine. Das Haus Hannover erhielt die neunte Kurfürstenwürde. Schließlich schwenkte auch Kurfürst Friedrich Wilhelm von Brandenburg, ein zeitweiliger Parteigänger

Ludwigs XIV. von Frankreich, wieder in das kaiserliche Lager zurück. Kurfürst Friedrich III. von Brandenburg, der diese Politik fortsetzte, wurde 1701 mit dem Titel eines »Königs in Preußen« belohnt. Krönungsort war im übrigen Königsberg. Kaiser Leopold I. ist es durch diese und andere Maßnahmen gelungen, die schwer angeschlagene kaiserliche Position im Reich zu festigen und die Vormachtstellung seines Hauses wiederherzustellen. An der Wende vom 17. zum 18. Jahrhundert richteten sich die Blicke der meisten deutschen Fürsten nicht mehr nach Versailles, sondern wieder nach Wien.

Der große außenpolitische Gegenspieler Kaiser Leopolds I. war Ludwig XIV. von Frankreich. Die beiden Herrscher, die auf vielfältig verschlungenen Wegen miteinander verwandt und verschwägert waren, personifizierten Gegensätze. Ludwig war eitel, ruhmsüchtig und verschwenderisch, Leopold bescheiden, zurückhaltend und, zumindest etappenweise, haushälterisch.

Obwohl es zwischen ihnen nie zu einer persönlichen Begegnung gekommen ist, konnten sie einander nicht ausstehen. Leopold hielt Ludwig für einen arroganten politischen Falschspieler, Ludwig Leopold für einen selbstherrlichen Widerling.

Der König von Frankreich stellte in Europa einen Herrschaftsanspruch. Das ganze Zeitalter nahm seit dem Ende des Dreißigjährigen Krieges mehr und mehr ein französisches Kolorit an. Das Schloß von Versailles war für die großen und kleinen europäischen Fürstenhöfe ein vielbestauntes, nachahmenswertes Vorbild, die französische Sprache wurde in Diplomaten- und Gelehrtenkreisen zur »lingua franca«, in der Mode setzte Frankreich Maßstäbe. Der Merkantilismus, von Jean Baptiste Colbert, dem Finanzminister Ludwigs XIV., erdacht, fand in vielen europäischen Staaten Nachahmung, die französische Armee galt als die modernste ihrer Zeit.

Im Jahre 1667 setzte sie der König in Marsch. Die französischen Truppen fielen in die Spanischen Niederlande, das heutige Belgien, ein und besetzten einige Festungen. Es war der Auftakt für eine Reihe von kriegerischen Auseinandersetzungen zwischen dem Haus Habsburg und dem bourbonischen Frankreich, die mit

Unterbrechungen bis 1714 dauern sollten. Ludwig XIV. gab seinen Eroberungsgelüsten einen rechtlichen Anstrich. In Teilen der Spanischen Niederlande, den brabantischen Fürstentümern, galt, so hatten seine Hofjuristen ergründet, das sogenannte »Devolutionsrecht«. Es besagte, daß die Töchter aus erster Ehe vor den Söhnen aus der zweiten erbrechtlich den Vorzug genießen. Ludwig, der eine Habsburgerin zur Mutter hatte, war auch mit einer Habsburgerin verheiratet: mit Maria Teresa, der ältesten Tochter König Philipps IV. von Spanien. Ergo, so folgerten seine juristischen Ratgeber messerscharf, habe er über seine Gemahlin einen Rechtsanspruch auf die Spanischen Niederlande. Das waren natürlich nichts anderes als Finten zur Bemäntelung von Aggressionshandlungen. Schon 1670 folgte Ludwigs nächster Schlag. Seine Truppen besetzten mitten im Frieden Lothringen, das »Erbstück seiner Ahnen«, zwei Jahre später fielen die Franzosen in die Niederlande und in die Pfalz ein.

Nun trat auch der Kaiser auf den Plan. Das kaiserliche Heer erlitt jedoch unter der Führung Karls von Lothringen eine Reihe von Niederlagen. Erst der Friede von Nimwegen beendete 1679 diese Phase der Auseinandersetzung. Frankreich erhielt von Spanien die Freigrafschaft Burgund, der Kaiser mußte Freiburg im Breisgau abtreten.

Der Landhunger des »Sonnenkönigs« war mit diesen Erwerbungen nicht gestillt. In den Jahren von 1679 bis 1681 ging Ludwig XIV. daran, sein Staatsgebiet durch die Réunionen zu erweitern. Er setzte sogenannte Réunionskammern ein, die alte Rechtsansprüche der französischen Krone auf linksrheinisches Gebiet begründeten. Auf dem Höhepunkt dieser, wiederum juristisch bemäntelten Expansionspolitik besetzten französische Truppen Ende September 1681 die Freie Reichsstadt Straßburg. Der Kaiser, dem wieder einmal die Ungarn schwer zu schaffen machten, mußte den Verlust der Stadt hinnehmen.

Die deutsche Geschichtsschreibung des 19. Jahrhunderts hat ihm das zum Vorwurf gemacht und ihn des Verrates an den Reichsinteressen geziehen. Die Rückprojizierung des kleindeutschen Reichspatriotismus auf das 17. Jahrhundert ist freilich haltlos und sieht an der Tatsache vorbei, daß sich kein Reichsfürst, Bayern ausgenommen, dazu bereit gefunden hätte, Leopold Waffenhilfe zu leisten. Zahlreiche Reichsfürsten, die mit Frankreich sympathisierten oder verbündet waren, haben sich erst unter dem Eindruck des gewaltsamen Vorgehens Ludwigs XIV. gegen Reichsterritorien und Reichsstädte von Frankreich ab- und dem Kaiser zugewandt. Erst als die Franzosen 1686 Anspruch auf das Erbe der Kurpfalz erhoben, die Städte Mannheim und Worms brandschatzten, Heidelberg zerstörten, Speyer eroberten und die Kaisergräber im Dom schändeten, verbündeten sich die Reichsstände mit dem Kaiser und führten in den Jahren von 1688 bis 1697 gegen Frankreich einen Reichskrieg, an dem auch Holland, England, Spanien, Savoyen und Dänemark auf seiten des Kaisers und des Reiches teilnahmen. Zu dieser Zeit war die Habsburgermonarchie im Osten in einen Krieg gegen die Türken verwickelt.

Der »Pfälzische Krieg« endete mit einer Niederlage Frankreichs. Ludwig XIV. mußte 1697 im Frieden von Rijswijk auf alle Eroberungen aus den Réunionskriegen verzichten und das rechte Rheinufer räumen. Das Elsaß mit Straßburg blieb in französischem Besitz.

Am Allerheiligentag des Jahres 1700 starb Karl II., der letzte männliche Sproß der spanischen Linie des Hauses Habsburg. Sein Tod war längst erwartet worden, um sein Erbe hatte seit langem vor und hinter den Kulissen ein mit allen erlaubten und unerlaubten Mitteln geführter diplomatischer Kampf getobt. Teilungsverträge waren geschlossen und wieder verworfen worden. Im letzten Ringen um die testamentarische Regelung der Nachfolge zog die österreichische Diplomatie den kürzeren. Die französische Partei am spanischen Königshof unter der Leitung des Erzbischofs von Toledo nötigte dem sterbenden Herrscher ein Testament ab, in welchem er den 17jährigen Enkel Ludwigs XIV., Philipp von Anjou, zum Alleinerben des spanischen Weltreiches einsetzte.

Der Sonnenkönig durfte in seinem Märchenschloß noch einmal von der Herrschaft über den Globus träumen. Denn zu Spanien gehörten Mailand mit der Lombardei, Neapel, Sizilien, Sardinien, die Spanischen Niederlande mit den reichen flandrischen Handelsstädten Antwerpen, Brügge und Gent. Spanisch war auch ein Großteil der Neuen Welt – von Mexiko bis zur Südspitze Südamerikas, Brasilien ausgenommen.

Die letztwillige Verfügung Karls II., wenn sie überhaupt seinem eigenen Willen entsprach, stieß auf den berechtigten Einspruch des Kaisers, dessen Anspruch auf die spanische Krone von den Seemächten England und den Niederlanden unterstützt wurde. England betrieb auf dem Kontinent eine Politik des Gleichgewichts der Kräfte (»balance of power«). Weder Frankreich noch das Haus Habsburg sollten in Europa eine Hegemonialstellung einnehmen. Im Augenblick schien Frankreich einer solchen Position näher zu sein. Aus diesem Grund unterstützte der Inselstaat im Kampf um die spanische Erbfolge die Sache des Kaisers.

Der Spanische Erbfolgekrieg, der 1701 losbrach, machte die Niederlande, Flandern, Italien, Süddeutschland, Spanien und seine überseeischen Kolonien zu Schlachtfeldern. Leopold hat sein Ende nicht erlebt. Der Krieg, der nicht ganz zu Unrecht als »Erster Weltkrieg« bezeichnet wurde, wurde nach dem Tod des Kaisers von seinem Erben und Nachfolger, Karl VI., weitergeführt. Davon wird im nächsten Abschnitt noch die Rede sein.

Die Menschen wurden im 17. und 18. Jahrhundert nicht nur von den Kriegen der Dynasten geplagt, sondern auch von Seuchen und Epidemien. Während die Männer jungen und mittleren Alters auf den Schlachtfeldern starben, wurden Kinder, Frauen und Greise zu Tausenden und Abertausenden von den Pocken, der Cholera und der Pest hinweggerafft.

Auch in die Regierungszeit Kaiser Leopolds I. fiel ein Pestjahr. 1679 fegte eine Pestwelle über Europa hinweg und erfaßte auch die habsburgischen Länder. In Wien sollen ihr nach zeitgenössischen Berichten mehr als einhundertzwanzigtausend Menschen zum Opfer gefallen sein. Das ist gewiß übertrieben. Neuere, realistischere Schätzungen beziffern die Zahl der Opfer mit etwa fünfzigtausend, was ungefähr einem Drittel der Einwohnerschaft der Kaiserstadt entsprach. Der demographische Aderlaß war jedenfalls gewaltig.

Womöglich noch schlimmer als die wirtschaftlichen und bevölkerungspolitischen Folgen des Schwarzen Todes war der moralische Verfallsprozeß, den die Seuche in ihrem Gefolge auslöste. Die Bande der bürgerlichen Ordnung lösten sich auf. Jeder war sich selbst der Nächste. In einem Bericht heißt es: »Eine Angst stand unter den Überlebenden auf, und in ihr war jeder rücksichtslos auf sich selbst bedacht. Manche schlossen sich von der Welt ab und wollten durch ein mäßiges Leben dem Unglück begegnen. Bei anderen befreiten sich alle Begierden aus ihren Banden. Alle Familienbande lösten sich. Selbst Eltern mieden ihre Kinder, die Brüder ihre Schwestern. Und wer starb, verendete wie ein Tier in der Einsamkeit. Wie Tierkadaver scharrte man die Leichen in die Erde, oft massenweise in ein Grab.«

An eine Einzelbestattung der Toten war nicht zu denken. Also ließ die Stadtverwaltung Pestgruben ausheben, was schwer genug zu organisieren war. Die Angst vor der Ansteckungsgefahr war so groß, daß Erdarbeiter nur mit Mühe aufzutreiben waren.

Der Kaiser und seine Familie verließen bei der Nachricht vom Herannahen der Epidemie die Residenzstadt und nahmen Aufenthalt in Prag. Zahlreiche Adelige, Höflinge und Beamte zogen sich auf ihre Landgüter zurück. Die Regierungstätigkeit kam fast zum Erliegen.

In Prag, wo die Pest vergleichsweise nur geringe Opfer forderte, sah sich Leopold zu seinem Mißvergnügen mit einer Art von Aufruhr konfrontiert. Die Bauern Böhmens, denen der Dreißigjährige Krieg besonders arg zugesetzt hatte, empörten sich über die Ausbeutung durch die Grundherren. Sie wurden nicht nur zur Arbeit auf deren Gütern herangezogen, sondern mußten auch noch beim Bau ihrer Schlösser und Burgen schwere »Hand- und Spanndienste« leisten. Dies hatte bereits zu größeren, allerdings erfolglosen Bauernerhebungen in Teilen des Landes geführt. Nun, im November 1679, übersandten die Bauern dem Kaiser eine lange Beschwerdeliste mit der Bitte, die gravierendsten Mißstände abzustellen. Der schwerblütige, wankelmütige Leopold reagierte unverzüglich. Er bot gegen die aufrührerischen Untertanen, die inzwischen zu den Waffen gegriffen hatten, Truppen auf und ließ einige ihrer Anführer zum Exempel hinrichten. Ungehorsam, Empörung und Rebellion waren im absolutistischen Staat des 17. und 18. Jahrhunderts ein Staatsverbrechen.

Ob der Kaiser sein erbarmungsloses Vorgehen bereut hat? Fast möchte es so scheinen. Ein halbes Jahr später, im Juni 1680, erließ er jedenfalls ein Robotpatent für Böhmen, das für die Bauern eine Reihe von Schutzbestimmungen enthielt. Die Robot wurde auf maximal drei Tage in der Woche beschränkt und an Sonn- und Feiertagen verboten. Jede zusätzliche, von der Obrigkeit verlangte Dienstleistung mußte in Geld abgegolten werden. Es waren zukunftsweisende Maßnahmen, mit denen Leopold auf dem Agrarsektor den Weg für die Reformen Josephs II. zu Ende des 18. Jahrhunderts geebnet hat.

Bald nach seiner Rückkehr in die Wiener Hofburg gab der Kaiser den Auftrag, zur Erinnerung an die verheerende Seuche am Graben eine Pestsäule zu errichten. Das Monument im Herzen Wiens wurde von Ludovico Burnacini und Johann Bernhard Fischer von Erlach entworfen und in siebenjähriger Arbeit 1693 vollendet. Leopold hat sich damit selbst ein Denkmal gesetzt. Der Kaiser ist am Sockel der Säule in knieender, demutsvoller Haltung abgebildet, den Blick zum Himmel gerichtet. Das Porträt des Kaisers stammt von Peter Strudel. Und das ist wohl als Botschaft an die Nachwelt zu verstehen: Leopold wollte kein glanzvoller Imperator sein, kein kühner Schlachtenlenker und Welteroberer. Er war ein von seinem Gottesgnadentum überzeugter, tiefreligiöser Monarch, der, im Vertrauen auf Gott und beseelt von der Sendung seines Hauses, das habsburgische Staatsschiff mit großer dynastischer Geduld durch die Turbulenzen und Fährnisse der Zeit steuerte.

Im Frühjahr 1683 wurde es zur Gewißheit, was man am Wiener Kaiserhof zwar befürchtet, aber doch nicht ganz ernstgenommen hatte: ein neuer Krieg mit den Türken stand bevor, eine neue Phase der Auseinandersetzung mit den Osmanen war angebrochen. Unter der Führung des aus Anatolien stammenden Großwesirs Kara Mustafa wälzte sich ein riesiges Türkenheer, alles vor, neben und um sich zermalmend, durch Bulgarien, Serbien und Ungarn auf die Residenzstadt des Kaisers zu. »Der Goldene Apfel«, wie die Türken Wien nannten, sollte belagert und eingenommen werden.

Kara Mustafa hatte für seinen Zug nach dem Westen Truppen aus allen Teilen des Osmanischen Reiches zusammentrommeln lassen: Tataren aus der Krim, leichtbewaffnete Hilfsvölker aus Syrien, Persien und Arabien, Reiterabteilungen aus Ägypten. Zu ihnen stießen später Serben, Walachen und Moldavier aus dem heutigen Rumänien sowie Kuruzzen aus Ungarn.

Den Kern des Heeres bildeten die Janitscharen, die Elitetruppe der osmanischen Armee, und die Spahis, eine Reitertruppe, die vor den Janitscharen den Kampf eröffneten. Neben Infanterie und Kavallerie spielte auch noch die Artillerie eine Rolle. Die türkische Armee verfügte über schwere und leichte Feldgeschütze sowie Mörser und schwere Belagerungsgeschütze.

Kara Mustafa, dessen gesamte Streitmacht nach Schätzungen 150000 bis 180000 Mann ausmachte, verzichtete aber auf die Mitnahme der schweren Belagerungsgeschütze, deren Transport mühsam und zeitraubend war, und ließ auch die schweren Feldgeschütze zurück. Statt dessen führte er auf mehr als 200 ochsenbespannten Wagen seine privaten Schätze, seinen Harem, sein großes Orchester, einen gewaltigen Troß und riesige Schaf- und Rinderherden mit sich. Daß der Großwesir auf seinen Feldzug nur leichte Feldgeschütze mitnahm, sollte sich als schwerer Fehler erweisen.

Das türkische Heer rückte schneller voran, als es sich die alten Herren im Wiener Hofkriegsrat vorgestellt hatten. Anfang Mai 1683 zogen Sultan Mehmed IV. und Kara Mustafa an der Spitze ihrer Truppen in Belgrad ein. Hier überreichte Mehmed dem Großwesir die grüne Fahne des Propheten und übertrug ihm die alleinige Verantwortung für den Feldzug. Mitte Juni marschierte das Heer durch Ungarn, am 6. und 7. Juli überschritt es die Raab. Die Armee des Kaisers leistete nur schwachen Widerstand. Der Angriff auf Wien war nur noch eine Frage von Tagen.

Die Kunde vom Herannahen des türkischen Heeres löste in der Kaiserstadt banges Entsetzen aus. Täglich wurde die Türkenglocke geläutet, die alle Bewohner dazu aufrief, niederzuknien und für die Errettung vor dem Glaubensfeind zu beten. Durch die Stadttore drängten sich die ersten Flüchtlinge, die von Greueltaten und Brandschatzungen des Feindes berichteten.

Am Abend des 7. Juli verließ der Kaiser, von 200 Kürassieren begleitet, mit seinem Gefolge und einer riesigen Wagenkolonne seine Residenzstadt. Zwischen 30000 und 60000 Menschen folgten seinem Beispiel. Wien glich einem Hexenkessel.

Während der Hof in Passau Quartier nahm, trafen Graf Rüdiger von Starhemberg, Bischof Leopold Kollonitsch und Wiens Bürgermeister Andreas Liebenberg fieberhaft die letzten, unvermeidlichen Maßnahmen für die Verteidigung der Stadt. Die Lebensmittelvorräte wurden vergrößert, die Befestigungsanlagen verstärkt, die Vorstädte niedergebrannt. Die Zahl der Verteidiger betrug etwa 17000 Mann. Zwölftausend davon waren reguläre Soldaten aus aller Herren Länder, der Rest Freiwillige aus der Wiener Bürgerschaft.

Am 13. Juli 1683 langte die Hauptstreitmacht der Türken vor Wien an, drei Tage später war die Kaiserstadt vom türkischen Heer völlig eingeschlossen.

Der Kaiser war in Passau emsig darum bemüht, für seine belagerte Residenz Hilfe zu bekommen, was ihm, wenn auch nur mühsam, gelang. Der Papst stellte mehr als eineinhalb Millionen Gulden zur Verfügung, der Erzbischof von Gran vierhunderttausend. Portugal, Spanien, die Toskana und Genua machten eine Million flüssig. Schwieriger erwies es sich, eine Armee für den Entsatz der Kaiserstadt zusammenzutrommeln. Polenkönig Jan III. Sobieski, mit dem Leopold schon im März ein Bündnis abgeschlossen hatte, war zu einem militärischen Beitrag bereit, zögerte aber den Abmarsch der Truppen lange hinaus. Aus dem Reich kam Hilfe aus Bayern und Sachsen, aus Franken und Schwaben, während Kurfürst Friedrich Wilhelm von Brandenburg jedwede Waffenhilfe strikt verweigerte. Die Verhandlungen mit den verschiedenen Höfen beanspruchten viel Zeit, die Anmarschwege in den Donauraum waren lang.

Inzwischen verschlimmerte sich die Situation in der belagerten Stadt von Woche zu Woche, von Tag zu Tag. Die Lebensmittelvorräte wurden knapp, es mangelte an Frischwasser, in den Straßen häufte sich der Unrat, eine Ruhrepidemie dezimierte Einwohner und Verteidiger. Die Osmanen hoben Laufgräben aus, trieben unterirdische Stollen gegen die Befestigungsanlagen vor und arbeiteten sich wie Maulwürfe immer näher an die Stadt heran. An einem der Verteidigungsabschnitte, der Löwel- und Burgbastei, schlugen die Türken bereits eine Bresche in die Stadtmauer. Wenn nicht bald Hilfe kam, dann war Wien, der Vorposten der Christenheit im Kampf gegen den Islam, verloren.

In der ersten Septemberwoche sammelte sich das bunt zusammengewürfelte Entsatzheer im Tullner Becken, etwa 25 Kilometer von den Toren der belagerten Stadt entfernt. Die Befehlshaber der verschiedenen Truppenteile hielten Kriegsrat. Aber nicht das strategische Konzept des gemeinsamen Vorgehens wurde vordringlich beraten, sondern die Frage des Oberbefehls über die Armee. Selbst in dieser, für das Schicksal Europas so entscheidenden Situation waren den Feldherren und Generälen Rangstreitigkeiten wichtiger als rasches, entschlossenes Handeln. Schließlich einigte man sich darauf, dem empfindlichen, eitlen Polenkönig den nominellen Oberbefehl zu übertragen. Die praktische Führung des Heeres hatte jedoch Herzog Karl von Lothringen inne, dessen Feldherrenkunst sich schon vielfach bewährt hatte. Der Kaiser verzichtete auf eigene Ambitionen und stimmte der vereinbarten militärischen Rangordnung zu. Leopold ging es in diesem Fall nicht um persönliches Prestige, sondern um ein Anliegen, das über ein kaiserliches Einzelschicksal weit hinausging.

Die Entsatzarmee mühte sich vom Tullnerfeld aus durch dichtes Gestrüpp zu den Anhöhen des Kahlengebirges hinauf und schlug dort für die Dauer einer kurzen Nacht ihr Biwak auf. In den frühen Morgenstunden des 12. September 1683, einem Sonntag, erfolgte in mehreren Heeressäulen von den Hängen des Kahlenberges aus der Angriff auf die Belagerer.

Die Entsatzschlacht vor den Toren Wiens dauerte lediglich einige Stunden. Am Abend dieses denkwürdigen Septembertages war die türkische Streitmacht geschlagen, befand sich der Großwesir mit den Resten seiner Armee auf der Flucht in Richtung Ungarn. Das riesige Zeltlager der Osmanen wurde eine Beute der Sieger. Wien war gerettet.

Leopold I., der Mitte August Passau verlassen und den Ausgang der Schlacht im Ort Dürnstein in der Wachau abgewartet hatte, wurde noch in der Nacht vom Sieg des christlichen Heeres durch einen Eilboten informiert. Er verließ in der Dämmerung des nächsten Tages Dürnstein und traf gegen Mittag vor der Residenzstadt ein, wo er von den Kurfürsten von Bayern und Sachsen willkommen geheißen wurde. Als er nach neunmonatiger Abwesenheit unter dem Geläute der Kirchenglocken wieder in Wien einzog, bot sich ihm ein furchtbarer Anblick. Zahlreiche Häuser waren zerstört, die Straßen mit Schutt, Tierkadavern, Kot und Abfall überfüllt. Der Teil der Hofburg, der seinen Namen trug, war so schwer beschädigt, daß er in einem anderen Trakt des Gebäudekomplexes übernachten mußte.

In die allgemeine Freude über den Entsatz der Stadt fiel ein Wermutstropfen. Der Polenkönig hatte bereits vor dem Kaiser, das Gebot hierarchischer Höflichkeit mißachtend, seinen Einzug in der Stadt gehalten. Leopold, der auf Rang und Würde hielt, war darüber erbost und tief gekränkt.

Das Zusammentreffen der beiden Monarchen, zu dem sich der Kaiser am 15. September 1683 in der Nähe des polnischen Lagers bei Schwechat dennoch bereit fand, gestaltete sich unter diesen Umständen kühl und förmlich. Leopold I. und Jan III. Sobieski tauschten hoch zu Roß in lateinischer Sprache lediglich ein paar Komplimente aus.

Die Schlacht vor den Toren Wiens leitete eine militärische Wende ein. Der Angriffsgeist der Osmanen war gebrochen, das Gesetz des Handelns ging unter der Führung von Kaiser und Papst auf das christliche Abendland über. Bereits im März 1684 kam es auf Initiative Papst Innozenz' XI. zur Bildung der »Heiligen Liga«. In diesem Bündnisvertrag verpflichteten sich der Kaiser, Polen und die Republik Venedig zur Weiterführung des Krieges gegen die Türken.

Die Truppen der Verbündeten hatten bereits in den Wochen nach dem 12. September 1683 den größten Teil Westungarns zurückerobert. 1685 fielen die Festung Neuhäusel und die Stadt Gran (Esztergom), der Sitz des katholischen Primas von Ungarn, der fast eineinhalb Jahrhunderte lang in türkischer Hand gewesen war. Der nächste große militärische Erfolg war die Eroberung der Festung Ofen, der Hauptstadt Ungarns, im Jahre 1686. Danach besetzten die kaiserlichen Truppen Mittel- und Südungarn sowie Siebenbürgen. Innerhalb von vier Jahren waren die Türken von den Mauern Wiens bis fast vor die Tore Belgrads zurückgeworfen worden.

Unter dem Eindruck dieses Siegeszuges fanden sich die ungarischen Stände am 18. Oktober 1687 in Preßburg dazu bereit, dem Haus Habsburg in ihrem Königreich das erbliche Thronfolgerecht auf der Basis der Primogenitur zuzugestehen. Sie verzichteten auch auf ihr aus dem 13. Jahrhundert stammendes Widerstandsrecht gegen königliche Entscheidungen. Leopolds ältester Sohn Joseph wurde zum ungarischen König gekrönt.

Der klug taktierende Kaiser hatte in Ungarn den Absolutismus durchgesetzt. Im Jahre 1688 fiel die Festung Belgrad. Der Kurfürst von Bayern, Max Emanuel, dem der Kaiser den Oberbefehl über das Heer übertragen hatte, nützte den Sieg und stieß mit der Armee bis tief in den Balkan vor. Schon träumten Leopold und sein geistlicher Berater Marco d'Aviano, der den Mut der Soldaten immer wieder mit feurigen Predigten anfachte, von der gänzlichen Verdrängung des Glaubensfeindes aus Europa. Da setzte Ludwig XIV. dem kaiserlichen Drang nach dem Osten ein vorläufiges Ende. Ein paar Wochen nach der Einnahme Belgrads überschritten französische Truppen den Rhein. Der »Pfälzische Krieg«, über den wir bereits gesprochen haben, hatte begonnen. Leopold I. war gezwungen, einen Zweifrontenkrieg zu führen und den Kampf gegen die Türken auf Sparflamme zu setzen.

Erst als sich im Westen ein Ende der Kriegshandlungen abzeichnete, erhielt der Türkenkrieg unter einem neuen Oberbefehlshaber wieder entscheidende Impulse. Der Mann, den der Kaiser an die Spitze seiner Armee berief, war kein Österreicher. Er wurde am 18. Oktober 1663 in Paris im Palais Soissons geboren und hieß Eugen von Savoyen. Der kleingewachsene Prinz war in Frankreich aufgewachsen und im Alter von 20 Jahren nach seiner Flucht aus der Heimat vom Kaiser in die österreichische Armee aufgenommen worden. Leopold verlieh ihm ein Dragonerregiment. Es war, wie sich bald herausstellen sollte, die beste Personalentscheidung seines Lebens. Prinz Eugen zeichnete sich in den Türken- und Franzosenkriegen durch persönlichen Mut, Umsicht und taktisches Geschick aus. Er machte rasch Karriere und stieg von einem Offiziersrang zum anderen auf. Mit 34 er-

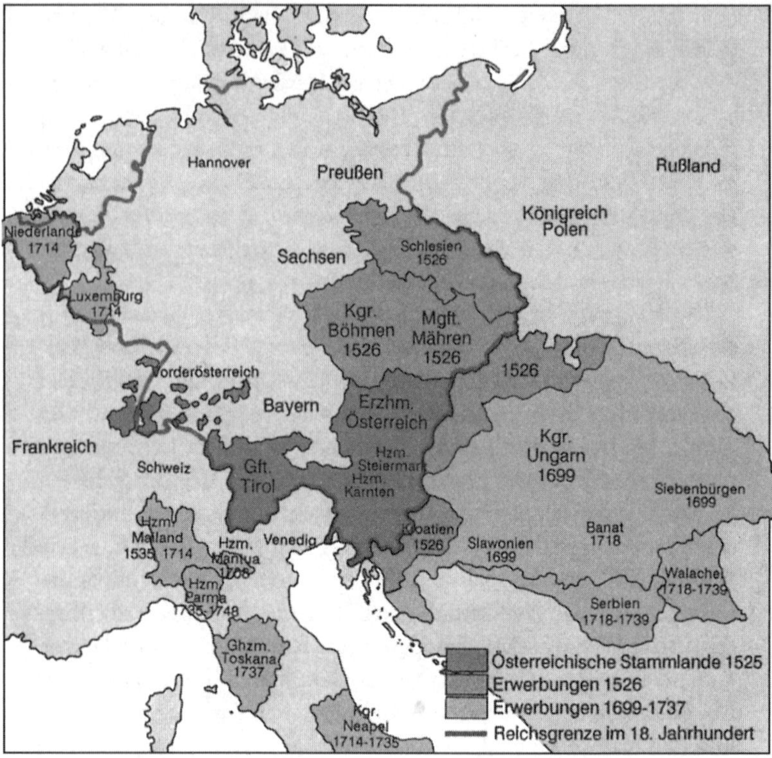

Der habsburgische Vielvölkerstaat im 18. Jahrhundert

nannte ihn der Kaiser zum Feldmarschall, und schon in seiner ersten großen Schlacht als Oberbefehlshaber der kaiserlichen Armee bewies der Prinz sein draufgängerisches Feldherrengenie: bei Zenta errang er am 11. September 1697 einen großen Sieg über das Heer der Osmanen. Der Sultan mußte den Frieden von Karlowitz schließen, in dem die Hohe Pforte Ungarn (ohne das Banat), Siebenbürgen, Kroatien und Slawonien an das Haus Habsburg abtrat. Österreich war in den Rang einer europäischen Großmacht aufgestiegen.

Ein Jahr nach dem Entsatz Wiens erschien die Programmschrift des österreichischen Merkantilismus, der wegen des starken Einflusses des Staates auf die Produktion in seiner österreichischen Spielart auch als Kameralismus (die »Hofkammer« war die oberste Finanzbehörde) bezeichnet wird. Ihr Verfasser war der aus Mainz gekommene Wirtschaftstheoretiker Philipp Wilhelm von Hörnigk, ihr programmatisch-optimistischer Titel lautete: »Österreich über alles, wann es nur will«.

Hörnigk entwarf in seiner Schrift ein volkswirtschaftliches Modell, das die bewußte Ausschöpfung der natürlichen Reichtümer der Habsburgermonarchie zum Ziel hatte. Die Erbländer und Königreiche Leopolds seien wirtschaftlich von Natur aus mit Reichtum gesegnet und könnten »beinahe wie eine kleine Welt in sich selbst bestehen«, meinte er. Das war im Prinzip zweifellos richtig. Aber für die Ausschöpfung der vorhandenen Ressourcen wäre ein Batzen Geld nötig gewesen und daran mangelte es in der Donaumonarchie an allen Ecken und Enden. Nicht nur Leopold, auch die Herrscher vor und nach ihm waren in ständiger Geldverlegenheit. Dazu kam, daß die wirtschaftlichen Möglichkeiten mangels geeigneter Zentralbehörden nicht wirksam koordiniert werden konnten. Zwar gründete ein anderer deutscher Nationalökonom, der aus Speyer stammende Johann Joachim Becher, über Anregung der kaiserlichen Regierung im Jahre 1666 eine handelspolitische Zentralbehörde, das sogenannte Kommerzkollegium, das die Warenerzeugung, die Preisbildung und den Außenhandel überwachte, aber ihre Wirkung war bescheiden.

Dem Einfluß Bechers ist auch der Anbau von Kartoffeln und die Anpflanzung von Mais und Maulbeerbäumen zu danken. Auf dem industriellen Sektor initiierte er die Gründung des »Manufakturhauses« am Tabor, das zusammen mit anderen Manufakturbetrieben, wie einer Wollzeugfabrik in Linz, Textil- und Glasbetrieben im Wiener Raum und in Böhmen, die bescheidenen Anfänge einer österreichischen Industrie markiert. Den meisten dieser merkantilistischen Betriebsgründungen war allerdings kein langes Leben beschieden. Das Habsburgerreich blieb im Vergleich mit Frankreich und den Niederlanden wirtschaftlich rückständig und unterentwickelt.

Der Kaiser dürfte sich um Wirtschaftsfragen und -probleme wenig oder überhaupt nicht gekümmert haben. »Rex noster est non oeconomus«, brachte es einer seiner Hofräte auf den Punkt. Seine Interessen lagen auf kulturellem, musikalisch-künstlerischem und wissenschaftlichem Gebiet. Leopold I. ist es zu verdanken, daß die Kunstsammlung seines Onkels Leopold Wilhelm von den Spanischen Niederlanden, wo er als Statthalter wirkte, nach Wien kam. Sie ist noch heute ein wesentlicher Bestandteil des Kunsthistorischen Museums.

Die kaiserlichen Sammlungen wurden nach wissenschaftlichen Gesichtspunkten geordnet und katalogisiert, die Wiener Hofbibliothek, die der in Hamburg geborene Peter Lambeck zu einem Zentrum wissenschaftlicher Forschung ausgestaltete, erarbeitete den ersten gedruckten Handschriftenkatalog. In der Regierungszeit Kaiser Leopolds I. wurde auch die älteste Zeitung Österreichs gegründet, die noch heute existierende »Wiener Zeitung«, die am 8. August 1703 unter dem Namen »Wiennerisches Diarium« zum ersten Mal erschien. Eine besondere Position unter den künstlerisch-schöpferischen Leistungen des Zeitalters nimmt die Architektur ein. Sie reflektiert bis auf den heutigen Tag am augenfälligsten und eindringlichsten den Sieg des Kreuzes über den Halbmond.

Unmittelbar nach der Befreiung Wiens aus dem Würgegriff der Türken befahl die kaiserliche Regierung per Dekret die Wiederherstellung und Wiedererrichtung von Denkmälern, Gebäuden, Kirchen und Klöstern. In der Residenzstadt des Kaisers, aber auch in vielen anderen Städten seines riesigen Herrschaftsbereiches setzte nun ein ungeheurer Bauboom ein, der bis in die kleinsten Marktflecken und Dörfer ausstrahlte. Der neue Baustil, das Barock, überreich an Formen und vielgestaltig an dekorativen Elementen, kam aus Italien und wurde zunächst auch von Künstlern italienischer Herkunft repräsentiert (Bartholomäo Altomonte, Carlo Carlone), ehe sich allmählich einheimische Architekten und Baumeister zu ihnen gesellten (Johann Bernhard Fischer von Erlach, Lukas von Hildebrandt, Jakob Prandtauer).

Wien, wo sich Adel und Kirche beim Neubau und der Renovierung von Palästen und Gotteshäusern überboten, wurde zur Barockstadt. Nicht alles, was damals an kühnen architektonischen Plänen erdacht und ersonnen wurde, konnte in die Tat umgesetzt werden. So scheiterte etwa der Plan des Kaisers, außerhalb der Stadt, am »Schönen Brunnen«, ein Schloß zu errichten, das an Größe und Glanz Versailles überstrahlen sollte, ganz banal am Geldmangel.

Man muß sich überhaupt fragen, woher das viele Geld kam, das für die Errichtung der großartigen barocken Bauwerke nötig war. Es floß größtenteils aus dem Einkommen der Aristokratie und des Klerus, zwei Bevölkerungsgruppen, die trotz ihres großen Anteils an Eigentum und Vermögen keine Steuerleistung zu erbringen hatten. Die Arbeitskraft war im Falle der robotenden Bauern, die zum Bau von Schlössern und Klöstern natürlich herangezogen wurden, billig, das Lohnniveau niedrig. Die prachtvollen Bauwerke der Barockzeit wurden mit dem Schweiß und auf dem Rücken rechtloser Untertanen errichtet. Das sollten wir uns vergegenwärtigen, wenn wir staunend davorstehen.

In den kaiserlichen Schlössern und Gärten, in den Palästen des Adels, den Residenzen der Kirchenfürsten wurden prunkvolle Feste gefeiert, Theaterstücke und Opern mit riesigem Aufwand in Szene gesetzt. Diese Schaustücke dienten vorwiegend der gesellschaftlichen Repräsentation und mündeten zumeist in eine Verherrlichung des Herrscherhauses. Auch Leopold I. benützte die Oper und das Theater zur Zurschaustellung seiner imperialen Macht und seiner kaiserlichen Majestät.

In den letzten Jahren seines Lebens wurde Leopold I. von Alter und Krankheit geplagt. Immer häufiger zog er sich von den

Staatsgeschäften in den Schoß seiner Familie zurück und widmete sich seinen persönlichen Neigungen, der Musik, seinen Büchern und Sammlungen.

Seit dem Jahre 1701 gab es wieder Krieg: die Frage der Erbfolge im Königreich Spanien wurde mit Waffengewalt ausgefochten. Die Nachfolge im Haus Österreich harrte ebenfalls noch einer Regelung. Der Kaiser löste sie mit ein paar Verträgen. Er verzichtete gemeinsam mit seinem ältesten Sohn Joseph zugunsten Karls, seines Zweitgeborenen, auf alle Ansprüche auf die spanische Krone und gestand Karl das Recht zu, Joseph im Falle fehlender männlicher Erben in Österreich, Böhmen und Ungarn nachzufolgen. Für den entgegengesetzten Fall galt dieselbe Regelung für Joseph. Sollten nur Frauen überleben, so kam den Töchtern Josephs der Vorrang vor der weiblichen Nachkommenschaft Karls zu.

Dieses »pactum mutuae successionis« wurde vom Kaiser am 12. September 1703 den beiden Söhnen im Beisein einer Anzahl von kaiserlichen Räten zur Kenntnis gebracht und blieb vorerst geheim. Es war die letzte große staatspolitische Handlung Leopolds.

Kaiser Leopold I. starb am 5. Mai 1705 nach 47jähriger Regierungstätigkeit. Es gab vor und nach ihm nur zwei Herrscher aus seiner Dynastie, die länger regierten als er: Friedrich III. und Kaiser Franz Joseph I.

Karl VI.:
Der Kaiser des spanischen Hofzeremoniells

Karl VI., *Gemälde von Johann Kupezky, 1716.*
Historisches Museum der Stadt Wien.

Eine Woche nachdem Kaiser Leopold in der »Favorita«, seinem Sommerpalais vor den Toren Wiens, die Erbfolge in seiner Familie geregelt hatte, brach sein jüngerer Sohn Karl mit einem stattlichen Zug prachtvoller neuer Kutschen und einem riesigen Gefolge, in dem es auch an Ärzten, Köchen, Kellermeistern und einem Beichtvater nicht fehlte, nach Spanien auf. Der Abschied von ihrem achtzehnjährigen Sohn fiel dem Kaiser und seiner Gemahlin schwer, und auch der Erzherzog blickte einer ungewissen Zukunft bangen Herzens entgegen.

Leopold I. brachte Karl, der am 1. Oktober 1685 zur Welt kam, größere Zuneigung entgegen als dem um sieben Jahre älteren Joseph. Die beiden Brüder waren in Charakter und Temperament völlig verschieden. Karl war schwerblütig, bedächtig, zurückhaltend, umständlich, wenig entschlußkräftig und mißtrauisch, eine Eigenschaft, die sich mit zunehmendem Alter steigerte und zum alles überschattenden Wesenszug wurde. Er war sprachbegabt, las viel und liebte, wie der Vater, die Musik über alles. Von seinen Kompositionen sind ein paar Opern und ein berühmt gewordenes Miserere erwähnenswert. Auch dirigierte er mit musikalischem Geschick bei Festen und anderen Anlässen die 86 Mitglieder zählende Hofkapelle, die freilich Unsummen Geldes verschlang. Allein im Jahre 1726 gab er für die Hofmusik 159000 Gulden aus, während er für die Jagd, der er mit großer Leidenschaft frönte, mit etwa einem Fünftel dieses Betrages auskam.

Joseph, der Erstgeborene, der nach dem Tod des Vaters die Herrschaft antrat, sie jedoch bis zu seinem frühen Tod nur sechs Jahre innehatte (1705–1711), war aus ganz anderem Holz geschnitzt. Der Thronfolger, in dessen Charakter das mütterliche Erbe überwog, war hochbegabt, klug, energisch, impulsiv und lebensfroh. Joseph entwickelte schon in jungen Jahren eine verzehrende Leidenschaft für das weibliche Geschlecht. Sehr zum Mißvergnügen seiner sittenstrengen Eltern stellte der gutaussehende, hübsche Habsburger den Kammerzofen nach und hatte Affären mit zahlreichen Hofdamen. Als das Kaiserpaar den Liebeshunger Josephs ins Ehebett ab- und umzulenken versuchte – der Kronprinz wurde einundzwanzigjährig mit Amalie Wilhelmine, der Tochter des Herzogs von Braunschweig-Lüneburg verheiratet –, schien das die beabsichtigte Wirkung zu haben. Amalie erfreute sich ein paar glücklicher Ehejahre. Dann allerdings geriet Joseph wieder auf amouröse Abwege. Bei einem dieser außerehelichen Liebesabenteuer zog sich der künftige Beherrscher des »Heiligen Römischen Reiches« eine Geschlechtskrankheit, wahrscheinlich die Syphilis, zu, die er auf seine Gattin übertrug. Die Kaiserin wurde gebärunfähig. Auf Joseph lastet daher der schwere Vorwurf, da auch sein Bruder Karl 1740 ohne männlichen Erben aus dem Leben schied, das Aussterben des Hauses Habsburg im Mannesstamm mitverschuldet zu haben.

Diese Verdüsterung seines Charakterbildes ist deshalb bedauerlich, weil Joseph I., was seine Herrschaft betrifft, zu den Lichtgestalten seiner Dynastie zählt. Der Kaiser brachte Schwung in die lahme Verwaltungsmaschinerie, er stabilisierte die Finanzen und führte, von seinem Reichsvizekanzler Friedrich Karl von Schönborn und dem Prinzen Eugen klug beraten, eine energische Reichs- und eine vernünftige habsburgische Großmachtpolitik. Es ist daher gar nicht so abwegig, ihn in seinem Tatendrang und seinen frühaufklärerischen Ansichten mit seinem Namensvetter Joseph II. in einem Atemzug zu nennen, der am Ende des 18. Jahrhunderts die Habsburgermonarchie von Grund auf umgekrempelt und beinahe zu Tode reformiert hat.

Karl konnte auch physiognomisch mit seinem Bruder nicht mithalten. Er hatte im Gegensatz zu Joseph die charakteristische habsburgische Unterlippe und das langgezogene Gesicht seines Geschlechtes geerbt. Der savoyische Gesandte am Wiener Kaiserhof, Graf San Martino, beschreibt ihn als häßlich und unscheinbar. Sein Gang sei unmajestätisch, seine Arme und Beine wirkten unproportioniert. Er richte in der Öffentlichkeit an niemanden das Wort und spreche bei Audienzen so undeutlich, daß ihn kaum jemand verstehe. Der zweitgeborene Kaisersohn hatte aber auch sympathische Eigenschaften, auf die wir einleitend hingewiesen haben.

Obwohl er nicht zur Regierung bestimmt war, genoß Karl wie sein Bruder Joseph eine sorgfältige Erziehung. Der Grund hierfür ist in dem Umstand zu suchen, daß ihn der Vater für den spanischen Thron ausersehen hatte, dessen Vakanz sich nach dem Tod des regierenden, kinderlosen Königs mit immer größerer Deutlichkeit abzuzeichnen begann.

Karl wurde von seinem Beichtvater, einem Jesuiten, zu großer Frömmigkeit erzogen und von seinem Ajo, dem Fürsten Anton Florian von Liechtenstein, mit Majestätsbewußtsein und mit einer schon ein wenig unzeitgemäßen Vorstellung vom Gottesgnadentum des Herrschers vollgepumpt. Dieses Verständnis von der Kaiserwürde, das an die universalistischen Vorstellungen eines Karl V. erinnert, hat sich in seinen Reifejahren verfestigt und ihm den Blick für die politischen Realitäten seiner Zeit verstellt. Seine weltfremden Souveränitätsansprüche mußten sich letztlich im Geistigen erschöpfen, da ihm die Mittel zu ihrer Durchsetzung fehlten. Als er im Jahre 1703 den Wiener Kaiserhof verließ, um in Spanien das ihm von seinem Vater zugedachte Erbe zu erkämpfen, wird ihm das gewiß (noch) nicht mit voller Deutlichkeit bewußt gewesen sein.

Karl zog keineswegs auf dem kürzesten Weg nach Spanien. Er hatte es nicht eilig. Vor allem aber hatte er keine Armee, um seinen spanischen Thronanspruch mit Nachdruck zu vertreten. Er reiste über Prag, Leipzig und Düsseldorf zunächst in die Niederlande, wo er am 3. November 1703 im Haag eintraf. Die Generalstaaten und England unterstützten den Kaiser im Spanischen Erbfolgekrieg. Auf ihre militärische Hilfe war der junge habsburgische Erzherzog angewiesen. Also machte er noch einen Anstandsbesuch bei Queen Anne auf Schloß Windsor, ehe er Ende Februar 1704 von Portsmouth zusammen mit 12000 Mann alliierter Truppen nach Portugal absegelte. Von dort aus wollte er das ihm zugesprochene spanische Königreich gegen seinen Widersacher, den Bourbonen Philipp von Anjou, zu erobern und für sich zu gewinnen versuchen.

Der Flotille, die im Hafen von Lissabon vor Anker ging, wurde mit Glockengeläute, Kanonensalven und Feuerwerken ein glanzvoller Empfang bereitet. Weniger imposant ging es dann bei den geplanten militärischen Operationen zu. Die Truppen waren kampfunlustig, Karl gelang es nur für kurze Zeit, spanischen Boden zu betreten. Erfolgreicher waren die Engländer. Sie eroberten die Insel Menorca und den strategisch wichtigen Felsen von Gibraltar, der noch heute in ihrem Besitz ist.

Unterdessen war der Winter angebrochen. Karl logierte in Belem bei Lissabon und wartete auf bessere Zeiten. Er hatte in seinem ersten Jahr in Spanien überhaupt nichts erreicht. Seine Lage war zum Verzweifeln, aber Verzweiflung war ein Seelenzustand, den er nicht kannte. Sein Phlegma half ihm über die schwierigsten Situationen hinweg. Er lernte Spanisch, ging auf die Jagd und klagte dem Prinzen Eugen brieflich sein Leid.

Der Savoyer hatte zwar gemeinsam mit seinem englischen Bündnisgefährten, John Churchill Herzog von Marlborough, bei Hochstädt an der Donau die Franzosen und Bayern geschlagen, aber kriegsentscheidend war die Schlacht nicht, auch wenn die Nachricht über den illustren Sieg Karls Herz erwärmte.

Auch das Jahr 1705 ließ sich für den habsburgischen Erzherzog keineswegs vielversprechend an. Der Landkrieg brachte ihn seinem Ziel um keinen Schritt näher. Also beschloß man, mit Hilfe der englischen Flotte die militärischen Operationen an die katalanische Küste zu verlagern. Dort konnte man auf die Unterstützung durch die Katalanen und Aragonesen hoffen, die traditionell gegen Kastilien, das Kernland Spaniens, eingestellt waren, das hinter Philipp von Anjou stand. Die Rechnung ging tatsächlich auf. Im November 1705 hielt Karl nach einer kurzen Belagerung seinen Einzug in Barcelona. Im Jahr darauf zogen Engländer und Portugiesen in Madrid ein und proklamierten den Habsburger offiziell als Karl III. zum spanischen König. Sie konnten die Hauptstadt jedoch auf Dauer nicht in Besitz nehmen.

Der Krieg ging weiter, das Schlachtengetümmel wogte hin und her. Mitten im blutigen Ringen um den Besitz Spaniens ereignete sich auch Tröstliches: Karl heiratete die deutsche Prinzessin Elisabeth Christine von Braunschweig-Wolfenbüttel.

Die Fäden für diese Verbindung hatten natürlich nicht die Betroffenen selbst, sondern die beiden Höfe gezogen. Haupteinfädler der Ehe war der Großvater der Braut, Herzog Anton Ulrich, dessen Pläne in der Wiener Hofburg von Amalie Wilhelmine, der Gemahlin Kaiser Josephs I., eifrigst unterstützt wurden. Sie stammte, wie wir bereits wissen, ebenfalls aus dem norddeutschen Welfenland um Braunschweig. Die Sache hatte nur einen kleinen Haken. Die Braut war Protestantin. Eine protestantische Königin konnte man den katholischen Spaniern aber auf keinen Fall zumuten. Also mußte Elisabeth Christine den Glauben wechseln. Sie tat es zögernd und widerstrebend. Auf der Reise von Wolfenbüttel nach Wien legte sie im Bamberger Dom ihr altes Glaubensbekenntnis ab und beschwor das neue.

Der Bräutigam im fernen Spanien teilte nun den Ständen in Barcelona seine bevorstehende Verlobung mit und übersandte seiner zukünftigen Gemahlin sein edelsteingefaßtes Porträt.

Die Trauung in procurationem wurde am 23. April 1708 nicht in der Augustinerkirche, sondern in der Pfarrkirche Wien-Hietzing vollzogen. Bei der Zeremonie wurde der Bräutigam durch den Kaiser persönlich vertreten. Jetzt mußte die Braut nur noch mit ihrem Gemahl zusammengeführt werden. Dazu bedurfte es der Hilfe der Engländer, die im Spanischen Erbfolgekrieg mit dem Haus Habsburg nicht nur militärisch verbündet waren, sondern ihm auch noch ihre Flotte für familiäre Hilfsdienste zur Verfügung stellten. Elisabeth Christine schiffte sich am 13. Juli 1708 in Genua auf einem britischen Schiff ein und segelte nach Katalonien ab, wo sie zwölf Tage später im Hafen von Mataró wohlbehalten landete. Karl eilte ihr zum Empfang entgegen, am 1. August wurde das Paar in Barcelona vom Erzbischof getraut.

Der unvorteilhaft aussehende Habsburger konnte zufrieden sein. Seine 17jährige Gemahlin war eine Schönheit. Sie hatte blondes Haar und eine milchweiße Haut (der Kaiser nannte sie seine »weiße Lisel«), war blauäugig, schlank, freundlich und mit einem gesunden Hausverstand begabt. In seinem Tagebuch, dessen Kargheit sprichwörtlich ist, notierte Karl, für seine Verhältnisse geradezu überschwenglich: »Königin sehr schön, gar content«, und: »Königin Nacht gar lieb«. Seine sexuelle Zufriedenheit, die er mit dieser Bemerkung offenbar zum Ausdruck bringen wollte, zeitigte keine Früchte. Es stellte sich keine Nachkommenschaft ein, die Ehe blieb jahrelang kinderlos. Erst 1716 gebar die Kaiserin einen Sohn, Leopold Johann, der jedoch sechs Monate nach der Geburt starb. Drei Töchter folgten: Maria Theresia, 1717, Maria Anna, 1718 und Maria Amalia, 1724–1730.

Das Fehlen eines männlichen Thronerben überschattete das Eheleben des Kaiserpaares. Es beherrschte aber auch das dynastische Denken und Handeln Karls VI. Wir werden darauf noch zurückkommen. Karl umgab sich in Barcelona mit einem Hofstaat, der wesentlich mehr Geld verschlang, als ihm zur Verfügung stand. Dem Obersthofmeister Fürst Anton Florian Liechtenstein unterstanden vier Hofmeister, allein das Küchenpersonal bestand aus 25 Personen, von den anderen dienstbaren Geistern gar nicht erst zu reden. Der König veranstaltete Opernaufführungen, feierte rauschende Feste und residierte in großem Stil. Man kann ihm seine verschwenderischen Launen nicht unbedingt zum Vorwurf machen, denn glanzvolle Selbstdarstellung und Prunkentfaltung gehörten nun einmal zum Imponiergehabe eines Fürsten im Barockzeitalter. In London und Wien, woher das Geld in der Hauptsache kam, ärgerte man sich freilich darüber, daß auf dem Kriegsschauplatz nichts weiterging, daß Karl kaum etwas unternahm, um eine Entscheidung zu seinen Gunsten herbeizuführen.

Am 17. April 1711 starb Karls älterer Bruder, Kaiser Joseph I., an den Blattern. Sein Tod veränderte die politische Landschaft Europas schlagartig und grundlegend, auch wenn Karl es lange Zeit nicht wahrhaben wollte. Da Joseph keinen männlichen Erben hinterließ, kam als Nachfolger in den habsburgischen Erbländern nur er selbst in Frage. Und auch im Reich hatte er gute Chancen, zum Kaiser gewählt zu werden. Wäre ihm auch Spanien mit seinen überseeischen Besitzungen zugefallen, hätte er über ein (Welt)Reich geherrscht, in dem, wie unter seinem Namensvetter, Kaiser Karl V., die Sonne nicht unterging. Das konnten und wollten die beiden Seemächte, Niederlande und Großbritanien, unter keinen Umständen zulassen. Es widersprach ihren Handelsinteressen und lief der englischen Gleichgewichtspolitik zuwider. Weder Habsburg noch Frankreich durften im Konzert der europäischen Mächte die Primgeige spielen. In England war man überhaupt des langen Krieges müde. Die konservative Torypartei, die nach den Parlamentswahlen vom Oktober 1710 die progressiven, auf Handelsgeschäfte ausgerichteten Whigs abgelöst hatte, liebäugelte mit der Einleitung von Friedensverhandlungen.

Karl hatte nach dem Tod des Bruders nicht die Absicht, Spanien zu verlassen. Er wollte seine spanische Erbschaft nicht aufgeben, obwohl ihn die leitenden Minister in Wien dringendst baten, zurückzukehren. Monate vergingen. Schließlich verließ er am 27. September 1711 das belagerte Barcelona doch, aber nur, um sich die Kaiserkrone zu sichern. Seine Gemahlin Elisabeth Christine blieb als Statthalterin und »Generalkapitän« im Lande. Sie dokumentierte gewissermaßen in Person seine Ansprüche auf die Pyrenäenhalbinsel. 1713 rief sie der Kaiser nach Wien zurück.

Am 12. Oktober 1711 wurde der Habsburger anstandslos und einstimmig zum römisch-deutschen Kaiser gewählt, am 22. Dezember erfolgte in Frankfurt am Main die Krönung, am 12. Januar 1712 zog er als neuer Herrscher mit einem Stab von spanischen Beratern in die Wiener Hofburg ein. Der Macht- und Regierungswechsel war vollzogen.

Unterdessen hatten sich England und Frankreich auf eine Teilung des spanischen Erbes geeinigt und beschlossen, den Friedenskongreß in die niederländische Stadt Utrecht einzuberufen. Der Herzog von Marlborough wurde seines Postens enthoben. Prinz Eugen reiste im Januar 1712 nach London, um das Ausscheiden Englands aus der Allianz zu verhindern. Seine diplomatische Mission blieb ohne Erfolg. Es gelang ihm jedoch, einen öffentlichen Prozeß gegen seinen Waffengefährten wegen Veruntreuung von Staatsgeldern zu verhindern.

Der Friedenskongreß von Utrecht trat im Frühjahr 1712 zusammen. Der Kaiser konnte von Graf Johann Wenzel Wratislaw von Mitrwitz, einem seiner tüchtigsten Diplomaten und Ratgeber, nur mit Mühe dazu bewogen werden, seinen Hofkanzler, Ludwig Philipp Graf Sinzendorf, zu den Verhandlungen zu entsenden. Nach mehr als einjährigen Konsultationen lag das Ergebnis vor: Philipp von Anjou erhielt Spanien und seine überseeischen Kolonien, doch sollte die spanische und die französische Königskrone nicht in einer Hand vereinigt werden. Karl wurden die spanischen Besitzungen in Italien zugesprochen (Mailand, Neapel, Sardinien). Der Hauptgewinner des Krieges war Großbritannien: es erhielt von Frankreich Neufundland und Neuschottland und Gebiete um die Hudson Bay, von Spanien Gibraltar und Menorca und legte damit das Fundament für seine Weltmachtstellung zur See.

Der Kaiser trat dem Friedensschluß nicht bei, der Krieg ging weiter. Der Feldzug des Jahres 1713 blieb erfolglos, doch hatte mittlerweile die Kriegsmüdigkeit auch in Frankreich um sich gegriffen. Der »Sonnenkönig« war nur noch ein Schatten seiner selbst. So konnte Prinz Eugen, der den endgültigen Frieden im Schloß von Rastatt (im heutigen Baden-Württemberg) ausverhandelte, sogar noch den Besitz der Spanischen Niederlande (des heutigen Belgien) für das Haus Habsburg herausschlagen, die dann bis zum Wiener Kongreß unter österreichischer Verwaltung blieben. Den Verlust Spaniens hat der Kaiser freilich nicht verwunden. Er blieb das Trauma seines Lebens.

Ein anderes Thema, das schwer auf Karls Seele lastete, war die Frage seiner Nachkommenschaft. Der Kaiser war zwar noch keine dreißig, seine Gemahlin erst ganze zweiundzwanzig Jahre alt, als sie von Spanien nach Wien zurückkam. Aber die Ehe war noch immer kinderlos. War er nicht zeugungsfähig? Was würde geschehen, wenn er keinen männlichen Erben bekommen konnte? Könnte dann nicht die österreichische Linie des Hauses Habsburg, wie die spanische, in einen schrecklichen Erbfolgekrieg verwickelt werden? Die bloße Vorstellung einer solchen Möglichkeit plagte ihn, verursachte ihm schlaflose Nächte. Er mußte das durch ein Hausgesetz, durch eine familienrechtliche Erbfolgeordnung, zeitgerecht verhindern. Also gab er Auftrag, ein entsprechendes Dokument auszuarbeiten. Als die Hofkanzlei als zuständige Instanz mit der Arbeit daran fertig war, ließ er für den 19. April 1713, zehn Uhr vormittags, »alle dero allhier in

Wien anwesenden Geheimen Räte« in die Geheime Ratsstube der Hofburg zu einem Staatsakt zusammenrufen. Und sie kamen natürlich alle, die Herren Geheimräte und Minister des Kaisers, in vorschriftsmäßiger Kleidung, perückenbehauptet, und traten der Rangordnung nach ein: Prinz Eugen von Savoyen, Ferdinand Fürst Schwarzenberg, der Präsident des Reichshofrates, der Reichsvizekanzler, der ungarische Kanzler, der niederösterreichische Statthalter und so weiter.

Karl VI. empfing sie unter einem Baldachin und »hinter dem gewöhnlichen kaiserlichen Tisch«. Seine Majestät setzte seine engsten Mitarbeiter zunächst von der Erbregelung des Jahres 1703, dem »pactum mutuae successionis«, in Kenntnis, das er seinen Hofkanzler, Johann Friedrich Graf Seilern, vorzulesen ersuchte, und ließ dann eine Erklärung bekanntmachen, die als »Sanctio Pragmatica«, als »Pragmatische Sanktion«, in die Geschichte eingegangen ist und fortan bis zu seinem Tod zunächst seine Innen- und später seine Außenpolitik essentiell bestimmt hat.

Das krause Juristendeutsch, in dem dieses habsburgische Staatsgrundgesetz abgefaßt ist, ist dem heutigen Leser nicht mehr zumutbar. Wir beschränken uns daher darauf, auf die beiden Kernpunkte des Rechtsdokumentes hinzuweisen. Punkt Nummer eins statuierte beim Fehlen eines männlichen Erben die primogenitale weibliche Erbfolge, und zwar zunächst für die zu erwartenden Töchter des Kaisers, sodann für die Töchter Josephs I. und schließlich, beim Erlöschen aller dieser Linien, für die Töchter Leopolds I. Josephs Töchter wurden also im Unterschied zur Erbfolgeordnung des Jahres 1703 zu Gunsten der künftigen weiblichen Nachkommen des regierenden Monarchen zurückgereiht. Das sollte noch politische Folgen haben.

Die zweite wichtige Bestimmung der Pragmatischen Sanktion betraf die Einheit der habsburgischen Besitzungen. Karl VI. erklärte, daß die territorial, wirtschaftlich, rechtlich und kulturell so verschiedenartigen Teile seines Reiches »indivisibiliter ac inseperabiliter«, unteilbar und untrennbar, sein sollten, Sie sollten ein »Totum« darstellen, eine Gesamtheit.

Die Besitzungen der Habsburger waren in der Vergangenheit mehrere Male unter den Erben aufgeteilt worden, was zu einer politischen Schwächung des Hauses geführt hatte. Nun wurde die Habsburgermonarchie zum erstenmal als eine Einheit, als ein Gesamtstaat, proklamiert. Diese Einheitsstaatsidee war, vom Konzept her gesehen, zweifellos die bedeutendste staatspolitische Leistung Kaiser Karls VI.

Auch die Pragmatische Sanktion blieb zunächst geheim. Wie sie von den kaiserlichen Ministern und Räten bei ihrer Verkündung aufgenommen wurde, ist nicht überliefert. Später soll Prinz Eugen dem Kaiser gegenüber einmal erklärt haben, besser als ein paar Urkunden seien eine gefüllte Staatskasse und eine schlagfertige Armee. Sollte der Satz je ausgesprochen worden sein, so war er von grundsätzlicher Richtigkeit. Jedenfalls wurde er von der politischen Realität allzubald bestätigt. Beim Tod Karls VI. sollte sich zeigen, daß die Pragmatische Sanktion leider nicht einmal das Pergament wert war, auf dem sie geschrieben stand.

Die dynastische Erbfolgeordnung Karls VI. war in seinen Erbländern ein Bestandteil des Staatsrechtes. Trotzdem mußten bei ihrer Durchsetzung Schwierigkeiten und Widerstände überwunden werden. In Ober- und Niederösterreich, in Kärnten, der Steiermark, in Krain und Tirol ging die Anerkennung durch die Stände verhältnismäßig reibungslos über die Bühne. Etwas länger sträubten sich die Tschechen, und die ungarischen Magnaten waren überhaupt erst nach langwierigen Verhandlungen und der Erfüllung von Vorbedingungen (vor ihrer Zustimmung mußten die gesamten nichtungarischen Erblande den Vertrag gutheißen) für eine Approbation zu haben.

Die beiden Töchter Josephs I., Maria Josefa, die 1719 den Kurprinzen Friedrich August von Sachsen ehelichte, und Maria Amalia, die 1722 Karl Albrecht von Bayern zum Manne nahm, mußten vor der Hochzeit die Pragmatische Sanktion anerkennen und in feierlicher Form auf ihre Erbansprüche verzichten.

Die Anerkennung seiner Erbfolgeregelung in seinem eigenen Staatsgebiet genügte Karl VI. nicht. Der streng rechtlich denkende Kaiser wollte dafür auch die Zustimmung der ausländischen Mächte gewinnen. Er glaubte, die Macht durch das Recht bändigen zu können. Das ehrt ihn zwar, läßt aber Zweifel in die richtige Beurteilung der Zusammenhänge zwischen Macht und Politik aufkommen. Die

Internationalisierung der Pragmatischen Sanktion war jedenfalls eine kaiserliche »idee fixe«, der Karl VI. seine ganze Außenpolitik unterordnete und für die er jedes Opfer zu bringen bereit war.

Die diplomatischen und kriegerischen Verwicklungen, die politischen Bündnis- und Machtkonstellationen, die sich in den 20er- und 30er Jahren des 18. Jahrhunderts daraus ergaben, sind so verwirrend, daß wir darauf im einzelnen nicht eingehen wollen. Halten wir die Ereignisse fest: Karl VI. hob für die Anerkennung seiner Erbfolgeordnung durch England und die Niederlande 1731 die von ihm neun Jahre zuvor gegründete »Ostindische Handelkompagnie« auf, die mit West- und Ostindien, China und Afrika mit großem Erfolg Handel getrieben hatte. Die Seemächte waren einen unliebsamen Konkurrenten los, der Kaiser hatte auf ein aufstrebendes Welthandelszentrum verzichtet.

Die Zustimmung Spaniens kostete ihn Neapel und Sizilien im Tausch gegen Parma und Piacenza in Oberitalien, an Frankreich gab er im Tausch gegen das Großherzogtum Toskana das Reichsland Lothringen preis, das russische Placet verwickelte ihn in einen militärisch und territorial verlustreichen Türkenkrieg. Das alles ist sehr verkürzt dargestellt. Es mag aber doch genügen, um zu zeigen, was dem realitätsfremden Kaiser seine Pragmatische Sanktion wert war. Im Jahre 1740 waren die meisten dieser Zusagen und Abmachungen diplomatischer Schall und Rauch. Maria Theresia, des Kaisers Erbtochter, sollte es bitter zu spüren bekommen.

Karl VI. beachtete wie sein Vater streng die Regeln des spanischen Hofzeremoniells. In der Wiener Hofburg sowie, abgeschwächt und gelockert, in seinen anderen Residenzen, im Lustschloß Favorita und in Laxenburg, lief alles streng nach Protokoll ab. Die Etikette feierte Triumphe. Da wurde nichts dem Zufall überlassen. Alles war genau geregelt, jeder Schritt, jede Geste, jede Bewegung mußte wohlgesetzt sein. Der kleinste Fauxpas konnte Verstimmungen mit ungeahnten Folgen nach sich ziehen. Wer bei welchem Anlaß und in welcher Situation, wie, wann und wo den Vortritt hat, wer bei Festlichkeiten neben wem stehen und sitzen darf, wieviele Schritte man aufeinander zu macht, wie man von einem in der Hierarchie höhergestellten Höfling knickst, all das war von ungeheurer Bedeutung. Man macht sich heute über die Etikettefragen und -exzesse an den Fürstenhöfen des 18. Jahrhunderts kaum noch eine Vorstellung. Der gesellschaftliche Rang bedeutete alles, Rangstreitigkeiten, protokollarische Finten und Eifersüchteleien gehörten zum höfischen Ritual. Am Wiener Hof mußte dem Kaiser, der nur spanisch gekleidet war, ganz in schwarz mit roten Strümpfen und Schuhen und einem federgeschmückten Hut, natürlich die »Spanische Reverenz« erwiesen werden. Jeder, der sich Seiner Majestät näherte, mußte sich dreimal tief verbeugen und auf das Knie fallen. Nach der Dienstleistung oder der Audienz waren wieder drei Bücklinge zu vollziehen, diesmal allerdings im Rückwärtsgang. Dem Kaiser den Rücken zu zeigen, wäre eine protokollarische Todsünde gewesen. Bei Audienzen, wir haben es bereits gesagt, »nuschelte« Karl VI., sprach so undeutlich, daß der Gesprächspartner oft nicht wußte, woran er war, aber selbstverständlich nicht nachzufragen wagte. Diese unliebsame Eigenart war kein deklarierter Bestandteil des spanischen Hofzeremoniells. Aber sie gehörte gewissermaßen zu seinem Herrschaftsstil. Sie legte einen beabsichtigten Graben der Distanz zu den Subordinierten, den Höflingen, Bediensteten und Bittstellern.

Der Tagesablauf des Kaisers war natürlich auch ganz genau geregelt. Der Monarch, der sich täglich um cirka sieben Uhr erhob, wurde von seinen Leib- und Kammerdienern sofort emsig umsorgt. Nach dem Ankleiden hörte er die Messe, der er an Wochentagen in seiner Privatkapelle, an Feiertagen in der Hofburgkapelle, der Michaeler- oder Augustinerkirche beiwohnte. Er las dann Depeschen, empfing seine Minister und/oder nahm an einer Sitzung des Staatsrates teil. Um ein Uhr mittags nahm Karl VI. gewöhnlich das Mittagsmahl ein. Der Kaiser zog es vor, allein zu speisen. Er saß auf einem Prunksessel unter einem rotgoldenen Baldachin und lauschte, während er die Speisen zu sich nahm, der Tafelmusik oder unterhielt sich mit seinen Pagen und Spaßmachern. Die Speisen kamen direkt aus der Hofküche und gingen durch unzählige Hände, ehe sie bis zur kaiserlichen Tafel gelangten.

Wie in Versailles hatte das Diner auch am Wiener Hof Schaucharakter. Adelige, Minister, Gesandte und andere Würdenträger waren zugegen, wenn Seine Kaiserliche Majestät das Tischgebet sprach, das Glas Wein zu Munde führte, von dieser oder jener Speise einen Bissen zu sich nahm und sich zuletzt in einem vergoldeten Silberbecken, das ihm der Oberstsilberkämmerer reichte, die Hände wusch. Das Mittagsmahl dauerte, wenn es nicht gerade ein Galadiner war, nicht länger als eine Stunde.

Karl VI. war übrigens in seiner Lebensführung, auch was das Essen anlangt, durchaus maßvoll. Er trank Wein (Tokajer) nur mit Wasser gemischt, er war der Völlerei und der Trunksucht entschieden abgeneigt. Seine Zimmer in der Hofburg waren verhältnismäßig nüchtern eingerichtet. Der Kaiser war ein fleißiger Arbeiter. Er schrieb Instruktionen oft mit eigener, schwer lesbarer Hand, erledigte selbst viel und delegierte wenig.

Nach dem Mittagessen gönnte sich der Monarch ein wenig Ruhe. An Tagen, an denen das Wetter es zuließ, verbrachte er den Nachmittag – nicht selten in Begleitung seiner Gemahlin – auf der Jagd. Wie viele andere Habsburger war der Kaiser ein passionierter Jäger. Seine besondere Vorliebe galt der Parforce-Jagd. Wenn er, begleitet von zahlreichen dienstbaren Geistern, durch die kaiserlichen Jagdreviere zog, den Augarten, den Prater, die Donau-Auen, durfte günstigstenfalls ein enges Familienmitglied, das mit von der Partie war, die Büchse an die Schulter setzen. Für gewöhnlich trieb man ihm allein das Wild vor die Flinte. Und es konnte dann schon passieren, daß er an einem Tag Hunderte Stück Niederwild und Geflügel schoß. Zurück in der Hofburg, notierte er dann in seinem Jagdkalender pedantisch das Ergebnis und legte Tabellen an: wann, wo, bei welchem Wetter und in welchem Revier er dieses und jenes Tier erlegt hatte. Im Jahre 1717 waren es in der Umgebung von Wien 22 Bären!

Karl VI. war keineswegs ein Jagdungeheur, der alles niederschoß, was da vor ihm kreuchte und fleuchte. Er war ein Weidmann, der für die Hege des Wildbestandes sorgte und bei seinen Abschüssen nicht unsinnigen Rekorden nachjagte. Wir sollten freilich nicht vergessen darauf hinzuweisen, daß die kaiserliche und adelige Jagd als Herrschaftsrecht ausgeübt wurde und für die bäuerliche Bevölkerung eine schwere Belastung darstellte. Die Flurschäden, die den Untertanen entstanden, wenn das Wild Felder und Saaten zertrampelte, ohne daß man es abschießen durfte, waren enorm, der dafür geleistete Schadenersatz mußte den kaiserlichen Jagdbeamten nicht selten mühsam abgerungen werden.

Und wie verbrachte der Kaiser die Abende? Beim Kartenspiel, bei einer musikalischen Darbietung, im Theater, im Kreis seiner Familie. Im Verkehr mit seiner Gemahlin und seinen Kindern benahm sich Karl VI. im übrigen ungezwungen, freundlich und warmherzig, entwickelte einen trockenen Humor und bediente sich, wie uns berichtet wird, eines urkomischen Wiener Dialektes. Offenbar war er froh, wenigstens im vertrauten Kreis seiner Familie der steifen spanischen Hofetikette entfliehen zu können.

Karl VI. hatte viele Berater, aber er schenkte nur wenigen sein Vertrauen. Sein engster Vertrauter, sein Intimus, mit dem er stundenlange Gespräche führte und dessen Rat er auf das höchste schätzte, war Graf Michael Johann Althann. Althann, den er von seinem Spanienaufenthalt her kannte, durfte in der Hofburg wohnen und mit dem Kaiser sogar Billard spielen. Er hielt sich stets im Hintergrund, bekleidete auch nur den Posten eines Oberstallmeisters, war aber einflußreich. Als er 1722 starb, war der äußerlich kühle, beherrschte, unnahbare Monarch völlig außer sich. In seinem Tagebuch notierte er unter dem Datum des 16. März: »... Um 8 mein einziges Herz, mein Trost, mein treuester Diener, mein Herzfreund, der mich wie ich ihn 19 Jahr inniglich geliebt, in wahrer Freundschaft gehabt, in diesen 19 Jahr nie uneinig gewes, mein Kammerherr nachher Oberstallmeister, mein alles, mein liebster Michael Johann Graf Althann gestorben in einer halb 4tel Stund, seind unser Herz zertrambt worden, der ewig in mein Herz und den ewig in sein Kinder und sein Frau, was ich ihm schuldig, so lang ich leb erkändlich sein werde. Gott sei mein Leid geklagt, da ich all Trost, alles vor mich verlohren, Gott sei seiner Seel gnädig und tröst mich Amen.«

Althann hatte dem jungen Karl einen großen Dienst erwiesen. Er hatte, als Elisabeth Christine nach Spanien kam, die Geliebte Karls, die Gräfin Marianne Pignatelli, zur Frau genommen. Aber es war gewiß nicht nur Dankesschuld, die den Kaiser mit seinem Jugendfreund zeitlebens so eng verbunden hat.

Das Zeremoniell bestimmte nicht nur den Alltag des Kaisers, es beherrschte auch die außergewöhnlichen Ereignisse des Hoflebens: Taufen, Hochzeiten, Krönungen, Begräbnisse. Auch bei diesen Meilensteinen der menschlichen Existenz war der gesamte Handlungsablauf bis in das kleinste Detail geregelt. Selbst das Sterben und der Tod blieben vom Protokoll nicht verschont.

Zeichnete sich der Tod des Monarchen ab, versammelten sich die Familienmitglieder und die höchsten Hofbeamten im Sterbezimmer und sprachen Gebete, während der Hofburgpfarrer oder ein anderer Geistlicher den Sterbenden mit den Tröstungen der römisch-katholischen Religion versah. In den Kirchen wurden die Glocken zu Bußgebeten geläutet. Die letzten Worte des Kaisers wurden genau registriert oder, geschickt umformuliert, schriftlich oder mündlich, der Nachwelt überliefert. So soll Karl VI. zu den Ärzten, die die Todeskrankheit nicht feststellen konnten, gesagt haben: »Wenn ich einmal tot bin, dann brecht's mich auf und dann werd's ja sehen, an was ich g'storben bin. Ich hoff', es kommt mir einer von euch bald nach, um es mir mitzuteilen.«

Wollte man damit seinen trockenen Humor dokumentieren, der ihn selbst in diesem Augenblick nicht verließ? Einer anderen Anekdote zufolge forderte der Kaiser noch bei der Letzten Ölung das spanische Hofzeremoniell ein. Als er auf dem Sterbebett nur zwei Kerzen zu seinen Füßen brennen sah, soll er rügend bemerkt haben: »Wie? Nur zwei Kerzen brennen? Als römischer Kaiser gebühren mir vier!«

Nach dem Eintritt des Todes wurde die Hoftrauer angesagt. Der Leichnam wurde geöffnet und einbalsamiert. Das Herz wurde dem Körper entnommen, in einen silbernen Becher gelegt und in der Herzgruft der Augustinerkirche beigesetzt. Die Eingeweide wurden in einen kupfernen Kessel eingelötet und in den Katakomben des Stephansdomes bestattet. Für die Aufbahrung des toten Monarchen war der Rittersaal der Hofburg vorgesehen, dessen Wände schwarz drapiert wurden. Hohe Würdenträger des Hofes stellten die Totenwache. Das Leichenbegängnis fand nachts statt. In der langen Prozession hatte jede Teilnehmergruppe ihren im Protokoll exakt festgelegten Platz. Die Beisetzung erfolgte in der Kapuzinergruft.

Das komplizierte Ritual, das bei jedem Anlaß in der kaiserlichen Residenz ablief, verlangte natürlich einen umfangreichen, kostspieligen Behördenapparat, den sogenannten Hofstaat, der hierarchisch durchorganisiert war. An der Spitze stand der Obersthofmeister, dem der Oberststabelmeister für die kaiserliche Tafel, der Oberstküchenmeister, der Oberstsilberkämmerer, der Oberstjägermeister, der Oberstfalkenmeister und der Oberstzeremonienmeister unterstanden. Der nächste im Dienstrang war der Oberstkämmerer, der für das Personal zuständig war. Er verwaltete auch die Privatkasse des Herrschers. Dem Oberststallmeister unterstanden der gesamte Tierbestand des Hofes, der Wagenpark, die Hofgestüte, die Harnisch- und Rüstkammern. Der Obersthofmarschall, der für Ordnung und Sicherheit verantwortlich war, leitete das Hofgericht, die Gerichtsinstanz für alle Angehörigen des Hofstaates.

Es versteht sich von selbst, daß alle diese und viele rangniedrigere Positionen, etwa im Kanzleidienst und in anderen Bereichen, nur mit Adeligen besetzt wurden. Die handwerklichen Dienste und Arbeiten vom Koch über den Stallknecht bis zum Taglöhner wurden, auch das versteht sich von selbst, von den unterprivilegierten Schichten wahrgenommen.

Da auch die Kaiserin und jedes Mitglied der kaiserlichen Familie ab dem sechsten Lebensjahr über einen eigenen Hofstaat verfügte, ging die Zahl der Hofbediensteten insgesamt in die Tausende. Der Kaiserhof verschlang Unsummen Geldes. So gab Karl VI. jährlich 4000 Gulden allein für die Petersilie in seiner Hofküche aus. Ein anderer bizarrer Einzelposten im kaiserlichen Haushalt weist zwei Faß Tokajer für das Einweichen der Brotkrumen aus, mit denen die kaiserlichen Papageien gefüttert wurden. Auf der Kehrseite der Medaille firmierte das Elend der Massen.

1716 gab es wieder einmal Krieg mit den Türken. Im Juli dieses Jahres wälzte sich ein riesiges osmanisches Heer donauaufwärts in Richtung Peterwardein. Karl VI. übertrug den Oberbefehl über die kaiserliche Armee dem Prinzen Eugen. An wen sonst als an den Savoyer hätte er das Kommando übergeben sollen? Der Kaiser und sein überragender Feldherr waren zwar keineswegs immer ein Herz und eine Seele, aber Karl VI. wußte, was er an dem kleingewachsenen Prinzen mit dem großen Kämpferherzen hatte.

Eugen schlug die Türken bei Peterwardein und besetzte dann das Banat mit der Festung Temesvár, den letzten türkischen Besitz nördlich der Donau. Für das nächste Kriegsjahr nahm er sich die Eroberung der Festung Belgrad vor. Das Unternehmen wurde mit großer Umsicht, geradezu wie ein Feldzug, vorbereitet. Es lief dann zunächst auch alles planmäßig ab. Die kaiserliche Armee überquerte die Donau und schloß die Festung ein. Eine Brücke über den Strom und über die in ihn einmündende Save, die Eugen schlagen ließ, ermöglichte den organisierten Nachschub. Die Belagerer waren guten Mutes. Schon bald aber rückte ein riesiges türkisches Entsatzheer heran, das nun seinerseits die Belagerungsarmee einkesselte. Hatte der Prinz diese Möglichkeit nicht einkalkuliert? Waren ihm seine vielgerühmten strategischen Qualitäten abhanden gekommen? Die Lage war bedenklich. Eugens Truppen hatten unter den beständigen Kanonaden von zwei Seiten schwer zu leiden. Aber der 54jährige Savoyer behielt kühlen Kopf. Er entschloß sich, das Entsatzheer überraschend anzugreifen. Eugen setzte alles auf eine Karte und erfocht vor den Mauern der Stadt Belgrad einen großen Sieg, den glänzendsten in seiner langen, glanzvollen Karriere. Das türkische Heer zerstob nach der Niederlage in alle Winde. Zwei Tage nach der Schlacht, am 18. August 1717, ergab sich Belgrad. Prinz Eugen, der edle Ritter, hatte den Gipfel seiner Popularität erklommen. Er wurde zum gefeierten Volkshelden.

Das Habsburgerreich, das im Frieden von Passarowitz (1718) das Banat, die westliche Walachai und das nördliche Serbien erhielt, erreichte die größte territoriale Ausdehnung in seiner jahrhundertelangen Geschichte. 20 Jahre später gingen die genannten Gebiete in einem weiteren Türkenkrieg allerdings wieder verloren.

Die militärische Karriere des Prinzen war damit beendet, sieht man von einer kurzen Episode im Polnischen Erbfolgekrieg 1734/35 ab. Der große Kunstmäzen und feinsinnige Sammler konnte sich nun seinen privaten Neigungen widmen, seinen Vorlieben und Hobbys. Zum Stadtpalais in der Himmelpfortgasse in der Wiener Innenstadt (dem heutigen Finanzministerium), das er sich 1694 hatte erbauen lassen, gesellten sich nun das Untere und Obere Belvedere, sein Sommerschloß außerhalb der Stadtmauern, mit der prachtvollen Gartenanlage dazwischen, im Marchfeld erwarb er Schloßhof und Niederweiden, die ihm vor allem als Jagdschlösser dienten.

Der größte Schlachtenlenker der Zeit war nicht nur ein bedeutender Bauherr. Er ließ eine beheizbare Orangerie anlegen, gründete eine Menagerie, sammelte kostbare Gemälde und wertvolle Bücher. Seine Bibliothek umfaßte 15000 Bände aus allen Wissensgebieten. Sie ist heute zu einem guten Teil ein wertvoller Bestand der Österreichischen Nationalbibliothek.

Prinz Eugen stand in Kontakt mit den geistigen Größen seiner Zeit, mit Jean Jacques Rousseau und Charles de Montesquieu, und unterhielt mit Gottfried Wilhelm Leibniz einen regen Briefwechsel. In dieser Beziehung konnte der Kaiser mit dem gebildeten Herrn aus französisch-italienischem Adel nicht mithalten. Für philosophische Fragen interessierte sich Karl VI. nicht, die Aufklärung focht ihn nicht an. Er hielt unbeirrbar an der universalistischen Kaiser-Idee fest, auch wenn er auf die spanische Monarchie mit ihren überseeischen Besitzungen hatte verzichten müssen.

In seinem Bauprogramm, das, wie vor einiger Zeit überzeugend dargestellt wurde, eine einheitliche ideologische Ausrichtung hat, brachte er das zum Ausdruck. Karl VI. begann 1730 damit, das Stift Klosterneuburg neben Wien zur Residenz auszubauen. Als Vorbild für dieses gigantische Bauvorhaben diente der Eskorial Philipps II. von Spanien. Die bereits vorhandene Stiftskirche war als Mittelachse eines aus vier Höfen bestehenden Gebäudekomplexes gedacht, dessen Kuppeln mit den Kronen des Hauses Habsburg geschmückt werden sollten. Es wurde nur *ein* Hof gebaut. Die kaiserliche Klosterresidenz blieb ein Torso. Zur Verwirklichung des Riesenprojektes fehlte – man kann es sich denken – das Geld.

Fertiggestellt wurde hingegen die zwischen 1716 und 1739 erbaute, dem hl. Karl Borromäus geweihte Kirche vor den Toren Wiens, die noch heute weithin des Kaisers Ruhm kündet und in verschlüsselter Form Zeugnis ablegt von seinem universalistischen Herrschaftstraum.

Wesentlich realistischer als seine politische Ideenwelt waren die wirtschaftlichen Ausbaupläne des Kaisers für sein riesiges Reich.

Karl VI. war an ökonomischen Fragen sehr interessiert. Für durchgreifende Maßnahmen fehlte es ihm allerdings an Beharrlichkeit und am nötigen Durchsetzungswillen. So gelang es dem Kaiser beispielsweise nicht, die Binnenzölle abzuschaffen und seine Länder zu einer wirtschaftlichen Einheit zusammenzuschweißen. Immerhin wurden die Straßen über den Semmering und den Loibl-Paß ausgebaut, Triest als Freihafen eingerichtet, die Post verstaatlicht, was – wie seltsam das heute klingt – ihre Effizienz erhöhte. In Wien entstand eine Porzellanmanufaktur, in Hainburg an der Donau eine Tabakfabrik. Diese und andere Maßnahmen zählen zweifellos zu den Aktivposten seiner von Kriegen erfüllten Regierungszeit.

Am 21. April 1736 starb Prinz Eugen von Savoyen, nach dem Befund der Ärzte an einem Lungenstau. Der Kaiser notierte in seinem Tagebuch: »Um halb 9 Uhr Nachricht, Prinz Eugen von Savoyen, der seit 83 in meines Hauses Dienste getan, 1703 Kriegspräsident worden, mir seit 1711 in allem dient, im Bett tot gefunden worden nach langer Krankheit. Gott sei der Seele gnädig. In seinem 73. Jahr.« Und in seiner kaum lesbaren Schrift setzte er noch hinzu: »Jetzt sehen alles recht einrichten, bessere Ordnung.« Was der Kaiser mit dem Nachsatz zum Ausdruck bringen wollte, wird wohl immer ein Rätsel bleiben.

Zwei Monate vor dem Tod Eugens, am 12. Februar 1736, hatte Maria Theresia, die Erbtochter Karls VI., Franz Stephan von Lothringen geheiratet. Der Prinz hatte aus gesundheitlichen Gründen der Hochzeit nicht mehr beigewohnt. Er hat diese eheliche Verbindung nicht sehr goutiert. Der Lothringer war ihm als Souverän eines kleinen, unbedeutenden Landes für eine Kaisertochter zu minder. Der alte Fuchs sprach sich, als die Heiratsfrage in ihr entscheidendes Stadium trat, für eine Ehe mit dem bayerischen Kurprinzen aus. Eine Vereinigung zwischen den habsburgischen und den wittelsbachischen Ländern: das war es, was ihm vorschwebte. Es war ein kühnes, zukunftweisendes Projekt. Aber der Kaiser entschied sich anders. Er hatte Franz Stephan, der seit seinem 15. Lebensjahr am Wiener Kaiserhof erzogen wurde, längst in sein Herz geschlossen. Schon nach der ersten

Privataudienz des jungen Prinzen hatte er seinem Tagebuch den Satz anvertraut: »Prinz Lothringen sind hibsch, wohl gewachs, manierlich redt Teutsch«. Mit den Jahren war zwischen dem Kaiser und seinem Schützling eine echte Vater-Sohn-Beziehung erwachsen, die durch die Heirat mit seiner ältesten Tochter gewissermaßen legalisiert wurde. Dennoch hatte Karl VI. seine Zustimmung zur Heirat lange hinausgezögert.

Maria Theresia war selig. Sie liebte ihren um neun Jahre älteren Gemahl mit allen Fasern ihres Herzens. »Caro viso«, schrieb sie ihrem Franzl während der kurzen Verlobungszeit einmal nach Preßburg, wo er als Statthalter Ungarns tätig war, »ich bin Ihnen unendlich dankbar für Ihre Aufmerksamkeit, mir Nachricht zu geben, denn ich war kummervoll wie ein armes Hündchen; haben Sie mich ein bißchen lieb und verzeihen Sie mir, wenn ich Ihnen nicht genügend antworte ... Adieu, Mäusl, ich umarme Sie von ganzem Herzen, geben Sie gut acht auf sich! Ich bin Ihre sponsa dilectissima Maria Theresia.«

Trotz der Einheirat in eines der ältesten und angesehensten europäischen Fürstenhäuser war Franz Stephans Situation anfänglich keineswegs beneidenswert. Er hatte als Preis für die Zustimmung des Kaisers zur Hochzeit auf sein Herzogtum Lothringen verzichten müssen, was ihm außerordentlich wehtat. Bei der Unterschrift unter die Verzichtsurkunde soll er dreimal die Feder hingeworfen haben. In Wien galt er als Halbfranzose und Fremder. Auch das schmerzte. Als sich im zweiten Türkenkrieg Karls VI. (1737–1739) herausstellte, daß er ein militärisches Leichtgewicht war und ihm seine Gattin in den ersten vier Jahren der Ehe statt Söhnen drei Töchter gebar, sank sein dynastisches und männliches Ansehen auf den Nullpunkt. Am Wiener Kaiserhof war man der Verzweiflung nahe. Es sollte noch schlimmer kommen. Am 6. Juni 1740 starb Maria Theresias erstgeborenes Kind, viereinhalb Monate später, am 20. Oktober, schied der kaiserliche Vater nach einer kurzen Erkrankung im Alter von 55 Jahren aus dem Leben. Mit ihm erlosch das Haus Habsburg im Mannesstamm. Das Schicksal hatte das Geschick eines großen, vielgestaltigen Reiches auf die schmalen Schultern einer jungen Frau gelegt, die für ihre schwere Aufgabe alles andere als gründlich vorbereitet war.

Kaiser Rudolf I. belehnt seine Söhne mit den Herzogtümern Österreich und Steiermark. Buchmalerei, Augsburg, um 1555.

Herzog Rudolf IV., der „Stifter". Glasfenster in der Herzogskapelle in St. Stephan, Wien, um 1390.

Kaiser Friedrich III. Gemälde wahrscheinlich von Hans Burgkmair d. Ä. nach einem (verlorenen) Original von 1468.

Kaiser Friedrich III. wird in Rom durch Papst Nikolaus V. mit Eleonore von Portugal getraut. Holzschnitt von Hans Burgkmair d. Ä., um 1514–1516.

Kaiser Maximilian I. Gemälde von Albrecht Dürer.

Kaiser Karl V. bei Mühlberg. Gemälde von Tizian, 1548.

Kaiser Karl V. trifft Kardinal Farnese auf dem Reichstag in Worms. Fresko von Taddeo Zuccari, 1559.

Kaiser Rudolf II. bei einer Trinkkur.
Gemälde von Lucas van Valckenborch, um 1533.

Kaiser Rudolf II. Marmorbüste von Pompeo Leoni.

Allegorie auf den Sieg im Türkenkrieg 1663/1664.
Leopold I. als Herkules über der erlegten Hydra, über ihm Fama.
Gemälde von Gerard van Hoef, um 1670.

Kaiser Karl VI. zu Pferd. Elfenbein-Statuette von Matthias Steinl, um 1720.

Kaiser Karl VI. erhält das Gemäldeinventar der Stallburg.
Gemälde von Francesco Solimena, 1728.

Kaiserin Maria Theresia mit ihrer Familie auf der Schönbrunner Schloßterrasse. Gemälde von Martin van Meytens.

Kaiser Franz I. (Stephan), der Gemahl Maria Theresias. Kupferstich, koloriert, nach Natale Schiavoni.

Kaiser Franz I. (Stephan) mit den Vorständen seiner Naturaliensammlung. Gemälde von Franz Messmer und Ludwig Kohl, 1773.

Kaiser Franz Joseph und Elisabeth während ihrer Verlobungszeit. Porzellangemälde von 1853.

Der alte Kaiser Franz Joseph in einem Gemälde von Julius von Blaas, 1898.

Ex-Kaiser Karl I. mit seiner Familie im Exil am Genfer See, 1921.

Maria Theresia:
Habsburgs große Regentin

Maria Theresia, *Kupferstich von Petit, 1743.*

Das Habsburgerreich befand sich beim Tod Karls VI. in einem beklagenswerten Zustand. Die Staatskassen waren leer, die Armee, die unter dem Prinzen Eugen einst so glänzende Erfolge errungen hatte, hatte erheblich an Schlagkraft eingebüßt. Die Artillerie war veraltet, zahlreiche Festungen waren verfallen. Es gab keine durchorganisierte staatliche Zentralgewalt, einzelne Länder, wie Ungarn und die Niederlande (das heutige Belgien), genossen eine eifersüchtig gehütete Sonderstellung. Rechtspflege und Verwaltung waren verstaubt und schwerfällig. Die Wirtschaft litt von den Binnenzöllen bis hin zu den Zünften an Beschränkungen aller Art, die Gesellschaftsstruktur war reformbedürftig. Während Adel und Geistlichkeit, die beiden wirtschaftlich stärksten Gruppen, keine Steuern zu zahlen brauchten, lebten die mehrheitlich von ihren Grundherren abhängigen, hörigen Bauern in Armut und Not. Die uneinheitliche habsburgische Ländermasse, die vom Balkan bis zum Schwarzwald, von Mittelitalien bis Nordböhmen reichte, steckte in vielerlei Hinsicht noch im Mittelalter, war weit davon entfernt, ein modernes Staatswesen zu sein. Es gab viel Unzufriedenheit, das Volk murrte.

Maria Theresia, die schon am Tag nach dem Tod des Vaters die Zügel der Herrschaft ergriff, ist es gewiß nicht bewußt gewesen, auf welch tönernen Füßen das Staatsgebilde stand, dessen Regierung ihr nun rechtmäßig anheimfiel. Wie hätte sie es auch wissen können? Der Vater hatte ihr wohl eine gründliche Erziehung zuteil werden lassen, sie aber von den Staatsgeschäften ferngehalten. Einige Zeit später, nach den schmerzlichen Erfahrungen ihres ersten Regierungsjahrzehntes, hat sie in einer Denkschrift die schwierigen Umstände ihrer Thronbesteigung beschrieben. Sie sei, formulierte sie treffsicher, von Geld, Truppen und Rat entblößt gewesen. Den Rat, den sie für ihr schweres Amt dringend benötigte, suchte sie – wo sonst? – bei der »Geheimen Konferenz«, dem Ministerrat, der schon ihrem Vater und Großvater gedient hatte. Sie begegnete dort sechs würdigen Greisen im Alter zwischen sechzig und achtzig Jahren, denen es mit Ausnahme des jüngsten, des Freiherrn Johann Christoph von Bartenstein, an jedweder Initiative und Vitalität fehlte. Die junge Regentin stellte es mit Betroffenheit fest. Aber sie beließ die Herren zunächst in ihren Positionen.

Ansonsten ließ sie es an Tatkraft nicht fehlen. Sie ernannte ihren Gemahl zum Mitregenten und ging mit jugendlichem Elan und Eifer an die Arbeit. Sie stellte Fragen, holte Informationen ein, leitete erste Reformen in die Wege, entschied alles rasch und persönlich. Und das, obwohl sie bereits wieder schwanger war. Der ersehnte Thronfolger war unterwegs. Er erblickte am 13. März 1741 das Licht der Welt und wurde auf den Namen Joseph getauft. Die Zeit bis dahin, die Herbst- und Wintermonate des Jahres 1740/41, stellten an die junge Frau und Regentin höchste Ansprüche an Körper, Seele und Geist.

Maria Theresias Erbfolge blieb, was vorherzusehen gewesen war, nicht unangefochten. Der erste Herrscher, der sich mit Ansprüchen zu Wort meldete, war Kurfürst Karl Albrecht von Bayern. Karl Albrecht protestierte bereits einige Tage nach dem Tod des Kaisers durch seinen Gesandten gegen die Thronbesteigung Maria Theresias – Bayern hatte die Pragmatische Sanktion nicht anerkannt – und erhob selbst Erbanspruch auf die habsburgischen Länder. Er berief sich dabei unter anderem auf ein zweihundert Jahre altes Testament, in welchem Kaiser Ferdinand I. bei der Heirat seiner Tochter Anna mit Herzog Albrecht V. von Bayern den Wittelsbachern beim Aussterben der männlichen Linie des Hauses Habsburg die Nachfolge zugesichert hatte. Es stellte sich jedoch heraus, daß in dem besagten Dokument nicht von den *männlichen*, sondern von den *ehelichen* Nachkommen die Rede war. Ein kleiner, aber nicht unwesentlicher Unterschied!

In Wien schenkte man dem kurfürstlichen Begehren keine besondere Beachtung. Gebiets-, Erb- und Nachfolgeansprüche ließen sich beim Verwandtschaftsgeflecht zwischen den europäischen Dynastien aus den Archiven beliebig herbeischaffen. Und außerdem: von Bayern allein drohte keine unmittelbare Gefahr.

Was viel wichtiger war, war das Verhalten der Großmächte: Englands, Frankreichs, Rußlands und auch Spaniens. Wie würden sie auf den Thronwechsel reagieren, den Maria Theresia den Dynasten dieser Länder nach altem diplomatischem Brauch stilgerecht angekündigt hatte?

Aus England und Rußland kam Zustimmung. Die Haltung der bourbonischen Höfe in Paris und Madrid war undurchsichtig und ließ für die Zukunft nichts Gutes erwarten.

Der erste Schlag kam dann unerwarteterweise von Preußen. Dort hatte ein paar Monate vor Maria Theresia der junge Friedrich II. den Thron bestiegen, der zum großen, lebenslangen Gegenspieler der Habsburgerin werden sollte. Friedrich war trotz seiner Jugend ein Meister der Verstellung. Er hatte einen Antimachiavell geschrieben, aber er selbst war ein Machiavelli in Person, ein listiger, gerissener, skrupelloser Neurotiker, der die günstige politische Situation, die bedrängte Lage des »schwachen Weibes« in Wien für seine Zwecke rücksichtslos auszunützen gedachte.

Bereits eine Woche nach dem Tod Karls VI. schrieb er an seinen Staatsminister, Heinrich Graf Podewils: »Man ist recht hoffärtig in Wien. Man schmeichelt sich, die Erbländer für sich selbst bewahren zu können. Man sieht schon den Herzog (Lothringen) als Kaiser. Eitelkeit! Torheit! Lächerliche Illusion! Da werden wir etwas Wandel schaffen!«

Der Preußenkönig ist fest entschlossen, sich Schlesiens, der reichsten, an sein eigenes Land grenzenden Provinz des habsburgischen Reiches, zu bemächtigen. Nach außen hin gibt er sich freilich friedfertig, mimt er Anteilnahme am Tod des Kaisers, läßt er durchblicken, daß er die Wahl Franz Stephans zum römisch-deutschen Kaiser unter Umständen unterstützen könnte. Sein wohldurchdachtes diplomatisches Täuschungsmanöver gelingt. Wien argwöhnt zunächst gar nichts. Erst als sich die Stimmen häufen, der schlaue Friedrich führe eine militärische Aktion im Schilde, schickt Maria Theresia ihren Feldmarschall, Marchese Botta d'Adorno, nach Berlin, um sich Klarheit über die Absichten des Preußenkönigs zu verschaffen. Botta muß sich den Weg durch riesige preußische Truppenkonzentrationen bahnen, die alle Straßen nach Schlesien verstopfen. Er hätte blind sein müssen, um nicht zu wissen, was das bedeutet. Der Bericht über seine Beobachtungen schlägt in Wien wie eine Bombe ein.

In Berlin wird Botta freundlich empfangen, aber erst ein paar Tage nach seiner Ankunft gibt ihm Friedrich die Gelegenheit zu einer Audienz. Er habe die unwiderrufliche Absicht, teilt ihm der König mit, in Schlesien einzumarschieren. Er tue dies aber als ein guter Freund und wolle mit dieser Maßnahme die Erbrechte Maria Theresias gegen alle ihre Feinde verteidigen und dem Großherzog die Kaiserwürde verschaffen. Im übrigen werde er einen Sonderbotschafter nach Wien entsenden, um die Majestäten von der Reinheit seiner Absichten zu informieren und zu überzeugen. Machiavelli selbst hätte nicht zynischer argumentieren können.

Am 16. Dezember 1740 rückte der Preußenkönig mit einer wohlausgerüsteten Armee von 32000 Mann ohne Kriegserklärung in Schlesien ein. Die Preußen hatten leichtes Spiel. Sie stießen in der von österreichischen Truppen fast völlig entblößten Provinz auf keinen nennenswerten Widerstand.

Einige Tage später sprach der preußische Sonderbotschafter, Graf Gustav Adolf Gotter, in der Hofburg vor. Da Maria Theresia es ablehnte, mit ihm zu sprechen, wurde er von Franz Stephan empfangen. Sein Verhandlungsangebot, das angesichts der geschaffenen militärischen Tatsachen einer Erpressung gleichkam, lautete, auf eine knappe Formel gebracht: Wenn Österreich auf Schlesien verzichte, könne es mit finanzieller Unterstützung, mit der Zustimmung Preußens zur Kaiserwahl Franz Stephans und mit einem Bündnis rechnen, dem sich auch England, Holland und Rußland anschließen würden. Der Großherzog wies das Anerbieten mit Entschiedenheit zurück. »Kehren Sie zu Ihrem Herrn zurück«, erklärte er dem Grafen Gotter, »und sagen Sie ihm: so lange er noch einen einzigen Mann in Schlesien stehen hat, werden wir lieber untergehen als mit ihm verhandeln.«

Die eindeutige Abfuhr, die der Wiener Kaiserhof dem preußischen Aggressor erteilte, trug die Handschrift Maria Theresias. Die junge Regentin hatte sich gegen den Rat ihres Gemahls und einiger ihrer Minister dazu entschlossen, dem »Ungeheuer« in Berlin die Stirn zu bieten. Sie war nicht bereit, sich auch nur ein Stück ihres Erbes entreißen zu lassen, sie wollte ihr angestammtes

Recht mit Zähnen und Klauen verteidigen. Es war der Beginn eines Kampfes auf Leben und Tod.

Die habsburgische Kriegsmaschinerie sprang nur zögernd an. Es dauerte Wochen und Monate, ehe man ein Heer zusammentrommelte, mit dem man es wagen konnte, den Preußen entgegenzutreten. Aber wer sollte es befehligen? Franz Stephan schlug der in militärischen Dingen gänzlich unerfahrenen Gemahlin den Grafen Wilhelm Reinhard Neipperg als Oberkommandierenden vor. Es war eine denkbar unglückliche Wahl. Neipperg hatte bereits im letzten Türkenkrieg durch ewiges Zaudern und Taktieren Prügel bezogen. Auch jetzt erging es ihm nicht anders. Bei Mollwitz erlitt die österreichische Armee am 10. April 1741 gegen die Preußen eine Niederlage. Es war keine kriegsentscheidende Schlacht, aber eine mit weitreichenden politischen Folgen. Friedrich II. wollte später freilich nicht mehr daran erinnert werden. Er hatte im entscheidenden Augenblick, als sich der Sieg den Österreichern zuzuneigen schien, die Nerven verloren und die Flucht ergriffen. Erst als der Tag gewonnen war, kehrte er zu den siegreichen Truppen auf das Schlachtfeld zurück. Mollwitz ist bis heute ein dunkler Fleck auf dem hell strahlenden Waffenrock des glorifizierten Schlachtenlenkers geblieben. Sein angeschlagenes Selbstbewußtsein fand der Preußenkönig sofort wieder. Als Text für den Dankgottesdienst wählte er hohnlachend den Bibelspruch aus: »Ein Weib lerne in der Stille mit aller Bescheidenheit. Einem Weibe aber gestatte ich nicht, daß sie lehre, auch nicht, daß sie des Mannes Herr sei, sondern ich will, daß sie stille sei.«

Die Schlacht bei Mollwitz fand in Europa ein beachtliches Echo. Das große Österreich war von seinem kleinen nördlichen Nachbarn besiegt worden. Dieses unerwartete militärische Ereignis löste in den europäischen Staatskanzleien hektische Betriebsamkeit aus. Frankreich trat nun offen aus seiner Reserve heraus und schloß mit Spanien und Bayern in Nymphenburg ein Übereinkommen, das praktisch auf die Teilung des habsburgischen Erbes hinauslief. Ein paar Tage später wurde mit Preußen ein Vertrag besiegelt, der die gemeinsame Kriegführung gegen Österreich vorsah. Der Leiter der französischen Außenpolitik, Kardinal André-Hercule Fleury, sprach offen aus, worauf man es in Paris und

Berlin, in Madrid und München angelegt hatte: »Es gibt kein Haus Österreich mehr.« Er hatte nicht mit dem Behauptungswillen Maria Theresias gerechnet.

Maria Theresia sah die Gewitterwolken zunächst nicht, die sich über ihrem Haupt zusammengebraut hatten. Sie war mit ihrem Hofstaat nach Preßburg abgereist, um vom ungarischen Reichstag finanzielle und militärische Hilfe zu erbitten und sich zur Königin von Ungarn krönen zu lassen. Was viele ihrer Ratgeber bei der Oppositionshaltung der Ungarn gegen die habsburgische Herrschaft für unmöglich gehalten hatten, der jungen Regentin gelang es: sie gewann mit ihrer frischen, ungezwungenen Natürlichkeit die Herzen der Magyaren. Als ihr am 25. Juni 1741 der Primas von Ungarn die Krone des heiligen Stephan auf das Haupt setzte, empfand sie das als einen der schönsten Augenblicke ihres Lebens.

Kurze Zeit später erreichte sie die Nachricht von den gegen sie gerichteten Bündnisvereinbarungen der europäischen Mächte. »Die Minister der Königin fielen leichenblaß in ihre Stühle zurück«, berichtet der englische Gesandte in Wien Thomas Robinson, der dem Hof nach Preßburg gefolgt war, »nur das Herz der Königin blieb standhaft.« Robinson war es auch, der ihr im Auftrag seiner Regierung empfahl, sich um den Preis Schlesiens mit dem Preußenkönig zu verständigen. Franz Stephan drängte sie, das Anerbieten anzunehmen. Maria Theresia blieb standhaft. Ganz allein auf sich gestellt, widerstand sie allen Bedrängnissen, nachzugeben. Das Unrecht durfte nicht über das Recht triumphieren. Das war die Devise, an die sie sich unerschütterlich hielt.

Es folgten schwere Monate, die düstersten ihres vier Jahrzehnte währenden Regentenlebens. Die gegnerischen Armeen drangen gegen schwachen Widerstand auf habsburgisches Staatsgebiet vor, besetzten Stadt um Stadt, Landstrich um Landstrich. Ende des Jahres 1741 waren Böhmen, Schlesien, Teile Mährens und Oberösterreich unter der Kontrolle der feindlichen Heere. Wien war so gut wie schutzlos dem Zugriff der Gegner preisgegeben. Jeder andere Herrscher hätte in dieser Situation den ungleichen Kampf aufgegeben. Maria Theresia gab sich nicht geschlagen. Unverdrossen flößte sie ihren Räten und Heerführern Mut und Vertrauen ein. An den Grafen Philipp Josef Kinsky, ihren böhmischen Kanzler, schrieb sie: »So ist denn Prag verloren und die Folgen werden vielleicht noch schlimmer sein, wenn man nicht wenigstens für drei Monate Brot (für die böhmische Armee!) beschaffen kann, denn von Österreich ist nichts zu erhoffen ... Ja Kinsky, das ist der Augenblick, wo es gilt, Courage haben, das Vaterland und Eure Königin zu retten. Sonst wäre ich eine arme Prinzessin. Mein Entschluß ist gefaßt; es heißt alles aufs Spiel setzen, um Böhmen zu retten ... Noch einmal: Dies ist der kritische Augenblick; schont das Land nicht; wir müssen es behaupten ... Ihr werdet sagen: ich bin grausam, aber ich weiß auch, daß ich alle Grausamkeiten, die ich jetzt begehen muß, um das Land zu behaupten, einmal hundertfältig werde gutmachen können, und ich werde sie gutmachen, aber für jetzt verschließe ich mein Herz dem Mitleid.«

In diesen Wochen und Monaten äußerster Not und Gefahr hatte Maria Theresia nur einen großen Erfolg errungen, der ihr allerdings Mut und Zuversicht für die Zukunft gab. Sie hatte, in Trauergewänder gehüllt und mit der Stephanskrone auf dem Haupt, in einem dramatischen Appell an ihre Großmut, die ungarischen Stände in Preßburg zum Versprechen für eine großzügige militärische Hilfeleistung veranlaßt. Es waren dann zwar nicht die zugesagten hunderttausend Mann, die man ihr zur Verfügung stellte, sondern nur ein Bruchteil davon, aber was vor allem zählte, war die moralische Wirkung, die von der oft und ausführlich beschriebenen Szene im Preßburger Schloß ausstrahlte. Die Ungarn waren zum ersten Mal bereit, das gemeinsame Vaterland mit der Waffe in der Hand zu verteidigen. Es war ein persönlicher und menschlicher Triumph, aus dem die junge Regentin die Kraft und die Hoffnung schöpfte, den Kampf um ihr Erbe gegen eine Welt von Feinden letztlich erfolgreich zu bestehen.

Schon im Januar 1742 zeichnete sich nach der existenzgefährdenden Krise im Jahr zuvor eine militärische Wende zum Besseren ab. Feldmarschall Ludwig Andreas Graf Khevenhüller, ein Schüler des Prinzen Eugen, erhielt den Auftrag, gegen die Franzosen und Bayern einen entscheidenden Gegenstoß vorzubereiten. Khevenhüller, ein schneidiger Offizier und umsichtiger

Heerführer, war der richtige Mann für eine solche Aufgabe. Er drängte die feindliche Armee über die Enns zurück, belagerte und eroberte Linz. Bald waren die bayerischen und französischen Truppen aus Oberösterreich vertrieben. Am 12. Februar 1742, ausgerechnet an dem Tag, an dem der bayerische Kurfürst in Frankfurt als Karl VII. zum römisch-deutschen Kaiser gekrönt wurde, rückten Khevenhüllers verwegene Reiterscharen in München ein. Es war eine groteske militärische Situation: während zum ersten Mal seit dreihundert Jahren kein Habsburger, sondern ein Wittelsbacher die Krone Karls des Großen trug, hielt die habsburgische Armee, in deren Reihen sich halbbarbarische Insurrektionstruppen aus Ungarn befanden, die munter hausten, einen Großteil Bayerns, des Stammlandes des regierenden Kaisers, besetzt. Andererseits standen Böhmen und Schlesien, die beiden wichtigsten Erbländer, unter preußisch-französisch-bayerischer Kontrolle.

Mit Preußen kam im Juli 1742 der Friede von Berlin zustande. Maria Theresia mußte Schlesien und die Grafschaft Glatz abtreten, behielt aber die Herzogtümer Teschen, Troppau und die Herrschaft Hennersdorf.

Der sogenannte Österreichische Erbfolgekrieg ging weiter, am Rhein, in den Niederlanden und in Italien wurde weiter gescharmützelt, belagert und gestorben. Wir brauchen uns mit den einzelnen Phasen dieses Ringens im Detail nicht zu beschäftigen. Halten wir das Wesentliche fest: 1743 eroberten die kaiserlichen Truppen Prag aus den Händen der Franzosen zurück. Maria Theresia wurde am 12. Mai im St. Veitsdom feierlich zur Königin von Böhmen gekrönt. Der böhmische Adel, der sich als treulos erwiesen hatte, bekam ihren Groll zu spüren, der auch noch in der Bemerkung nachschwang, die sie dem Grafen Kinsky gegenüber machte: »Die Kron ist hier, habe selbe aufgehabt, ist schwerer als die von Preßburg, sehet einem Narrenhäubel gleich«, meinte sie abschätzig.

Durch die Waffenerfolge seiner Gegenspielerin beunruhigt, schlug der Preußenkönig wieder los. Er tat es gerade zu dem Zeitpunkt, zu dem die Habsburgerin im Begriffe stand, ihre Position im Reich zu festigen. Friedrich II. dachte nicht an Deutschland, sondern nur an Preußen.

Am 20. Januar 1745 starb erst 47jährig Kaiser Karl VII. Sein Nachfolger in der bayerischen Kurwürde, Maximilian III. Josef, beschritt den Weg der Verständigung. Er anerkannte die Pragmatische Sanktion, verzichtete auf alle Erbansprüche gegenüber dem Hause Habsburg und verpflichtete sich, bei der Kaiserwahl seine Kurstimme für Maria Theresias Gemahl abzugeben.

Der große Wunsch der jungen Regentin, ihrem »Franzl« die römisch-deutsche Kaiserwürde zu verschaffen, ging am 4. Oktober 1745 in Erfüllung. Üblicherweise wurde bei der Kaiserkrönung auch die Gemahlin des Kaisers gekrönt. Maria Theresia lehnte das kategorisch ab. Über die Gründe rätseln die Historiker noch heute. Offenbar wollte sie keine Krone tragen, die ihr nicht selbst persönlich zustand. Sie reiste, mit dem achten Kind unter ihrem Herzen, als »Privatperson« nach Frankfurt, wo sie die Krönungszeremonie im Dom vom Oratorium aus verfolgte. Zum Krönungsbankett im Kaisersaal des Römers verschaffte sie sich energisch Zutritt, indem sie den Zeremonienmeister, der ihr den Eintritt verwehren wollte, einfach zur Seite schob. An Resolutheit hat es ihr nie gefehlt, wohl aber zuweilen am nötigen Feingefühl. An der Tafel selbst nahm sie nur als Zuschauerin teil.

Ein paar Monate nach der Frankfurter Kaiserkrönung, am Weihnachtstag des Jahres 1745, wurde in Dresden der Friedensvertrag mit Preußen unterzeichnet. Schlesien blieb endgültig preußisch. Ein halbes Jahrzehnt nach ihrem Regierungsantritt war die tatkräftige Habsburgerin trotz aller Widerstände und Widerwärtigkeiten wieder Herr in ihren Erbländern. 1748 ging auch der Krieg mit den übrigen Gegnern zu Ende. Der Verlust der Herzogtümer Parma, Piacenza und Guastalla, den sie zugunsten einer spanisch-bourbonischen Herrscherlinie hinnehmen mußte, schmerzte sie nicht allzu tief. Sie hatte mutig und entschlossen die Machtstellung ihres Hauses erfolgreich verteidigt, was ihr sogar von ihren Gegnern Respekt und Wertschätzung eintrug.

In den acht Jahren ihres beherzten Kampfes um ihr Erbe war Maria Theresia zur Herrscherpersönlichkeit gereift. Sie hatte in jeder Hinsicht Statur gewonnen. Aus einer zarten, schlanken, vergnügungssüchtigen jungen Dame, die in den Tag hinein gelebt hatte, war eine stattliche, reife, pflichtbewußte Frau mit unverrückbaren Grundsätzen geworden. An der Entwicklung ihrer Persönlichkeit und ihrer privaten wie herrscherlichen Lebensgestaltung hatte ein Mann entscheidenden Anteil, der in den meisten Biographien, wenn überhaupt, nur am Rande erwähnt wird: Graf Emerich Silva-Tarouca. Das ist deshalb verwunderlich, weil Silva-Tarouca wohl Maria Theresias einflußreichster Ratgeber gewesen ist, ihr alter ego, ihr Mentor, ihr »weltlicher Beichtvater«. Sie selbst nannte ihn ihren »mon ami intime et ministre particulier«, ihren vertrauten Freund und Sonderminister.

Tarouca war Portugiese und mehr als zwanzig Jahre älter als die Monarchin. Er war als junger Mann mit seinem Vater, einem Gefolgsmann Karls VI., nach Wien gekommen, hatte unter dem Prinzen Eugen gedient und war dann in den Staatsdienst eingetreten. Gleich nach ihrem Regierungsantritt ernannte Maria Theresia den kleinen, nicht eben schönen Mann, den sie bereits seit ihren Kindheitstagen kannte, zum Präsidenten des Ministerrates für die Niederlande. Kurze Zeit später erteilte sie ihm eine höchst ungewöhnliche Weisung. Er möge ihr, lautete die Order, ihre Fehler zu erkennen geben, die Mängel ihres Charakters erforschen und sie ihr offen mitteilen. Das sei, so begründete sie ihren Entschluß, für einen Regenten unbedingt nötig, denn es finde sich aus »Respect und Interesse (Eigeninteresse) niemand, der das tue«.

Seiner Monarchin die Wahrheit ins Gesicht zu sagen, sie zu kritisieren, das war eine ausgesprochen delikate Aufgabe, die Klugheit, Takt, Besonnenheit, Menschenkenntnis und geradezu hellseherische Fähigkeiten erforderte. Silva-Tarouca scheint alle diese Eigenschaften in hohem Maße besessen zu haben, denn er blieb bis zu seinem Tod am 8. März 1771, also 30 Jahre lang, Maria Theresias »Wahrheitssager«, ihr personifiziertes Gewissen. Der Portugiese mit dem heiklen pädagogischen Auftrag am Wiener Kaiserhof war kein Schmeichler, das muß man gleich hinzufügen. Er buhlte nicht um die Gunst seiner Herrin. Trotz der vielen Anfeindungen, denen er seitens der Hofgesellschaft natürlich ausgesetzt war, ist es ihm gelungen, mit Intuition, Fingerspitzengefühl und Festigkeit Maria Theresias Lebenswandel zu verändern, an der Entfaltung ihres Charakters und am Wachstum ihrer Persönlichkeit mitzuarbeiten.

Maria Theresia ließ in ihren ersten Ehejahren ihrem ungestümen Temperament und ihrer ungezügelten Leidenschaftlichkeit freien Lauf. Sie ritt gerne und viel, spielte zu jeder Tageszeit und bei jeder Gelegenheit Karten, tanzte nach Herzenslust und legte sich keinerlei Zwang auf. Warum hätte sie es auch tun sollen? Sie war jung, heiter und unbeschwert.

Als sie zur Regentin berufen wurde, änderte sich das natürlich. Sie mußte jetzt Konferenzen abhalten, Akten studieren, Entscheidungen fällen. Aber trotzdem verlor sie nicht die Lust, sich Vergnügungen aller Art hinzugeben. So nahm sie im Winter 1742/43 hochschwanger an einem Karussell teil, wobei sie ihren Zustand durch ein weites Reitgewand zu verheimlichen suchte, und tanzte im Karneval so manche Nacht durch. Arbeit und Vergnügen flossen ineinander, auf Beratungen mit ihren Ministern und Diplomatenempfänge folgten Besuche bei den Kindern, Kaffeerunden, ausgelassene Feste und Feierlichkeiten.

Silva-Tarouca mißfiel das außerordentlich. Er sah eine Weile zu und begann dann damit, im geeigneten Augenblick und mit dem nötigen Feingefühl seine Warnungen anzubringen. Majestät, Sie müssen Ordnung in Ihren Tagesablauf bringen, lernen, Ihre Zeit einzuteilen, mahnte er. Der Erfolg seiner sanften Ermahnungen war zunächst gering. Als der »alte Nörgler« einmal ungewöhnlich heftig Maria Theresia vorwarf, sie beachte seine Warnungen nicht, antwortete sie ihm: »Nur zu, mein Lieber. Wenn ich Ihnen vorläufig auch noch nicht folge, einmal wird es schon werden! Fahren Sie nur fort mit Ihren Ermahnungen!«

Der kleine Portugiese ließ es sich nicht zweimal sagen. Er arbeitete für die Regentin eine Tageseinteilung aus, er zwang sie behutsam in ein ihrer Stellung angemessenes Arbeitsschema. Der Tagesplan, den ihr Tarouca vorschlug und den sie dann sogar noch straffer zog, sah (in der Sprache der Zeit und ihrer persönlichen Orthographie) so aus:

»Die ordinari täge halb 6 uhr aufstehen,
ankleyden, messe hören,
geistliche lesung zwei stunden bis halb 8 uhr,
von halb acht uhr mit denen cabinetsecretairs expediren bis 9 uhr,

von 9 bis 12 uhr minister audienzen,
12 uhr kinder, frauen, andere sehen,
1 uhr taffel- bis 3 uhr unterhaltung oder ruhen,
3 uhr lesung todten offizium,
4 uhr bis 6 uhr expedirn, schreiben oder audienzen
6 uhr rosenkrantz, von da bis 9 uhr schreiben, conversirn,
spaziren, stille amusante lesung,
sontag audienz 5 bis 10 abends.«

Das war ein volles Programm, das sie peinlich genau einzuhalten bestrebt war. Der portugiesische Seelenmasseur riet seiner Herrscherin aber auch, sich dann und wann zu unterhalten und gab ihr kleine medizinische Gesundheitsratschläge. Er predigte Selbstbeherrschung und hatte damit, wenigtens bis zu einem gewissen Grad, Erfolg.

So sehr Maria Theresia Taroucas Ratschläge schätzte, ihre politischen Entscheidungen traf sie allein. Politischen Einfluß auf die Monarchin hatte der kleine Portugiese keinen, auch wenn er ab und zu den Versuch unternahm, auch in der Politik ein wenig mitzumischen. Seiner ungewöhnlichen Vertrauensstellung haben diese (wenigen) Einmischungsversuche nicht geschadet. Maria Theresia holte weiter seinen Rat ein und war auf das höchste betrübt, als er sich aus Gesundheitsgründen im Alter von 61 Jahren aus seiner offiziellen Position als Präsident des niederländischen Rates zurückzog. »Ich muß Ihnen bekennen«, schrieb sie ihm in ihrer offenen, geradlinigen Art, »daß ich mich allein, verlassen und niedergeschlagen fühle wie ein Kind, das seine Amme verloren hat. Im übrigen ist meine Freundschaft für Sie ebenso lebhaft wie diese vor 15 Jahren lebendig gewesen ist.«

Auch nach seinem Rückzug aus dem öffentlichen Leben blieb die Regentin ihrem Mentor auf das engste verbunden und überhäufte ihn mit Lob und Aufmerksamkeiten. Dem Sterbenden ließ sie ein Handbillett übermitteln, in dem sie noch einmal ihre große Wertschätzung zum Ausdruck brachte. »Ich verliere mit Ihnen einen Freund«, resümierte sie, »den ich zu den ältesten und geschätztesten zähle; von dieser Art ist keiner mehr da, was mich alles aufs tiefste berührt. Ich aber verbleibe für immer – Ihre wohlgeneigte treue Freundin Maria Theresia.«

Nach der »Reform« ihrer persönlichen und dynastischen Lebensführung und nachdem sie ihren Feinden erfolgreich die Stirn geboten hatte, ging Maria Theresia daran, die Habsburgermonarchie grundlegend umzugestalten, neu zu ordnen. Die verflossenen Kriegsjahre hatten die Schwächen ihres Reiches mit aller Deutlichkeit zutage treten lassen. Das Heer, die Finanzen, der Verwaltungsapparat, die Rechtsordnung, das Schulwesen bedurften einer umfassenden Reorganisation. »Seit dem Dresdner Frieden ware mein einziges Trachten«, steht in ihrem Politischen Testament von 1750/51 zu lesen, »mich von der Länder Situation und Force zu unterrichten, hiernächst die bei denenselben und in denen Dicasteriis (Zentralbehörden) eingeschlichenen Abusus (Mißstände), in derer Ansehen alles in dem verwirrtesten, übelsten Stande und Konfusion befunden, rechtschaffen zu ergründen und zu erkennen.«

Die vordringlichste Aufgabe, und das war nicht nur der Kaiserin klar – wir werden Maria Theresia von nun an wie den zahlreichen Gemahlinnen von Kaisern vor und nach ihr diesen Titel zubilligen, auch wenn sie im Gegensatz zu diesen selbst das Zepter führte – war die Finanzreform. Ohne Geld kann man kein Heer unterhalten und ohne Heer keinen Krieg führen. Das ist eine Binsenwahrheit. Der Krieg aber ist der Vater aller Dinge, so meinte zumindest der griechische Philosoph Heraklit, und er hat leider – bis heute? – mit dieser Meinung recht behalten.

Maria Theresia hat diesen Standpunkt grundsätzlich nicht geteilt. Am Ende ihrer Regierungszeit schrieb sie den schönen Satz nieder: »Welch häßliches Gewerbe ist doch der Krieg: gegen die Menschlichkeit und gegen das Glück.« Aber sie war, wie wir dargelegt haben, gezwungen gewesen, Krieg zu führen und sie hatte Schlesien abgeben müssen. Den Verlust dieser reichen Provinz, einer der wertvollsten Teile ihres Erbes, konnte sie nicht verschmerzen. Für seine Rückgewinnung, für die Wiedergutmachung des ihr zugefügten Unrechtes war sie bereit, noch einmal zu den Waffen zu greifen. Die Finanz- und Heeresreform der Kaiserin ist auch unter diesem Aspekt zu sehen. Sie hatte nicht nur staatspolitische Gründe.

Die »Providenz« (Vorsehung), wie sie es ausdrückte, schickte ihr auch den Mann, der fähig und willens war, die Reform in Angriff zu nehmen. Er war der Sohn eines protestantischen sächsischen Generals und hieß Friedrich Wilhelm Graf Haugwitz. Haugwitz, 1701 geboren, konvertierte in seiner Jugend zum Katholizismus und trat 1725 in österreichische Dienste. Der ausgesprochen tüchtige, arbeitsame Mann lenkte bald die Aufmerksamkeit auf sich und machte rasch Karriere. Insbesondere sein Erfolg bei der Neuordnung der Landesverwaltung in dem bei Österreich verbliebenen Rest von Schlesien war so beeindrukkend, daß ihn Franz Stephan der Kaiserin für höhere Aufgaben empfahl.

Maria Theresia, die bei der Auswahl ihrer Berater eine gute Hand hatte, erteilte Haugwitz den Auftrag, Vorschläge für eine Heeres- und Finanzreform auszuarbeiten. Der kleine Schlesier leistete innerhalb kurzer Zeit ganze Arbeit.

Die Grundidee, auf der seine Reformvorschläge basierten, war die Stärkung der Zentralgewalt des Staates auf Kosten der Macht der Stände. Noch immer war ja der Herrscher bei der Eintreibung der Steuern und der Rekrutierung des Heeres auf die Zustimmung der Stände in den einzelnen Ländern angewiesen. Die Heeres- und Finanzorganisation sowie das Verwaltungssystem waren im Habsburgerreich von mittelalterlicher Schwerfälligkeit. Das sollte sich nun ändern. Haugwitz schlug ein stehendes Heer in der Gesamtstärke von 108000 Mann vor, für dessen Unterhalt er eine jährliche Summe von 14 Millionen Gulden, etwa ein Drittel des Gesamtbudgets, veranschlagte. Die Aufbringung dieser Mittel sollte auf die einzelnen Länder gerecht verteilt, die Bewilligung durch die Landtage nicht mehr wie bisher jährlich, sondern nur noch alle zehn Jahre erfolgen. Die Steuerfreiheit von Adel und Geistlichkeit wollte Haugwitz abgeschafft wissen.

Als Grundlage der Besteuerung sollte der Grundbesitz dienen, der in einem Grundstücksverzeichnis, dem Theresianischen Kataster, nach einer Vermessung des gesamten Grund und Bodens, festgehalten wurde.

Als der eifrige Reformer seine Pläne in einer Sitzung der Geheimen Konferenz präsentierte, stieß er auf heftigen Widerstand. Vor allem der Kanzler von Böhmen, Graf Friedrich Harrach, sprach sich mit Entschiedenheit dagegen aus. Haugwitz hatte allerdings in der Kaiserin eine mächtige Verbündete. Sie erteilte seinem Reformplan die Zustimmung, freilich nicht, ohne im Sitzungsprotokoll anzumerken: »Placet ... in 50 Jahren wird man nicht glauben, daß dieses meine Ministri waren, die von mir allein creiert (ernannt) worden.« Diese kritische Bemerkung spricht Bände.

Die Landstände, mit denen die Reform im einzelnen verhandelt wurde, leisteten dann wider Erwarten keinen allzugroßen Widerstand. Nachdem die Finanzierung des Heeres gesichert war, ging Maria Theresia daran, die Schlagkraft der Armee zu erhöhen. Hierzu waren etliche Maßnahmen nötig, die nach und nach, aber mit Konsequenz getroffen wurden. Das Reglement und die Exerziervorschriften wurden nach den Vorstellungen des Feldzeugmeisters Graf Leopold Daun vereinheitlicht, die Truppenkörper einheitlich uniformiert. Alljährliche Feldlager, denen die Herrscherin gelegentlich beiwohnte, dienten der kriegsmäßigen Ertüchtigung der Soldaten. Die Artillerie, das bisherige Stiefkind der österreichischen Armee, wurde unter der Leitung von Feldmarschall Fürst Josef Wenzel von Liechtenstein durch die Entwicklung leichter, manövrierfähiger Geschütze modernisiert. Die Infanterie erhielt ein neues, feuerkräftigeres Gewehr. Die Prügelstrafe in der Armee wurde abgeschafft. Zur besseren und sorgsameren Ausbildung der Offiziere gründete die Regentin die heute noch bestehende Militärakademie in Wiener Neustadt. Um dem Offiziersstand ein höheres gesellschaftliches Ansehen zu verschaffen, gewährte sie ihm den Zutritt bei Hof. In der Favorita, dem Lieblingsschloß des Vaters, in dem sie ihre Kindheit verbracht hatte, schuf Maria Theresia eine Akademie für die Erziehung künftiger Staatsdiener: das nach ihr benannte und ebenfalls noch heute existierende Theresianum.

Nach diesen Neuerungen konnte sich die österreichische Armee, was die Ausrüstung und Ausbildung der Soldaten und Offiziere betraf, mit jedem anderen Heer, selbst dem preußischen, messen.

Hand in Hand mit der Finanz- und Heeresreform wurde die Reform der Verwaltung in Angriff genommen. Auch sie trägt die Handschrift des tüchtigen Grafen Haugwitz. Maria Theresia und ihr kluger Ratgeber waren sensibel und hellsichtig genug, von dieser Reform von vorneherein die Außenposten der Monarchie, die Niederlande (das heutige Belgien) und die italienischen Besitzungen sowie das Königreich Ungarn, das seit jeher einen Sonderfall darstellte, auszunehmen. Die Verwaltungsreform betraf ausschließlich die Kernländer des Habsburgerreiches, die österreichischen Erbländer und das Königreich Böhmen, die in territorialer Hinsicht eine festgefügte Einheit darstellten.

Die Verwaltungsapparate der beiden Länderkomplexe waren bislang getrennt gewesen. Die österreichischen Länder unterstanden der österreichischen, die böhmischen der böhmischen Hofkanzlei. Diese administrative Doppelgleisigkeit wurde nun abgeschafft. Die beiden Kanzleien wurden zu einer einzigen Behörde, dem »Directorium in publicis et cameralibus«, einer obersten Finanz- und Verwaltungsinstanz, zusammengefaßt, was natürlich auch wieder nicht ohne Widerstände abging. Dieser und den anderen Zentralbehörden wurden auf Landesebene die Gubernien, auf Bezirksebene die Kreisämter unterstellt. Der ständische Einfluß auf die staatliche Verwaltung wurde dadurch restlos ausgeschaltet, der ständische Beamte durch den landesfürstlichen ersetzt, der die von seiner vorgesetzten Behörde kommenden Weisungen rückhaltlos durchzuführen hatte.

Ein wesentlicher Bestandteil der maria-theresianischen Staatsreform war die Trennung von Justiz und Verwaltung, die mit der Errichtung einer Obersten Justizstelle, einer Art Vorform eines Justizministeriums, und den dazu gehörenden Unterbehörden bewerkstelligt wurde. Der erste wichtige Schritt auf dem Weg zum modernen Rechtsstaat, der ja bekanntlich auf der Gewaltenteilung beruht, war damit getan.

Auch die Rechtsprechung bedurfte einer dringenden Reform. Sie war uneinheitlich und unüberschaubar. Es gab eine Vielzahl von Gerichtshöfen und Gerichten mit unklaren und unscharf abgegrenzten Kompetenzen. Die Bauern unterstanden der Gerichtsbarkeit ihrer Grundherren, die Adeligen konnten nur von ihren Standesgenossen abgeurteilt werden, Studenten und Professoren wurden vor das Universitätsgericht gestellt. In den einzelnen Teilen der Monarchie gab es unterschiedliche Rechtsstrukturen. Mißbräuchliche Verfahren, Willkür und Bestechlichkeit der Richter waren an der Tagesordnung. Maria Theresia, die in ihrem Herrschaftsgebiet (Ungarn ausgenommen) eine Vereinheitlichung des Rechtssystems anstrebte, ließ durch Juristenkommissionen das geltende bürgerliche Recht im »Codex Theresianus« zusammenfassen, der die Gleichheit vor dem Gesetz proklamierte. Auf der Grundlage dieser Gesetzessammlung wurde dann im Jahre 1811 das »Allgemeine Bürgerliche Gesetzbuch« geschaffen.

Auch das Strafrecht und das Strafprozeßrecht wurden kodifiziert. Das maria-theresianische Strafgesetzbuch, die »Constitutio criminalis Theresiana«, die am 1. Januar 1770 in Kraft trat, atmete allerdings noch den Geist des Mittelalters. Die Folter (sie wurde erst am 23. Dezember 1775 per Dekret abgeschafft) diente weiterhin als Beweismittel, Zauberei, Hexerei und Religionsdelikte, die am härtesten und grausamsten bestraft wurden, blieben strafwürdige Verbrechen. Brutale Leibesstrafen, wie das Stäupen mit Peitschen, die Brandmarkung mit glühendem Eisen und die Verstümmelung, sind in der »Nemesis Theresiana« ebenso enthalten wie der »erschwerte Tod«, bei dem der Delinquent bei lebendigem Leib verbrannt oder lebend gevierteilt und gerädert wurde. Vom aufklärerischen fortschrittlichen Denken findet sich in diesem Rechtsbuch keine Spur.

Aufklärerisches Gedankengut steckt hingegen in der Bildungs- und Religionspolitik der Kaiserin, wiewohl Maria Theresia der Aufklärung persönlich streng ablehnend gegenüberstand. Sie war jedoch aufgeschlossen genug, sich vernünftigen Reformvorschlägen, die dem Staatswohl dienten, nicht zu verschließen.

Die Reform des Bildungswesens, die nicht in einem Zug erfolgte, begann bei der Universität. Der Mann, auf dessen Rat sich die Kaiserin in diesem Bereich völlig verließ, war der holländische Arzt Gerard van Swieten. Van Swieten, im Jahre 1700 in Leiden geboren, wurde 1745 über Empfehlung des Grafen Wenzel Anton Kaunitz von Maria Theresia nach Wien berufen, wo er zum kaiserlichen Leibarzt und Direktor der Hofbibliothek bestellt wurde. Gleichzeitig erhielt er den Auftrag, die medizinischen Studien an der Wiener Universität einzurichten.

Der kultivierte, durchschlagskräftige Medicus entledigte sich dieser Aufgabe mit großem Erfolg. Er berief bedeutende Ärzte nach Wien, errichtete neue Lehrstühle und Institute, reformierte das Prüfungssystem und betrieb wichtige Forschungen zur Syphilisbekämpfung und Blatternimpfung. Sein Name ist untrennbar mit der Ersten Wiener Medizinischen Schule verbunden, die in ganz Europa Wertschätzung genoß.

Maria Theresia, die mit den fortschrittlichen Ideen ihres Leibarztes keineswegs übereinstimmte, ließ van Swieten auch freie Hand bei der Reform der übrigen Fakultäten. Der Aufklärer aus den Niederlanden nützte die Gelegenheit, um den Einfluß der Jesuiten, in deren Händen die Universitätsausbildung lag, zurückzudrängen. Die Kaiserin ließ ihn gewähren. Persönlich äußerst fromm, von ihren Gegnern sogar als bigott eingestuft, wußte sie zwischen ihren eigenen religiösen Empfindungen und ihrer herrscherlichen Einstellung gegenüber der Kirche genau zu unterscheiden. Gegen die Verstaatlichung des Schulwesens zum Beispiel hatte sie absolut nichts einzuwenden. »Die Schule ist und bleibt ein Politicum«, das heißt ein Teil des staatlichen Lebens, formulierte sie klar und unumwunden ihren Standpunkt. Energisch beschränkte sie die Zahl der kirchlichen Festtage, untersagte gewisse Wallfahrten, bekämpfte den Aberglauben und entzog den Jesuiten die Zensur. Im Jahre 1773 hob sie schweren Herzens den Jesuitenorden auf. Die Universitäten wurden nun ganz der Kontrolle des Staates unterstellt.

Die Kaiserin band die Verkündigung von Hirtenbriefen, die von geistlichen Fürsten außerhalb Österreichs kamen (z.B. von Salzburg und Passau) an ihre Genehmigung, ließ die finanzielle Gebarung des Klerus überprüfen und gab ihre Zustimmung zur Auflösung von Klöstern in der Lombardei. Manche dieser Maßnahmen atmen bereits den Geist Josephs II., ihres charakterlich und geistig völlig anders gearteten ältesten Sohnes und Nachfolgers.

Auch wenn Maria Theresia die Machtstellung der Kirche zugunsten der Omnipotenz des absoluten Staates zurückdrängte, am katholischen Glauben hielt sie unbeirrbar fest. Ihr Gottvertrauen und ihre tiefe Religiosität waren die unverrückbaren

Grundpfeiler ihres Lebens. Religiöse Toleranz, eine der wesentlichen Grundforderungen der Aufklärung, hatte in ihrem Denken allerdings keinen Platz. Ein solcher Gedanke kam ihr überhaupt nicht in den Sinn. In ihrem Herrschaftsgebiet duldete sie ausschließlich das Bekenntnis zur römisch-katholischen Kirche. Die religiös Andersgläubigen, die Protestanten und Juden bekamen es zu spüren. Tausende evangelische Familien aus Böhmen und Mähren wanderten in das preußische Schlesien aus, »unbelehrbare« Protestanten aus den Alpentälern wurden nach Ungarn ausgesiedelt. Mit noch größerer Härte verfuhr sie gegen die Juden, gegen die sie eine offensichtliche persönliche Abneigung empfand. 1744 befahl sie, zwanzigtausend Juden, die beschuldigt wurden, mit Kaiser Karl VII. sympathisiert zu haben, aus Prag auszutreiben. Nur widerwillig zog sie auf Drängen der böhmischen Stände gegen die Entrichtung von 300000 Gulden das entsprechende Dekret zurück. Ihre antisemitischen Neigungen hat sie bis zu ihrem Tod nicht abgelegt.

Kehren wir zur Schulpolitik der Kaiserin zurück. Die Auflösung des Jesuitenordens, von dem oben die Rede war, gab den endgültigen Anstoß für die Neuorganisation des Elementarschulwesens. Die Reform hatte das Ziel, auch den Kindern der unteren Bevölkerungsschichten eine Grundausbildung im Lesen, Schreiben und Rechnen zu vermitteln (die Kinder vermögender Eltern wurden, wie schon bisher, von Hauslehrern unterrichtet). Die Kaiserin setzte eine Hofkommission ein, die den Auftrag erhielt, Vorschläge auszuarbeiten. Damit nicht genug, ersuchte sie ihren alten Gegner, Friedrich II. von Preußen, was sie keine geringe Überwindung gekostet haben mag, den Abt des Augustiner-Chorherrenstiftes von Sagan, Ignaz Felbiger, in ihre Dienste nehmen zu dürfen. Felbiger, der in Preußisch Schlesien die Grundschule einer erfolgreichen Reform unterzogen hatte, stand der Aufklärung nahe. Aber das focht die Regentin nicht an. Bei ihren Ratgebern fragte sie nicht nach Gesinnung und Glaubensbekenntnis.

Felbiger übersiedelte am 1. Mai 1774 nach Wien und entwarf innerhalb kürzester Zeit die »Allgemeine Schulordnung«, der die Kaiserin durch ihre Unterschrift mit Datum vom 6. Dezember 1774 Gesetzeskraft verlieh.

Das neue Gesetz sah die Unterrichtspflicht für alle Kinder zwischen sechs und zwölf Jahren vor. In den Dörfern und kleineren Städten sollten ein- bis zweijährige Trivialschulen (Volksschulen), in den größeren Städten dreiklassige Hauptschulen, in den Landeshauptstädten »Normalschulen« für die Lehrerausbildung errichtet beziehungsweise eingerichtet werden.

Diese Vorschläge in die Praxis umzusetzen, war natürlich nicht einfach. Maria Theresia ging selbst mit gutem Beispiel voran. Sie gründete auf dem Terrain ihrer Herrschaftssitze Schönbrunn, Laxenburg, Hetzendorf und Schloßhof Schulen, wohnte persönlich dem Unterricht bei und ermunterte Lehrer und Schüler bei ihrer Arbeit. Obwohl ihrem Beispiel Folge geleistet wurde, kann selbstverständlich nicht davon die Rede sein, daß nun gewissermaßen über Nacht in jedem Dorf eine Schule entstand, und jedes unterrichtspflichtige Kind Lesen, Schreiben und Rechnen lernte. Es fehlte an Geld, an qualifizierten Lehrern und natürlich auch am Bildungswillen der Bevölkerung. Die Bauern sahen es nicht gerne, daß ihre Kinder, die sie zur Feldarbeit benötigten, ihre Zeit in der Schule zubrachten. Die »Allgemien Schulordnung« Maria Theresias war aber jedenfalls ein wichtiger Schritt auf dem Weg zur Alphabetisierung breiter Bevölkerungsschichten.

Den Bauern, die in der Habsburgermonarchie die große Masse der Bevölkerung darstellten, brachte die Kaiserin mit zunehmenden Regierungsjahren mehr und mehr Verständnis entgegen. Die meisten von ihnen waren von ihren Grundherren abhängig, zu Dienstleistungen verpflichtet und führten ein miserables Leben. Die kaiserlichen Beamten, die Maria Theresia von Zeit zu Zeit auf das Land entsandte, um sie über die Verhältnisse zu informieren, berichteten von entzetzlichen Zuständen. In den kinderreichen bäuerlichen Familien herrschten Hunger, Armut und Not. Die Robotverpflichtungen waren drückend, die Unzufriedenheit war groß. In Schlesien und Böhmen kam es 1775 zu Bauernunruhen und -aufständen. Maria Theresia war tief bekümmert und erwog sogar ihren Rücktritt. Schließlich besann sie sich jedoch eines Besseren und reagierte darauf mit Instruktionen und Patenten, die die Mißstände abzustellen und die Fronarbeit auf ein erträgliches Maß zu reduzieren versuchten. Sie trug sich sogar mit dem

Gedanken, die Leibeigenschaft völlig abzuschaffen. Diese entscheidende, einschneidende Maßnahme ist dann erst durch Kaiser Joseph II. in die Tat umgesetzt worden. Auf ihren Eigengütern hat die Monarchin die Erbuntertänigkeit nahezu zur Gänze beseitigt.

Im März 1749 erteilte Maria Theresia den Mitgliedern der Geheimen Konferenz, ihrem obersten Beratungsgremium, den Auftrag, ihr Vorschläge zu unterbreiten, wie und nach welchen Gesichtspunkten die Außenpolitik Österreichs künftig gestaltet werden sollte. Ihr Herr Gemahl und die Mehrzahl der Minister sprachen sich für die Beibehaltung des Bündnisses mit den Seemächten aus. Nur einer der Konferenzteilnehmer, der jüngste in der Runde, Wenzel Anton Kaunitz, war anderer Meinung. In einem 126 Seiten umfassenden Memorandum, das an Kühnheit, Intelligenz und Scharfsinn nichts zu wünschen übrig ließ, legte er dar, daß es für das Habsburgerreich kein wichtigeres außenpolitisches Ziel gäbe als die Rückgewinnung Schlesiens. Mit dieser Ansicht sprach er der Herrscherin aus der Seele. Da England für die Unterstützung dieser Politik gewiß nicht zu gewinnen sei, führte Kaunitz weiter aus, käme als natürlicher Bündnispartner Österreichs nur der alte Erbfeind Frankreich in Frage, den man mit der Überlassung vn Besitzungen in Italien oder den Niederlanden ködern könne.

Der Vorschlag löste im Kabinett Erstaunen, geradezu Bestürzung aus. Es war in der Tat ein revolutionärer Plan, dessen Verwirklichung in den Sternen stand. Maria Theresia gefiel das kühne außenpolitische Projekt dennoch. Sie schickte Kaunitz als österreichischen Gesandten nach Paris, um das Terrain dafür zu sondieren. Es war eine schwierige, aber reizvolle Aufgabe, die dem 1711 geborenen, aus tschechischem Adel stammenden Diplomaten da zuteil wurde. Aber sie war ganz nach dem Geschmack dieses klugen, selbstbeherrschten, nüchternen, klar disponierenden Verstandesmenschen, der aber auch zu leben und zu repräsentieren verstand. Kaunitz residierte in Paris wie ein Fürst, gab rauschende Feste und gewann rasch die Sympathie König Ludwigs XV. und seiner Mätresse, der einflußreichen Madame Jeanne Pompadour. Als er 1753 nach Wien zurückberufen wurde, war zwar das Bündnis mit Frankreich noch nicht zustande gekommen, aber die Aussichten für ein Abkommen standen gut.

Maria Theresia ernannte den fähigsten ihrer Mitarbeiter zum Staatskanzler, eine Position, die er bis zum Tod der Herrscherin bekleidete.

Die Regentin und ihr Kanzler arbeiteten mehr als ein Vierteljahrhundert für das Wohl der Monarchie zusammen, auch wenn es zwischen ihnen dann und wann Meinungsverschiedenheiten, Verstimmungen und Mißhelligkeiten gab. In ihrem Wesen völlig voneinander verschieden, ergänzten sie einander doch auf seltsame Weise. Kaunitz war ein Mann der Aufklärung und ein Feind der Kirche, schrullig, überempfindlich, kühl, fast unnahbar, ein übellauniger Hypochonder. Die Kaiserin eine Katholikin von tiefer Frömmigkeit, robust, warmherzig, zugänglich, eine lebhafte, frohe Natur, die auf ihre Gesundheit keine Rücksicht nahm. So temperamentvoll und impulsiv sie auch sein konnte, die Launen, Schwächen und Grillen ihres »Premierministers« ertrug sie mit unendlicher Geduld.

Der eitle, launische Staatskanzler war von mimosenhafter Empfindlichkeit. Aus ständiger Angst vor einer Krankheit mied er jeden Luftzug und hielt sich im Freien in der Regel ein Tuch vor das Gesicht, um sich nur ja nicht zu erkälten. Die lufthungrige Kaiserin, die selbst an kalten Wintertagen die Fenster ihres Arbeitszimmers offen hielt, die Frischluft offenbar zur Abkühlung ihres stürmischen Temperamentes benötigte, ließ Fenster und Türen sogleich schließen, sobald sich Kaunitz, leise hüstelnd, zum Vortrag einfand. Und selbst wenn er nicht zum vereinbarten Termin erschien und für seine Verspätung seine schwache Gesundheit vorschützte, grollte sie ihrem »malade imaginaire« nicht. Sie wußte, was sie an ihm hatte. »Sein schwindliger Kopf ist mir lieber und kostbarer als die unsrigen in ihrer Stärke und Vollkommenheit«, soll sie einmal geäußert haben. Die große Wertschätzung, die sie für ihren Staatskanzler hegte, war durchaus gerechtfertigt. Fürst Wenzel Anton Kaunitz, der von 1753 bis 1792 die außenpolitischen Geschicke des Habsburgerreiches lenkte, war ein Staatsmann von europäischem Format.

Die revolutionäre Umgestaltung der europäischen Bündnispolitik, auf die Kaunitz so lange hingearbeitet hatte, wurde am

1. Mai 1756 in Versailles besiegelt. Es war sein diplomatisches Meisterstück. An diesem Tag schlossen Frankreich und Österreich ein Defensivbündnis, nachdem Großbritannien und Preußen ein paar Monate zuvor in der Konvention zu Westminster einen militärischen Beistandspakt vereinbart hatten. Auf den Tag genau ein Jahr nach dem Abschluß ihres Defensivabkommens, am 1. Mai 1757, schlossen die Häuser Bourbon und Habsburg einen Offensivpakt mit dem Ziel, Preußen zu zerschlagen. Zu diesem Zeitpunkt war bereits der Siebenjährige Krieg (Dritter Schlesischer Krieg) voll im Gange, den Friedrich II. mit dem Einmarsch seiner Armee in das neutrale Sachsen begonnen hatte. Der Preußenkönig sah sich, von Großbritannien zuletzt nur lau unterstützt, wie seinerzeit Maria Theresia einer Übermacht von Feinden gegenüber. Er hätte diesen Krieg, den wir nicht näher darstellen können und wollen, nach menschlichem Ermessen verlieren müssen. Aber er behauptete sich, tapfer kämpfend, wie seinerzeit zu Beginn ihrer Regierungszeit die tapfere, junge Monarchin in Wien.

Schlesien blieb im Frieden zu Hubertusburg vom Februar 1763 preußisch. Friedrich wurde zum Heldenkönig. Maria Theresia, die sich von der Besoldung und Ausrüstung der Armee bis zur detaillierten Anordnung von Truppenbewegungen militärisch in diesem Krieg um jede Einzelheit gekümmert hatte, wurde von irgendeinem Militaristen – oder war es gar ein speichelleckender Zivilist? – als »mater castrorum«, als Soldatenmutter, apostrophiert. Es war ein schwacher Trost für den Imageverlust an herrscherlicher Moral, den ihr diese kriegerische Auseinandersetzung eintrug.

»Er hat eine ziemlich lebhafte Einbildungskraft, ein gutes Gedächtnis und viel gesunden Menschenverstand. Aber da er von Natur träge ist, weiß er sich mit keiner Sache gründlich zu befassen. Er haßt die Arbeit. Er ist wenig ehrgeizig und kümmert sich so wenig wie möglich um die Regierungsgeschäfte. Er will nur das Leben genießen, es angenehm verbringen und überläßt der Kaiserin gern den Ruhm und die Sorgen der Regierung.«

Die Rede ist von Franz Stephan, dem Gemahl Maria Theresias. Das Urteil stammt aus der Feder des preußischen Gesandten, Christoph Otto Podewils, der seinen Herrn und Meister in Postdam mit zahlreichen und ausführlichen Berichten vom Wiener Hof versorgte. Podewils war ein guter Beobachter. Seine Beurteilung des Kaisers, auch in anderen Traktaten, war im Detail treffend und wurde doch seiner Gesamtpersönlichkeit nicht gerecht. Der Gatte Maria Theresias war alles andere als eine strahlende Erscheinung. Aber er war doch auch nicht wieder nur der sorglose Bonvivant, der seichte, harmlose Nichtsnutz und galante Charmeur, als den man ihn lange Zeit hingestellt hat.

Franz Stephan war nicht vom Ehrgeiz geplagt und er kümmerte sich kaum um die Regierungsgeschäfte. Diese Feststellungen Podewils sind ohne Zweifel richtig. Der preußische Gesandte, der die Verhältnisse am Wiener Kaiserhof genau kannte, wußte sicherlich, warum der Kaiser sich um die Politik nicht scherte. Warum erwähnte er die Gründe in seinen Berichten nicht? Offenbar deshalb, weil der flötenspielende Misanthrop in Sanssouci über die Machtverhältnisse in Wien wie alle übrigen anderen Eingeweihten hinlänglich informiert war.

Franz Stephan war zwar formell Mitregent und er trug die Kaiserkrone, aber er wurde von seinem dominanten Ehegespons nach und nach politisch entmachtet. Das Zepter, das Regiment im Habsburgerreich und natürlich auch in der Familie führte Maria Theresia. Der Gemahl wurde auf die Nebengeleise der Macht abgeschoben. Gutmütig, intelligent, aber nicht übermäßig gebildet, die Behaglichkeit liebend, nahm es der Kaiser, der selten in Zorn geriet und stets die Contenance zu wahren versuchte, anfänglich nicht widerstandslos hin. Es gab hin und wieder Streit, in dem sich die weibliche Ehehälfte freilich zumeist als willensstärker erwies. Und so fügte sich der Nachgiebige bald in das Unvermeidliche: nämlich, am Wiener Kaiserhof politisch nicht oder kaum in Erscheinung zu treten, eine Randfigur der Geschichte zu sein.

Franz Stephan schätzte das Hofleben nicht sonderlich, die Etikette war ihm von Herzen zuwider und auch die Kaiserwürde, die ja längst ihren Glanz verloren hatte, bedeutete ihm nicht allzuviel. Der Zuschnitt seiner Persönlichkeit und sein Privatleben waren bürgerlich, fast schon biedermeierlich. Insofern mag er unter seiner Statistenrolle auf der Bühne der Machtpolitik nicht übermäßig gelitten haben. Er hat sich darüber meines Wissens nicht geäußert. Andererseits gehörte eine Portion Bescheidenheit und Selbstverleugnung dazu, in einer Zeit, in der der Primat des Mannes im öffentlichen wie im privaten Leben eine unumstößliche Tatsache war, eine selbstverständliche gesellschaftliche Realität, hinter einer Frau zurückzustehen, immer nur die zweite Geige spielen zu müssen. Franz Stephan hielt sich für die Zurücksetzungen, die ihm zugefügt wurden, schadlos. Er spielte auf mancherlei Gebieten, im gesellschaftlichen und im Privatbereich, auch die erste Geige, nicht immer freilich zur ungetrübten Freude und zum Ergötzen Maria Theresias. Der Kaiser liebte die Jagd, das Kartenspiel und die Frauen. Für die beiden erstgenannten Vorlieben zeigte die Gemahlin (großes) Verständnis. Auf die zuletzt genannte Schwäche Franz Stephans reagierte die sittenstrenge Katholikin, die die Ehe ganz im Sinne ihres Glaubens als Sakrament auffaßte, mit Eifersucht und Überwachungsmaßnahmen. Sie ließ nicht nur ihren Gemahl »zur linken Hand«, den sie mit verzehrender Leidenschaftlichkeit liebte, durch Aufpasser und Spione überwachen, sie wollte gewissermaßen in einem Aufwaschen gleich auch das gesamte öffentliche Leben ihren Moralvorstellungen unterwerfen, die mit zunehmendem Alter immer rigoroser wurden. Sir William Wraxall, der die Kaiserstadt in den fünfziger Jahren des 18. Jahrhunderts besuchte, berichtet: »Die Kaiserin, streng tugendhaft in ihrer Aufführung und getreu im Ehebett, tritt jeden Grad der Galanterie mit dem Gewicht ihres Mißfallens nieder. Wenn es bekannt wird, daß eine Frau vom Stande schwach wird, kann diese Dame sicher damit rechnen, einen Befehl zu erhalten, Wien zu verlassen.«

In Fragen der Sexualmoral ließ die Herrscherin nicht mit sich spaßen. Sie rief 1747 sogar eine (kurzlebige) »Keuschheitskommission« ins Leben, deren Aufgabe es war, das Sexualleben der Untertanen zu überwachen und außereheliche Beziehungen hintanzuhalten. Wer eines »unmoralischen Lebenswandels« überführt wurde, zog sich Maria Theresias bedingungslose Ungnade zu. Keuschheit und monogames Sexualverhalten kann man freilich staatlicherseits nicht verordnen wie ein Medikament. Das mußte die Kaiserin bald zur Kenntnis nehmen, die wegen dieser Maßnahme von halb Europa als weltfremde Sittenwächterin verlacht wurde.

Trotz der offenkundigen Schwächen Franz Stephans für das andere Geschlecht – der Kaiser unterhielt zur Fürstin Wilhelmine Auersperg eine dauerhafte Liaison – war seine Ehe mit Maria Theresia, die von manchen Zeitgenossen ein wenig abträglich als »ménage bourgeois« bezeichnet wurde, vergleichsweise vorbildlich. Franz Stephan – und das wußten die wenigsten seiner Zeitgenossen – war ein ausgesprochen fähiger und begabter Finanz- und Wirtschaftsfachmann. Er besaß einen ausgeprägten bürgerlichen Geschäftssinn, der bereits in das Zeitalter des anbrechenden Frühkapitalismus hinüberwies.

Der Kaiser war einer der größten Grundbesitzer und der reichsten Männer der Donaumonarchie. Er war Besitzer einer stattlichen Reihe von landwirtschaftlichen Gütern wie etwa in Holics (an der ungarisch-mährischen Grenze) und Sassin (im ungarischen Komitat Neutra), die durch moderne agrarische Maßnahmen (Meliorisationen etc.) beträchtlichen Gewinn abwarfen und auf denen er ganz im merkantilistischen Stil der Zeit Manufakturen (Majolikafabriken und Webereien) errichten ließ.

Sein Kapital legte er in Häusern, Schmuck, Gold und fremden Valuten an und machte Wechsel- und Spekulationsgeschäfte an den großen Bankhäusern in Venedig, Amsterdam, London und Paris. Er war auch einer der wichtigsten Gläubiger des österreichischen Staates.

Maria Theresia, die das wirtschaftliche Talent ihres Gemahles erkannte, ohne über seine Finanztransaktionen und sein Vermögen im Detail informiert zu sein, betraute Franz Stephan nach dem Ende des Siebenjährigen Krieges mit der Leitung der Staatsschuldentilgung und übertrug ihm damit die Aufgabe, die zerrütteten Finanzen in Ordnung zu bringen. Dem Kaiser gelang es tatsächlich, die Währung zu stabilisieren. Im übrigen hatte das Finanzgenie, als das wir ihn ruhig bezeichnen können, in diesem Krieg nicht nur die österreichische Armee, sondern auch, was Verwunderung auslösen muß, das preußische Heer mit Uniformen und Kriegsmaterial aller Art beliefert.

Das beträchtliche Privatvermögen an Bargeld, Realitäten und Aktien, das der vielfache Millionär im Laufe der Zeit anhäufte, hat er testamentarisch verschiedenen Zwecken zugeführt. Sage und schreibe zwölf Millionen Gulden Bargeld vermachte er Joseph II., seinem Nachfolger als römisch-deutscher Kaiser, der es zur Dekkung der Staatsschuld verwendete. Etwa 5,8 Millionen sollten der Versorgung der noch lebenden Kinder dienen. Darüber einigten sich Maria Theresia und Joseph II. im Zuge der Verlassenschaft. Dieses Geld wurde von den Staatsfinanzen getrennt. Mit weiteren 5,8 Millionen Gulden, die von den Eigengütern Maria Theresias kamen, bildete es die Grundlage für das Privatvermögen des Hauses Habsburg, den sogenannten Familienversorgungsfonds, der für den standesgemäßen Unterhalt der Mitglieder des Erzhauses verwendet und später vom jeweiligen Familienoberhaupt verwaltet wurde.

Franz Stephan, der übrigens den Ideen der Freimaurer mit großen Sympathien gegenüberstand, war auch ein bedeutender Sammler. Er trug Münzen und Medaillen zusammen und kaufte eine weltberühmte Medaillensammlung, mit der er das Hof-Naturalien-Kabinett begründete. Es wurde zur Keimzelle des heutigen Naturhistorischen Museums. Schloß Schönbrunn, das die Kaiserin in den Jahren 1744–1749 von Nicolaus Pacassi zum Wohnschloß umbauen ließ, verdankt Franz Stephan die Anlage der Menagerie und des Botanischen Gartens, für deren Bestükkung mit Tieren und Pflanzen er die notwendigen finanziellen Mittel zur Verfügung stellte. Auch um die Gestaltung des Parkes hat sich der Blumen- und Pflanzenfreund gekümmert und zu diesem Zweck einen lothringischen Gartenarchitekten aus Florenz nach Wien berufen.

Franz Stephan stand im Schatten Maria Theresias. Aber er war keineswegs das unbedeutende Schattengewächs, als das er von so manchem Historiker hingestellt wurde. Von den Staatsgeschäften ferngehalten, suchte und fand er Zuflucht und Selbstbestätigung im Privatbereich und setzte Maßnahmen, die zumindest teilweise dem Staatsganzen zugute kamen. Auch unter diesem Aspekt hat sich das Kaiserpaar treffend ergänzt.

Zu ihren Kindern hatte Maria Theresia im Gegensatz zu den meisten gekrönten Häuptern ihrer Zeit ein persönlich-mütterliches Verhältnis. Sie kümmerte sich um ihre Bedürfnisse, sorgte sich um ihre Gesundheit, plante und förderte ihre geistige Entwicklung. Wie das am Kaiserhof seit längerem üblich war, wurden die Kinder Maria Theresias einzeln, oder wenn sie im Alter und im Geschlecht zusammenpaßten, paarweise betreut und erzogen. In der »Kindskammer«, der ein »Ajo« (männlicher Erzieher) oder eine »Aja« vorstand, sorgten Kammerfrauen und anderes Dienstpersonal für das leibliche und geistige Wohl der kleinen Erzherzoge und Erzherzoginnen. Sie erhielten ihre mündlichen oder schriftlichen Instruktionen direkt von der Regentin.

Maria Theresia war eine liebende, aber strenge und fordernde Mutter mit unverrückbaren Erziehungsgrundsätzen. Die Grundpfeiler ihres pädagogischen Credos waren Frömmigkeit, Gehorsam und Disziplin. »Die Kinder seynd geboren zu gehorsamen, mithin bey zeitten selbes gewohnen sollen«, schrieb sie einmal an die Gräfin Maria Walburga Lerchenfeld, der Erzieherin einiger ihrer Töchter, der sie besonderes Vertrauen entgegenbrachte.

Widerspruchsgeist und Starrköpfigkeit waren im maria-theresianischen Kinderzimmer absolut nicht gefragt, das Wort von der Selbstverwirklichung, das in der modernen Erziehungswissenschaft eine zentrale Rolle spielt, existierte noch nicht. Hingegen gehörten Gebete und Andachtsübungen von frühester Kindheit an zum nicht wegzudenkenden Bestandteil des kindlichen Alltags. Der frühen Kindheit maß die Kaiserin, die die moderne Kinderpsychologie gewissermaßen instinktiv vorwegnahm, besondere Bedeutung zu. Die Ajas und Pflegepersonen ihrer Säuglinge und Kleinkinder wurden strikt angewiesen, für eine harmonische Atmosphäre in der Kammer zu sorgen und sich ganz der Pflege und Erziehung ihrer Schützlinge zu widmen. Auf richtige Ernährung, Körperpflege und Hygiene legte Maria Theresia größten Wert.

Oberstes Ziel dieser mütterlichen Instruktionen war es, eine Verweichlichung oder Verwöhnung der Kinder hintanzuhalten. Es war ihnen untersagt, um die Gunst der Kinder zu buhlen. Sie wurden ganz im Gegenteil ausdrücklich dazu aufgefordert, deren Eigenwillen zu zähmen, ihnen nichts durchgehen zu lassen und allzu begehrliche Wünsche glattweg abzuschlagen.

Die Ausbildung der Erzherzoge und Erzherzoginnen, die im Alter von sechs Jahren einen eigenen Hofstaat erhielten, verlief geschlechtsspezifisch. Während die kaiserlichen Söhne für ihre Aufgabe als künftige Herrscher sorgfältig und gründlich vorbereitet wurden, wobei man auch der Charakterbildung Beachtung schenkte, war die Erziehung der Mädchen ganz auf ihre Rolle als Ehegattin zugeschnitten. Maria Theresia war – und das ist mit ihrer Position und ihrem Verhalten in der eigenen Ehe nur schwer in Einklang zu bringen – von der absoluten Vorrangstellung des Mannes in Gesellschaft und Familie überzeugt. Die Fürstin sei, so meinte sie, die Untertanin ihres Mannes. Sie hatte ihm gefällig zu sein, alle seine Wünsche zu erfüllen, seine Launen mit Sanftmut zu ertragen, ihm in jeder Hinsicht zu dienen und sich im übrigen jeder Einmischung in die Politik zu enthalten. Klagen, herrische Gesten und Eifersuchtsszenen, zänkisches Gehabe und Herrschsucht hielt sie Männern gegenüber für völlig unangebracht. »Die Pflicht der Frauen ist die Ergebenheit vor Gott und den Menschen«, formulierte sie klar und unmißverständlich. »Davon spricht uns die Welt nicht frei. Frauen haben immer Unrecht, wie auch ihre Männer sein mögen.«

Die Mutter wurde nicht müde, dieses gesellschaftliche Credo ihren Töchtern, deren persönliches Glück sie der Staatsräson opferte, mit nimmermüder Beharrlichkeit einzuhämmern.

Um das dynastische Band zum Haus Bourbon enger zu knüpfen, verehelichte sie Maria Amalia mit Herzog Ferdinand von Parma, der nicht nur häßlich, sondern auch ein Dummkopf war. Maria Carolina wurde dem tölpelhaften Ferdinand von Neapel-Sizilien angetraut, Maria Antonia (Marie Antoinette) mußte im Alter von fünfzehneinhalb Jahren den Dauphin, den späteren Ludwig XVI., zum Manne nehmen. Lediglich Marie Christine, ihre Lieblingstochter, durfte den Mann ihres Herzens wählen: den kunstsinnigen Albert von Sachsen-Teschen. Von den übrigen Töchtern starben fünf im Kindes- und Jugendalter, zwei blieben unverheiratet.

Die Kaiserin gab jeder ihrer Töchter, wenn sie das elterliche Haus verließ, Lebensregeln und Verhaltensmaßnahmen mit auf den Weg, die ihnen zur Richtschnur ihres Handelns dienen sollten. Es war der Versuch, den jungen Ehefrauen, die bei ihrer Heirat noch minderjährig, jedenfalls aber menschlich unreif und sexuell unerfahren waren, psychologisch zu helfen. Sie betonte in diesen Instruktionen den sittlichen und moralischen Vorbildcharakter des Herrschers, verlangte Anpassung an die Sitten und Gebräuche des fremden Landes, forderte politische Enthaltsamkeit und warnte vor Müßiggang und Verschwendungssucht. Jede der Töchter (und auch der Söhne) erhielt nach dem Tod Franz Stephans auch eine Abschrift der Lebensregeln, die der Kaiser abgefaßt hatte.

Mag sein, daß sie diese Weisungen beachtet haben, daran gehalten haben sich die meisten von ihnen nicht.

Maria Theresia kannte die Vorzüge, Kapricen und Schwächen ihrer Kinder ganz genau. Sie versuchte, auch wenn sie nicht mehr unmittelbar ihrer Kontrolle unterstanden, auf sie Einfluß zu nehmen und hörte nicht auf, sie zu bemuttern, zu belehren, zu loben und zu tadeln. Selbst die erwachsenen Töchter und Söhne bekamen von der gestrengen Mama offen ihre Meinung zu hören. Es waren nicht nur Ratschläge, die per Kurierpost von der Wiener Hofburg oder von Schönbrunn aus ihren Weg zu den verschiedenen Residenzen nahmen. Es gab mütterliche Ermahnungen, Vorwürfe, Rügen, Zurechtweisungen sonder Zahl.

»Ich liebe die Kaiserin«, sagte Marie Antoinette, die mit der besorgten Mutter ein regelmäßiger Briefwechsel verband, einmal, »aber ich fürchte sie sogar aus der Ferne. Selbst wenn ich schreibe, fühle ich mich ihr gegenüber nicht ungezwungen.« Am Schicksal ihrer jüngsten Tochter nahm sie besonders lebhaften Anteil: sie ermahnte sie, nicht zu viel zu reiten; sie rügte ihre Frisur; sie tadelte ihren Lebenswandel.

Maria Theresia rüffelte nicht nur ihre Töchter, sie (ver)schonte auch ihre Söhne nicht. Ihren jüngsten Sohn Maximilian Franz, der für den geistlichen Beruf ausersehen war, ermahnte sie im Alter von neunzehn Jahren: »Mit Eurer Körperhaltung bin ich nicht zufrieden und finde sogar die alte Angewohnheit, sich etwas schief zu halten, eher noch schlimmer geworden. Auch nehmt Ihr alles so nah an die Augen, daß man meinen könnte, Ihr wäret kurzsichtig.« Und weiter: »Ich habe beobachten müssen, daß Ihr oft die Hände im Gesicht oder am Mund haltet, um Euch zu kratzen oder an den Nägeln zu kauen, laßt das gefälligst, es sieht ganz übel aus und macht Euch lächerlich ...« Welcher junge Mann würde sich heute von seiner Mutter solche Vorhaltungen gefallen lassen?

Maria Theresia bekannte einmal, daß sie alle ihre Kinder gleich liebe. Sie liebte sie, gewiß. Aber sie liebte sie nicht alle mit der gleichen Inbrunst und Intensität. Wie jede Mutter war sie einigen ihrer Sprößlinge mehr zugetan als den anderen. Ihr erklärter Liebling war von der Geburt an ihre Tochter Marie Christine, die sie an ihrem eigenen Geburtstag zur Welt brachte. Vielleicht ist das schon die Erklärung dafür, daß sie gerade dieses Kind so offenkundig bevorzugte. Mimi, wie sie von der Mutter liebevoll genannt wurde, besaß im großen, warmfühlenden Herzen der großen Regentin eine Sonderstellung. Das wurde von den anderen Geschwistern, die sich zurückgesetzt fühlten, neidvoll registriert und führte innerhalb der Familie zu manchem Zwist, der nicht selten vom geduldigen, auf Harmonie bedachten und um Ausgleich bemühten Kaiser geschlichtet wurde. Gewiß hat Maria Theresia – die Bevorzugung Marie Christines ist ein Beispiel dafür – bei der Erziehung ihrer Kinder Fehler gemacht. Aber die »Große Mutter Österreichs« war eben auch nur ein Mensch.

Am 18. August 1765 traf Maria Theresia der härteste Schlag ihres Lebens. An diesem Tag – es war ein Sonntag – verstarb in Innsbruck, wo sich der Hof aufhielt, der Kaiser. Der Tod hatte sich in der Nacht zuvor angekündigt und war dann doch urplötzlich gekommen. Maria Theresia erstarrte das Blut in den Adern, als ihr ihr ältester Sohn Joseph die Nachricht vom Hinscheiden ihres über alles geliebten Gemahls überbrachte. Ihr Schmerz und ihre Trauer waren abgrundtief. An ihre alte Erzieherin, Gräfin Rosalia Edling, schrieb sie später: »Den vollkommensten, den liebenswürdigsten Herrn habe ich verloren, seit dreiundvierzig Jahren war mein Herz ihm allein zugethan; er war mein Trost in Allem in meinem harten Lebenslaufe, jetzt ist nichts mehr für mich. Bete für mich, liebste Salerl, daß Gott mich erleuchte und stärke, solange ich noch in dieser Welt herumkugeln muß.«

Der Schmerz, der ihr Gemüt erschütterte, war wie ein alles unter sich begrabendes seelisches Erdbeben. Sie ließ sich das kaum ergraute Haar abschneiden, sie schenkte ihre Kleider den

Kammerfrauen, ihren Schmuck den Töchtern. In den verbleibenden fünfzehn Jahren ihres Lebens trug sie nur noch Trauerkleidung: schwarze Witwentracht mit einer unter dem Kinn zusammengebundenen Witwenhaube. Wir kennen sie aus ihren Porträts nur noch so: eine müde aussehende, dickleibig gewordene Frau. Sie, die in ihren Jugend- und reifen Frauenjahren heiter und lebenslustig gewesen war, die getanzt und gespielt, die alle Vergnügungen am Hof mitgemacht hatte, war jetzt lebensscheu, einsam und alt.

»Selbst die Sonne erscheint mir schwarz«, schrieb sie im Herbst 1765, und über ihre ersten Weihnachten nach dem Tod Franz Stephans berichtete sie: »Ich bin allein in meiner Stube, die mit grauem Tuch bespannt ist und in der nur zwei Wachskerzen brennen, so daß es recht düster ist; aber so fühle ich mich noch am wohlsten.«

In ihren Mußestunden und in langen durchwachten Nächten zergrübelte sie sich den Kopf über ihre Ehe, über die Fehler, die sie gemacht, die Unduldsamkeit, die Eifersucht, mit der sie Franz Stephan gequält hatte. Sie trauerte den unwiederbringlichen Ehetagen nach und verfiel dabei auf die seltsamsten Ideen. In ihrem Gebetbuch fand man einen Zettel mit ihrer Handschrift, auf dem sie, drei Jahre nach dem Tod des Gatten, die Zeit ausgerechnet hat, die sie mit ihm verbrachte: »29 Jahre, 6 Monate, 6 Täge, macht also Jahre 29, Monat 335, Wochen 1540, Täge 10781, Stunden 358744.« Hätte sie nur diesen einen Zettel hinterlassen, wir könnten ermessen, welch tiefe Zäsur das Jahr 1765 im Leben Maria Theresias bedeutete.

Unter dem Schock des Ablebens ihres geliebten Gatten trug sich die Kaiserin vorübergehend mit dem Gedanken, zugunsten ihres ältesten Sohnes Joseph auf den Thron zu verzichten und sich in ein Kloster zurückzuziehen. Staatskanzler Kaunitz, den sie ins Vertrauen zog, riet ihr davon ab. Er machte den Vorschlag, Joseph zum Mitregenten zu ernennen, was bereits am 17. September 1765 per Dekret geschah. Maria Theresia behielt sich jedoch die volle Souveränität über alle ihre Länder vor. Obwohl Trauer und Niedergeschlagenheit ihr Herz erfüllten und sie sich einsam und verlassen fühlte, gab sie die Zügel der Macht nicht aus der Hand. Ihr Verantwortungsbewußtsein, ihre Überzeugung, von Gott zur Herrscherin bestimmt zu sein, und ihr ausgeprägter Hang zur Selbstherrlichkeit waren stärker als ihre zeitweiligen resignativen Anwandlungen. Seit 1767, dem Jahr, in dem sie von den Blattern genas, widmete sie sich wieder mit Eifer den Regierungsgeschäften und war auch bereit, (begrenzte) Reformmaßnahmen durchzuführen, über die wir schon gesprochen haben. Der Schwung der beiden ersten Regierungsjahrzehnte war natürlich dahin, obwohl sie gegenüber Joseph und dem Grafen Kaunitz ihre Autorität bis zuletzt verhältnismäßig unangefochten wahrte. Zwar gelang es dem Mitregenten nach und nach, seinen Einfluß, vor allem in der Außenpolitik, stärker zur Geltung zu bringen, aber ohne die formelle mütterliche Zustimmung ging nichts.

Um die Gesundheit Maria Theresias stand es nicht zum besten. Ihrer ehemaligen Kammerfrau und Vertrauten, Rosalia Edling, klagte die 52jährige in ihrer gewohnt offenen Art: »Meine äußere Gesundheit scheint zwar gut; ich bin sehr fett, mehr als meine holdselige Frau Mutter; auch rot, besonders seit den Blattern. Aber die Füße, Brust, Augen gehen zugrunde. Erstere sind sehr geschwollen, ich erwarte täglich ihr Aufbrechen. Die Augen sind schier gar hinweg; das Übelste ist, daß ich kein Glas noch Brille brauchen kann. Die Brust fühlt, glaub ich, einen guten Anfang von Dampf; denn mit dem Atmen, auch ebenen Fußes und sogar im Liegen, geht es schwer...«

Mit Joseph verstand sie sich mehr schlecht als recht. Zwischen Mutter und Sohn gab es permanente Reibereien, Verstimmungen, Mißhelligkeiten und Meinungsverschiedenheiten, die das gespannte Verhältnis der beiden bis zum Zerreißen belasteten.

Was Maria Theresia und Joseph trotz der Zuneigung und Loyalität, die der Sohn für die Mutter empfand, entscheidend voneinander trennte, waren nicht so sehr Differenzen über Einzelfragen der Regierung und der Politik. Es waren charakter- und generationsbedingte Grundeinstellungen, Grundunterschiede in ihrer Haltung zum Leben, zur Religion und zur Gesellschaft.

Maria Theresia war warmherzig, umgänglich und mütterlich. Sie konnte Vertrauen schenken und Liebe. Das war ihr schönstes, ihr bezwingendstes Charaktermerkmal. Mit einem untrüglichen politischen Instinkt begabt, hielt sie bei allem Verständnis für notwendige Neuerungen am durch die Zeit erprobten Althergebrachten fest und hatte Ehrfurcht vor dem historisch Gewachsenen. Sie war trotz ihres ungestümen Temperaments und ihrer Impulsivität eine in sich ruhende Persönlichkeit, die im Schoße ihrer Familie Trost und Geborgenheit fand. Bei vielen ihrer persönlichen und öffentlichen Entscheidungen ließ sie sich von ihren religiösen Überzeugungen, von Recht und Moral leiten. Prinzipienreiterei, blutleeres Theoretisieren oder Philosophieren waren ihrem Wesen vollkommen fremd.

Joseph war ein nüchterner, kühler Verstandesmensch von verletzendem Zynismus und selbstquälerischem Mißtrauen. Unbesonnen, ohne Gespür für Tradition und Herkommen, packte er oft hastig und übereilt zu und setzte kompromißlos und rigoros seine von prosaischer Rationalität diktierten Maßnahmen. Er war eine zerrissene, seelisch defekte Persönlichkeit, deren Liebe nach dem untröstlichen Verlust seiner ersten Gemahlin und seiner Tochter dem Staat und seiner Omnipotenz gehörte. Den Vergnügungen des Lebens und allem Pomp abhold, bis zur Selbstvergessenheit pflichttreu, schlugen dem grundsatzverliebten, freidenkerisch gesinnten Doktrinär viele seiner gutgemeinten, auf die Hebung des Volkswohles ausgerichteten Absichten und Maßnahmen zum Unheil aus.

Zur wesensmäßigen und weltanschaulichen Unterschiedlichkeit kam noch der Generationsabstand. Die lebens- und welterfahrene Kaiserin sehnte sich nach Ruhe, wollte die Dinge geschehen lassen. Der junge, tatenlustige Mitregent brannte darauf, die Welt zu verändern und zu verbessern. An Konfliktpotential fehlte es also nicht. Anders als bisher wurde die Auseinandersetzung nicht zwischen Regent und Kronprinz, sondern in matriarchalischer Abwandlung zwischen Monarchin und Mitregent ausgetragen.

Joseph traf gleich nach Antritt seiner Mitregierung eine Reihe von unkonventionellen Maßnahmen, die bei der Kaiserin, den betroffenen Personen und Dienststellen Mißfallen erregten. Er löste die Hofhaltungen seiner Schwestern auf, verringerte die Zahl der in den Hofstallungen gehaltenen Pferde und Maulesel, verbot die kostspieligen Reiherbeizen, räumte mit der Überfülle der am Hof üblichen Galatage anläßlich von Namens- und Geburtstagen auf und vereinfachte die Etikette. Er selbst ging mit gutem Beispiel voran. Anstelle des pompösen spanischen Mantelkleides zeigte er sich nur noch in Uniform. Der Mitregent legte der Monarchin eine umfassende Denkschrift vor, in der er ihr in klaren und wohlgesetzten Worten seine Regierungs- und Herrschaftsphilosophie offenbarte.

Maria Theresia war fassungslos. Wollte ihr ungestümer Sohn alles über den Haufen werfen, worauf sich die Herrschaft der Dynastie gründete: das Gottesgnadentum des Monarchen, die Vorherrschaft der römisch-katholischen Kirche, die gesellschaftlichen Privilegien des Adels? Sie konnte seine staatspolitischen Überlegungen nicht schweigend hinnehmen, sie mußte ihn zurechtweisen, ihn auf seine Fehler und Fehleinschätzungen aufmerksam machen, auch wenn er längst der mütterlichen Obhut entwachsen war. »Ihr habt im allgemeinen keine gute Meinung von der Welt«, schrieb sie ihm im September 1766. »Ich fürchte, daß Ihr niemals Freunde finden werdet, worauf Ihr doch so viel Wert legt, und wer soll Joseph zugetan sein? Denn weder vom Kaiser noch vom Mitregenten kommen diese bissigen, spöttischen, boshaften Züge, sondern vom Herzen Josephs – das ist es, was mir Kummer bereitet, was zum Verhängnis Eures Lebens, unser aller und des Reiches Unglück werden könnte.« Und weiter: »Ihr seid eine Kokette des Geistes, Ihr jaget ihm urteilslos nach, wo immer Ihr ihn zu finden glaubet. Ein gescheites Wort, eine glänzende Phrase, die Ihr in einem Buch oder sonstwo findet, fesselt Euch, Ihr gebraucht Sie bei der ersten Gelegenheit, ohne ernstlich zu überlegen, ob sie auch dahin passen.«

Die Kaiserin nahm sich kein Blatt vor den Mund, wenn sich ihre Kinder nicht an die moralischen und politischen Grundsätze hielten, die ihr als Richtschnur ihres Handelns dienten.

Die Meinungsverschiedenheiten zwischen Mutter und Sohn wurden in der Hauptsache schriftlich ausgefochten. Am Weihnachtsabend 1775 donnerte sie den Mitregenten an: »Zwischen uns waltet ein böses Verhängnis, mit dem besten Willen verstehen wir uns nicht ... Ich darf wohl von mir sagen, daß ich mich seit sechsunddreißig Jahren nur mit Euch abgegeben habe. Sechsundzwanzig davon waren glücklich, von der Gegenwart könnte ich das nicht sagen, da ich niemals mit den allzu gelockerten Grundsätzen in Sachen des Glaubens und der Sitten meine Billigung werde geben können. Ihr zeiget eine zu große Abneigung gegen alle Überlieferung und auch gegen die Geistlichkeit, andererseits sind die von Euch bevorzugten Grundsätze in Moral und Sitte viel zu frei.«

Joseph reagierte auf die mütterlichen Vorwürfe, Anschuldigungen und Ermahnungen durch häufige Abwesenheit vom Hof – seine fieberhafte Reisetätigkeit findet in den Differenzen mit der Mutter ihre teilweise Begründung – und Rücktrittsangebote. An seinen eigenen Moralvorstellungen und Herrschaftsprinzipien hielt er fest. Und er gab auch die Versuche nicht auf, sie gegen den Willen der Mama durchzuziehen. Vor allem in der Außenpolitik hatte er im einträchtigen Zusammenwirken mit dem Fürsten Kaunitz damit Erfolg.

Joseph war sehr zum Verdruß Maria Theresias ein großer Verehrer Friedrichs II. von Preußen, mit dem er zweimal, 1769 in Neiße, 1770 in Mährisch-Neustadt, zusammentraf.

Der Kronprinz trieb im Gegensatz zur Kaiserin habsburgische Großmachtpolitik. Als sich im Jahre 1772 Rußland und Preußen per Abkommen auf die Erste Teilung Polens einigten, trat die Habsburgermonarchie auf energisches Drängen Josephs gegen den Widerstand der Monarchin dieser Übereinkunft bei. »Ich begreife eine Politik nicht«, wendete Maria Theresia ein, »die erlauben soll, daß, wenn sich zwei ihrer Übermacht bedienen, um einen Unschuldigen zu unterdrücken, sich der Dritte das Recht nehmen darf, die gleiche Ungerechtigkeit zu begehen: mir scheint das unhaltbar zu sein. Ein Herrscher hat keine anderen Rechte als der Privatmann: wenn wir alle einmal vor Gott erscheinen müssen, um Rechenschaft abzulegen, wird die Größe und Stärke unseres Staates nicht in Rechnung gestellt werden.«

Trotz der Skrupel, die sie hatte, willigte sie schließlich doch in die Teilung ein. »Placet«, befand sie, »weil so viele große und gelehrte Männer es wollen. Wenn ich aber schon längst tot bin, wird man erfahren, was aus dieser Verletzung von allem, was bisher heilig und gerecht war, hervorgehen wird.«

Machterwägungen hatten über ihr christliches Gewissen den Sieg davongetragen.

Ein paar Jahre vor ihrem Tod prallten die gegensätzlichen politischen Standpunkte zwischen Mutter und Sohn abermals hart aufeinander. Wieder war es eine außenpolitische Frage, die Regentin und Mitregent bis an den Rand des Abbruches aller persönlichen Beziehungen entzweiten.

Der Streit- und Anlaßfall für die heftige Auseinandersetzung war die Erbfolge im benachbarten Kurfürstentum Bayern. Dort war am 30. Dezember 1777 der kinderlose Maximilian III. Josef an den Blattern gestorben. Der mutmaßliche Erbe des letzten bayerischen Herrschers aus dem Geschlecht der Wittelsbacher war dessen Vetter aus einer Nebenlinie, der pfälzische Kurfürst Karl Theodor, der ebenfalls keine eheliche, aber eine zahlreiche uneheliche Nachkommenschaft besaß. Karl Theodor, der sich als Pfälzer fühlte, hatte keine große Lust, seine Residenz von Mannheim nach München zu verlegen. Eben da hakte die österreichische Politik ein. Joseph II., der in zweiter Ehe mit Josepha, der Schwester des kinderlosen Maximilian verheiratet gewesen war, erhob Ansprüche auf Nieder- und Oberbayern. Die Verhandlungen, die in dieser Angelegenheit mit Karl Theodor in Mannheim geführt wurden, waren schon verhältnismäßig weit gediehen, als der Wittelsbacher in München starb. »In dieser Nacht (am 30. Dezember 1777, Anm. d. Verf.) empfange ich die Nachricht, daß uns der Kurfürst von Bayern den Streich spielte zu sterben«, schrieb Kaiser Joseph an Kaunitz.

Joseph handelte unverzüglich. Er ließ zur Untermauerung seiner Erb- und Gebietsansprüche Truppen in Bayern einrücken. Maria Theresia war verzweifelt. Mit untrüglichem politischen Instinkt sah sie die Gefahr eines neuerlichen Krieges mit Preußen voraus. »Ist der Degen einmal gezogen«, schrieb sie an ihren ungestümen Sohn, »dann bleibt keine Zeit mehr zur Versöhnung. Das Wohl von Tausenden und Abertausenden von Menschen, die Existenz der Monarchie und die Erhaltung unseres Hauses hängen davon ab. Nach allem, was ich soeben gesagt habe, muß ich erklären, daß ich mich nicht dazu herbeilassen kann, gegen mein

Gewissen und gegen meine Überzeugung zu handeln. Es ist dies weder üble Laune noch persönliche Feigheit. Ich fühle mich noch ebenso voll Kraft wie vor dreißig Jahren, aber nie werde ich mitwirken, mein Haus und meine Staaten zugrunde zu richten.« Und nachdem der Kaiser zu den Truppen abgereist war, schrieb sie die für einen Herrscher des 18. Jahrhunderts einmaligen Sätze nieder: »Wie oft habe ich an die armen Frauen denken müssen, denen man ihre Kinder mit Gewalt wegnimmt. Welch häßliches Gewerbe ist doch der Krieg: gegen die Menschlichkeit und gegen das Glück.«

Die alte Maria Theresia war keine Pazifistin geworden, aber sie hatte sich ein fühlendes Herz für die Nöte des Volkes bewahrt. Fieberhaft bemühte sie sich um die Erhaltung des Friedens. Die monatelangen Verhandlungen zwischen den diplomatischen Vertretern Österreichs und Friedrich II. von Preußen, der jede Machterweiterung des Hauses Habsburg kategorisch ablehnte, blieben ohne Ergebnis. Anfang Juli 1778 überschritt der Preußenkönig mit seiner Armee die böhmische Grenze und trug zum vierten Mal die Fackel des Krieges in das bedauernswerte Land. In dieser Situation entschloß sich die Kaiserin zu einem außergewöhnlichen Schritt. Sie wandte sich ohne Wissen Josephs in einem persönlichen Schreiben an ihren Erzfeind und bat ihn um Frieden. Der Mitregent fühlte sich hintergangen, das Verhältnis zwischen Mutter und Sohn war an einem absoluten Tiefpunkt angelangt. »Sie haben«, donnerte Joseph seine Mutter an, »ohne mich zu Rate zu ziehen, diese unglaublichen Verhandlungen begonnen ... das Übel ist unheilbar; ich habe an nichts mehr zu denken, als die Trümmer der Ehre des Staates und meiner eignen zu retten ... Die einzige Gnade, die ich von Ihnen verlange, besteht darin, daß Sie die Güte haben wollen, mich in Zukunft mit irgendwelchen Fragen über diesen Gegenstand zu verschonen.«

Der Krieg, der, weil beide Seiten eine offene Feldschlacht vermieden, als »Kartoffelkrieg« in die Geschichte eingegangen ist, schleppte sich dahin und wurde nach monatelangen Verhandlungen am 13. Mai 1779, dem 62. Geburtstag der Kaiserin, mit dem Frieden von Teschen beendet. Die Habsburgermonarchie erhielt das Innviertel mit den Städten Ried, Braunau und Schärding zugesprochen. Der Plan Josephs, Bayern im Abtausch gegen die österreichischen Niederlande (das heutige Belgien) zu erwerben und damit die Stellung seines Hauses im deutschen Raum zu festigen, war gescheitert.

Die Kaiserin feierte den Friedensschluß, der im wesentlichen ihr Werk war, am Pfingstsonntag, dem 23. Mai 1779, mit einem Tedeum im Wiener Stephansdom. »Ich habe heut gloriose meine carriere geendigt«, schrieb sie, vom Dom zurückgekehrt, an den von ihr so sehr geschätzten Fürsten Wenzel Anton Kaunitz.

Maria Theresia hatte sich nicht geirrt. Ihr Lebenswerk war vollendet, ihre Lebensuhr beinahe abgelaufen. Ihr schwerer, schwerfälliger Körper wurde ihr zunehmend zur Last. Sie litt an Bluthochdruck, Atembeschwerden und Rheumatismus. Ein organisches Herzleiden plagte sie. Das Gehen kam sie schwer an, Stiegensteigen konnte sie zuletzt überhaupt nicht mehr. Die Kaiserin klagte nicht viel darüber, sie nahm ihre körperlichen Beschwerden als Fügung Gottes hin. Unverdrossen traf sie weiter Anordnungen, las Berichte, schrieb Briefe an ihre Kinder. Am 8. November 1780 sah die Regentin bei Wind, Kälte und Regen von der großen Halle der Gloriette des Schlosses Schönbrunn einer Fasanjagd zu, die Herzog Albert von Sachsen-Teschen und seine Gemahlin, ihre Lieblingstochter Marie Christine, veranstalteten. Obwohl sie am ganzen Körper fror, ließ sie es sich nicht nehmen, nach dem Spektakel mit der Jagdgesellschaft zu speisen. Die schwere Erkältung, die sie sich an diesem Tag zugezogen hatte, nahm sie nicht ernst. »Glauben Sie nur nicht, daß ich krank bin«, schrieb sie an ihre Schwiegertochter Maria Beatrice nach Modena. »Ich behalte meine gewohnte Lebensweise bei, bin nur unpäßlich, nicht Patientin.« In Wahrheit war sie auf den Tod erkrankt.

Als sich der Zustand der Monarchin verschlimmerte, rief Joseph die Geschwister nach Wien, die sich besorgt um das Krankenbett scharten. Maria Anna, die älteste Tochter des Kaiserpaares, hat das langsame, qualvolle Sterben der Mutter detailliert festgehalten. Am 26. November verlangte Maria Theresia nach den Sterbesakramenten, drei Tage später hörte ihr Herz auf zu schlagen. Mutig wie in ihrem ganzen Leben, hatte sie auch dem Tod tapfer ins Auge geblickt. Noch am Todestag schlug sie den

Rat, ein wenig zu schlafen, aus. »Wie wolt ihr das ich schlaffen soll indem ich jeden augenblick erwarte vor meinen richter gerufft zu werden«, sagte sie, »ich förchte mich zu schlaffen, denn ich will nicht überfahlen werden und will gantz den tod kommen sehen.« Die tote Herrscherin fand in der Kapuzinergruft an der Seite ihres geliebten Mannes ihre letzte Ruhestätte.

Maria Theresia war eine große Frau und eine vortreffliche Regentin. Aber sie war, wie jeder Mensch, nicht frei von Schwächen. Sie war herrschsüchtig und sittenstreng, sie frönte der Klatschsucht, ihrer Bildung waren enge Grenzen gesetzt. Für die hervorragenden Leistungen ihrer Zeit auf dem Gebiet der Literatur, der Philosophie, der Malerei und selbst der Musik hatte sie wenig übrig. Von Goethe hat sie keine Zeile gelesen, an Mozart ging sie vorüber, Kant blieb ihr völlig fremd. Der Aufklärung, der mächtigen, gesellschaftsverändernden geistigen Strömung der zweiten Hälfte des 18. Jahrhunderts, stand sie ablehnend gegenüber.

Diese Schwachpunkte in ihrem Persönlichkeitsbild werden von den Vorzügen und Lichtseiten bei weitem aufgewogen: von ihrer alles überstrahlenden warmen Mütterlichkeit, ihrem unerschütterlichen Gottvertrauen, ihrem Seelenreichtum, ihrer Lebenskraft, ihrer angeborenen Klugheit, ihrer vertrauenspendenden Großmut, ihrem ausgeprägten Sinn für Recht und Gerechtigkeit.

Maria Theresia hat die vielgestaltige Habsburgermonarchie gegen eine Übermacht von Feinden mit Erfolg verteidigt und sie durch eine Reihe von zielstrebigen Reformen in den Kernländern zu einem festgefügten Staat geformt. Das ist ihr zeitloses und großes historisches Verdienst. Wir dürfen ihr am Ende dieser kurzen Abhandlung in Übereinstimmung mit anderen Historikern daher den (Ehren-)Titel einer »Magna Mater Austriae« zuerkennen. Wenn Friedrich II. von Preußen seit zwei Jahrhunderten als »groß« bezeichnet wird, warum soll man nicht auch Maria Theresia historische Größe zubilligen? Nur weil sie kein Mann war und keine preußische Herrscherin? Eine solche Sicht der Dinge kann man im 21. Jahrhundert wohl nicht mehr gelten lassen.

Joseph II.:
Der rastlose Reformkaiser

Joseph II., *Gemälde von Anton von Maron, 1785.*
Versailles, Château et Trianons.

Am Montag, dem 13. März 1741, zwischen zwei und drei Uhr, wurde »Ihre Majestät die Königin zu Hungarien, Böheimb, Erzherzogin zu Österreich, die Allergnädigste Landesfürstin, zur unaussprechlichen Freude Allerhöchster Herrschaften wie auch zum Trost allhiesiger Bewohner eines schönen und wohlgestalteten Erzherzog glücklichst entbunden«, wie das »Wiener Diarium«, die Vorläuferin der »Wiener Zeitung«, im schwulstigen Amtsdeutsch der Zeit sprachbuckelnd berichtete.

Nach drei Töchtern, von denen zwei bereits wieder verstorben waren, hatte Maria Theresia endlich einem Sohn, einem Thronfolger, das Leben geschenkt. Die Freude am Kaiserhof war groß, und auch die Wiener feierten die Geburt des Kronprinzen mit gebührendem Enthusiasmus. In den Straßen wurden Lieder gesungen, die Häuser illuminiert, zahlreiche Bürger schmückten ihre Fenster mit kernigen Sinnsprüchen. Einer davon lautete: »Nun können die Feinde losen, weil Österreich tragt Hosen.«

Mit den Feinden waren vor allem die Preußen gemeint, die, so wollte es der Wiener Volkswitz, ängstlich aufhorchen, eben »losen«, sollten. Friedrich II. von Preußen, den die deutschnationale Geschichtsschreibung später zu einem Nationalheros emporstilisiert hat, war im Dezember 1740 ohne vorherige Kriegserklärung mit seiner Armee in Schlesien eingefallen und stand im Begriff, diese reiche österreichische Provinz der preußischen Herrschaft zu unterwerfen. Er machte Maria Theresia, der jungen, regierungsunerfahrenen Habsburgerin, ihr Erbe streitig. Sie hat ihm diese völkerrechtswidrige Untat zeitlebens mit Recht nicht verziehen.

Die Habsburgermonarchie stand also im Krieg, aber die Wiener spürten kaum etwas davon. Sie ließen den neugeborenen Thronfolger hochleben, sie faßten seine Geburt geradezu als ein Zeichen göttlicher Vorsehung auf. Mit einem männlichen Thronerben in der Wiege würde das Haus Österreich nicht untergehen, den Stürmen der Zeit widerstehen.

Noch am Tag der Geburt, um halb sechs Uhr abends, wurde das Kind, einem plötzlichen Wunsch der Mutter entsprechend, auf den Namen Joseph getauft, nach dem Hl. Joseph, zu dem sie während ihrer Schwangerschaft oft gebetet hatte. Der Vorname fiel in der jahrhundertelangen Ahnenreihe des habsburgischen Herrscherhauses durchaus aus dem Rahmen. Er war zuvor erst einmal verwendet worden, nämlich für den ältesten Sohn Kaiser Leopolds I. Dieser Joseph I. hatte den habsburgischen Vielvölkerstaat 1705 bis 1711 regiert – ganze sechs Jahre. Nomen est – so scheint es – tatsächlich omen. Joseph II. fiel später als Mensch, als Persönlichkeit, als Herrscher zum Leidwesen der Mutter vollkommen aus dem Rahmen seines angestammten Hauses. Im Jahre 1741 konnte das natürlich niemand ahnen.

Über die Kindheit Josephs II. sind wir nicht eben vortrefflich informiert. Es fehlt an den entsprechenden Unterlagen. Mit der Pflege und Erziehung des Kleinkindes wurden die Gräfinnen Belrupt und Saurau beauftragt, die von Maria Theresia angewiesen wurden, »die Sauberkeit genau zu beachten, sowohl im Waschen als Kampeln, das alle Tage geschehen soll«. Über diese längst zur Selbstverständlichkeit gewordene körperliche Betreuung hinaus sollten die Kinder nach dem Willen der Herrscherin zeitgerecht zum Gehorsam angeleitet und nicht jedes ihrer Verlangen erfüllt werden. Ob die beiden Erzieherinnen diese Anweisungen strikt befolgt haben, ist zu bezweifeln. Joseph genoß als der männliche Erstgeborene und Thronfolger mehr Fürsorge, als ihm guttat. Man ließ ihm manches durchgehen, man verhätschelte und verwöhnte ihn. Man pumpte ihn voll mit Selbstbewußtsein, mit Vorstellungen von der Größe seiner zukünftigen Stellung. Der preußische Gesandte in Wien, Otto Christoph Graf Podewils, dessen Urteile allerdings mit Vorsicht aufzunehmen sind, berichtete über den kleinen Joseph: »Sein Ausdruck ist stolz und hochmütig und sein Wesen ebenfalls. Er hat schon jetzt die höchste Vorstellung von seinem Rang.« Die Schuld für die erzieherische Fehlentwicklung maß er der Mutter zu: »Die Kaiserin«, schrieb er, »vergöttert den Erzherzog und läßt ihm viele Fehler hingehen, um deretwillen sie ihn strafen sollte. Doch gibt sie sich manchmal das Ansehen einer gewissen Strenge ...«

Die Folgen dieser inkonsequenten Erziehung waren Überheblichkeit, Starrsinn und Widerborstigkeit, Eigenschaften, die Joseph zeitlebens nicht mehr ablegte.

Maria Theresia, die die Entwicklung ihres Ältesten mit Mißbilligung beobachtete, versuchte das Steuer herumzureißen. Im Jahre 1748 bestellte sie den Feldmarschall Graf Karl Joseph von Batthyány zum Koordinator der kronprinzlichen Erziehung. Batthyány war eine rauhe Soldatennatur, die dem Hause Österreich jahrzehntelang auf allen Schlachtfeldern Europas treue Dienste geleistet hatte. Das Pendel schlug nun in die andere Richtung aus. Das Verwöhntwerden wurde durch Härte und militärischen Drill ersetzt. Die Regentin entwarf in ihren Instruktionen an den neuen »Ajo« (Erzieher) ein ungewöhnlich scharfes Charakterbild ihres Sohnes, in dem auch die Schwächen und Schattenseiten nicht fehlten: »Da mein Sohn als ein uns so liebes und importantes Pfand mit großer Zärtlichkeit und Liebe von der Wiege an gepflegt worden ist, ist sicher«, schrieb sie dem Haudegen Batthyány, »daß seinem Willen und Verlangen in vielen Stükken zu viel nachgegeben worden ... Obwohl nun zwar diese Neigungen teils durch die dahin angewendete Sorge und Lehren seines fleißigen Abbé in etwas korrigiert worden, mein Sohn auch viele Anzeichen eines guten Herzens von sich gibt, so ist doch sicher, daß seine große Lebhaftigkeit, die man ehmals nicht von ihm vermutet, von welcher man aber in Vielem zu seinem Besten wird profitieren können, dermalen merklich zunimmt, woraus dann erstlich heftige Verlangen entstehen, seinen Willen in allen kleinen Gelüsten zu erfüllen ...«

»Es wird an ihm auch beobachtet«, setzte sie fort, »daß es ihn sehr hart ankommt, seiner Fehler zu convenieren. Er schämt sich derselben und sucht durch andere Discurse oder Ausflüchte sie zu bemänteln ...« Und weiter: »Eine von den Neigungen, die am meisten müssen bestritten werden und abzuwenden gesucht, ist die aus seinem aufgeräumten Gemüt entstehende Lust, an Jedermann die äußerlichen und auch innerlichen Fehler alsbald zu beobachten, sich davon einnehmen zu lassen ...« Das hindere ihn daran, ein vernünftiges Urteil zu fällen und die wirklichen Qualitäten eines Menschen zu erkennen. Schließlich dekretierte die gestrenge Mama: »Sein Point d'honneur soll in dem bestehen, seiner Eltern Gnade und Liebe durch seinen Fleiß und gute Aufführung zu verdienen und die übrigen Menschen durch Freundlichkeiten und gütige Antworten in allen erdenklichen Gelegenheiten an sich zu ziehen ...«

Der Brief Maria Theresias an Batthyány, aus dem wir so ausführlich zitiert haben, ist von hohem Dokumentationswert. Er zeugt von der scharfen Beobachtungsgabe der Regentin, ihren pädagogischen Ab- und weltanschaulichen Ansichten. Sichtbare Erfolge zeitigte er, langfristig gesehen, offenbar nicht. Zwei Jahrzehnte später wird die Mutter dem zum Mitregenten herangereiften Mann dieselben Schwächen und Charakterfehler vorwerfen, die sie im Kind erkannt und getadelt hatte.

Die Erziehung Josephs trat nun jedenfalls in ein neues Stadium. Hatte der Kronprinz bis zu seinem siebenten Lebensjahr nur Religionsunterricht erhalten, so wurde nun ein detaillierter Studien- und Stundenplan ausgearbeitet, der Tagesablauf des Knaben bis in das kleinste Detail geregelt. Joseph wurde von frühmorgens bis spätabends in eine pädagogische Tretmühle eingespannt, die auch für ein robusteres Fürstenkind, als er es war, nur schwer zu ertragen gewesen wäre. Der Kronprinz erhielt Geschichts-, Geographie- und Musikunterricht, er lernte Reiten, Fechten und Tanzen. Religiöse Unterweisung und religiöse Übungen nahmen in seinem Unterrichtsplan einen besonderen Platz ein und beanspruchten einen nicht unbeträchtlichen Teil seiner Zeit.

An Sprachen hatte Joseph außer Latein und Französisch auch noch Italienisch zu lernen. Zudem erhielt er Unterricht im Ungarischen und Tschechischen. Selbstverständlich waren im Lehrplan Josephs auch naturwissenschaftliche Fächer vorgesehen. Naturgeschichte und Physik galten damals zwar nicht als verbindliche Lehrfächer, doch scheint sich der Kronprinz unter dem Einfluß seines Vaters dafür interessiert zu haben. In der Mathematik erwarb Joseph in jüngeren Jahren umfassende Kenntnisse.

Für seine Aufgaben als zukünftiger Herrscher sollte der Kronprinz mit besonderer Intensität vorbereitet werden, hatte doch

Maria Theresia am eigenen Leib erfahren, wie bitter es war, ohne die nötigen (Vor-)Kenntnisse ein so kompliziertes Staatsgebilde wie die Habsburgermonarchie regieren zu müssen. Den Auftrag, den Sohn in die Geschichte des Hauses Habsburg und die Geheimnisse der Staatskunst einzuführen, übertrug die Regentin dem Freiherrn Johann Christoph von Bartenstein. Es war keine glückliche Wahl. Bartenstein war ein humorloser, pedantischer Bürokrat, der seine Aufgabe übertrieben ernst nahm. Er verfaßte ein vierzehnbändiges Kompendium der deutschen und österreichischen Geschichte, aus dem er Joseph langatmige und weitschweifende Vorlesungen hielt. Mit dem Ergebnis, daß er dem Schüler das Studium gründlich verleidete. Immerhin dürfte Bartenstein dem Kronprinzen die Triebkräfte geschichtlichen Handelns nahegebracht und ihm Erkenntnisse über und Einblicke in die europäische Staatenwelt und die innere Struktur der Erblande beigebracht haben.

Neben dem Studium der Geschichte erhielt Joseph eine gründliche Ausbildung in den Rechtsfächern, die ihm von seinem fähigsten Lehrer, dem aus Thüringen stammenden Christian August Beck, erteilt wurde. Beck, Professor für Staats- und Lehensrecht am Wiener Theresianum, führte den inzwischen zum Jüngling herangereiften Kronprinzen in die Naturrechtslehre ein, nach der der Staat auf einem Vertrag seiner Bürger beruht und nicht auf einem Abkommen zwischen dem Herrscher und Gott. An der Naturrechtslehre sollte sich Joseph später bei vielen seiner Handlungen (immer wieder) orientieren. Er fühlte sich als erster Diener seines Staates, der rastlos um das Wohl seiner Untertanen bemüht war.

Beck machte seinen Schützling unermüdlich auf die Pflichten des Regenten gegenüber dem Volk aufmerksam, er vermittelte ihm die Grundsätze des aufgeklärten Strafrechtes, demzufolge zwischen Verbrechen und Strafe ein vernünftiges Verhältnis zu bestehen habe. Die Zweifel, die er an der Folter als Mittel der Wahrheitsfindung im Strafprozeß hegte, nahm Joseph bereitwillig in sein im Entstehen begriffenes geistiges Weltbild auf. Schließlich vermittelte er Joseph auch den Gedanken der religiösen Toleranz. Man wird wohl nicht fehlgehen anzunehmen, daß der Rechtslehrer aus Thüringen die Gedankenwelt des jungen Joseph entscheidend geprägt hat.

Andere wesentliche Einflüsse auf den Kronprinzen des Hauses Habsburg-Lothringen sind in den Zeitströmungen zu suchen. Der Historiker Eduard Winter, der den geistigen Quellen nachgegangen ist, aus denen Joseph seine Reformideen schöpfte, hat darauf hingewiesen, daß die stärksten Impulse aus Frankreich kamen. Joseph lebte ganz im französischen Kulturkreis. Er verfaßte seine vertraulichen Briefe in französischer Sprache, er holte sich aus den Schriften der französischen Aufklärungsphilosophen so manche Anregung. Obwohl es dokumentarisch nicht nachweisbar ist, kann man mit Sicherheit annehmen, daß Joseph das Werk Voltaires oder zumindest einen Teil davon schon in jungen Jahren heimlich gelesen hat. Von den antikirchlichen, gegen die Mißstände in der römisch-katholischen Kirche und im Kirchenstaat gerichteten Schriften der Zeit hat Joseph nachgewiesenermaßen das Werk des italienischen Gelehrten Antonio Lodovico Muratori gekannt. Muratori trat für ein vom Überschwang des Barocks gereinigtes Christentum ein und plädierte für echtes religiöses Engagement anstelle der damals vorherrschenden überquellenden Frömmelei. Natürlich machte die einflußreichste innerkirchliche Strömung der Zeit, der Jansenismus – benannt nach dem holländischen katholischen Theologen Cornelius Jansen (1585–1638) –, auch vor den Toren der Hofburg nicht halt. Der Jansenismus, der einer Verinnerlichung der Frömmigkeit das Wort redete, kam über Italien nach Österreich. Er faßte zunächst an der Wiener Universität Fuß und wurde auch von einigen Reformbischöfen, vor allem aber von den Beichtvätern der kaiserlichen Familie, aufgegriffen und vertreten. So war etwa der Propst von St. Dorothea, Ignaz Müller, der ab 1767 als persönlicher Beichtvater Maria Theresias fungierte, Jansenist. Für die geistige Entwicklung Josephs dürfte es noch entscheidender gewesen sein, daß Männer wie sein Lehrer Johann Christoph Bartenstein und Gerard van Swieten, die an den Schalthebeln der politischen Macht saßen, mit dem Jansenismus sympathisierten oder überzeugte Jansenisten waren. Joseph hat die jansenistischen Ideen in sich aufgenommen und sich später als Kaiser bei seinen kirchlichen und kirchenpolitischen Maßnahmen davon leiten lassen.

Die Ausbildung des Kronprinzen erstreckte sich über das neunzehnte Lebensjahr hinaus bis zu seiner Heirat mit der Infantin Isabella von Parma im Oktober 1760. Joseph hatte beachtliche Kenntnisse, wenn auch ohne jede Systematik, erworben. Er hatte gelernt, sich mündlich und schriftlich ausgezeichnet auszudrücken. Seine hohe Intelligenz, sein scharfer Verstand und sein gutes Gedächtnis berechtigten zu den besten Hoffnungen, doch neigte der Kronprinz zu intellektueller Überheblichkeit und vorschnellem, unbedachtem Urteil. Das Weltbild Josephs war zu dieser Zeit wohl noch nicht dogmatisiert, aber es stand in seinen Grundzügen bereits fest. Maria Theresia, die neben dem eher farblosen Vater und dem glühend verehrten König Friedrich II. von Preußen die wichtigste Bezugsperson des Sohnes war und trotz aller Rivalitäten zeitlebens blieb, staunte nicht wenig, als ihr der zwanzigjährige Joseph eine Denkschrift vorlegte, die den unverbindlichen Titel »Rêveries«, Träumereien, trug, aber in einigen Punkten bereits das Regierungsprogramm des späteren Kaisers vorwegnahm. Zwischen dem übermäßigen Reichtum und der schrecklichen Armut, vor allem der Bauern, müsse ein Ausgleich gefunden werden, hieß es da, Herkunft sei kein Vorrecht, sondern eine Verpflichtung, die Wirtschaft müsse durch merkantilistische Maßnahmen gefördert, der Staat unter Einbeziehung Ungarns zentralistisch regiert werden.

In den »Träumereien« des zwanzigjährigen Kronprinzen der Habsburgermonarchie steckte bereits ein revolutionärer Sprengsatz. Und Joseph, das wußte die Mutter, war kein Träumer. Er war ein nüchterner, zum Zynismus neigender Rationalist, der sich in kein Schema pressen ließ, der eigene, neue Wege zu gehen entschlossen war. Noch ahnte sie nicht, daß ihr ältester Sohn dereinst zum Ahnherrn des reformatorisch-aufgeklärten und liberal gesinnten Zweiges des Hauses Habsburg-Lothringen werden sollte, ein kaiserlicher Außenseiter in der langen Herrscherreihe einer altehrwürdigen europäischen Dynastie.

Anfang Oktober 1760, mitten im Siebenjährigen Krieg, fand die Vermählung des Kronprinzen mit Isabella von Parma statt. Die Hochzeitsfeierlichkeiten ließen an höfischem Prunk nichts zu wünschen übrig, der Bräutigam war von der Braut, die die Mutter für ihn ausgesucht hatte, hellauf begeistert.

Isabella – klug, bezaubernd, temperamentvoll und von fragiler Zartheit – war freilich mit ihrer Rolle als Gattin des habsburgischen Thronfolgers keineswegs glücklich. Sie verabscheute die Zwänge des höfischen Zeremoniells, Würde und Repräsentation waren ihr in der Seele verhaßt. Es gab am Wiener Kaiserhof später nur mehr eine Frau, die so empfand und litt wie sie: Sisi, die schöne Gemahlin Kaiser Franz Josephs.

Das Charakterbild und die seelische Grundstimmung dieser zwei Frauen sind einander frappierend ähnlich. Sie waren exzentrisch, exaltiert, hypersensibel, innerlich zerrissen, ruhelos, selbstverliebt. Sie trugen beide schwer an ihrem genetischen Erbe. Aber während die Kaiserin ihre Extravaganzen, ihre Neigungen und verrückten Vorlieben in der Reife ihrer Jahre voll auslebte, sie gewissermaßen öffentlich machte, gelang es der Südländerin, ihre seelischen Stimmungen, ihre ererbte depressive Veranlagung und ihre Todessehnsucht selbst vor dem über beide Ohren in sie verliebten Gatten zu verbergen. Im Kreis der Familie gab sie sich heiter und unbeschwert. Sie verbarg ihre Gemütsregungen sorgfältig vor der Außenwelt.

Joseph brachte seiner schönen Gemahlin Bewunderung und Verehrung entgegen. Er verbrachte mit ihr wunderbare, stimmungsvolle Abende. Die Ehe galt als vorbildlich. Der ahnungslose Thronerbe schwelgte im Glück. Das komplizierte Innenleben seiner Frau blieb ihm verborgen. Er war zeitlebens kein großer Menschenkenner, die weibliche Psyche war und blieb für ihn eine Terra incognita. Er sah nicht, daß seine Gattin Liebe und Zuneigung mimte, ihn im Grunde ihres Herzens aber nicht mochte.

Isabella von Parma war lesbisch, sie haßte das männliche Geschlecht. In einem Aufsatz in französischer Sprache zog sie über die Männer in einer Weise her, die einer streitbaren Emanze sogar noch heutzutage Munition für saftige Verbalattacken liefern könnte. Ein »unnützes Tier« sei der Mann, meinte die sanft dreinblickende Südländerin, hinter deren Maske sich ein feuerspeiender Vulkan verbarg, »ein selbstverliebter, machtgeiler Tor«, der nichts anderes im Schilde führe, als die Frauen zu knechten. Er sei eigentlich nur darauf aus, seine sexuellen Bedürfnisse zu stillen und die Frau auch nur für diese »eine Sache« zu gebrauchen.

Der ahnungslose Gemahl bekam diesen Traktat natürlich nicht zu Gesicht. Sein Eheglück war vollkommen, als Isabella im März 1762 ihr erstes Kind zur Welt brachte. Es war zwar ein Mädchen, das den Namen Maria Theresia erhielt, aber der Kronprinz trug es mit Fassung. Ein männlicher Nachkomme würde schon noch folgen. Bei der Geburt waren übrigens nur die Hebamme und ein Arzt zugegen, nicht der gesamte Hofstaat, wie das bis dahin üblich gewesen war. Der stolze Vater war über alle Maßen glücklich und fand sich häufig am Bett der Wöchnerin ein. Alles war scheinbar eitel Wonne.

Der Schein trog. Die unergründliche Prinzessin aus Parma hatte sich lediglich einer (lästigen) Pflicht entledigt. Für Nachwuchs sorgen, das mußte an einem Fürstenhof nun einmal sein. Isabellas Herz gehörte aber nicht ihrer kleinen Tochter und schon gar nicht ihrem Gatten. Sie war in jemand anderen verliebt: in ihre Schwägerin Marie Christine. Niemand bei Hof wußte, kaum jemand ahnte es.

Isabella ließ der Lieblingstochter Maria Theresias bei jeder passenden und unpassenden Gelegenheit auf Zetteln und Zettelchen, zumeist in französischer Sprache, aber auch in einem sehr holprigen, orthographisch fehlerhaften Deutsch ein paar Zeilen zukommen, in denen sich ihre tiefe Zuneigung zu ihrer »lieben Schwester«, ihrem »allerliebsten und allerschätzbarsten Schatz«, ihrem »Engerl«, ihrem »Trost« reflektiert und dokumentiert.

Diese Dokumente zeugen von einer offenkundig lesbischen Liebesbeziehung. Von der Erzherzogin ist nur ein einziges Schriftstück erhalten geblieben.

Marie Christine und Isabella besuchten einander in ihren Appartements und verabredeten Zusammenkünfte an verschiedenen Orten in der Hofburg. Der Kronprinz hatte von den gleichgeschlechtlichen Sehnsüchten seiner Gemahlin keine Ahnung.

Die charmante, geistreiche Kronprinzessin aus Italien war gebildet und hatte vielfältige künstlerische und wissenschaftliche Interessen. Sie malte und zeichnete, spielte hervorragend Klavier und befaßte sich mit pädagogischen, moralischen, philosophischen und sogar ökonomischen Fragen und Problemen.

Isabella hatte nicht nur Esprit. Sie besaß auch einen durchdringenden Scharfblick und ein feines psychologisches Einfühlungsvermögen.

Die Gemahlin des Kronprinzen war von einer tiefen Todessehnsucht erfüllt. Der Tod spielte in ihrem Denken eine zentrale Rolle. Sie beschäftigte sich unentwegt mit dem Jenseits und betrachtete die Welt als ein Jammertal, dem es zu entfliehen galt. In ihren depressiven Phasen dachte sie sogar an Selbstmord. »Wenn es erlaubt wäre, freiwillig zu sterben, ich wäre versucht es zu tun«, schrieb sie an Marie Christine.

Es scheint ihre empfindsame Seele auch sehr belastet zu haben, daß sie die Erwartungen des Kaiserhofes nicht erfüllen konnte. Isabella gebar Joseph in drei Ehejahren nach drei Fehlgeburten zwei Töchter, die jung starben. Die ältere, Maria Theresia, erreichte nur ein Alter von acht Jahren (1762–1770), die jüngere, Christine, starb unmittelbar nach der Geburt. Einen Sohn zur Welt zu bringen blieb ihr versagt.

Fünf Tage nach ihrer zweiten Entbindung, am 27. November 1763, wurde die zutiefst unglückliche Gemahlin des habsburgischen Thronfolgers von ihrem Erdendasein erlöst. Sie starb, noch keine 22 Jahre alt, an den Pocken.

Der Tod seiner geliebten Frau hatte im Leben des Kronprinzen geradezu schicksalhafte Bedeutung. An seinen Bruder schrieb er: »Ich habe alles verloren ... Aufs tiefste betrübt und darniedergedrückt weiß ich kaum, ob ich noch lebe. Welch schreckliche Trennung; werde ich sie überdauern? Ja gewiß, nur um mein ganzes Leben hindurch unglücklich zu sein.«

In der Tat scheint Joseph bis an sein Lebensende nur noch selten persönliches Glück empfunden zu haben. Er hat diesen Schicksalsschlag nie überwunden. Mit der rigorosen Ausschließlichkeit, die sein ganzes Wesen, seinen Charakter ausmachte, widmete er sich von nun an nur noch einer einzigen Aufgabe: dem Wohle des Staates. Mit dem Staat verband Joseph, als Mitregent der Mutter wie als Kaiser, ein geradezu erotisches Verhältnis. Er wollte das Los seiner Untertanen erleichtern, er wollte den Menschen helfen, sie glücklich machen. Aber viele der Maßnahmen, die er zu diesem Zwecke traf, wurden mißverstanden, stießen auf

Widerstand oder wurden als Zwangsbeglückung empfunden. Der Reformkaiser blieb auch als Alleinherrscher glücklos.

Vier Monate nach dem Tod Isabellas mußte der Kronprinz des Hauses Habsburg-Lothringen in Frankfurt am Main das Schauspiel der Wahl und Krönung zum Römischen König über sich ergehen lassen. Joseph empfand die barocke Festlichkeit, die mit einem umständlichen Zeremoniell verbunden war, als anachronistische Widerwärtigkeit. In einen prächtigen Ornat gehüllt, der für seine Figur hatte zurechtgeschneidert werden müssen, und mit der viel zu großen Krone schritt er mit seinem Vater auf den Römer, das Frankfurter Rathaus, zu. Der fünfzehnjährige Goethe war Augenzeuge dieser Szene. Er hat sie Jahrzehnte später in »Dichtung und Wahrheit« beschrieben: »Des Kaisers Hausornat von purpurfarbener Seide mit Perlen, mit Steinen reich geziert, sowie Krone, Zepter und Reichsapfel fielen wohl in die Augen: denn alles war neu daran und die Nachahmung des Altertums geschmackvoll. So bewegte er sich auch in seinem Anzuge ganz bequem, und sein treuherzig würdiges Gesicht gab zugleich den Kaiser und Vater zu erkennen. Der junge König hingegen schleppte sich in den ungeheuren Gewandstücken mit den Kleinodien Karls des Großen wie in einer Verkleidung einher, so daß er selbst, von Zeit zu Zeit seinen Vater ansehend, sich des Lächelns nicht enthalten konnte. Die Krone, welche man hatte füttern müssen, stand wie ein übergreifendes Dach vom Kopf ab.

Joseph selbst, der schon damals auf Würde und Hoheit wenig Wert legte, meinte nüchtern und illusionslos: »Dieser Einzug hat mich im Innersten aufgeregt, und ich bedurfte aller Kraft, um mich aufrechtzuerhalten ... Während mein Herz von Gram erfüllt ist, muß ich mir den Anschein geben, als sei ich entzückt davon, zu einer Würde zu gelangen, von der ich nur schwere Lasten, aber keine Annehmlichkeiten erwarte. Ich, der ich die Einsamkeit liebe und mich niemand gern anvertraue, den ich nicht gründlich kenne, ich muß mich immer in der Welt bewegen und mit jedem Fremden Gespräche führen. Ich, der ich ein Mann von wenigen Worten bin, muß den ganzen Tag über schwatzen und Nichtigkeiten im Munde führen ...« Und er fügte hinzu: »Mit meiner Trauer bin ich jedermann zur Last, ich muß daher alles in mich hinabwürgen und mich den ganzen Tag hindurch verstellen.«

Maria Theresia wußte also um die Trauer ihres Sohnes. Aber sie, die ein so mütterliches Herz hatte, kümmerte sich darum herzlich wenig. Noch vor der Abreise Josephs nach Frankfurt fädelte sie aus dynastischen Gründen für ihren Erstgeborenen eine neue eheliche Verbindung ein. Die Auserkorene war Josepha von Bayern, eine Tochter Kaiser Karls VII. Widerstrebend stimmte Joseph dem Vorschlag der Mutter zu. Die Zwangsehe wurde im Jänner 1765 in Schönbrunn geschlossen. Sie wurde für die kleine, dicke, häßliche Josepha zu einem Martyrium. Joseph mied seine Gemahlin, wo immer und wann immer er konnte, er scheint die Ehe mit ihr nicht vollzogen zu haben. In Schönbrunn ließ er den Balkon, der ihre Appartements miteinander verband, mit einem trennenden Verschlag versehen und die Verbindungstür zusperren.

Die bayerische Prinzessin ertrug ihre demütigende Position nicht lange. Sie zog es vor, nach zweieinhalbjähriger Ehehölle an den Blattern zu sterben. Joseph ging keine neue Ehe mehr ein und ließ sich auch keine mehr aufzwingen. Er blieb bis an das Ende seiner Tage allein.

Am 18. August 1765 starb Franz Stephan von Lothringen. Der Tod des Vaters leitete für Joseph eine neue Lebensphase ein. Er wurde von Franz Stephan nicht nur zum Universalerben eingesetzt – die zweiundzwanzig Millionen Gulden betragende Erbschaft verwendete er zur Tilgung von Staatsschulden –, er trat auch dessen Erbe als Römischer Kaiser an. Das bedeutete neue Verpflichtungen, neue Verantwortung. Einen Monat nach dem Tod des Gemahls ernannte ihn Maria Theresia auf Anraten des Fürsten Kaunitz zum Mitregenten, »ohne jedoch von der eigentlichen Beherrschung unserer beständig beysammen zu verbleiben habenden Staaten ganz oder zum Theil etwas zu vergeben«, wie es in dem entsprechenden Dekret abschließend hieß. Die Regentin brachte damit klar zum Ausdruck, daß sie nicht daran dachte, das Steuer der Regierung aus der Hand zu geben. Joseph andererseits war nicht gewillt, neben der herrschsüchtigen Mutter ein Aschenbrödeldasein zu führen. Er wollte nicht nur mitreden, sondern mitentscheiden, mitregieren. Schwere Zerwüfnisse zwischen Mutter und Sohn waren unter diesen Umständen vorprogrammiert.

Bereits die ersten Maßnahmen des Mitregenten – wir haben bereits davon gesprochen – stießen bei der Mutter auf heftige Ablehnung, die sie in zahlreichen Briefen unverblümt zum Ausdruck brachte. Joseph war davon wenig beeindruckt. Er wollte den Staat, die Gesellschaft von Grund auf erneuern. Seine Reformideen umfaßten: die Gewissensfreiheit, die Zentralisierung und Vereinheitlichung der Verwaltung, die Modernisierung der Armee, die Förderung von Industrie, Handel und Gewerbe, die Lockerung der Zensur, die Hebung des Volkswohlstandes, die Aufhebung der Adelsprivilegien. Gegen einen großen Teil seiner adeligen Zeit- und Standesgenossen hegte Joseph nicht nur eine rational begründete, sondern eine offenkundig emotionale Abneigung. »Die guten Herren glauben, alles erreicht und einen großen Staatsmann herangebildet zu haben«, schrieb er einmal, »wenn ihr Sohn in der Messe ministriert, seinen Rosenkranz betet, alle vierzehn Tage beichtet und nichts anderes liest, als was der beschränkte Geist des Beichtvaters gestattet. Wer würde kühn genug sein, nicht zu sagen: das ist ein netter Junge, sehr gut erzogen! Allerdings würde ich antworten: Ja, wenn unser Staat ein Kloster und unsere Nachbarn Karthäuser wären!«

Die Herrschaft der Mutter, die ihn am dynastischen Gängelband zu führen versuchte, machte Joseph schwer zu schaffen. Er empfand sein Leben als »Martyrium«, zum »Verrücktwerden«, zum »Davonlaufen«. Obwohl er dreimal seinen Rücktritt anbot – im Jänner 1769, im Dezember 1773 und im Dezember 1775 –, lief er doch letzten Endes vor der Verantwortung nicht davon. Er hat aber jede sich bietende Gelegenheit dazu benutzt, dem Hof fernzubleiben, den Fesseln des Hoflebens zu entkommen. Seine vielen Reisen, die für die damalige Zeit ein absolutes Novum darstellten, finden in diesem Bedürfnis des Thronfolgers zum Teil ihre Erklärung. Die fieberhafte Reisetätigkeit Josephs hatte natürlich auch andere Motive. Der Kronprinz wollte den Zustand der Monarchie, die Lebensverhältnisse der Untertanen aus eigener Anschauung kennenlernen, er wollte beobachten, wie sich die politischen, militärischen und wirtschaftlichen Maßnahmen, die von Wien, vom Zentrum aus dekretiert wurden, in den Provinzen auswirkten.

Joseph reiste inkognito unter dem Decknamen eines Grafen von Falkenstein (der Titel gehörte im übrigen zum lothringischen Erbe des Vaters). Auf diese Weise vermied er endlose Zeremonien und konnte mit der Bevölkerung direkt in Kontakt treten. Ganz seinem Stil entsprechend, war Joseph im einfachen Reisewagen und mit bescheidenem Gefolge unterwegs. Er mied herrschaftliche Häuser und Schlösser, übernachtete zumeist in Gast- und Pfarrhöfen und scheute sich nicht, die einfache Kost der Bauern zu sich zu nehmen. Seine Reiseeindrücke hielt er allabendlich in einem Tagebuch fest oder schrieb sich seine Beobachtungen und Wahrnehmungen in Briefen an die Mutter bzw. an die Geschwister von der Seele. Nach Abschluß einer Reise überreichte er das Tagebuch gemeinsam mit Berichten und Petitionen der Kaiserin mit dem Ersuchen, Unrechtmäßigkeiten und Übelstände, die er festgestellt hatte, abzustellen. Zu seinem Leidwesen kamen die Reformen, die er vorschlug, entweder überhaupt nicht zur Durchführung, oder sie beanspruchten eine ungebührlich lange Zeit, da sie vom Staatsrat nicht selten einer umständlichen Begutachtung unterzogen wurden. Diese negative Erfahrung mag (auch) mit dazu beigetragen haben, daß der Kaiser später als Alleinherrscher seine Reformvorhaben mit Ungeduld in kürzester Zeit in die Tat umsetzte.

Für Mißstände aller Art hatte Joseph ein scharfes Auge, und er verstand es auch, sie lebendig und plastisch zu beschreiben. So schilderte er 1766 nach einer Reise durch Böhmen die Ausbeutung der Bauern mit einer Eindringlichkeit, die einer modernen marxistischen Gesellschaftsanalyse gar nicht so übel anstünde: »Da die Robotdienste ganz willkürlich verteilt werden, leben die Bauern ein wirkliches Sklavendasein«, stellte er bedauernd und rügend fest. »Sie werden aufsässig und stumpf und bearbeiten den ihnen anvertrauten Boden schlecht. Sie sind rachitisch, mager und in Lumpen gekleidet. Von Kindheit an zwingt man sie zur Robot. In den baufälligen Hütten schlafen die Eltern auf Stroh, die nackten Kinder auf den breiten Rändern der Lehmerde. Sie waschen sich nie, was die Ausbreitung von Epidemien fördert. Es gibt keinen Arzt, der sich um sie kümmert ... Nicht einmal ihr persönliches Eigentum ist vor der Gier der großen Herren sicher. Wenn sie ein gutes Pferd haben, zwingt sie der Gutsherr, es ihm zu verkaufen, oder wenn ihr gutes Pferd durch die Fronarbeit verendet, so ersetzt man ihnen den Preis für einen blinden alten Gaul ... Auf jedem Dorfplatz oder vor jedem Schloß stehen Folterwerkzeuge. Widerspenstige Bauern werden ans Eisen geschlossen, man setzt sie dabei auf einen zugespitzten Pflock, der tief ins Fleisch einschneidet. An die Beine bindet man ihnen große Steinblöcke. Für die geringste Kleinigkeit bekommen sie fünfzehn Stockschläge. Der Leibeigene, der zur Arbeit zu spät kommt, sei es auch nur um eine halbe Stunde, wird halb zu Tode geprügelt ... Anderswo hat man aus Mangel an Futtermitteln die Strohdächer der Bauern entfernt, um damit Pferde zu füttern ... Selbst bei guten Ernten müssen die Bauern ihren Herren um Saatkorn bitten, das er ihnen zu Wucherpreisen verkauft. Und die Großgrundbesitzer verjagen die Juden, weil sie selbst Darlehen zu noch günstigeren Bedingungen geben ...« Maria Theresia hatte an der Reisetätigkeit ihres Sohnes absolut keine Freude. »Auf den Kaiser kann ich nicht Rechnung machen«, jammerte sie bereits 1769, »weil er gern überall ist, nur nicht zu Hause.«

Josephs Reisediplomatie war (auch) ein Teil seiner außenpolitischen Konzeption, die wir im Abschnitt über Maria Theresia bereits dargestellt haben. Insgesamt hatte Joseph II. in der Außenpolitik keine glückliche Hand.

Im Herbst des Jahres 1780 verschlechterte sich der Gesundheitszustand Maria Theresias, die sich seit langem nicht mehr wohl gefühlt hatte, zusehends. Von einem quälenden Husten geplagt, schied sie am 29. November, gegen neun Uhr abends, aus dem Leben. Joseph, der in den letzten Tagen und Nächten vor ihrem Tod nicht mehr von ihrer Seite gewichen war, war tief getroffen. Von echtem Schmerz erfüllt, schrieb er an Kaunitz: »Das schreckliche Unglück, das mich zu Boden drückt, wird Ihnen, mein teurer Fürst, wohl schon bekannt sein. Ich habe aufgehört Sohn zu sein, und dies war es doch, was ich am besten zu sein glaubte. Bleiben Sie mein Freund, seien Sie meine Stütze und mein Leiter bei Ertragung der Last, die auf mich fällt. Sie wissen ohnedies, wie hoch ich Sie schätze.«

Mit dem Tod Maria Theresias ging eine Epoche der österreichischen, der europäischen Geschichte zu Ende. »Voilà, une nouvelle ordre de choses!« rief Friedrich II. von Preußen aus, als ihm die Nachricht vom Ableben seiner großen Gegnerin überbracht wurde. Er hatte damit vollkommen recht. Es begann nun tatsächlich eine neue Ordnung der Dinge.

Joseph, ihr ältester Sohn, der nun die Alleinherrschaft übernahm, verkörperte eine neue Generation, eine neue Zeit, eine neue Auffassung vom Herrscheramt, einen neuen Regierungsstil. Er setzte die Reformen, die seine Mutter mit behutsam-taktvoller Vorsicht begonnen hatte, mit so kompromißloser Radikalität fort, er krempelte die Habsburgermonarchie in den zehn Jahren, die ihm dafür zur Verfügung standen, so total um, daß man nicht umhin kann, das Jahrzehnt zwischen 1780 und 1790 als das revolutionärste Dezennium in der jahrhundertelangen Geschichte des Hauses Habsburg(-Lothringen) zu bezeichnen. Es war eine geistige, eine unblutige Revolution von oben, von der Staatsspitze her, keine Revolution von der Straße, von den Volksmassen aus, die der Kaiser inszenierte, wiewohl sie zu guter Letzt in Aufständen gegen das (kaiserliche) Regime endete. Wie immer man zu Josephs Maßnahmen weltanschaulich stehen mag, der Revolutionär auf dem Kaiserthron hat seinen Ländern dadurch einen blutigen Umsturz im Stil der Französischen Revolution erspart.

Joseph nahm mit geradezu fieberhafter Besessenheit und einer beinahe krankhaft anmutenden Arbeitswut seine Tätigkeit als Alleinherrscher auf. Er schonte dabei weder sich noch irgendeinen seiner Minister und Beamten. Sein Arbeitstag begann, wie er seinem Bruder berichtete, um sieben Uhr früh. Er arbeitete dann bis zwei Uhr nachmittags. Nach einem kurzen frugalen Mittagessen setzte er seine (Schreibtisch-)Tätigkeit oft bis Mitternacht oder später fort. Er las jedes Aktenstück selbst, erledigte (wo möglich) alles persönlich. Seine handschriftlichen Anmerkungen und Notizen auf den Akten könnten Bücher füllen. Diese rastlose Tätigkeit basierte auf der aufklärerischen Maxime, daß der Herrscher der erste Diener des Staates zu sein und seine ganze Arbeitskraft dem Wohl seiner Untertanen zu widmen habe. Auch Josephs Lebens- und Regierungsstil, der von spartanischer Einfachheit und geradezu klösterlicher Askese geprägt war, entsprang diesen aufklärerisch-rationalistischen und utilitaristischen Grundsätzen. Der Kaiser war bedürfnislos. Die einfachen Speisen, die er zu sich nahm, wurden nicht mehr in der Hofküche, sondern von einer einzigen Köchin zubereitet. Die Kosten beliefen sich auf durchschnittlich sechs Gulden vierzig Kreuzer pro Tag. Im Vergleich dazu hatte Maria Theresia jährlich sechs Millionen Gulden für den Hofstaat ausgegeben, und Karl VI., der Großvater Josephs, hatte der Hofküche noch jährlich viertausend Gulden allein für Petersilie bezahlt! Joseph trank normalerweise nur Wasser und nippte selbst bei Staatsempfängen bestenfalls an einem Glas Wein. Er rasierte sich selbst und pflegte, wenn er nicht in Uniform erschien, einen braunen, abgenutzten Leibrock zu tragen. Er schlief, so wird berichtet, auf einem mit einer Hirschhaut überzogenen Strohsack, der auf einem primitiven Bettgestell lag. Der jedem Zeremoniell abholde Monarch sperrte Schloß Schönbrunn zu, plante die Versteigerung des Schlosses Hetzendorf und ließ, um Wachpersonal zu sparen, zahlreiche Korridore in der Hofburg mit Brettern zunageln. Bittsteller aus dem Volk empfing er nicht in einem der Prunkräume, sondern im sogenannten Kontrollorgang der Hofburg, wo er mit ihnen ein ungezwungenes Gespräch führen konnte. Den Hofknicks und den Handkuß schaffte er ab. Vergleicht man die Hofhaltung Josephs mit jener der anderen europäischen Fürstenhöfe seiner Zeit, so springt ihre (revolutionäre) Andersartigkeit – den Hof des Preußenkönigs ausgenommen – mit Deutlichkeit ins Auge. Wiewohl der Kaiser prinzipiell an der Sonderstellung des Monarchen festhielt, liegen zwischen seiner Auffassung vom Herrscheramt und dem Gottesgnadentum seiner Vorgänger gesellschaftspolitische ideologische Welten, die in ihrer ganzen Tragweite nur von wenigen weitblickenden Zeitgenossen erkannt und registriert wurden.

Im Zentrum der Reformen Josephs II. stand der Umbau des habsburgischen Vielvölkerstaates in einen zentral verwalteten Einheitsstaat. Die bisher nur lose miteinander verbundenen Länder und Völker der Monarchie sollten mit Hilfe eines streng zentralistisch organisierten Verwaltungsapparates und einer auf den Staat und nicht auf den Monarchen eingeschworenen Beamtenschaft zu einem ganzheitlichen Organismus zusammengeschweißt werden. Diese Gesamtstaatskonzeption duldete weder eine Selbstverwaltung von Provinzen und Städten noch Sonderrechte irgendwelcher Art, wie sie Adel und Klerus auch nach der maria-theresianischen Staatsreform noch immer besaßen. Die Kaiserin hatte mit einem untrüglichen Gefühl für die Grenzen des Möglichen Ungarn von ihren Reformen ausgeklammert. Der politisch wesentlich instinktlosere Joseph beseitigte die Komitatsverfassung, ließ die Stephanskrone, das geheiligte Symbol der ungarischen Staatlichkeit, nach Wien bringen und führte das Deutsche anstelle des Lateinischen als Amtssprache ein. Die Beamten wurden verpflichtet, bis zu einem vorgegebenen Zeitpunkt Deutsch zu lernen. Hinter dieser Maßnahme standen keineswegs Germanisierungstendenzen des Kaisers, sondern schlicht und einfach die Idee, daß in einem geschlossenen Staatskörper eine einheitliche Amtssprache nur von Nutzen sein kann. »Es hat keinen Sinn, die lateinische Sprache durch die ungarische zu ersetzen«, hieß es in dem entsprechenden Dekret, »da diese niemals in den slawisch und deutsch sprechenden Teilen des Königreiches allgemeine Verbreitung finden wird. Nur das Deutsche kann zur Führung der Geschäfte in Betracht gezogen werden ... Jeder kann sich leicht vorstellen, welcher Vorteil dem allgemeinen Wohl daraus erwachsen muß, daß im ganzen Reiche die gleiche Geschäftssprache herrscht; infolgedessen werden Bande brüderlicher Liebe alle Teile der Monarchie miteinander verknüpfen.«

Davon konnte natürlich keine Rede sein. Im Gegenteil. Die Sprachenfrage erregte die Magyaren ebensosehr wie die Weigerung Josephs, sich in Budapest zum König krönen zu lassen. Die Empörung war groß, der Nationalstolz der Ungarn tief getroffen. Schließlich mußte der Kaiser im letzten Jahr seiner Regierung die Anordnung zurücknehmen. Kurz vor seinem Tod wurde die Stephanskrone an ihren angestammten Platz in Preßburg zurückgebracht. Josephs Zentralisierungspläne waren gescheitert.

Wie seine staatlichen Umbaupläne stießen auch die kirchenpolitischen Maßnahmen Josephs in weiten Teilen der Habsburgermonarchie auf heftigen Widerstand. Ideologisch gesehen, standen seine kirchlichen Reformen ganz auf dem Boden der Aufklärungsphilosophie. Joseph setzte in der Kirchenpolitik fort, was die Mutter begonnen hatte. Seine Entscheidungen waren freilich ungleich radikaler und tiefgreifender. Schon im ersten Jahr seiner Herrschaft erließ Joseph das »Toleranzpatent«, das den größeren Gemeinschaften der nichtkatholischen Christen, den Lutheranern, Calvinisten und Griechisch-Orthodoxen, die freie Ausübung ihrer Religion gestattete. Sie durften nun ihre eigenen Bethäuser errichten, jedoch ohne Glocken, Türme und einen öffentlichen Zugang von der Straße her. Die Position der römisch-katholischen Kirche als Staatsreligion blieb unangetastet, die protestantischen Gemeinden konnten sich jedoch nach einem mehr als zwei Jahrhunderte dauernden Untergrunddasein nunmehr offen organisieren. Der Zulauf zu den neu anerkannten Religionsgemeinschaften war überraschend groß, so daß sich der Kaiser 1782 genötigt sah, den Übertritt zum Protestantismus von einem sechswöchigen »Bekehrungsunterricht« beim zuständigen katholischen Priester abhängig zu machen. Trotz dieser einschränkenden Maßnahmen markiert das »Toleranzpatent«, das in Teilen der katholischen Kirche in Österreich auf Ablehnung stieß, aus heutiger Sicht einen (begrüßenswerten) Wendepunkt in der habsburgischen Kirchenpolitik. Es gewährte den Nichtkatholiken, was nicht übersehen werden sollte, auch die bürgerliche Gleichberechtigung mit der katholischen Bevölkerungsmehrheit. Von nun an durfte ein Protestant öffentliche Ämter bekleiden, ein Gewerbe erlernen und akademische Würden erwerben. Die Religionszugehörigkeit sollte dem Dienst am Staat und an der Gemeinschaft nicht mehr länger im Wege stehen.

Josephs nächster Schritt betraf die Juden, denen in den habsburgischen Ländern (und nicht nur dort) wesentliche bürgerliche Rechte verweigert wurden. Anfang 1782 erließ der Kaiser ein Toleranzpatent für die Juden, das zunächst auf Wien und das Land unter der Enns beschränkt blieb, später jedoch auch auf die anderen Länder ausgedehnt wurde. Er gestattete ihnen darin die Ausübung zahlreicher Berufe und ermöglichte ihnen den Besuch von Schulen einschließlich der Universitäten. Außerdem durften sie christliche oder jüdische Dienstboten halten und in der Stadt Wohnungen mieten, was in der Praxis auf die allmähliche Auflassung der Gettos hinauslief. Bestehende diskriminierende Bekleidungsvorschriften wurden aufgehoben. Joseph setzte diese Maßnahmen nicht nur aus humanitären, sondern auch aus wirtschaftlichen Gründen. »Meine Absicht geht keineswegs dahin«, deklarierte er, »die jüdische Nation in den Erbländern mehr auszubreiten, oder da wo sie nicht tolerirt ist, neu einzuführen, sondern nur da, wo sie ist, in dem Maße, wie sie als tolerirt besteht, dem Staate nützlich zu machen.« Der Kaiser hat das Judenpatent, das tief verwurzelten Vorurteilen begegnete, gegen den heftigen Widerstand eines Teiles seiner Beamtenschaft und breiter Bevölkerungskreise durchgesetzt.

Der Neuregelung des Verhältnisses zu den nichtkatholischen Glaubensgemeinschaften folgte die spektakulärste und folgenschwerste kirchenpolitische Entscheidung Josephs: die Aufhebung aller jener Klöster, deren Insassen weder in der Jugenderziehung noch in der Krankenpflege und Seelsorge tätig waren, sondern lediglich ein kontemplatives, dem Gebet und der Verehrung Gottes gewidmetes Leben führten. Schon unter der frommen Maria Theresia, die gegenüber den Mißständen in den Ordensgemeinschaften keineswegs blind war, war es zu Klosteraufhebungen in der Lombardei, zur Auflösung des Jesuitenordens und zur Einschränkung von Prozessionen und Feiertagen gekommen. Die Entscheidung Josephs war daher keineswegs so ungewöhnlich, als die sie oft hingestellt wurde und wird. Sie entsprach auch durchwegs dem staatstheoretisch-utilitaristischen und populationistischen Denken der Zeit, das für (unnütze) Zölibatäre, die keinen Beitrag zum Allgemeinwohl leisteten, wenig übrig hatte. Man kann daraus auch keine persönliche Kirchenfeindlichkeit Josephs ableiten. Der Kaiser traf diese Maßnahmen aus rein praktischen, nüchternen Überlegungen. Er wollte auch die Orden und die Ordensgeistlichkeit in die seelsorgerisch-erzieherischen und sozialkaritativen Aufgaben der Kirche einbinden. Josephs Maßnahme war von durchschlagender Wirksamkeit. Innerhalb weniger Jahre wurden von den etwas mehr als zweitausend in Österreich und Ungarn bestehenden Klöstern ungefähr ein Drittel aufgehoben, ihr Vermögen vom Staat eingezogen und dem »Religionsfonds« zugeführt, der »zum Nutzen der Religion und der Nächstenliebe« verwendet werden sollte. Dieser Fonds, der in Österreich bis zum Jahre 1938 bestand, diente dem Ausbau der Seelsorge und der staatlichen Besoldung der Weltpriester. Den Mönchen wurde es freigestellt, Weltgeistliche zu werden, ihr Klosterleben im Ausland fortzusetzen oder eine Pension zu beziehen.

Beim Verkauf beziehungsweise der Versteigerung des Klosterbesitzes kam es leider zur Verwüstung von Kirchen, zur Verschleuderung wertvollen Kulturgutes und zum Umbau von Klöstern zu Spitälern, Irrenhäusern und Fabriken, was gewiß nicht im Sinne des Kaisers war. Mit der Klosteraufhebung ging eine Neugestaltung der Priesterausbildung, eine neue Pfarrorganisation und eine Diözesanregulierung einher. Um den Klerus im Geist des aufgeklärten Reformkatholizismus zu erziehen, wurden staatliche Generalseminare geschaffen, die dem Einfluß der Bischöfe entzogen waren. Ein besonderes Anliegen war dem reformfreudigen Kaiser die Neuordnung der Seelsorge. »Wo die Seelsorger an der Zahl zu wenig, oder von ihren Gemeinden zu entfernt sind«, dekretierte er, »werden nach Maßgabe der Volksmenge, entweder eigene neue Pfarrer oder Lokalkapläne bestimmt, oder die von ihren Pfarreien zu weit entlegenen Ortschaften näheren zugeteilt, als durch welche Veränderung in Zukunft niemand weiter, als höchstens eine Stunde, bis zu seiner Pfarrkirche haben soll. Wo die Kirchen und Pfarrhöfe mangeln, werden dieselben, wenn die Ortschaften solche nicht selbst freiwillig herstellen, aus dem Religionsfonds erbaut ... Die neuen Kirchen oder armen und alten Pfarreien, werden mit Paramenten der aufgehobenen Klöster und Kirchen unentgeltlich versehen ...«

Zur Zeit Josephs wurden allein in Nieder- und Oberösterreich, in der Steiermark und in Kärnten sechshundertvierzig neue Pfarren gegründet, denen etwa einhundertfünfzig aufgelassene Klöster gegenüberstanden. Hunderte Kirchen und Pfarrhöfe wurden neu gebaut, in den Schulen mußte zweimal pro Woche Religionsunterricht erteilt werden. In der Gottesdienstordnung für Niederösterreich vom Jahre 1785 verfügte der Kaiser, daß »erwachsene Leute, wenn sie sonntags zum Gottesdienst zu gehen verhindert sind, nachmittags bei der Christenlehre erscheinen müssen«. Diese Maßnahmen zeigen, daß es Joseph bei seinen kirchenpolitischen Entscheidungen prinzipiell um die Erneuerung des kirchlichen Lebens ging. Er verfolgte damit auch die Absicht, die Kirche in den Staat einzubauen, die Geistlichen als Erzieher des Volkes in seinen Dienst zu stellen. Viele seiner Zeitgenossen sahen es freilich anders. Sie hielten den Sohn Maria Theresias für einen Feind der Kirche, einen Frevler gegen geheiligte Traditionen.

Joseph II. dekretierte auch eine neue Diözesaneinteilung. Das Bistum Passau, dem seit dem Mittelalter weite Teile Ober- und Niederösterreichs unterstanden, wurde gänzlich ausgeschaltet. An seine Stelle trat für Oberösterreich das neu errichtete Bistum Linz. Niederösterreich wurde zwischen dem Erzbistum Wien und dem neu geschaffenen Bistum St. Pölten aufgeteilt. Der Umfang und die Rechte der Bistümer Gurk, Seckau und Lavant, die dem Erzbistum Salzburg unterstanden, wurden erweitert.

Joseph II. griff auch in das Glaubensleben und die Gottesdienstordnung ein. Die meisten Prozessionen wurden abgeschafft, die Wallfahrten stark reduziert, die Anzahl der Feiertage von zweiundvierzig auf siebenundzwanzig herabgesetzt. Volksbräuche wie das Perchtenlaufen, das Jodeln und Peitschenknallen wurden verboten. Der Kaiser schreckte auch nicht davor zurück, die Anzahl der Kerzen, die am Altar brennen durften, festzulegen und zu verfügen, daß aus Gründen der Hygiene und der Sparsamkeit die Toten nicht in Särgen, sondern in Säcken beigesetzt werden sollten. Mit diesen (polizei)staatlichen Eingriffen in den Kultus, den Volksglauben und die Volksfrömmigkeit überschritt Joseph zweifellos den Rubikon seiner Kirchenpolitik und setzte sich zudem dem Vorwurf der Kleinlichkeit und der Lächerlichkeit aus. Sie erregten viel böses Blut und mußten teilweise zurückgenommen werden.

Mit Unmut, Widerspruch und Widerstand gegen viele dieser Maßnahmen reagierte auch die Amtskirche, wiewohl es im österreichischen Klerus bis in den Bischofs- und Erzbischofsrang hinauf Josephiner, Parteigänger des Kaisers, gab.

In Rom, im Zentrum der Christenheit, wuchs mit jeder Maßnahme Josephs das Unbehagen. Ende des Jahres 1781 faßte Papst

Pius VI. daher den Entschluß, nach Wien zu reisen, um in einem persönlichen Gespräch mit dem Monarchen die strittigen Punkte der josephinischen Reformen zu beraten. Es war eine Aufsehen erregende Entscheidung, denn seit Jahrhunderten hatte kein Papst eine derartige Reise unternommen.

Pius VI., der seit 1775 auf dem Stuhl Petri saß, galt keineswegs als ein streitbarer Kirchenfürst, sondern als ein friedfertiger Mann, der seine Ziele mit geschmeidiger Diplomatie durchzusetzen versuchte.

Der 65jährige verließ mit einem kleinen Gefolge am 25. Februar 1782 die Heilige Stadt. Er wurde in allen Städten und Orten, durch die er kam, mit Jubel, Glockengeläute und Feuerwerken begrüßt.

Der Kaiser, den ein Augenleiden plagte, schickte ihm den Grafen Johann Philipp Cobenzl zur Begrüßung auf österreichischem Gebiet entgegen. Er selbst begab sich mit seinem jüngsten Bruder Maximilian nach Wiener Neustadt und nächtigte dort in der Militärakademie. Am nächsten Tag setzte er in einem zweispännigen Wagen seine Fahrt fort und stieß bei Neunkirchen auf die Suite des Papstes. Was folgte, hatte den Charakter einer Burleske. Als er die päpstliche Wagenkolonne herannahen sah, stieg er aus dem Wagen, ging ihr auf der staubigen Landstraße entgegen und hielt sie an. Völlig überrascht entstieg Pius seiner Kalesche. Papst und Kaiser umarmten einander. Und schon ging es flugs weiter nach Wien.

Umstritten, aber zukunftsweisend und ihrer Zeit weit voraus waren die Sozialreformen Josephs II. Unter allen sozialpolitischen Maßnahmen des Reformkaisers nahm die Aufhebung der Leibeigenschaft den bedeutsamsten Rang ein. Seit dem Mittelalter waren die Bauern ihren Grundherren leibeigen, mußten an sie Abgaben leisten und waren an einigen Tagen der Woche zur Fronarbeit auf den Herrenhöfen verpflichtet. Sie durften ohne Zustimmung des Grundherrn nicht heiraten und mußten ihre Söhne und Töchter freikaufen, wenn diese ein Handwerk erlernen wollten.

Schon Maria Theresia hatte Maßnahmen zur Verbesserung des rechtlichen und wirtschaftlichen Status der Bauern gesetzt. Joseph, der als Physiokrat im Ertrag von Grund und Boden die

Grundlage des Volkswohlstandes sah, hob mit seinem berühmt gewordenen »Untertanenpatent« vom 1. November 1781 die Leibeigenschaft in Böhmen, Mähren und Schlesien auf. Einige Jahre später wurde die Verfügung auch in den Alpenländern verkündet, um eine einheitliche Rechtslage zu schaffen. Die Bauern konnten sich fortan frei bewegen, ihre selbsterzeugten Produkte beliebig verkaufen und aus eigener Entscheidung heiraten. Wohl blieb eine gewisse Abhängigkeit von der grundherrlichen Obrigkeit bestehen – die endgültige Bauernbefreiung erfolgte bekanntlich erst 1848 –, aber das Los der Bauern wurde durch diesen denkwürdigen Schritt des Kaisers, dem andere Maßnahmen, wie zum Beispiel die Grundsteuerregulierung, folgten, bedeutend erleichtert. Der Kaiser hat bei seinen Agrarreformen zweifellos Weitblick gezeigt und sich bleibende Verdienste um den Bauernstand erworben.

Seiner Zeit voraus und zukunftsweisend waren die Gesundheitspolitik und die Fürsorgemaßnahmen des sozial engagierten Kaisers. Die beachtlichste Leistung auf diesem Gebiet war die riesige Spitalsanlage, die der Monarch auf dem Areal eines Großarmenhauses in der Alservorstadt errichten ließ. Sie umschloß sieben Höfe und verfügte über eine Aufnahmekapazität für 2000 Kranke. Der Umbau nahm nach den notwendigen Planungsarbeiten kaum zwei Jahre in Anspruch. Über dem Haupttor in der Alser Straße ließ der Kaiser die Inschrift: »Saluti et solatio aegrorum« (Dem Heil und Trost der Kranken) anbringen. Im neuen Krankenhauskomplex waren in fünf Abteilungen 111 Krankenzimmer untergebracht. Es gab ein Gebärhaus, ein Tollhaus (Narrenturm), ein Siechen- und ein Findelhaus sowie das allgemeine Krankenspital.

Im Gebärhaus konnten Frauen jeden Standes ohne Preisgabe ihrer Identität ihr Kind zur Welt bringen. Wollte eine Mutter ihr Kind nicht behalten, kam es in das Findelhaus oder zu einer Amme auf dem Land. Für das 18. Jahrhundert war das eine außerordentlich fortschrittliche Regelung, die an die Babyklappe in einigen heutigen Krankenanstalten denken läßt.

Auch die Bezahlung der Anstalts- und Behandlungskosten war, selbst mit heutigen Maßstäben gemessen, modern und ganz im Sinne aufklärerischen Denkens geregelt. Für die vier Patientengruppen und Krankenzimmerklassen gab es eine soziale Staffelung. Kranke, die es sich leisten konnten, mußten die Kosten (einen Gulden pro Tag) aus der eigenen Tasche berappen. Die Behandlung in der 3. Klasse, in der man Kranke beiderlei Geschlechts unterbrachte, bestritt eine Stiftung. Arme und Unbemittelte wurden nach Vorlage einer entsprechenden Bestätigung, die der Pfarrer oder der Grundrichter ausstellte, kostenlos behandelt. Das riesige Spital mußte anfänglich mit fünfzehn Ärzten auskommen. Daran Kritik zu üben ist unangebracht. Die medizinische Betreuung war im 18. Jahrhundert nun einmal unzureichend. Der besseren Ausbildung der Militärärzte diente die medizinisch-chirurgische Militärakademie (Josephinum) in der Währinger Straße in Wien.

Zur bekanntesten Abteilung im Allgemeinen Krankenhaus avancierte sehr rasch der Narrenturm, ein rundes Gebäude, das im Volksmund als »Guglhupf« bezeichnet wurde. Die geisteskranken Insassen, die zuvor wie Tiere behandelt und gehalten worden waren, erfreuten sich nun einer etwas menschenfreundlicheren Behandlung.

Joseph II. reformierte im Zuge der Errichtung des Allgemeinen Krankenhauses auch das Armenwesen und gründete nach Pariser Vorbild ein Blinden- und Taubstummeninstitut sowie eine Inokulationsanstalt, in der Blatternimpfungen durchgeführt wurden. Der Reformkaiser ging auch auf dem Gebiet der Hygiene neue Wege. So schrieb er die Totenbeschau verbindlich vor, die innerstädtischen Friedhöfe wurden aufgelassen und an die Peripherie verlegt. Alle diese Maßnahmen stießen bei den aufklärerisch gesinnten Stadtbewohnern, denen sie zugute kamen, auf Verständnis und Zustimmung.

Zu den bleibenden Leistungen des josephinischen Zeitalters zählt auch die Rechtsreform. Der Kaiser ging hierbei von der Idee der Gleichheit vor dem Gesetz und der Strafe als einem Mittel der Abschreckung aus. Schon zur Zeit der Mitregentschaft Josephs war die Folter abgeschafft worden. Unter seiner Alleinregierung folgte die Aufhebung der Todesstrafe, standrechtliche Verfahren ausgenommen. An ihre Stelle traten überaus harte Strafen wie das berüchtigte Schiffsziehen auf der Donau oder das Anschmieden in Ketten. Selbst der Verbrecher sollte nach dem Utilitaritätsprinzip der Aufklärung dem Staat durch Zwangsarbeit noch Nutzen bringen. Um eine asoziale Tat zu sühnen, wurden bewußt Strafen verhängt, die als soziale Schande galten, wie zum Beispiel das öffentliche Scheren des Haupthaares bei Frauen oder das öffentliche Gassenkehren, das auch adelige Verbrecher traf. Mit diesen Maßnahmen durchbrach das josephinische Strafgesetz in voller Absicht den traditionellen Klassencharakter der österreichischen Justiz.

Auch im Bereich des Zivilrechtes gab es wesentliche Änderungen. Im Jänner 1783 erließ der Kaiser ein Ehegesetz, das die Ehe als bürgerlichen Vertrag definierte, was seitens der Kirche auf schärfsten Widerspruch stieß. Joseph ließ sich dadurch jedoch nicht beirren. Die Ehegesetzgebung und die Ehegerichtsbarkeit wurden nunmehr ausschließlich vom Staat wahrgenommen. Das Ehepatent gestattete unter bestimmten Voraussetzungen sogar die Scheidung, allerdings nur für nichtkatholische Eheleute. Die Töchter wurden den Söhnen rechtlich gleichgestellt, die Rechtsstellung der unehelichen Kinder verbessert. Eine neue, für die damalige Zeit sehr fortschrittliche Gerichtsordnung mit drei Instanzen wurde für alle Bürger ohne Unterschied des Standes verbindlich.

Auf dem Gebiet des Bildungswesens ging Joseph als Alleinherrscher den Weg weiter, den bereits die Mutter mit seiner Unterstützung beschritten hatte. Der Kaiser förderte vor allem den Elementarunterricht, der den Kindern aus allen Bevölkerungsschichten zugute kommen sollte. Die Zahl der Trivialschulen (Volksschulen) wurde erheblich vermehrt, die Ausbildung verbessert. Gegen Eltern, die ihre Kinder nicht regelmäßig zur Schule schickten, ging Joseph mit Arbeits- und Geldstrafen vor. Der Besuch von Privatschulen wurde verboten. Andererseits wurde begabten und unbemittelten Schülern aus dem Bürger- und Bauernstand der Zugang zu den Gymnasien und Universitäten erleichtert. Bei der Auswahl der Lehrer waren »ohne Rücksicht der Nation und Religion« allein Fachwissen und Können ausschlaggebend. Mit diesen Maßnahmen verfolgte der Kaiser pädagogische Grundsätze, die den Abbau von Bildungsbarrieren und Bildungsprivilegien zum Ziele hatten. Sie haben erst in unserer Zeit ihre endgültige Verwirklichung gefunden. Weniger gut kamen in der josephinischen Bildungspolitik die Universitäten weg, die als Ausbildungsstätten für treue Staatsbeamte betrachtet wurden. Die Hochschulen verloren ihre Autonomie und wurden der Aufsicht durch staatliche Direktoren unterstellt. Manche von ihnen (Brünn, Graz, Innsbruck), an denen nur noch die Jurisprudenz gelehrt werden durfte, sanken auf den Status von Gymnasien ab.

Industrie und Gewerbe entwickelten sich im josephinischen Jahrzehnt überdurchschnittlich gut. Der Kaiser unterstützte die Gründung neuer Manufakturen durch staatliche Subventionen, gewährte aber keine Monopolrechte. Die mit der Industrialisierung verbundenen Mißstände bei der Frauen- und Kinderarbeit wurden zu mildern versucht, in den Staatsbetrieben gab es Ansätze zur Kranken- und Altersversorgung. Joseph II. war mit seiner Sozialgesetzgebung seiner Zeit weit voraus und nahm Gedanken vorweg, die erst Jahrzehnte später von der Arbeiterbewegung aufgegriffen wurden. Um den Gewerbefleiß anzuspornen, wurden die Privilegien der Zünfte eingeschränkt, denn es sollte »jedem erlaubt sein, auf beliebige Art sein Brot zu verdienen«. Die Einwanderung ausländischer Spezialisten und Facharbeiter wurde gefördert, die Binnenzölle wurden weitgehend aufgehoben. Durch rigorose Einfuhrverbote versuchte Joseph die heimische Industrie zu schützen, andererseits förderte er die Warenausfuhr durch Prämien und durch die Errichtung und den Ausbau von Straßen und Hafenanlagen. Bei allen seinen Wirtschaftsmaßnahmen erwies sich der Kaiser als umsichtig und vorurteilslos, ohne auf eine bestimmte Wirtschaftsdoktrin bedingungslos eingeschworen zu sein, so doktrinär er auch ansonsten oft handelte.

Zum Gesamtbild der alle Gebiete des staatlichen Lebens umfassenden Reformtätigkeit Josephs II. gehören auch seine Maßnahmen zur Durchsetzung der von der Aufklärung geforderten Gedanken- und Geistesfreiheit. Seit der Erfindung des Buchdrucks ging man in allen europäischen Monarchien – England ausgenommen – gegen das kritische gedruckte Wort mit scharfen Zensurgesetzen vor. Verbotene Bücher und Schriften wurden verbrannt, die Besitzer unliebsamer Publikationen mit Geldstrafen belegt. In Österreich erstreckte sich die Zensur nicht nur auf das antikirchliche, sondern auch auf das politische Schrifttum. Noch 1767 erließ Maria Theresia ein Patent gegen das »Verbrechen der Freigeisterei«. Joseph schuf mit seinem Zensurgesetz des Jahres 1781 die Voraussetzungen für eine freiere Entfaltung des Schrifttums. Die Zensur blieb wohl bestehen, sie wurde jedoch äußerst großzügig gehandhabt. Die Zensoren der »Bücher-Zensur-Hauptkommission« sollten lediglich gegen Druckwerke vorgehen, die unsittliche Aussprüche und Zoten enthielten und die die christliche Religion systematisch angriffen oder verächtlich machten. Kritik jedweder anderer Art und Schmähschriften über sonstige Themen waren zugelassen, vorausgesetzt, daß sie nicht anonym erschienen. Selbst die Person des Kaisers blieb davon nicht ausgenommen, ein für die damalige Zeit unerhörtes Novum.

Die Lockerung der Zensur durch Joseph II. löste eine Springflut von Publikationen aus. Pamphlete und Broschüren des verschiedensten Inhaltes schossen wie Pilze aus dem Boden. Es war viel unsaubere Polemik und viel geistiges Unkraut darunter. Joseph war darüber bitter enttäuscht.

Der geistige Freiraum, den der Kaiser schuf, kam auch dem Theater zugute. Die Spielfreiheit sorgte für größere Abwechslung in den Spielplänen, das Niveau der Vorstellungen wurde durch das Engagement hervorragender Schauspieler angehoben. Joseph, der der Theater- und Musikkultur seiner Zeit großes Interesse entgegenbrachte, erwarb sich mit der Erhebung des »Theaters nächst der Burg« zum neuen »Hof- und Nationaltheater« ein bleibendes Verdienst.

Kaiser Joseph II. widmete sich mit geradezu selbstzerstörerischer Rastlosigkeit den Staatsgeschäften. Er kannte bei der Verfolgung seiner Ziele keine persönliche Schonung. Die vielen beschwerlichen Reisen, die er unternahm, die monomanische Ausschließlichkeit, mit der er seine Aufgaben erfüllte, untergruben seine Gesundheit. Im Herbst 1788 kehrte der Kaiser von einem Türkenkrieg, auf dem er die Strapazen der einfachen Soldaten geteilt hatte, krank nach Wien zurück. Die ärztliche Behandlung, der er sich sofort unterzog, nützte wenig. »Ich huste, ich speie, und das

Atmen fällt mir schwer«, schrieb er an seinen Bruder Leopold. »Ich trinke Selterwasser und Ziegenmilch, aber ich merke nichts von einer Besserung. Das dauert jetzt schon acht Monate.« Der Kaiser litt, wie man heute annimmt, an einer Lungentuberkulose. Nach einer monatelangen Phase relativen Wohlbefindens machte der Krankheitsverlauf ab Jänner 1790 rapide Fortschritte. Ständiges Fieber, Hustenanfälle, Atemnot und Brustschmerzen peinigten den vom Tod gezeichneten Monarchen. Joseph, der um sein nahes Ende wußte, arbeitete unermüdlich weiter. Er regelte seine Nachfolge, traf Anordnungen, diktierte Briefe an seine Geschwister, an Freunde, an Zarin Katharina II., den Fürsten Kaunitz.

Die Welt ringsum stand in Flammen. In Frankreich tobte die Revolution, die Niederlande und Ungarn rebellierten gegen das verhaßte kaiserliche Regime. In der Nacht vom 19. zum 20. Februar 1790 konnte Joseph, offenbar unter dem Einfluß schmerzstillender Mittel, einige Stunden ruhig schlafen. Um fünf Uhr morgens wachte er auf und verlangte nach seinem Beichtvater. Fünf Minuten später starb er. Er war knapp neunundvierzig Jahre alt geworden.

Der Kaiser wurde in der Uniform eines Feldmarschalls aufgebahrt und drei Tage später in einem einfachen, schmucklosen Kupfersarg zu Füßen der prunkvollen barocken Särge seiner Eltern in der Wiener Kapuzinergruft beigesetzt.

Joseph II. war einer der bedeutendsten Habsburger. Seine Regierungszeit stellt in der Herrschaftsabfolge des Hauses Habsburg(-Lothringen) eine tiefgreifende Zäsur dar. Der »Revolutionär auf dem Kaiserthron« hat allerdings in zu kurzer Zeit zuviel gewollt und zu übereilt in die Tat umzusetzen versucht. Manches von seinem gigantischen Reformwerk mußte er selbst noch zurücknehmen, einiges wurde von seinem konservativ denkenden und handelnden Nachfolger liquidiert. Etliches hat die Zeiten überdauert, der Toleranzgedanke, die Idee von der sozialen Verantwortung des Staates, der Gleichheit der Bürger vor dem Gesetz und einer humaneren Gesellschaftsordnung.

Joseph II. war seiner Zeit weit voraus. Er lebte um Jahrzehnte zu früh. Das war seine persönliche Tragik als Herrscher wie als Mensch.

Leopold II.:
Der konstitutionell gesinnte Monarch

Leopold II., *Gemälde von Joseph Hickel, 1791. Wien, Niederösterreichisches Landesmuseum.*

Vierzehn Tage vor seinem Tod, am 6. Februar 1790, schrieb Joseph II. an seinen Bruder Leopold, der seit einem Vierteljahrhundert in der Toskana herrschte, einen bewegenden Brief. »Ich beschwöre Dich bei Deiner Freundschaft für mich und bei Deiner Pflicht gegen die Staaten, welche Dir gehören werden und die das Erbteil unserer Väter wie Deiner Kinder bilden, jetzt aber rascher Hilfe bedürfen, Dich so schnell als nur irgend möglich hierher zu begeben. Ich kann nur dann ruhig sterben«, setzte er fort, »wenn ich den Staat in den Händen seines Oberhauptes weiß ... Du kennst mein Herz, meine Freundschaft für Dich. Beurteile selbst den Trost, den es mir gewähren wird, Dich vor meinem Tod noch zu sehen.«

Zwei Tage später forderte er den Bruder erneut dringend auf, rasch zu kommen. Leopold kam nicht. Er war einer Erkrankung halber nicht reisefähig. Das Nervenfieber und die fiebrige Erkältung mit nervösen Koliken, die die Reise nach Wien zunächst verhinderten, kamen dem Großherzog von Toskana nicht ungelegen. Er war froh, dem Sterben des Bruders und den anschließenden Begräbniszeremonien nicht beiwohnen zu müssen. Mit Joseph, dessen Regierungsstil er nicht guthieß, verbanden ihn höchstens äußerlich familiäre Beziehungen und Gefühle. Die beiden Brüder verkörperten bei gleichgerichteten ideologischen Grundsätzen ausgeprägte Wesensgegensätze.

Nachdem Leopold in der Toskana einen Regentschaftsrat eingerichtet und ein paar Angelegenheiten, die die habsburgische Monarchie und das Heilige Römische Reich betrafen, geregelt hatte, brach er am 1. März 1790 von Florenz nach Wien auf. Er sollte seine geliebte Arnostadt nur noch einmal wiedersehen. In der Kaisermetropole an der Donau erwartete den in der Toskana äußerst erfolgreich gewesenen Reformer die schwerste Aufgabe seines Lebens: die Konsolidierung des Habsburgerreiches nach dem Scheitern der Einheitsstaatsidee durch seinen glücklosen Vorgänger.

Leopold, der drittgeborene Sohn Maria Theresias und Franz Stephans von Lothringen, war sechs Jahre jünger als sein ältester Bruder Joseph. Er erblickte am 5. Mai 1747 im Schloß Schönbrunn das Licht der Welt. Die Freude über die Geburt eines Sohnes in der kaiserlichen Familie war groß, denn bei der hohen Kindersterblichkeit in der damaligen Zeit schien der Weiterbestand der Dynastie im Mannesstamm nun endgültig gesichert.

Die geistige Welt, in die Leopold hineingeboren wurde, war im Umbruch begriffen. Von Frankreich ausstrahlend, schlugen die Ideen der Aufklärung langsam auch im kaiserlichen Wien und in der Monarchie Wurzeln. 1748 erschien Charles de Montesquieus bedeutsames Werk »L'Esprit des lois« (»Der Geist der Gesetze«), das in zwei Jahren zwanzig Auflagen erlebte. Das Buch, das in Österreich zunächst verboten war, wurde auf Betreiben Gerard van Swietens 1753 von der Zensur zur Lektüre freigegeben. Es wurde Leopold von seinen Lehrern und Erziehern, wahrscheinlich auszugsweise und in vereinfachter Form, nahegebracht und übte auf dessen politisches Denken einen großen Einfluß aus.

Wie bei jedem anderen Menschen waren neben dem geistigen Umfeld Erbe und Erziehung die beiden wichtigsten Faktoren für die Entwicklung Leopolds. Über die pädagogische Einwirkung der das Familienleben dominierenden Mutter auf den Drittgeborenen braucht man keine großen Worte zu machen. Maria Theresia hat ihm wie den übrigen Kindern Gottesliebe und Pflichtbewußtsein eingeschärft, sie hat seine Erziehung bestimmt und überwacht und ihm auch noch Ratschläge erteilt, ihn gelobt, ermahnt und getadelt, als er bereits erwachsen war und selbst eine Schar von Kindern hatte. Während sie mit Joseph nur schlecht und recht zurechtkam, ihr die Töchter auf den Thronen Frankreichs, Neapels und Parmas mehr als einmal Kummer bereiteten, hatte sie an Leopold im großen und ganzen nicht allzuviel auszusetzen. Gleichwohl geriet der sanfte, tiefsinnige Leopold eher dem Vater nach. Er erbte dessen ausgeprägte Neigung für alles Technische, seinen Sinn und seine Begabung für Wirtschafts- und Finanzfragen. Auch Leopolds Hang zur Melancholie, seine

Abneigung gegen Prunk- und Prachtentfaltung, seine Vorliebe für bürgerliche Einfachheit waren ein Erbe Franz Stephans. Schließlich dürfte auch die religiöse Vorstellungswelt des Erzherzogs vom Aufklärungskatholizismus des Vaters stark beeinflußt worden sein. Die strenge Erfüllung der religiösen Pflichten, wie der tägliche Messebesuch und der häufige Empfang des Altarsakramentes, waren sowohl für Joseph wie für Leopold eine Selbstverständlichkeit.

Eines der einschneidendsten Ereignisse im Leben des jungen Leopold, das seine charakterliche Entwicklung und seine künftige Stellung im Rahmen des Erzhauses mitbestimmte, war der Tod seines um zwei Jahre älteren Bruders Karl im Jahre 1761. Der damals Vierzehnjährige verlor mit Karl seine wichtigste geschwisterliche Bezugsperson. Denn weder der sechs Jahre ältere Joseph noch sein Bruder Ferdinand, der um sieben Jahre jünger war als er, eigneten sich wegen des zu großen Altersunterschiedes als vertraute Jugend- und Spielgefährten. So wuchs Leopold in der Krise der Pubertätszeit ohne gleichaltrige Kontaktperson, ohne einen brüderlichen Freund auf, was seinen Hang zur Nachdenklichkeit und zur Melancholie möglicherweise verstärkt hat.

Der Tod des Bruders veränderte auch seine Position innerhalb der Familie. War Leopold bislang als Souverän des Herzogtums Modena vorgesehen gewesen, so fiel ihm jetzt als künftiger Herrschaftsbereich die größere und bedeutendere Toskana zu. Diese Veränderung der Aufgabenstellung innerhalb der Dynastie machte auch eine Neuordnung der Erziehung notwendig. Als Instrukteur des kleinen Leopold wirkte zunächst ein gewisser Jakob Sauboin, dessen freie und moderne Erziehungsmethoden der Erzherzog so sehr schätzen lernte, daß er ihm später in Florenz die Erziehung seiner Söhne anvertraute. Er und Leopolds zweiter Lehrer, Jean Brasseur, wurden von Franz Stephan ausgewählt. Die Erziehung des Vierzehnjährigen, die bisher formell vom Ajo des Thronfolgers, Feldmarschall Graf Karl Batthyány, geleitet worden war, wurde Mitte August 1761 in die Hände von General Graf Franz Thurn gelegt. Sein jüngerer Bruder Anton wurde Leopolds Kammerherr. Die Brüder Thurn, die den jungen Erzherzog in der entscheidenden Entwicklungsphase zwischen dem vierzehnten und achtzehnten Lebensjahr prägten, waren gebildete Offiziere und neigten der herrschenden Geistesströmung der Zeit, der Aufklärung, zu. Ungefähr zur selben Zeit, als Franz Thurn seine erzieherische Tätigkeit aufnahm, begann die Unterweisung Leopolds in Staats-, Natur- und Völkerrecht durch den prominenten Rechtslehrer Carl Anton von Martini. Martini stammte aus dem Trentino. Er studierte bei Paul Josef Riegger in Innsbruck das Naturrecht und erhielt 1754 den für diese Disziplin neu errichteten Lehrstuhl an der Wiener Universität. Wie scin Lehrer einem Freimaurerorden angehörend, stand Martini mit seinen staats- und naturrechtlichen Auffassungen ebenfalls fest auf dem Boden der Aufklärung. Er betonte die Verantwortung des Fürsten gegenüber dem Volk, seine Verpflichtung, sich für das öffentliche Wohl einzusetzen, und sprach ihm in kirchlichen Angelegenheiten das Recht zu, die Zahl der Priester und Ordensleute zu verringern, Feiertage und Prozessionen einzuschränken und in den Ritus einzugreifen. Martinis theoretische Überlegungen und Postulate sind später von Joseph II. und Leopold II. in die Tat umgesetzt worden.

Maria Theresia hat die weltanschauliche Position der Erzieher ihrer Kinder nicht genau gekannt oder nicht richtig eingeschätzt. Der Erzieher Leopolds, Graf Thurn, erhielt von ihr jedenfalls genaue pädagogische Anweisungen, die der Menschenkenntnis und der scharfen Beobachtungsgabe der Kaiserin ein hervorragendes Zeugnis ausstellen.

Die Mutter sparte in ihrem Bericht weder mit Lob noch Tadel, äußerte offen und freimütig ihre Meinung über den mitten in der Pubertät steckenden Erzherzog. »Er ist träge und faul«, befand sie, er sei stets übelgelaunt, empfänglich für Vorurteile und unaufrichtig. Er versuche seine Ziele durch List und auf krummem Wege zu erreichen, vernachlässige sein Äußeres, beiße Nägel, unterhalte sich gerne mit der Dienerschaft und befleißige sich dabei ihrer Sprache. Ein wahres Sündenregister also. Die Mutter wußte über ihren Sohn aber auch Gutes zu berichten. Er habe von Natur aus ein gutes, großmütiges und mitleidiges Herz, sei wissenshungrig und bemühe sich höflich zu sein, was ihm aber sehr häufig nicht gelinge.

Mit dieser Charakterbeschreibung gab sie dem neubestellten Erzieher gleich auch pädagogische Ratschläge für seine Arbeit mit auf den Weg. Es komme nicht so sehr auf den Lehrstoff und die Unterrichtsstunden an, schärfte sie dem Grafen ein, sondern auf die Formung seines Charakters, vornehmlich in freundlichen Gesprächen. »Deshalb«, so ordnete sie an, »werden Sie hauptsächlich versuchen, ihn zu Debatten mit Ihnen aufzumuntern, und ihn daran gewöhnen, selbst über seine Zukunft nachzudenken.« Das waren selbst aus heutiger Sicht durchaus moderne pädagogische Zielvorstellungen.

Neun Monate nach Übernahme seiner Erziehertätigkeit erstattete der Graf den Eltern einen ausführlichen Bericht über seine bisherige Arbeit. Das aufschlußreiche Dokument würde man heute als Psychogramm eines pubertierenden Knaben bezeichnen und werten. Thurn bemängelte vor allem, daß Leopold sein Äußeres nach wie vor vernachlässige, sich im Umgang mit Domestiken des Wiener Dialektes bediene, spucke und Nägel beiße. Sein Auftreten sei aber sicherer geworden, er beginne sich zu bemühen, liebenswürdig zu erscheinen, und zeige ein wachsendes Bemühen nach vernünftiger Unterhaltung. Über die Studienfortschritte seines Schützlings berichtete er durchaus Positives. Der Erzherzog besitze sehr gute Kenntnisse in Französisch und Latein und sei auch in den Naturwissenschaften (Mathematik, Physik) gut bewandert.

Maria Theresia gab die wichtigsten Punkte des Erziehungsberichtes an ihren Sohn mit mütterlichen Ermahnungen weiter. Leopold versprach Besserung.

Am 12. Jänner 1765 verzichtete Joseph II. in einem feierlichen Renunziationsakt zugunsten seines Bruders auf die Herrschaft in der Toskana. Für Leopold, der bereits zwei Jahre zuvor mit Maria Ludovica, der Tochter des spanischen Königs Karl III., verlobt worden war, begann nun ein neuer Lebensabschnitt. Braut und Bräutigam kannten einander natürlich nicht. Es war eine von der Staatsräson diktierte dynastische Verbindung. Als Hochzeitstermin wurde der 5. August 1765 festgelegt, als Vermählungsort wählte Maria Theresia die Stadt Innsbruck. Der Bräutigam war am Hochzeitstag nicht in bester körperlicher Verfassung. In den

Wochen zuvor hatte ihm eine Diarrhö schwer zu schaffen gemacht. Die lange Trauungszeremonie stand er dann aber doch tapfer durch. Hochzeitsnacht gab es allerdings keine. »Da aber der Erzherzog Leopold sich noch immer schwächlich befände«, hielt der unermüdliche Chronist, Obersthofmeister Khevenhüller-Metsch, in seinem Tagebuch fest, »so darffte man es nicht wagen, ihn zur Braut zu lassen, sondern er mußte wegen seiner schlechten Gesundheit noch ferners ville Zeit hindurch lit à part machen.« Zu deutsch: er durfte mit seiner Gemahlin nicht das Bett teilen. Ein schwerer gesundheitlicher Rückfall des frisch gebackenen Ehemannes und der überraschende Tod seines Vaters am 18. August hielten das junge Herrscherpaar länger als geplant in der Hauptstadt Tirols fest.

Erst als er einigermaßen wiederhergestellt war, trat Leopold, von der Mutter reichlichst mit Ratschlägen versorgt, mit seiner Gemahlin die beschwerliche Reise nach Florenz an.

Das Großherzogtum Toskana war zur Zeit, als Leopold die Herrschaft antrat, etwas mehr als zwanzigtausend Quadratkilometer groß. Es zählte 1765 nicht ganz eine Million Einwohner. Der Kleinstaat mit der Hauptstadt Florenz und den anderen Stadtrepubliken hatte zwischen dem 13. und dem 17. Jahrhundert im Kultur- und Geistesleben Europas eine hervorragende Rolle gespielt. Durch das großzügige Mäzenatentum der Medici, die durch Handel und Geldgeschäfte zu Reichtum und Ansehen gelangt waren, war Florenz im 15. und 16. Jahrhundert ein Mittelpunkt der italienischen Renaissance, ein geistiges Zentrum von immenser Strahlkraft gewesen, das schöpferische Persönlichkeiten vom Schlage Michelangelos, Leonardo da Vincis, Donatellos und Machiavellis in seinen Mauern beherbergte. Neben Florenz hatten auch noch Pisa, Siena und Lucca im Kultur- und Geistesleben der Toskana große Bedeutung.

Wirtschaftlich und politisch ließ der Zustand der Toskana viel zu wünschen übrig. Die Bewohner setzten daher auf den jungen Großherzog, der freudig begrüßt wurde, große Hoffnungen.

Der neue Herrscher machte sich sogleich ans Werk. Er verfügte eine Amnestie für Verbrecher und ließ an die Armen von Florenz zweitausend Scudi verteilen. Erst nach der Hoftrauer für den verstorbenen Vater fand am 31. März 1766 im Palazzo Vecchio die Huldigung der Untertanen statt. Einige Wochen später traten Leopold und seine Gemahlin eine Reise durch das Land an. Sie besichtigten Kirchen und Museen, wohnten Theateraufführungen und sportlichen Wettkämpfen bei, die ihnen zu Ehren gegeben wurden, und besuchten Spitäler und Waisenhäuser. Auf dieser und auf späteren Reisen lernten sie die wichtigsten Landschaften und Städte ihres Herrschaftsgebietes kennen und erhielten einen persönlichen Einblick in die Probleme und Nöte der Bevölkerung. Leopold erkannte auf diesen Fahrten durch sein Land auch die Notwendigkeit einer umfassenden Staats- und Verwaltungsreform. Im Gegensatz zu seinem Bruder Joseph und seinem bedächtigen Naturell entsprechend, überstürzte er jedoch nichts. Er ließ sich vor jeder Entscheidung von Experten und erfahrenen Staatsmännern beraten, hörte sich ihre gegensätzlichen Ansichten geduldig an und wog das Für und Wider sorgfältig ab, ehe er sich eine persönliche Meinung bildete.

Als vordringlichste Maßnahme betrachteten der junge Großherzog und seine Ratgeber Reformen auf dem Gebiet der Landwirtschaft. Das Land litt unter den Nachwirkungen der Hungersnot von 1764, die auch eine Fleckfieberepidemie zur Folge hatte.

Leopold ordnete die sofortige Untersuchung der Getreidespeicher an. Dabei stellte sich heraus, daß die reichen adeligen und kirchlichen Grundbesitzer, denen zwei Drittel des Bodens gehörten, und die Kornhändler riesige Mengen an Getreide gehortet hatten, um den Preis dafür in die Höhe zu treiben. Sie verfolgten ihre eigenen egoistischen Ziele. Um die Not des Volkes kümmerten sie sich wenig. Wer sich das teure Brot nicht kaufen konnte, der mußte eben verhungern. Leopold fand das unerhört. Er zwang die Getreidehändler, das Getreide zu verkaufen, hob alle Monopole und Zölle, die die Herstellung und den Verkauf von Brot hemmten, auf und gab den Getreidehandel frei.

Leopold war entschlossen, die Toskana grundlegend zu verändern, den mittelitalienischen Kleinstaat zu einem Musterland der europäischen Aufklärung umzugestalten.

Die Kornpreisregelung war nur ein kleiner Schritt in der Agrarpolitik gewesen. Jetzt ging es um das Grundsätzliche. Die Frondienste der Bauern wurden abgelöst, den Besitzern das Fisch-, Weide- und Grundrecht zugestanden, womit er den Adel, dem diese Rechte entzogen wurden, schwer vergrämte. Das Anwachsen des Grundbesitzes der Kirche durch fromme Stiftungen wurde per Gesetz verhindert.

Unter dem Einsatz beträchtlicher Geldmittel ließ Leopold die versumpften Küstengebiete (Maremmen) entwässern und in fruchtbares Ackerland umwandeln, das er den Bauern zur Besiedlung und Bearbeitung übergab. Dieser Bodenmelioration waren im 18. Jahrhundert aufgrund der unzureichenden technischen Möglichkeiten natürlich Grenzen gesetzt. Die völlige Trockenlegung des malariaverseuchten Gebietes blieb einer späteren Zeit vorbehalten.

Leopolds wichtigstes Anliegen auf agrarischem Gebiet war die Aufteilung großer Ländereien in kleine Bauerngüter. Er selbst ging hierbei dem großgrundbesitzenden Adel und der Kirche, die gegen diese Maßnahme Widerstand leisteten, mit gutem Beispiel voran. Der Erfolg blieb bescheiden. Die kleinen Bauerngüter konnten sich nach Mißernten und Naturkatastrophen gegen den Großgrundbesitz, der weniger krisenanfällig war, nicht behaupten. Leopold konnte leider dagegen nichts unternehmen.

Das Kernstück der wirtschaftlichen Reformen, denen der Großherzog sein besonderes Augenmerk zuwandte, war die Beseitigung aller Binnenzölle, Mauten und sonstiger Sonderabgaben. Das Zunftwesen und die Zunftgerichtsbarkeit wurden abgeschafft. Den Bürgern war es nun möglich, sich nach freier Wahl für einen Beruf zu entscheiden.

Den Warenverkehr beschleunigte der Habsburger, der seine Anordnungen in der Landessprache traf und der sich bald als Italiener fühlte, durch den Bau und Ausbau von Straßen. Das verhältnismäßig dichte Netz von Verkehrswegen, das entstand, verband das Land mit dem Kirchenstaat und den im Norden angrenzenden Fürstentümern Parma und Modena.

Ganz auf der Linie der Aufklärungsphilosophie lagen auch die Schritte, die der unermüdlich tätige Großherzog im Justizwesen und in der Kirchenpolitik setzte.

Nach einigen Maßnahmen, die eindeutig vorbereitenden Charakter trugen, erließ Leopold 1786 ein neues Strafgesetzbuch, das später in mehrere Sprachen übersetzt und von den größten Denkern der Zeit als Musterbeispiel humanitärer Gesinnung gerühmt wurde. Die »Constitutio criminalis Leopoldina« enthielt eine Reihe bemerkenswerter Bestimmungen. Die Todesstrafe wurde abgeschafft, die Tortur verboten, ebenso die grausame Strafe des Schiffeziehens und des Anschmiedens. Straffällige Kleriker mußten sich vor einem weltlichen Gericht verantworten, alle Bürger erhielten freien Zugang zu Recht und Gesetz. Eine Verhaftung durfte nur nach einem richterlichen Befehl erfolgen, es sei denn, der Missetäter wurde auf frischer Tat ertappt. Das Urteil hatte öffentlich zu erfolgen.

Obwohl im leopoldinischen Kriminalkodex noch der Pranger und die öffentliche Züchtigung vorgesehen waren, kann man dieses umfassende Gesetzeswerk durchaus als einen Meilenstein auf dem Weg zur modernen Rechtsstaatlichkeit bezeichnen. Es hat im übrigen gehalten, was sich sein Urheber von ihm versprach. Durch die Humanisierung des Strafrechts ging die Zahl der Verbrechen in der Toskana merkbar zurück. Wurden 1766 noch 2398 Verbrechen registriert, so weist die Statistik für das Jahr 1784 lediglich 570 Delikte aus. Das Abschreckungsprinzip durch harte und grausame Strafen, das das Kriminalrecht durch die Jahrtausende beherrscht hatte (»Aug um Aug, Zahn um Zahn«), erwies sich zum ersten Mal statistisch nachweisbar als falsch.

Bei den kirchlichen Reformmaßnahmen ging es Leopold wie Joseph II. zunächst einmal darum, die Macht und den Einfluß der römisch-katholischen Kirche einzudämmen und diese dem Staat unterzuordnen, also eine vom Papsttum weitgehend unabhängige Landeskirche zu etablieren. Von einem Großteil der toskanischen Bischöfe unterstützt, konnte die Kurie dieses Vorhaben Leopolds verhindern.

Erfolgreicher war der Großherzog in seinem Bemühen um die Vertiefung und Verinnerlichung des religiösen Lebens und der Volksfrömmigkeit. Die Äußerlichkeiten des Barockkatholizismus mit seinem Prunk und dem weit über das Ziel hinausschießenden Heiligen- und Reliquienkult waren dem durchaus gläubigen, aber rational denkenden Aufklärer im Herzen zuwider. Leopold versuchte den Klerus dazu zu bewegen, sich auf seine eigentlichen Aufgaben zu konzentrieren: seelsorgerisch tätig zu sein und die Gläubigen zu einem demütigen, christlichen Leben zu bewegen. »Die Pflicht jedes Christen«, schrieb er einmal, »ist die Sanftmut, zu lindern, trösten, entschuldigen, soweit es möglich ist, den anderen zu helfen, sich für sie zu interessieren und Gutes zu tun.«

Die härteste und folgenschwerste kirchenpolitische Maßnahme Leopolds betraf die Klöster. Wie sein Bruder in Wien hob der Erzherzog alle jene Klöster auf, deren Insassen lediglich ein beschauliches Leben führten. Von den 321 Männerklöstern, die es um 1770 in der Toskana gab, mußten 130 die Tore schließen, etwa 2000 von 6800 Mönchen ihre Heimstätte verlassen. Auch die Hälfte der Frauenklöster wurde aufgelassen.

Der Neueintritt in ein Kloster wurde an ein Mindestalter (24 Jahre für Männer, 20 für Frauen) geknüpft und bedurfte der Zustimmung durch die großherzogliche Regierung in Florenz. Die Besitztümer der aufgelösten Klöster wurden mittellosen Pfarren zugewiesen.

Die kirchenpolitischen Entscheidungen stießen auf heftigen Widerstand seitens der Kirchenbehörden und des gläubigen Volkes, die dem reformfreudigen Herrscher den Eingriff in althergebrachte Gebräuche und Gewohnheiten verübelten. Leopold blieb unbeeindruckt.

Der Großherzog versuchte auch den Einfluß der Kirche auf das Schulwesen einzuschränken. Wie die meisten seiner fürstlichen Zeitgenossen war er an pädagogischen Fragen überaus interessiert.

In der Toskana war, wie in allen anderen europäischen Staaten, der Analphabetismus weit verbreitet, um die allgemeine Schulbildung war es schlecht bestellt. Das besondere Interesse des Landesfürsten gehörte daher der Intensivierung der Volksbildung und Volkserziehung. Leopold ließ sich dabei von seinen eigenen Ideen und den reformpädagogischen Zielsetzungen des Schweizer Erziehers Johann Heinrich Pestalozzi leiten. Er stand mit dem fortschrittlichen Pädagogen, der den Menschen durch Bildung zu einem erfüllteren Leben verhelfen wollte, in brieflichem Kontakt. Seine Absicht, ihn nach Florenz zu holen, scheiterte jedoch aus finanziellen Gründen.

Leopold ermöglichte durch den Bau von Volksschulen breiteren Bevölkerungsschichten einen Zugang zur Bildung und veranlasste darüber hinaus eine Reihe von pädagogischen Maßnahmen, die seiner Zeit weit voraus waren. So ließ er etwa an Lehrer, Pfarrer und Schüler kostenlose Schulbücher verteilen und förderte die Erziehung und Ausbildung der Mädchen. An den Universitäten von Pisa und Siena wurden neue Lehrstühle eingerichtet, die wissenschaftliche Forschung an den Akademien ausgeweitet.

Leopolds besonderes Augenmerk galt den Naturwissenschaften, vor allem der Chemie, der er sich persönlich mit Eifer widmete. Als »nützliche Wissenschaften« im Sinne des Utilitaritätsdenkens der Zeit betrachtete er auch die Medizin, die Montanistik, die Nationalökonomie und die Geschichte, die er nach Kräften förderte. Durch den Ankauf von Vasen und Graburnen gab er auch der Etruskologie einen starken Impuls.

Der Großherzog erwies sich aber auch gegenüber den schönen Künsten als großherziger Mäzen. Ein besonderes Verdienst erwarb er sich um die Ausgestaltung und Bereicherung der berühmten florentinischen Kunstsammlungen. Die Münzsammlung und die Sammlung von Zeichnungen und Kupferstichen wurden bedeutsam vermehrt, die Uffizien um- und ausgebaut. Der Palazzo Pitti, Leopolds Hauptresidenz, wurde erweitert, die Boboli-Gärten nach seinen eigenen Plänen umgestaltet und verschönert. Auch das Theaterwesen wurde reformiert.

Im Gegensatz zu Joseph II., der den Krieg als ein Mittel der Politik ansah und schon allein aus diesem Grund dem Militär eine große Bedeutung beimaß, war Leopold ein völlig unmilitärischer Mensch. Für soldatisches Imponiergehabe hatte er wenig übrig. Der Großherzog der Toskana war ein Friedensfürst, der Krieg war ihm ein Greuel. »Jeder Krieg, der nicht die eigene Verteidigung bezweckt«, erklärte er, »ist unnötig und ein Unglück für das Land.«

Schon allein dieser Gesinnung wegen verdient Leopold einen Ehrenplatz unter den Regenten des 18. Jahrhunderts. In einer Zeit, in der die Gegensätze zwischen den europäischen Dynastien beinahe grundsätzlich mit Waffengewalt ausgetragen wurden, hatte man für Pazifismus natürlich nur Spott und Hohn übrig.

Und es bedeutete wohl auch wenig, wenn sich der Regent eines Kleinstaates solchen unrealistischen Idealen hingab. Leopold gelang es aber jedenfalls, sich aus den Konflikten der europäischen (Groß-)Mächte herauszuhalten. Lediglich ein einziges Mal während seiner 25jährigen Regierung in der Toskana war er in eine kriegerische Auseinandersetzung verwickelt.

Um die Glaubwürdigkeit seiner Friedensgesinnung und -politik, an der er später auch als Kaiser festhielt, unter Beweis zu stellen, löste er das kleine Söldnerheer auf, das er bei seinem Regierungsantritt vorgefunden hatte, und ersetzte es durch eine Bürgermiliz. 1778 proklamierte er die unbewaffnete Neutralität seines Landes, die jedoch keinen völkerrechtlich-verbindlichen Charakter hatte, da sie von den übrigen Staaten nicht anerkannt und auch nicht beachtet wurde.

Leopolds kühnster Plan, der als krönender Abschluß seines gewaltigen Reformwerkes gedacht war, war sein Verfassungsprojekt. Etliche Jahre vor dem Ausbruch der Französischen Revolution gab der »sovrano filosofo«, der Philosophenfürst, wie man ihn später nannte, einem seiner wichtigsten Mitarbeiter, Francesco Gianni, den Auftrag, für die Toskana eine Verfassung auszuarbeiten, deren inhaltliche Zielsetzung er vorgab. Den unmittelbaren Anstoß dazu gab Leopolds Wienbesuch 1778/79, bei dem er den despotischen Regierungsstil seines Bruders näher kennengelernt und zutiefst verabscheuungswürdig empfunden hatte.

Leopolds herrscherliches Weltbild unterschied sich von jenem Josephs II. grundsätzlich. Dem Staate zu dienen und ihn nicht absolutistisch zu beherrschen: Das war die staatspolitische Maxime, auf der die revolutionäre politische Gedankenwelt des toskanischen Großherzogs fußte. »Ich glaube, daß der Souverain, auch der erbberechtigte, nur der Beamte des Volkes ist, daß er ihm alle Kraft, seine Mühe widmen soll«, formulierte er sein herrschaftliches Credo in einem Schreiben an seine Schwester Marie Christine. Und er setzte hinzu: »[...] denn der einzige Zweck der Gesellschaft und Regierung ist das Glück der Individuen.«

Unschwer erkennt man an dieser Einstellung den Einfluß der französischen Aufklärungsphilosophie. Leopold leitete seine politische Gedankenwelt davon ab, er war mit Rousseaus »Contrat social« wie mit Montesquieus Lehre von der Gewaltenteilung vertraut. Er kannte aber auch den Text der amerikanischen Unabhängigkeitserklärung des Jahres 1776, mit dem sich die Kolonisten vom englischen Mutterland lossagten. Darin sind die »inalienable rights«, die unveräußerlichen Rechte des Volkes, verankert.

Leopold war allerdings der einzige Herrscher, der konstitutionell dachte, der aus freien Stücken auf einen Teil seiner angestammten Rechte verzichten wollte. Selbst für die toskanischen Aufklärer war das schier unfaßbar.

Der Großherzog wollte für sich nur die Exekutivgewalt behalten, die Minister, Bischöfe, Richter und Beamten ernennen, sich aus der Strafrechtspflege völlig heraushalten und der Volksvertretung jährlich über die Staatsausgaben Rechenschaft ablegen. Alle diese Rechte mußten den Monarchen in anderen Staaten in jahrzehntelangen Kämpfen abgerungen werden. Leopold wäre aus eigenem Entschluß dazu bereit gewesen.

Sein weitblickendes Herrschaftsmodell war keine bloße Gedankenspielerei. Es blieb allerdings auf dem Papier. Ein Jahr nach Abschluß der Arbeit an seinem Verfassungsprojekt machte Joseph II. der Toskana einen Besuch, bei dem der Kaiser dem Bruder das Versprechen abrang, das Land nach Josephs Tod mit den österreichischen Erbländern zu vereinigen. Die Einführung der Verfassung in der Toskana unterblieb somit. Der mittelitalienische Kleinstaat blieb dann wohl selbständig, aber unter Ferdinand III., der dem Vater als Großherzog nachfolgte, wurde die Toskana in die politischen Wirren im Gefolge der Französischen Revolution hineingezogen, von denen sich das Land lange nicht erholte.

Großherzog Leopold war ein unermüdlicher Arbeiter, er gönnte sich jedoch mehr Ruhe als der rastlose, ehrgeizzerfressene Joseph. Wenn er sich überlastet fühlte, zog er sich in sein Landhaus »La Petraja« zurück, wo er, vom Lärm und Trubel der Welt unbehelligt, für ein paar Wochen ein einsames ländliches Leben führte. Frisch und erholt nahm er dann in Florenz die Regierungsgeschäfte wieder auf und widmete sich, soweit es seine Zeit erlaubte, seiner Familie.

Leopold und seine Gemahlin Maria Ludovica paßten wesensmäßig gut zusammen, die Ehe galt als vorbildlich. Sie stimmten in den entscheidenden Fragen des Lebens und Zusammenlebens überein. Maria Ludovica wird von allen, die sie näher kannten, als vorbildliche Gattin und Mutter geschildert, also genau das, was Herkommen und Etikette von den Frauen eines regierenden Fürsten im 18. Jahrhundert verlangten. Sie schenkte ihrem Gemahl innerhalb von zwanzig Jahren sechzehn Kinder, zwölf Knaben und vier Mädchen, von denen zwei in jungen Jahren starben. Alle anderen überlebten ihre Eltern, einige spielten in bedeutenden Positionen historisch eine nicht unbedeutende Rolle.

Die beiden bekanntesten Sprößlinge des zeugungsfreudigen Großherzogs waren die Erzherzöge Franz und Johann. Franz trat die Nachfolge des Vaters in den habsburgischen Erblanden an, der wesentlich populärere Johann sagte sich vom Hofleben los, schlug seine Zelte in der Steiermark auf und führte dort ein volksverbundenes, bürgerliches Leben.

Leopolds Liebeshunger war offenbar unersättlich. Wie wäre es sonst zu erklären, daß er sich im Alter von vierzig Jahren eine Geliebte zulegte, und zwar mehr oder weniger öffentlich, jedenfalls ohne große Geheimhaltung? Eine Mätresse zu haben galt im 18. Jahrhundert in Adelskreisen als standesgemäß, gehörte gewissermaßen zum guten Ton.

Leopold lernte 1786 in Pisa eine junge Tänzerin namens Livia Raimondi kennen, zu der er in Liebe entflammte. Er richtete der Dame seines Herzens in Florenz ein kleines Palais ein, das er mit kostbarem Mobiliar ausstattete, und schenkte ihr wertvollen Schmuck. Selbstverständlich kleidete er sie auch großzügig ein. Ihre Toilette wurde laufend durch neue Roben und Pelze ergänzt.

Die Ehegattin war über das Liebesverhältnis informiert und duldete es stillschweigend. Es gibt Hinweise darauf, daß die Tänzerin und Maria Ludovica gut miteinander auskamen. Ausgerechnet in dem Jahr, in dem Livia Raimondi einen unehelichen Sohn zur Welt brachte, der den Namen Luigi (Ludwig) erhielt, gebar auch die Erzherzogin ihr letztes Kind.

Luigi wurde in Wien von Pflegeeltern erzogen, trat als Beamter in den Dienst seines Halbbruders, Kaiser Franz I., und starb 1814 26jährig an Lungenschwindsucht.

Der Bruder machte sich über Leopolds Zeugungskraft gerne ein wenig lustig, nannte ihn launig einen »trefflichen Bevölkerer«, war aber doch froh, daß ihn der Großherzog der Sorge enthob, die Zukunft der Dynastie zu sichern. »Fahre fort, lieber Bruder, gesunde Kinder in die Welt zu setzen, und lasse nicht nach, gib der Monarchin so viele Kinder, wie Du kannst, wenn sie Dir ähnlich sind, können es niemals zu viele sein«, ermunterte er ihn.

Wenn er nach Florenz kam, und das war doch einige Male der Fall, fühlte er sich in der großherzoglichen Familie wohl. Bei seinem ersten Besuch im Jahre 1769 reisten die Brüder gemeinsam nach Rom, wo die Kardinäle nach dem Tod Klemens' XIII. gerade mit der Wahl eines neuen Papstes befaßt waren. Der Kaiser und der Großherzog wurden von den Römern begeistert empfangen.

Am fünften Tag ihres Aufenthaltes erschienen die beiden Habsburger überraschend im Konklave. Wenige Tage danach hatte die Christenheit wieder ein neues Oberhaupt, das Joseph II. nicht unwillkommen war.

Die Brüder trafen auch in Wien einige Male zusammen und tauschten eifrig Briefe aus. Aus ihnen geht hervor, daß der Kaiser trotz mancher Meinungsgegensätze Leopold als seinen engsten Vertrauten ansah. Er offenbarte ihm seine intimsten Probleme, schilderte ihm freimütig seine Sorgen. Der mißtrauische, nachtragende Großherzog konnte so manche Zurücksetzung nicht verwinden, mimte nach außen hin brüderliche Verbundenheit, blieb aber innerlich reserviert. Er verweigerte dem sterbenden Bruder sogar den brüderlichen Beistand.

Drei Wochen nach dem Tod Josephs II. verließ Leopold am 1. März 1790 die Toskana, um die Nachfolge des Bruders in den habsburgischen Erblanden und im Reich anzutreten. Mit dem impulsiven, übereilt handelnden Joseph ist der vorsichtige, klug abwägende Leopold zeitlebens nur sehr schwer zurechtgekommen. Zähneknirschend fügte er sich den Ratschlägen und Anordnungen des Kaisers. Zum offenen Widerspruch fehlte ihm die nötige Courage. Seine Abneigung, seinen versteckten Haß gegen den Bruder vertraute er in einer geheimen Kurzschrift seinen Privataufzeichnungen an, die Universitätsprofessor Adam Wandruszka, sein verdienstvoller Biograph, in mühsamer Arbeit entziffert hat. In einem mit »Stato della famiglia« betitelten Schriftstück urteilte er über Joseph: »Der Kaiser hat sehr viel Talent, Fähigkeit und Lebhaftigkeit, er versteht sofort und hat die Gabe des Gedächtnisses und der Rede ... Er ist ein harter, gewalttätiger Mann, voll Ehrgeiz, der alles sagt und tut, um gelobt zu werden und damit man von ihm in der Welt spricht. Er weiß nicht, was er will, und langweilt sich mit allem und ist gar nicht fleißig, verachtet allen Arbeitseifer und die Geschäfte, außer den militärischen ... Er duldet keinen Widerspruch und ist voll willkürlicher, gewalttätiger Grundsätze ... Er liebt niemanden, macht ein freundliches Gesicht denen, die er wegen ihrer Begabung braucht, aber dann macht er auch diese lächerlich ... Er hat keine Prinzipien und gar keinen Arbeitseifer, schreit, schilt und bedroht alle und entmutigt sie ...«

Dieses vom Haß diktierte, überscharfe Urteil über den mit zunehmenden Jahren sicherlich verbitterten, vereinsamten Kaiser stellen dem Charakter Leopolds, in dem auch die dunklen Seiten nicht fehlten – Mangel an Aufrichtigkeit, Verschlossenheit und ein grenzenloses Mißtrauen –, kein gutes Zeugnis aus.

Der Großherzog malte auch den Zustand der habsburgischen Monarchie in den düstersten Farben. In den Erblanden gäbe es eine Unzahl von Mißständen, es herrschten Verwirrung, Unordnung und Korruption, meinte er. Nun mußte er in diesem von ihm so hart und mitleidlos kritisierten Staatswesen die Nachfolge seines Bruders antreten.

Es war in der Tat keine leichte Aufgabe, die den nunmehr dreiundvierzig Jahre alten Leopold in Wien erwartete. Die Österreichischen Niederlande, das heutige Belgien, befanden sich im Aufruhr, in Ungarn stand eine Erhebung unmittelbar bevor. Der Krieg gegen die Türkei band einen Großteil des österreichischen Heeres, ein Waffengang mit Preußen lag im Bereich der Möglichkeit. Die ständische und die kirchliche Opposition in den einzelnen Ländern murrten unüberhörbar.

Um die kritische außen- und innenpolitische Situation, in der sich die österreichische Monarchie befand, zu meistern, bedurfte es rascher, vor allem aber kluger und wirksamer Maßnahmen. Leopold erkannte mit seinem scharfen staatsmännischen Blick die

Zeichen der Zeit. Es war ihm von allem Anfang an vollkommen klar, daß die bedrohte Monarchie nur durch Zugeständnisse an die unzufriedenen Völker und Interessengruppen zu retten sein würde. Der neue Regent, der in der Toskana sehr viele wertvolle Erfahrungen gesammelt hatte, war fest dazu entschlossen, diese notwendigen Konzessionen zu machen. Und zwar nicht nur aus Gründen politischer Taktik, sondern weil er von deren Unerläßlichkeit in seinem Innersten überzeugt war.

Der diplomatisch geschickte, klarsichtige Leopold bemühte sich zunächst um eine Lösung der außenpolitischen Konfliktsituation. Nach längeren Verhandlungen, die er mit geschmeidigem Geschick führte, gelang es ihm, den Krieg mit der Türkei zu beenden. Auch mit Preußen, das die Rebellion in den Niederlanden und die Unzufriedenheit in Ungarn geschürt hatte und unterstützte, führte er gegen den Willen des Staatskanzlers, Wenzel Fürst Kaunitz, eine Versöhnung herbei. Außenpolitisch abgesichert, konnte er nunmehr an die Befriedung Ungarns und die Rückeroberung der Österreichischen Niederlande denken.

Leopold setzte gegenüber den Ungarn einige versöhnliche Gesten. Er ließ Latein als Amtssprache in den Komitaten wieder zu und löste die verhaßte josephinische Polizeiorganisation auf. Der ungarische Reichstag wurde entgegen der habsburgischen Herrschaftstradition nicht nach Preßburg, sondern nach Buda, in die alte nationale Hauptstadt der Magyaren, einberufen. Der konsequent seine Ziele verfolgende Herrscher war jedoch fest entschlossen, an der Aufrechterhaltung der Herrschaft seines Hauses in Ungarn nicht rütteln zu lassen. Leopolds Beharrlichkeit führte auch in diesem Fall zum Erfolg. Nachdem er die ungarische Adelsopposition nach wenigen Verhandlungsmonaten meisterhaft ausmanövriert hatte, fand am 15. November 1790 in Preßburg seine Krönung zum ungarischen König statt. Schon fünf Wochen zuvor, am 9. Oktober 1790, war Leopold nach altem Zeremoniell in Frankfurt am Main als Leopold II. zum römisch-deutschen Kaiser gewählt und gekrönt worden.

Blieb noch Böhmen. Auch dort zeigte sich Leopold konzessionsbereit. Er stellte die ständische Verfassung wieder her und nahm einige Maßnahmen seines Vorgängers zurück. Nachdem alle Unstimmigkeiten aus dem Weg geräumt waren, wurde der Kaiser auch in diesem wichtigen habsburgischen Kronland am 6. September 1791 zum König von Böhmen gekrönt. Das beeindruckende feierliche Ereignis, bei dem auch Maria Ludovica an der Seite ihres Gemahls in der Prager Wenzelskirche auf dem Hradschin gekrönt wurde, markiert den Höhepunkt seines Lebens. Wolfgang Amadeus Mozart schrieb als Auftrag der böhmischen Stände die Festoper »La clemenza di Tito«, die er bei der Uraufführung selbst dirigierte. Der Komponist kehrte todkrank nach Wien zurück, der Kaiser blieb noch fast einen Monat in Böhmen. Er laborierte bei einem Zwischenaufenthalt in Brünn an Darmkrämpfen, einem Leiden, das ihn fast sein ganzes Leben lang plagte. Keiner von beiden hat geahnt, daß ihm nur noch eine kurze Spanne Lebens gegönnt war.

Nach der Kaiserkrönung und seinem offenkundigen Erfolg in Ungarn konnte Leopold darangehen, auch die Hoheit seines Hauses in den Österreichischen Niederlanden wiederherzustellen. Anfang Dezember 1790 besetzten österreichische Truppen ohne Blutvergießen Brüssel. Der weise Leopold nutzte seinen Sieg nicht zur Demütigung seines Gegners aus. Er erließ, wie versprochen, eine Amnestie für die Aufständischen, stellte die alten ständischen Freiheiten wieder her und widerrief die josephinischen Verordnungen auf kirchenpolitischem Gebiet. Innerhalb eines Zeitraumes von knapp neun Monaten war es dem »sovrano filosofo« auf diese Weise gelungen, sich inmitten schwerster Bedrängnisse von vielen Seiten erfolgreich zu behaupten. Es war eine Meisterleistung an politischem Geschick und politischem Weitblick, die einer Mischung aus geduldigem Zuwarten, energischem Handeln und beharrlicher Zielstrebigkeit entsprang. In den Freudenbecher seiner Erfolge fiel auch ein Wermutstropfen, der Leopold mit Bitterkeit erfüllte. Schon bald nach seiner Abreise aus Florenz brachen in der Toskana Unruhen aus, die sein Reformwerk zu gefährden drohten. Leopold reagierte nach anfänglicher Konzessionsbereitschaft hart und entschlossen: Er führte die Todesstrafe wieder ein und stellte durch den Einsatz des Militärs Ruhe und Ordnung wieder her. Am 21. Juli 1790 verzichtete er zugunsten seines zweitgeborenen Sohnes Ferdinand, der an die Staatskunst des Vaters bei weitem nicht herankam, auf den großherzoglichen Thron.

Um den Adel in den östereichischen und böhmischen Ländern rasch zu beruhigen, hob Leopold die verhaßte josephinische Steuer- und Urbarialregulierung auf und stellte die ständische Verfassung wieder her.

Die Vorgänge in Frankreich, wo ein Ereignis das andere jagte, erfüllten den Kaiser mit zunehmender Sorge. Er stand mit seiner extravaganten Schwester Marie Antoinette, mit der ihn weder eine geistige noch eine geschwisterliche Zuneigung verband, in kontinuierlichem Briefwechsel. Ihre Bitten um Intervention nahm er geduldig zur Kenntnis, ohne vorerst etwas zu unternehmen. Erst nach der mißglückten Flucht der französischen Königsfamilie war der Kaiser bereit Maßnahmen zu ergreifen. Er forderte in einem Rundschreiben die anderen europäischen Mächte zum gemeinsamen Handeln auf und schloß mit dem König von Preußen auf Schloß Pillnitz bei Dresden ein Defensivbündnis, in dem sich die beiden Partner verpflichteten, einander im Falle eines französischen Angriffes beizustehen. Schließlich rang sich Leopold schweren Herzens sogar dazu durch, schlimmstenfalls einen Krieg zu führen. »Wenn die Franzosen den Krieg haben wollen«, erklärte er, »dann sollen sie ihn haben, und sie werden sehen, daß Leopold der Friedfertige einen Krieg führen kann, wenn es sein muß. Sie werden die Kosten dafür bezahlen.«

Es blieb Leopold erspart, den Ausbruch des Krieges mit dem revolutionären Frankreich mitzuerleben. Nach einer Erkältung und einer offenbar falschen medizinischen Behandlung wurde der rastlos tätige Kaiser am 1. März 1792 vom Tod dahingerafft. Die Todesursache dürfte mit großer Wahrscheinlichkeit eine linksseitige Lungenentzündung mit eitriger Rippenfellentzündung gewesen sein.

Das plötzliche Hinscheiden des an den europäischen Fürstenhöfen geachteten Monarchen gab zu allerlei Gerüchten Anlaß, die lange Zeit nicht verstummten. Man munkelte, Leopold sei von Freimaurern oder Jesuiten vergiftet worden. Diese Vermutungen konnten jedoch nie bewiesen werden.

Die Kaiserin, die an Epilepsie litt und der so manche Enttäuschung nicht erspart geblieben war, folgte ihrem Gemahl bereits am 17. Mai 1792 in den Tod nach.

Für die Habsburgermonarchie bedeutete der Tod Leopolds II. einen schweren Rückschlag. Sein ältester Sohn, der ihm als Franz II. auf dem Thron nachfolgte, versuchte das Rad der Geschichte zurückzudrehen. Er verfolgte eine konservative Wendepolitik, die nach dem Sieg über Napoleon in einer restaurativen Ära zur Knebelung jedweder freiheitlichen Regung führte und eine politische und gesellschaftliche Stagnation zur Folge hatte, von der sich das Habsburgerreich nicht mehr erholte. Denn auch seine Nachfolger setzten unter geänderten Vorzeichen und Bedingungen diese konservative Politik fort.

In der Toskana ist die Erinnerung an Leopold lebendig geblieben. Nicht so in Österreich. Der überzeugte Friedensfreund, der gerechtigkeitsliebende Weltverbesserer, der modern denkende Reformer und Staatsmann Leopold II. wurde im Geschichtsbewußtsein der Österreicher von Maria Theresia, Joseph II. und Franz II. vollkommen in den Hintergrund gedrängt. Er hat das nicht verdient. Leopold zählt zu den großen europäischen Staatenlenkern des 18. Jahrhunderts, auch wenn er ein Vierteljahrhundert lediglich einen italienischen Kleinstaat regiert hat und nur zwei Jahre lang die habsburgische Monarchie.

Franz I.:
Der Herr Biedermeier als Kaiser

Franz I. *von Österreich (als römisch-deutscher Kaiser Franz II.), im Krönungsornat. Gemälde von Friedrich von Amerling, 1832. Wien, Hofburg.*

Am Abend des 16. Februar 1768 überbrachte ein Kurier aus Florenz Maria Theresia die Nachricht, daß ein paar Tage zuvor ihr erster Enkel das Licht der Welt erblickt hatte. Die Kaiserin war vor Freude außer sich. Schnell warf sie einen Umhang über ihr schwarzes Hauskleid und eilte so rasch sie konnte ohne Begleitung durch einige Trakte der Hofburg in das alte Hofburgtheater, wo ihre Familie einer Vorstellung beiwohnte. In der Hofloge angekommen, übermittelte sie den Kindern die brühwarme Neuigkeit. Als Schauspieler und Publikum die Unruhe in der Kaiserloge bemerkten, trat die Regentin an die Logenbrüstung und stieß den urwienerischen Freudenschrei aus: »Der Poldl hat an Buam.«

Diese Szene, die mehrfach überliefert ist, ist bezeichnend für die unzeremonielle Impulsivität der Kaiserin.

Mit dem »Poldl« war ihr drittgeborener Sohn Leopold gemeint, der seit 1765 als Großherzog in der Toskana regierte. Der »Bua« (Bub), der auf den Namen Franz getauft wurde, trat nach dem Tod seines Onkels Joseph II. und des Vaters 1792 dessen Erbe als römisch-deutscher Kaiser und Beherrscher der Habsburgermonarchie an. Aber das konnte damals freilich niemand voraussehen.

Der toskanische Erbprinz erhielt eine sorgfältig geplante Ausbildung. Der Vater ließ es an Erziehungsgrundsätzen und -vorschriften nicht fehlen. Der Erstgeborene sollte mehrsprachig und ohne Standesdünkel erzogen werden, er sollte lernen, Selbstdisziplin zu üben, seine Emotionen zu kontrollieren, seine Leidenschaften und Wünsche zu zügeln, Mitgefühl, Menschlichkeit und das Verlangen, seine Völker glücklich zu machen, sollten für seine zukünftige Regierungstätigkeit die oberste Richtschnur sein. Das war ein ehrgeiziges Programm, das ganz dem aufklärerischen Denken der Zeit entsprach. Es sollte sich bald zeigen, daß es schwer zu verwirklichen war. Zwischen pädagogischer Theorie und erzieherischer Praxis klafft allemal ein breiter Graben, der von jedem Erzieher übersprungen werden muß. Auch Franz de Paula Graf von Colloredo-Waldsee, der 1774 zum Ajo des Erbprinzen berufen wurde, sollte das zu spüren bekommen. Schon zwei Monate nach der Übernahme seines Amtes vertraute er seinem Tagebuch an, Franz und sein Bruder Ferdinand seien schwer zu etwas Gescheitem und Raisonablem anzuhalten. Der Erbprinz sei ungehorsam, hoffärtig und hinterhältig. Das war in der Tat ein vernichtendes Urteil, das Colloredo dem Großherzog in dieser schroffen Form natürlich nicht mitzuteilen wagte. Der Vater, der der Erziehung seines Ältesten große Aufmerksamkeit widmete, wußte um die Schwächen des Sohnes. Man müsse insonderheit über den Charakter des Franz wachen, wies er den Ajo an, er sei von Natur zu reserviert, furchtsam und sei stets darauf aus, seine Vorgesetzten zu täuschen.

Am Kaiserhof in Wien lösten die negativen Berichte über die Entwicklung des Knaben Verwunderung und Entsetzen aus. Da Joseph ohne männlichen Erben war und es nach dem Tod seiner zweiten Gemahlin ablehnte, noch einmal zu heiraten, schien der toskanische Erbprinz für höhere Aufgaben berufen zu sein. Seine bestmögliche Erziehung und Ausbildung war daher geradezu eine Staatsnotwendigkeit. War Graf Colloredo seiner schweren Aufgabe gewachsen? War er für sein verantwortungsvolles Amt nicht zu schwach, zu servil, zu unbedeutend?

Um sich an Ort und Stelle über die Situation zu informieren, entschloß sich Joseph, der großherzoglichen Familie in Florenz einen Besuch abzustatten. Er traf Anfang 1775 in der Arnostadt ein, vom Bruder und seiner munteren Kinderschar willkommen geheißen. Was er sah, wollte ihm nicht recht gefallen, aber es beunruhigte ihn auch nicht sonderlich. Er fand Franz, seinen Neffen und vermutlichen Nachfolger, zwar sehr kindisch und verzogen, ängstlich und ratlos, aber gut begabt und bildungsfähig.

Um den Knaben mehr Zucht, Selbstdisziplin und Pflichtbewußtsein beizubringen, wurde Graf Colloredo in der Person eines Majors, des Marquis Manfredini, ein militärischer Erzieher zur Seite gestellt. Zu den beiden gesellte sich der feinfühlige, gelehrte Exjesuit Sigmund Graf Hohenwart, der Franz in das Studium der Geschichte einführte und in ihm den Sinn und das Verständnis für die Eigenart fremder Völker und Kulturen weckte.

Unter dem Einfluß seiner Lehrer, die in vielen Fragen recht unterschiedliche Meinungen vertraten, wuchs der erstgeborene Sohn des Großherzogs von Florenz zu einem verängstigten, unsicheren, mißtrauischen Jüngling heran, für den der Kaiser bereits im Alter von vierzehn Jahren eine Braut aussuchte, die in sein politisches Konzept paßte. Weder Eltern und Erzieher verrieten dem Betroffenen ein Sterbenswörtchen über die kaiserlichen Pläne. Franz würde schon noch früh genug erfahren, mit welcher Frau an seiner Seite er einmal durch das Leben gehen sollte. Die Auserwählte war die achte Tochter des Herzogs Friedrich II. von Württemberg, Elisabeth Wilhelmine, die Joseph 15jährig nach Wien holte, um sie im Kloster der Salesianerinnen auszubilden und auf ihre Aufgabe als künftige Kaiserin vorzubereiten.

Joseph kam dann Anfang 1784 wieder nach Florenz, um den Neffen abermals in Augenschein zu nehmen. Das Urteil, das er nach eingehender Beobachtung über den Erzherzog fällte, war wenig schmeichelhaft. Franz sei von Charakter eher langsam, konstatierte der Kaiser, heuchlerisch und gleichgültig, und habe wenige entschiedene Leidenschaften. Er wisse theoretisch und praktisch sehr viel, entwickle aber keine eigenen Gedanken, habe Scheu vor allem, was Mühe mache, sei träge im Handeln und Denken und habe Angst vor der Wahrheit. Mit einem Wort: er sei ein verzogenes Muttersöhnchen.

Die Schuld für die charakterliche Fehlentwicklung seines präsumptiven Nachfolgers gab Joseph den Eltern und deren falschen Erziehungsprinzipien, dem uneinheitlichen Erziehungsprogramm, der verweichlichenden Atmosphäre am Florentiner Hof. Aber noch war nichts verloren. Der Kaiser entschloß sich, den Neffen persönlich unter seine Fittiche zu nehmen. »Ich lege mir damit keine kleine Last auf«, schrieb er an die Zarin Katharina II. von Rußland, zu der er seit seiner ersten Rußlandreise im Jahre 1780 gute Beziehungen unterhielt, »aber ich habe nur das Wohl meines Vaterlandes im Auge und es scheint notwendig, diesen Schritt zu tun.«

Im Sommer 1784 kam der 17jährige Erzherzog nach Wien und nahm in der Hofburg im 2. Stock des Schweizerhofes Wohnung. Er begegnete in Laxenburg zum erstenmal seiner Braut und erhielt neben dem Grafen Colloredo, der mit ihm in die Kaiserstadt gekommen war, zwei neue Erzieher: den Staatsrechtslehrer Johann Ritter von Schloißnigg und den Archivar am Wiener Haus-, Hof- und Staatsarchiv Michael Schmidt. Der Kaiser entwarf neue Richtlinien für die Erziehung seines Schützlings. »Es ist das einzige Absehen«, hieß es darin, »daß aus dem Erzherzoge ein tüchtiger und für das wichtige Amt, so er einmal im Staate zu bekleiden haben wird, tauglicher Mann gebildet werde. Zur Erfüllung dieser Absicht ist Alles ohne Rücksicht anzuwenden, weil seine Gesundheit und Conservation gegen dieses Hauptobjekt nicht in Betracht kommen können.«

Der ungeduldige, impulsive, hyperaktive Joseph wollte den Thronfolger nach seinem Bild formen. Aber diese pädagogische Zielsetzung war natürlich ein aussichtsloses Beginnen. Die Enttäuschung darüber, daß Franz sich nicht so entwickelte, wie es sich der Kaiser erhofft hatte, war groß. Joseph faßte den Neffen hart an, ließ es an tadelnden Ermahnungen, an schonungsloser Kritik nicht fehlen. Aber diese Vorhaltungen in Wort und Schrift fruchteten zum nicht geringen Ärger des Kaisers wenig. Franz war zwar willens, den Vorstellungen seines kaiserlichen Erziehers zu entsprechen, aber diese Vorsätze waren nicht von Dauer. Der Erzherzog blieb steif, unsicher, apathisch, geistesträge, hartherzig, »wie Stein«. Das war jedenfalls die Meinung Josephs.

Allmählich begann der Erzherzog damit, seine Vorlieben zu kultivieren. Er sammelte Bücher, die ihn interessierten, Reisebeschreibungen, Biographien, Forschungsberichte, Geschichtsdarstellungen, sowie Stiche, Holzschnitte und Porträts bedeutender Menschen, die er eigenhändig katalogisierte. Daraus wurde im Laufe der Zeit die große »Fideikomißbibliothek des Kaisers Franz«, die heute ein wertvoller Bestandteil der Österreichischen Nationalbibliothek ist, und die berühmte Porträtsammlung des österreichischen Kaiserhauses. Er widmete sich in Schönbrunn, im Belvedere und im Augarten der Gartenpflege, setzte Pflanzen und Sträucher und beobachtete ihr Wachstum. Ein kleinbürgerlicher Lebensstil mit einem ausgeprägten Sinn für spießbürgerliche Häuslichkeit kündigte sich an. Der Kaiser nahm es überrascht und ein wenig betroffen zur Kenntnis. Er selbst hatte ganz andere Interessen: das Militär, den Staat, die Wohlfahrt der Menschen. Aber er tröstete sich mit dem Gedanken, daß der Neffe wenigstens auf diesen Gebieten Initiative zeigte und ein selbständiges Urteil.

Am Dreikönigstag des Jahres 1788 heiratete der 20jährige Erzherzog in der Augustinerkirche die Prinzessin, die der Kaiser für ihn ausgesucht und die er in den vier Jahren seines Aufenthaltes in der Donaustadt lieben und schätzen gelernt hatte: Prinzessin Elisabeth Wilhelmine von Württemberg. Die Trauung vollzog Josephs jüngster Bruder Maximilian Franz, der Kurerzbischof von Köln.

Auf die glücklichen Flitterwochen des Paares in der Toskana folgte die Feuertaufe des Thronfolgers im Krieg gegen die Türkei an der Seite Rußlands. Franz legte eine staunenswerte Kaltblütigkeit an den Tag, sein Phlegma, das ihm über so viele Krisen seines Lebens half, bewährte sich zum ersten Mal. »Vor dem Feind«, berichtete der Kaiser, der sich in diesem Feldzug die Todeskrankheit holte, seinem Bruder Leopold, »war er nicht anders als wie im Zimmer. Das Pfeifen der Kugeln ließ ihn völlig kalt.«

Joseph II. kehrte schwerkrank nach Wien zurück. Der Kaiser ertrug sein langes, qualvolles Leiden mit Selbstverleugnung, arbeitete unermüdlich weiter, traf Anordnungen, diktierte Briefe an seine Geschwister, an befreundete Staatsmänner und Potentaten.

Franz und seine hochschwangere Gemahlin Elisabeth, die sich im Krankenzimmer Josephs einfanden, mußten zusehen, wie das Leben langsam aus dem siechen Körper ihres kaiserlichen Oheims entwich, mußten mitansehen, wie das Lebenswerk des Reformkaisers bereits zu seinen Lebzeiten zu zerbröckeln begann. Als der Kaiser am 15. Februar 1790 die Letzte Ölung empfing, fiel Elisabeth, die Joseph sehr nahestand, in Ohnmacht. Zwei Tage später gebar sie vorzeitig eine Tochter und starb im Wochenbett. Der Kaiser folgte ihr kurz darauf in den Tod. Innerhalb kürzester Zeit hatte sich das junge Leben des phlegmatischen Herzogs aus der Toskana von Grund auf verändert.

Franz heiratete auf Wunsch des Vaters am 19. September 1790 Maria Theresia, eine Tochter König Ferdinands I. von Neapel-Sizilien. Er führte mit seiner temperamentvollen, musikalischen Frau, die ihm in siebzehn Jahren zwölf Kinder schenkte, eine sehr glückliche Ehe.

Der Kaiser ernannte seinen Erstgeborenen öffentlich zu seinem Mitregenten, übertrug ihm gelegentlich den Vorsitz im Staatsrat und beauftragte ihn mit der Durchführung einiger innerer Reformen. Franz entledigte sich seiner Aufgabe mit Geschick und Hingabe. Er erstellte ein Sparbudget, entwarf Vorschläge für die Reduzierung der Rüstungsausgaben, betrieb mit Eifer den Auf- und Ausbau einer Geheimpolizei, überlegte Grundsätze für Zensurmaßnahmen und las täglich einen Stapel von Akten. Die geistigen Grundlagen, die später seinen Regierungsstil charakterisierten, zeichneten sich in ihren Umrissen ab.

Leopold II. nahm seinen Sohn zur Kaiserkrönung nach Frankfurt mit, wo Franz zum ersten Mal jenem Mann begegnete, der sich Jahre danach in seinen Diensten zum Staatsmann von europäischem Format entwickeln sollte: Klemens Lothar Wenzel Metternich. Franz begleitete den Vater zu den Krönungsfeierlichkeiten nach Preßburg und Prag und im August 1791 auf Schloß Pillnitz bei Dresden, wo der römisch-deutsche Kaiser mit König Friedrich Wilhelm II. von Preußen in einer gemeinsamen Erklärung seine Solidarität mit der französischen Monarchie bekundete. Ludwig XVI. von Frankreich war seit dem Ausbruch der Revolution im Jahre 1789 in immer größere Bedrängnis geraten. Bei allen diesen Anlässen gewann der Thronfolger einen wertvollen Einblick in das Räderwerk der europäischen Diplomatie.

Ungefähr ein halbes Jahr später, am 1. März 1792, stellte ihn ein unerbittliches Schicksal an die Spitze des habsburgischen Vielvölkerreiches. Nach Joseph II. und Leopold II., den beiden aufklärerisch und fortschrittlich gesinnten Söhnen Maria Theresias, schlug das politische Pendel in der Habsburgermonarchie nun wieder in die konservative Richtung aus. Franz I., der das Ruder der Regierung übernahm und es 43 lange Jahre in Händen hielt, war kein Mann großer zukunftsweisender Visionen, politischer und gesellschaftlicher Reformen. Er war ein zaudernder Bewahrer, ein Feind alles Neuen und aller Neuerungen, den kaum etwas aus der Fassung brachte und der nichts bewegte. In seiner Regierungszeit wurde Österreich zu einem Hort der Reaktion, zum Inbegriff staatlicher und gesellschaftlicher Unbeweglichkeit.

Es war eine veränderte Welt, der sich der 24jährige Monarch bei seinem Regierungsantritt gegenübersah. Im Frankreich der Revolution waren die Leibeigenschaft abgeschafft, die ständischen Unterschiede aufgehoben, die Menschen- und Bürgerrechte beschlossen worden. Eine Verfassung, die im September 1791 erlassen worden war, verwandelte das Land in eine konstitutionelle Monarchie. Das Königtum hatte an Ansehen gewaltig verloren und lief Gefahr, abgeschafft zu werden.

Dem neuen Beherrscher des Habsburgerreiches flößten die Vorgänge in Frankreich Abscheu und Ekel ein. Er war entschlossen, gemeinsam mit den anderen europäischen Großmächten, mit Rußland, Großbritannien und Preußen, der Revolution die Stirn zu bieten. Die bewaffnete Intervention, an die er dachte, zögerte sich allerdings hinaus. Es fehlte, wie schon so oft, an Geld und einem schlagkräftigen Heer.

Während man in Wien noch über die Aufbringung der finanziellen Mittel für den Waffengang beriet, erklärte das revolutionäre Frankreich am 20. April 1792 dem Habsburgerreich den Krieg. Es war der Beginn eines erbitterten, mehr als zwanzigjährigen Ringens zwischen den europäischen Großmächten und Frankreich.

In den nächsten Jahren überschlugen sich die Ereignisse. Unter dem Eindruck der Vorgänge in Paris wurde Franz am 5. Juli 1792 in Frankfurt zum Kaiser gewählt und am 14. Juli, dem Tag der Erstürmung der Bastille, gekrönt. Etwa einen Monat zuvor hatte man ihm in Budapest, einen Monat danach in Prag die Königskrone auf das Haupt gesetzt.

Der Krieg mit Frankreich ließ sich schlecht an. Im September 1792 mußte das Heer der antifranzösischen Koalition nach der berühmten »Kanonade von Valmy« den Rückzug antreten, die Franzosen besetzten die österreichischen Niederlande. Im Januar 1793 fiel das Haupt Ludwigs XVI. von Frankreich unter der

Guillotine, bei der zweiten Teilung Polens ging die Habsburgermonarchie leer aus. Im Oktober erfüllte sich dann auch das Schicksal Marie Antoinettes, der Tante des jungen Kaisers, die als Königin von Frankreich eine mehr als unglückliche Rolle gespielt hatte.

Franz nahm alle diese (Schicksals-)Schläge mit äußerlichem Gleichmut hin. Politisch reagierte er darauf mit der Auswechslung seines Staatskanzlers: Graf Philipp Cobenzl mußte gehen. An seine Stelle trat im März 1793 Freiherr Franz von Thugut, der anti-französisch und antipreußisch gesinnt war. Ein fleißiger, energischer und tatkräftiger Arbeiter, ein unentwegter Kämpfer gegen die Französische Revolution, verfolgte er unbeirrbar das Ziel einer Stärkung der monarchischen Gewalt, einer territorialen Abrundung der Habsburgermonarchie und einer Erneuerung des Reiches. Zeitgeistig war das gewiß nicht und auch nicht realisierbar. Am 9. Februar 1801 mußte der willensstarke »baron de guerre« sein Amt wieder abgeben und zwar an den Vetter seines Vorgängers, Graf Ludwig Cobenzl.

Militärisch hatte der Wechsel an der Spitze der österreichischen Staatsverwaltung keine sichtbaren Auswirkungen. Erfolge und Niederlagen gegen die französischen Revolutionsheere wechselten einander in bunter Folge ab. Der Kaiser beteiligte sich persönlich an den Kriegszügen nicht. Er amüsierte sich. Er veranstaltete unter dem Einfluß seiner vergnügungssüchtigen Gemahlin in Schloß Laxenburg Masken- und Terrassenfeste, Feuerwerke und Theateraufführungen. Erst 1794 begab er sich zu seiner Armee in die Österreichischen Niederlande und nach Nordfrankreich, ohne irgend etwas zu bewirken.

Erfolgreicher war er bei der Verfolgung und Niederschlagung sogenannter staatsgefährlicher Umtriebe. Im Sommer 1794 kam die kaiserliche Geheimpolizei einer »Jakobinerverschwörung« auf die Spur, deren Fäden angeblich nach Frankreich und Ungarn reichten. Eine Reihe in der Donaumetropole stadtbekannter, ehrenwerter Persönlichkeiten, unter ihnen der ehemalige Lehrer des Kaisers, Andreas Freiherr von Riedel, und der Schriftsteller Franz von Hebenstreit, wurde verhaftet, des Hochverrates angeklagt und nach einem langen, undurchsichtigen Prozeß zu Todes- und langjährigen Haftstrafen verurteilt. Gegen echte oder vermeintliche Konspirationen und revolutionäre Verschwörungen ging der unentschlossene Kaiser mit tatkräftiger und schneidiger Härte vor.

Am Himmel der Kriegskunst ging in diesen Jahren der Stern eines Feldherrngenies auf. Es war 1769 in Korsika zur Welt gekommen, hieß Napoleon Bonaparte und wirbelte in den nächsten zwei Jahrzehnten auf den Schlachtfeldern und in den Salons Europa militärisch und politisch gehörig durcheinander.

Der kleingewachsene, von seinen Soldaten zu Beginn seiner Karriere abgöttisch verehrte Korse trieb mit einer neuen Offensivstrategie die gegen ihn ins Feld geschickten gegnerischen Armeen zu Paaren. Napoleon hatte einen klaren Blick für Gegebenheiten, er hatte die Gabe, eine komplizierte Sachlage auf ihren einfachsten Nenner zu reduzieren. Seine Feldherrnkunst und seine Siege sind von dieser Fähigkeit her zu erklären. Während für die größten Feldherren seiner Zeit die Kriegsführung ein kunstvolles Manöver war, eine geistreiche Kombination, ein Schachspiel mit lebenden Figuren, war der Krieg für Napoleon eine völlig unkomplizierte Angelegenheit. Er wußte, daß eine Schlacht nicht durch theoretische Überlegungen entschieden wird, sondern durch rasches, kühnes Handeln. »Man muß in erster Linie durch die Beine seiner Soldaten siegen und erst in zweiter Linie durch ihre Bajonette«, sagte er einmal, und: »Ich habe die Österreicher durch Märsche besiegt.«

Diese beiden Sätze enthalten in nuce die Strategie Napoleons. Wozu noch das ungeheure Tempo kam, das alle seine Handlungen charakterisierte.

Napoleon gewann Schlacht um Schlacht, eroberte Städte, Provinzen und Länder, diktierte Friedensschlüsse und zertrümmerte mit ein paar Federstrichen die alte europäische Staatsordnung.

Wie sein militärischer, war auch sein politischer Aufstieg kometenhaft. 1799 stürzte er durch einen Staatsstreich die Regierung, trieb die Volksversammlung auseinander, hob die Verfassung auf und machte sich für die Dauer von zehn Jahren zum Ersten Konsul. 1802 dehnte er sein Konsulat auf Lebenszeit aus, am 2. Dezember 1804 krönte er sich in der Kirche Notre Dame zu

Paris zum Kaiser der Franzosen. Allen diesen Maßnahmen hängte der kaltblütige, dämonische Usurpator ein scheindemokratisches Mäntelchen um. Er ließ sie durch Plebiszite bestätigen.

Das Habsburgerreich und sein mittelmäßiger, entschlußloser Monarch hatte dem dynamischen Welteroberer absolut nichts Gleichwertiges entgegenzusetzen. Seine Armeen waren schlecht gerüstet, die militärische Führung war bis auf eine einzige Ausnahme inferior. Die Ausnahme stellte Erzherzog Karl, der Bruder des Kaisers, dar. Aber auch er stand auf verlorenem Posten. Der militärisch hochbegabte Mann hätte gewiß mehr erreichen können. Doch der Kaiser, der die große Begabung und Beliebtheit seines nahen Verwandten mit Eifersucht quittierte, warf ihm immer wieder Prügel vor die Beine, gab ihm nur beschränkte Vollmachten, erteilte ihm unzumutbare Weisungen.

Gegenüber Napoleon konnte Franz I. nicht agieren, er mußte reagieren. Im Jahre 1803 sah sich der machtlose Kaiser genötigt, den sogenannten Reichsdeputationshauptschluß hinzunehmen. Dieses letzte, vom Reichstag beschlossene Reichsgrundgesetz regelte die durch die napoleonischen Eroberungen notwendig gewordene territoriale Neugestaltung des Reiches. Die Reichsfürsten, die ihre linksrheinischen Besitzungen an Frankreich verloren hatten, wurden auf der anderen Seite des Rheins entschädigt. Die geistlichen Fürstentümer wurden säkularisiert, also aufgehoben, kleinere weltliche Fürstentümer und Grafschaften sowie fast alle Reichsstädte verloren ihre Selbständigkeit und wurden einem größeren Territorialverband eingegliedert.

Die territoriale Flurbereinigung kam den deutschen Mittelstaaten zugute, vor allem Bayern und Württemberg, die ihr Staatsgebiet wesentlich vergrößern konnten. Neben Preußen und Österreich gab es nun das »dritte Deutschland« souveräner Mittelstaaten, die mehr nach Paris als nach Wien blickten.

Die geistlichen Kurfürsten, zuletzt verläßliche Parteigänger der habsburgischen Kaiser, verloren ihre Kurwürde. Dies hatte im Kurfürstenkollegium eine protestantische Mehrheit zur Folge. Die Zukunft des jahrhundertealten habsburgischen Kaisertums war in Frage gestellt, die Auflösung des Heiligen Römischen Reiches Deutscher Nation war im vollen Gange.

Als sich sechzehn deutsche Fürsten zum 2. Rheinbund zusammenschlossen, sich dem Protektorat Napoleons unterstellten und am 1. August 1806 ihren Austritt aus dem Reichsverband erklärten, legte Franz II. folgerichtig die römische Kaiserwürde nieder. »Wir erklären«, heißt es in dem entsprechenden Dokument, »daß Wir das Band, welches Uns bis jetzt an den Staatskörper des deutschen Reiches gebunden hat, als gelöst ansehen, daß Wir das reichsoberhauptliche Amt und Würde durch die Vereinigung der conföderirten rheinischen Stände als erloschen und Uns dadurch von allen übernommenen Pflichten gegen das deutsche Reich losgezahlt betrachten, und die von wegen desselben bis jetzt getragene Kaiserkrone und geführte kaiserl. Regierung, wie hiemit geschieht, niederlegen.«

Bereits zwei Jahre zuvor, am 11. August 1804, hatte Franz unter dem Eindruck der Kaiserkrönung Napoleons ein Patent veröffentlicht, in welchem er kundtat, daß er für sich und seine Nachfolger den Titel und die Würde eines erblichen »Kaisers von Österreich« angenommen habe.

Die feierliche Proklamation des neuen Kaisertums fand am 7. Dezember 1804 »durch Regierungs- und magistratische Commissäre, unter Trompeten- und Paukenschall und Paradierung der Truppen und der Bürgerschaft« in der Kaiserresidenz und ihren Vorstädten statt, wie ein Zeitgenosse, der vaterländische Historiker und Publizist Joseph von Hormayr, berichtet. Am nächsten Tag feierten der Kaiser, jetzt Franz I., und sein Hofstaat das Ereignis mit einem Tedeum im Wiener Stephansdom. Auf eine Krönung verzichtete er. Zum Wappen des neuen Kaisertums wurde der doppelköpfige schwarze Adler auf goldenem Grund bestimmt.

Wenn die Entscheidung des Kaisers auch rechtlich anfechtbar war – Franz hatte weder die Zustimmung der Stände der Erbländer eingeholt und sich auch nicht um die noch bestehende Reichsverfassung gekümmert –, so entbehrte der selbstherrliche Akt nicht einer politischen und historischen Logik.

Zwischen der Annahme des neuen und der Niederlegung des alten Kaisertitels war der Sproß aus dem uralten europäischen Herrschergeschlecht nach der verlorenen Dreikaiserschlacht von Austerlitz in Böhmen, die am 2. Dezember 1805 geschlagen wurde, zum ersten Mal dem Kaiser der Franzosen begegnet. Der Habsburger, der in einer Kutsche angefahren kam, wurde von Napoleon, von ordensgeschmückten Generälen umgeben, auf freiem Feld willkommen geheißen. »Ich bedaure, Sie an einem so schlechten Ort empfangen zu müssen«, eröffnete der Korse das Gespräch. Trotz der widrigen Umstände gab der Kaiser darauf eine freundliche Antwort. Was blieb ihm auch anderes übrig, als gute Miene zum bösen Spiel zu machen? Die Weltgeschichte wird von den Siegern geschrieben, und er war schließlich der Unterlegene.

Das Gespräch unter freiem Himmel zwischen den in jeder Hinsicht so unterschiedlichen beiden Kaisern an diesem kalten, feuchten Dezembertag dauerte zwei Stunden. Das Resultat hätte nicht schlechter ausfallen können. Österreich verlor im Frieden von Preßburg (26. Dezember 1805) Tirol, Vorarlberg, Vorderösterreich und Venetien und mußte 40 Millionen Gulden Kriegskosten bezahlen. Sozusagen als kleines Trostpflaster wurde das Erzbistum Salzburg mit Berchtesgaden österreichisch.

Dem verlorenen Krieg fielen nicht nur Territorien, sondern auch Personen zum Opfer. Der Kaiser entließ in beleidigender und brüsker Form Staatskanzler Ludwig Graf Cobenzl und seinen ehemaligen Erzieher und alten Vertrauten Graf Colloredo.

Der neue Mann, den der Kaiser mit der Leitung der Außenpolitik betraute, hieß Graf Johann Philipp Stadion. Er stammte aus Mainz, war hochgebildet und einer der fähigsten Diplomaten in der neueren Geschichte der Donaumonarchie.

Stadion, ein entschiedener Gegner Napoleons, trat für eine Erneuerung der schwerfälligen Staatsmaschinerie und für eine Mobilisierung der Volkskräfte ein, um dem übermächtigen Kaiser der Franzosen abermals und mit der Aussicht auf Erfolg entgegentreten zu können. Er hatte eifrige Mitstreiter: den österreichischen Botschafter in Paris, Graf Clemens Lothar Metternich, die beiden Brüder des Kaisers, Erzherzog Karl und Erzherzog Johann, den geistvollen Publizisten Friedrich von Gentz.

Erzherzog Karl reformierte die Armee, sein liberal denkender Bruder Johann machte Vorschläge für die Schaffung eines Volksheeres, Gentz und ungezählte andere Publizisten, Dichter und Schriftsteller entfachten mit Gedichten, Liedern, Flugschriften und Aufrufen eine patriotische Hochstimmung und schürten die antinapoleonischen Leidenschaften.

Und wie verhielt sich der Kaiser in dieser neuen politischen Situation? Er stimmte zögernd und widerwillig der Errichtung einer österreichischen Landwehr zu. Volksbewegungen und schon gar einer Volksbewaffnung und einem Volksheer stand er äußerst mißtrauisch gegenüber. Man wußte nie, was daraus entstehen konnte. Das Volk hatte in seinem Denken keinen Platz. Franz gab sich schlicht, einfach und bürgerlich. Aber von der Unantastbarkeit seiner Stellung, von seiner dynastischen Sendung, war er zutiefst überzeugt.

Mitten in die patriotische Aufbruchstimmung in den Jahren zwischen 1805 und 1809 fiel eine neuerliche Veränderung in seinem Privatleben. Am 13. April 1807 starb seine zweite Gemahlin, Kaiserin Maria Theresia. Kaum vier Monate später verlobte sich Franz mit Maria Ludovica von Este, seiner Cousine, am 6. Januar 1808 fand die Hochzeit statt.

Maria Ludovica, 1787 in Monza geboren, war neunzehn Jahre jünger als der nun vierzig Jahre alte Kaiser. Sie war ein hübsches, anmutiges Geschöpf, klug, kunstsinnig, einfühlsam. Politisch war sie eine entschiedene Gegnerin des Korsen.

Die Ehe, die infolge des schlechten Gesundheitszustandes der Kaiserin kinderlos blieb – Maria Ludovica erkrankte schon bald nach der Eheschließung an Tuberkulose –, war im großen und ganzen sehr harmonisch. Maria Ludovica war, wie später dann auch des Kaisers vierte Gemahlin, die tief religiöse, sozial engagierte Wittelsbacherin Katharina Augusta, eine hingebungsvolle Gefährtin. Der nüchterne, kühle, gefühlsarme Kaiser wurde von seinen Ehefrauen geliebt und von seiner Familie respektiert. Der »gute Kaiser Franz« war ein vorbildlicher Vater und ein ausgeprägter Familienmensch, dem Zeremoniell und Repräsentation aus tiefstem Herzen zuwider waren. Das machte ihn zuletzt sogar populär.

Kehren wir zu den politischen Entwicklungen zurück. Das politische Reformwerk Stadions und das militärische Erzherzog

Karls waren noch nicht abgeschlossen, als man in Wien beschloß, den Krieg zu wagen. Nach der Veröffentlichung eines von Friedrich von Gentz verfaßten Kriegsmanifestes begannen im April 1809 die Tiroler Bauern mit den Kampfhandlungen. Sie warfen innerhalb kurzer Zeit die bayerischen Besatzungstruppen aus dem Land.

Napoleon handelte wie stets rasch und entschlossen. Bereits einen Monat nach Kriegsausbruch rückte er mit seinen Truppen zum zweitenmal, diesmal nach einer kurzen Beschießung der Stadt, in Wien ein. Die neuerliche Besetzung war härter als jene des Jahres 1805.

In der ersten großen Entscheidungsschlacht dieses Waffenganges verlor der strahlende Feldherr den Nimbus der Unbesiegbarkeit. Erzherzog Karl schlug die französische Armee bei Aspern. Napoleon machte die empfindliche Niederlage kurze Zeit später wett. Bei Deutsch-Wagram im Marchfeld, dort, wo vor mehr als einem halben Jahrtausend nach einer siegreichen Schlacht über den Böhmenkönig der Aufstieg des Hauses Habsburg begonnen hatte, errang er den entscheidenden Sieg über die Österreicher.

Der Kaiser, der vom Bisamberg aus dem Gemetzel zusah, soll nach der Niederlage seines Heeres gesagt haben: »Jetzt können wir halt nach Hause gehen.« Seine eiskalten Kommentare und sein Stoizismus waren sprichwörtlich.

Nach der Schlacht bei Wagram standen der Kaiser und seine Berater vor einer schweren Entscheidung. Sollte man weiterkämpfen oder kapitulieren, um in der Folge zu einem schmachvollen Frieden gezwungen zu werden? Franz schwankte zwischen wilder Kriegsentschlossenheit, Resignation und Mutlosigkeit hin und her. Schließlich mußte er nach einem übereilten Waffenstillstand den Frieden von Schönbrunn unterzeichnen, der das Habsburgerreich auf den Status einer Mittelmacht reduzierte. Weite Gebiete mußten abgetreten, eine hohe Kriegsentschädigung gezahlt werden.

Woher sollte der Kaiser das Geld dafür nehmen? Die Kriege hatten Unsummen Geldes verschlungen, die Staatskasse war leer. Die Staatsschuld stieg ins Ungemessene, das Papiergeld, »Bancozettel« genannt, verlor von Tag zu Tag an Wert. Einschneidende

Maßnahmen waren notwendig. Der Kaiser berief den Grafen Joseph Wallis an die Spitze der Finanzverwaltung, der vom Finanzwesen zwar wenig verstand, aber eine starke Hand hatte und ein treuer Staatsdiener war. Für solche Leute hatte Franz eine Vorliebe.

Wallis entwarf ein Finanzpatent, das am 15. März 1811 mit kaiserlicher Sanktion veröffentlicht wurde. Die Bancozettel wurden mit zwanzig Prozent ihres Nennwertes gegen neues Papiergeld eingetauscht. Die Steuern blieben gleich. Der Staat war durch diese Geldabwertung mit einem Schlag achtzig Prozent seiner Schulden los und kassierte in der neuen »Wiener Währung« das Fünffache. Die Finanzmaßnahme, als »Staatsbankrott« bezeichnet, traf vor allem den bürgerlichen Mittelstand, der über Nacht seine Ersparnisse einbüßte.

Im Jahr 1811, und das sei als Positivum vermerkt, erschien das »Allgemeine Bürgerliche Gesetzbuch«, ein monumentales Werk, das noch heute die Grundlage des österreichischen Zivilrechtes bildet. Der Kaiser hatte sich von Zeit zu Zeit über den Arbeitsfortschritt berichten lassen. Auch inmitten härtester äußerer Bedrängnis blieb sein Glaube an den Fortbestand seines Reiches unerschüttert.

Die personellen Konsequenzen, die Franz I. aus der Niederlage des Jahres 1809 zog, waren einschneidend und von weitreichender Konsequenz. Erzherzog Karl mußte abtreten und bekam nie wieder ein wichtiges militärisches Kommando. Auch der Einfluß der anderen Erzherzoge wurde weitgehend ausgeschaltet. Graf Stadion nahm seinen Abschied. An seiner Stelle bestellte der Kaiser am 8. Oktober 1809 Clemens Lothar Metternich zum Minister für auswärtige Angelegenheiten. Mit der Bestellung des aus dem Rheinland stammenden Diplomaten begann, wie sich bald zeigen sollte, ein neuer Abschnitt in der Geschichte Österreichs.

Metternich leitete in der österreichischen Außenpolitik eine Wende ein. Er drehte sein Fähnlein nach dem Wind. Die Sicherheit Österreichs, erklärte er dem Kaiser, sei nur »in der Anschmiegung an das triumphierende französische System« zu suchen. Der Minister war fest entschlossen, mit Napoleon zusammenzuarbeiten, ihn zu umschmeicheln und politisch so lange zu lavieren und zu taktieren, bis der günstige Augenblick kam, ihn doch einmal vom Thron stoßen zu können.

Um die Gunst des korsischen Usurpators zu erringen, um ihn mit dem österreichischen Kaiserhaus zu versöhnen, war Metternich zunächst zu jedem Zugeständnis bereit. Und zu jedem Opfer, vor allem, wenn es ihn nicht selbst betraf.

Der geschmeidige Schlaukopf und lebensfrohe Bonvivant arrangierte sogar eine eheliche Verbindung zwischen Marie Louise, der ältesten Tochter des Kaisers aus seiner zweiten Ehe, und dem Kaiser der Franzosen, die im April 1810 zustande kam. Beiden Seiten schien damit gedient zu sein. In der Habsburgermonarchie erhoffte man sich davon eine Aussöhnung mit dem französischen Kaiserreich, Napoleon glaubte mit der Einheirat in das habsburgische Herrscherhaus sein Kaisertum zu legitimieren.

Die Betroffene, neunzehnjährig, gesund, freundlich, bescheiden und nicht besonders klug, fügte sich in ihr Schicksal. Der kaiserliche Papa nahm alles geduldig hin, wenn es ihm auch schwerfiel, seine Lieblingstochter seinem Erbfeind zur Frau zu geben. Es war ja wirklich grotesk. Napoleon Bonaparte, der ungehobelte Despot, der Österreich viermal besiegt und der ihn zweimal aus seiner Residenz vertrieben hatte, war nun sein Schwiegersohn. Wer, außer Metternich, hätte sich das je träumen lassen?

Das Bündnis mit Frankreich verpflichtete Österreich, mit einem Hilfskorps von 30000 Mann am Rußlandfeldzug der Grande Armée teilzunehmen, der bekanntlich mit einem riesigen militärischen Desaster des Korsen endete. Es war der Anfang von Napoleons Ende. Metternich sprang im günstigsten Augenblick auf den Bündniszug gegen den stürzenden Kriegsheros auf. In der entscheidenden »Völkerschlacht« bei Leipzig im Oktober 1813 führte der österreichische Feldmarschall Fürst Karl Philipp Schwarzenberg den Oberbefehl über die alliierten Armeen. Napoleon wurde geschlagen, Metternich stand neben seinem Kaiser, dem russischen Zaren Alexander I. und dem preußischen König Friedrich Wilhelm III. auf dem Feldherrenhügel. Franz I. erhob seinen erfolgreichen Minister in den erblichen Fürstenstand.

Beim Einzug der Alliierten in Paris im Frühjahr 1814 war der Kaiser von Österreich nicht dabei. Er ließ sich durch Schwarzenberg vertreten. Kaiser Franz I. kam erst nach der Abdankung seines Schwiegersohnes in die französische Hauptstadt. Napoleon ging nach Elba in die Verbannung und versetzte Europa nur noch einmal in Angst und Schrecken, als er während des Wiener Kongresses von der kleinen Insel im Tyrrhenischen Meer nach Frankreich zurückkehrte. Seine Gemahlin und sein Sohn, den ihm Marie Louise am 20. März 1811 geboren hatte, wurden, wie es Metternich ausdrückte, nach Wien »weggeführt«.

Vierzehn Tage vor der Rückkehr der (Ex)Gattin Napoleons nach Schönbrunn trafen die ersten Teilnehmer am Wiener Kongreß in der Hauptstadt des österreichischen Kaisers ein. Franz I. ließ es sich nicht nehmen, den Zaren und den König von Preußen vor den Mauern der Stadt persönlich zu empfangen und sie mit ihrem zahlreichen und glanzvollen Gefolge unter dem Jubel der Bevölkerung zur Hofburg zu geleiten.

Zum Friedenskongreß, der sich das Ziel setzte, nach den Schrecknissen des napoleonischen Zeitalters die alte politische Ordnung wiederherzustellen, kamen alle, die in den großen Reichen und den kleinen Staaten des europäischen Kontinentes eine politische, militärische und gesellschaftliche Rolle spielten: Kaiser und Könige, Großherzoge, Herzoge, Fürsten, Minister, Generäle und Hofräte mit ihren Adjutanten und ihrem sonstigen Dienstpersonal. Ihre Zahl ging in die Tausende.

Splendider Gastgeber der einmaligen europäischen Fürstenversammlung war der ansonsten knausrige Kaiser, den jeder Kongreßtag die horrende Summe von hunderttausend Gulden gekostet hat. Fürst Klemens Lothar Metternich, der die Verhandlungsräume in der Staatskanzlei am Wiener Ballhausplatz geschmackvoll im Empirestil hatte neu möblieren lassen, gab dem Kongreß sein geistiges und gesellschaftliches Gepräge. Ihm zur Seite stand der eitle, geistvolle, weltbürgerlich gesinnte Friedrich von Gentz. Er vermittelte Gespräche zwischen den Delegationen, versöhnte gegensätzliche Standpunkte und goß das Erreichte in eine thematisch und sprachlich gültige Form.

Die Redaktion der Ergebnisse des Kongresses ist vorwiegend sein Werk.

Die politischen Gespräche wurden hinter verschlossenen Türen geführt. Sie waren schwierig. Rußland wollte sich ganz Polen einverleiben, Preußen beanspruchte Sachsen. Lord Castlereagh, der Vertreter Großbritanniens, sprach sich für eine »balance of power«, ein Machtgleichgewicht zwischen den großen europäischen Staaten aus, der mit allen diplomatischen Salben geschmierte Fürst Charles de Talleyrand, der Anwalt der französischen Interessen, verteidigte mit großem Geschick die Großmachtstellung seines Landes. Die Lösung der deutschen Frage war ein Problem für sich.

Metternich wollte den politischen Einfluß Preußens im deutschen Raum so gering wie möglich halten und dem Vordringen Rußlands nach Westen Einhalt gebieten. Gestützt auf das Rechtsprinzip der Legitimität, verfolgte er die weitgehende politische, gesellschaftliche und soziale Restauration des alten Europa. Er hat sich mit seinen rechts- und staatspolitischen Ideen im wesentlichen durchgesetzt.

Die Position des Kaisers deckte sich keineswegs mit jener seines Ministers. Franz I. zappelte nicht wie ein Hampelmann an den diplomatischen Fäden, die der überragende Metternich zog. Er dachte und handelte in bestimmten Situationen zuweilen politisch durchaus eigenständig. So setzte er gegen den Widerstand Metternichs den Rückzug Österreichs aus Südwestdeutschland im Eintausch gegen das Erzbistum Salzburg und das Innviertel durch. Die Erhaltung und territoriale Abrundung seiner Monarchie waren ihm wichtiger als weiterreichende gesamtdeutsche oder gar gesamteuropäische Überlegungen. Franz I. hatte daher auch an der Wiederherstellung des alten römisch-deutschen Kaiserreiches, die von verschiedenen Seiten ins Auge gefaßt wurde, kein Interesse. Er soll sich darüber folgendermaßen geäußert haben: »Wenn sie mi wieder so mach'n woll'n, wie i geweßt bin, so dank i gar schön – woll'n sie mi aber anders mach'n, so bin i curios, wie sie das anstell'n werd'n.«

An die Stelle des alten Reiches trat der »Deutsche Bund«, ein aus 35 Einzelstaaten und 4 freien Reichsstädten bestehendes ohnmächtiges Staatsgebilde mit Österreich als Präsidialmacht. Die Ergebnisse des Wiener Kongresses detailliert darzustellen, ist nicht Aufgabe dieser kurzen Abhandlung. Es sei aber darauf hingewiesen, daß sich das Urteil darüber im 20. Jahrhundert gewandelt hat. Während die liberale und nationale Geschichtsschreibung über das Kongreßresultat eine ungünstige Bilanz gezogen haben, sind wir nach den eklatanten Mißerfolgen der Friedensschlüsse in unserer Zeit und den verheerenden Auswüchsen nationalistischen Denkens einsichtiger geworden. Die europäische Friedensordnung des Jahres 1815 hatte in ihren Grundsätzen bis zum Ersten Weltkrieg Bestand. Aus der Retrospektive betrachtet, ist das als eine gewaltige Leistung anzusehen.

Fürst Metternich und Zar Alexander I., die beiden Hauptakteure des Kongresses, kamen überhaupt nicht miteinander aus. Der phantasiebegabte, charismatische, geltungs- und gefallsüchtige Beherrscher Rußlands konnte es nicht verwinden, daß kein Souverän, sondern ein Minister, also ein Vollzugsorgan, den Kongreß leitete. Seine Expansionsbestrebungen stießen auf den energischen Widerstand Metternichs. Dazu kam, daß die beiden auch in Liebesdingen miteinander rivalisierten. Sie buhlten um die Gunst der Herzogin Wilhelmine von Sagan und kamen sich auch bei anderen Damen der guten Gesellschaft in die Quere.

All das wäre nicht der Rede wert, wenn sich die persönlichen Rivalitäten der beiden Herren nicht auch auf die Politik ausgewirkt hätten. Der Zar legte dem Kaiser nahe, sich von Metternich zu trennen, was dieser strikt ablehnte.

Was sich sonst hinter den (nächtlichen) Kulissen des Kongresses abspielte, ist dem Mann auf der Straße im Detail verborgen geblieben. Franz I. war darüber schon am nächsten Morgen durch die Konfidentenberichte exakt informiert, die ihm der Wiener Polizeipräsident, Baron Franz Hager, brühwarm in die Hofburg schickte. Der sittenstrenge Kaiser wird bei der Lektüre dieser Schriftstücke dann und wann ein Schmunzeln nicht unterdrückt haben.

Für den Durchschnittswiener bot sich das Kongreßgeschehen primär als Augenweide dar. Seine sprichwörtliche Schaulust kam voll auf ihre Rechnung. Es verging kaum ein Tag, an dem es nicht etwas zu begaffen gab: eine Auffahrt zu einem Ball, einer Redoute, einem Galaempfang, einem Maskenfest. Paraden wurden abgehalten, eine Schlittenfahrt zum Schloß Schönbrunn inszeniert, an der dreißig vergoldete Schlitten teilnahmen. Nach einem Galakonzert, auf dem zwanzig Klaviere vierhändig bespielt wurden, brachte am 29. November 1814 Beethoven seine Siebente Symphonie zur Aufführung, der zum Katholizismus konvertierte Kanzelredner Zacharias Werner entlockte bei seinen Predigten in den Wiener Kirchen seinen Zuhörern Tränen der Rührung und der Erschütterung.

Zum Jahrestag der Völkerschlacht bei Leipzig wurden 20000 Veteranen eingeladen und verköstigt. Das Menü, das der Kaiser persönlich zusammengestellt hatte, bestand aus Knödelsuppe, Rindfleisch, 3 Krapfen, 3 Semmeln und einem halben Liter Wein pro Person.

Im Dezember 1814 verschaffte der geistreiche Feldmarschall Charles de Ligne, von dem das geflügelte Wort stammt, daß der Kongreß tanze, aber ansonsten nichts weiter bringe (»Le congrés dance, mais il ne marche pas«), das Schauspiel seines Leichenbegängnisses. In der Nacht vom 30. auf den 31. Dezember brannte nach einem rauschenden Fest das luxuriöse Palais des russischen Botschafters Rasumowsky nieder, wobei Kunstwerke von unschätzbarem Wert den Flammen zum Opfer fielen.

Die Wiener gafften nicht nur, manche von ihnen verdienten durch den Kongreß ganz gut. Die Hausbesitzer etwa, die den knapp gewordenen Wohnraum teuer vermieteten, oder die Juweliere, deren hervorragende Geschäftsgebarung an den Hälsen und Handgelenken der adeligen Damen unschwer abzulesen war. Die Lebensmittelpreise stiegen freilich sprunghaft an. Die Masse der Bevölkerung bekam es zu spüren.

Die Wiener Schlußakte, die am 9. Juni 1815 unterzeichnet wurde, setzte den politischen Verhandlungen, den persönlichen Rivalitäten, den Festen und Feierlichkeiten ein Ende. In Österreich begann eine neue Ära, die sogenannte Biedermeierzeit, die gar nicht so idyllisch, so bieder und bürgerlich gewesen ist, wie man lange Zeit angenommen hat.

Das Zeitalter zwischen 1815 und 1848 wird bekanntlich auch als die »Ära Metternich« bezeichnet. Sieht man es nur unter einem außenpolitischen Aspekt, so kann man diese Etikettierung wohl gelten lassen. Metternich, der 1821 vom Kaiser zum Haus-, Hof- und Staatskanzler ernannt wurde, drückte dem Zeitraum den Stempel seiner überragenden Persönlichkeit auf. Seine Diplomatie und seine Grundsätze prägten jedenfalls den Zeitabschnitt bis 1830. Danach wurde sein Einfluß immer geringer.

Das Herrschaftssystem des österreichischen Staatskanzlers, dessen geistige Wurzeln im vorrevolutionären 18. Jahrhundert zu suchen sind, ruhte auf mehreren Säulen: dem Glauben an das legitime Recht der monarchischen Gewalt, dem Grundsatz der Solidarität der europäischen Großmächte, dem Postulat nach der Aufrechterhaltung der bestehenden konservativen politischen und gesellschaftlichen Verhältnisse, dem staatlichen Autoritäts- und Ordnungsprinzip.

Für die in der Französischen Revolution wirksam gewordenen neuen politischen und gesellschaftlichen Triebkräfte, für die liberalen Strömungen und nationalen Ideen, die auch in der Zeit nach 1815 ihre Geschichtswirksamkeit nicht verloren, war in diesem Gedankengebäude kein Platz. Nationalismen jedweder Art, Farbe und Prägung waren dem europäisch denkenden, grandseignoralen Hocharistokraten ein Greuel, das Wort Revolution verursachte ihm Übelkeit, der Begriff Volkssouveränität flößte ihm Unbehagen ein. Jede freiheitliche Regung, jede Störung der staatlichen Ordnung, gleichgültig, in welchem europäischen Land sie sich manifestierte, faßte er als Bedrohung seines Systems auf, ließ er durch Zensur- und Polizeimaßnahmen, nötigenfalls mit Waffengewalt, unterdrücken. Als Begründung für das Eingreifen der europäischen Großmächte in die inneren Angelegenheiten fremder Staaten (Italien, Spanien), das auf Kongressen beschlossen wurde, diente das »Interventionsprinzip«.

Der Staatsmann Klemens Lothar Metternich hat in der Geschichtsschreibung, je nach Standort des Betrachters, die unterschiedlichste Beurteilung erfahren. Die Bandbreite der Bewertungen reicht von verabscheuungswürdigem Reaktionär bis zum großen Europäer. Ein differenziertes historisches Urteil wird wohl in der Mitte zwischen diesen Extrempositionen zu suchen und zu finden sein.

Kaiser Franz I. ließ seinem Staatskanzler, mit dessen staatspolitischen Maximen er im Grundsätzlichen übereinstimmte, bei der Führung der außenpolitischen Geschäfte verhältnismäßig freie Hand. Er teilte mit ihm die Abneigung gegen alles Umstürzlerische und Revolutionäre, vertraute ihm voll und behielt sich doch in manchen Fragen die letzte Entscheidung vor. Vor allem in der Innenpolitik setzte er der Allmacht des Staatskanzlers Grenzen. Metternich wollte den habsburgischen Vielvölkerstaat nicht zentralistisch regiert sehen. Ihm schwebte ein föderalistisches System vor, das den einzelnen Völkern ein Recht auf ein gewisses Eigenleben zugestanden hätte. Es war eine zukunftsweisende Idee. Der Kaiser wollte davon freilich nichts wissen. Er verbannte Metternichs Föderalisierungspläne und viele seiner Reformvorschläge in die Schublade seines aktenüberhäuften Schreibtisches. Für große Entwürfe, für Genieblitze war er nicht zu haben. Franz I. war ein Mann des Mittelmaßes. Er verlor sich mit zunehmendem Alter immer mehr in das Detail, fraß sich wie ein Bohrwurm durch dicke Aktenstöße und regierte seine Länder, wie schon Philipp II. von Spanien vor und Kaiser Franz Joseph nach ihm, vom Schreibtisch aus.

Metternichs gefährlichster innenpolitischer Gegenspieler war der böhmische Großgrundbesitzer Graf Franz Anton Kolowrat-Liebsteinsky, den der Kaiser 1826 zum Staats- und Konferenzminister ernannte. Kolowrat, dem die Ministerien des Inneren und der Finanzen unterstellt waren, vertrat die Meinung, daß die innere Gesundung der Monarchie und die Sanierung des Staatshaushaltes wesentlich wichtiger sei als die von Metternich betriebene Unterdrückung revolutionärer Ideen im In- und Ausland, die lediglich hohe Militärauslagen erfordere. Die Gegensätzlichkeit ihrer Standpunkte führte zu immer neuen Kontroversen zwischen den beiden erbitterten Rivalen. Die Gegnerschaft ging so weit, daß Metternich gezwungen war, seine Interventionspolitik über das Bankhaus Rothschild zu finanzieren. Das militärische Eingreifen Österreichs im Königreich Neapel im Jahre 1821 etwa wäre ohne die Rothschild-Gelder nicht oder nur schwer möglich gewesen.

»Metternich und Kolowrat«, unkte ein zeitgenössischer Beobachter, »bilden den kaiserlichen Adler. Der eine Kopf schaut nach rechts, der andere nach links.« Es war ein durchaus stimmiges Bild. Eine innenpolitische Instanz erster Ordnung neben dem Grafen Kolowrat im absolutistischen Überwachungsstaat Kaiser Franz I. war der berüchtigte Präsident der österreichischen Polizei- und Zensurhofstelle Graf Joseph Sedlnitzky. Sedlnitzky entstammte einem polnischen, in Mähren begüterten Grafengeschlecht. Obwohl er eine musische Ader hatte, war er ein geborener Bürokrat. Unter seinen Zeitgenossen firmierte der fromme Graf, der als Leiter der Staatspolizei die Zensur und das Spitzelwesen auf die Spitze trieb, als der »Pudel Metternichs«. Der Volkswitz bezeichnete ihn wegen der vielen Streichungen, die in Büchern, Zeitschriften und Theaterstücken vorgenommen wurden, treffend als den »Grafen Streicher«.

Die Zensur arbeitete im Vormärz, im Zeitalter Kaiser Franz I. und Metternichs, umfassend und mit allen Mitteln, die ihr damals zur Verfügung standen. Nicht nur das gedruckte Wort wurde genauestens unter die Lupe genommen. Die Zensoren beschnüffelten auch die Privatkorrespondenz der Bürger, unterzogen die Vorlesungen der Universitätsprofessoren einer Kontrolle und untersuchten auch Stiche, Porträts, Zeichnungen und Aufschriften aller Art auf staatsgefährdende, unmoralische und religionsfeindliche Anspielungen. Selbst Libretti, Liedtexte, illustrierte Titelblätter und Widmungen blieben von ihr nicht verschont.

Die bemitleidenswertesten Opfer der bornierten Zensurmethoden im österreichischen Kaiserreich waren naturgemäß die Schriftsteller. Franz Grillparzer, Österreichs größter Dramatiker, aber auch zahlreiche andere Literaten, wie Johann Nestroy, Ferdinand Raimund und Eduard von Bauernfeld, um nur ein paar Namen zu nennen, hatten darunter schwer zu leiden. Grillparzer sprach von »unsichtbaren Ketten, die an Hand und Füßen klirren«, Charles Sealsfield (Karl Postl), der aus dem Polizeistaat des Kaisers und seines Staatskanzlers in die Vereinigten Staaten von Amerika floh, klagte mit spitzer Feder: »Der österreichische Schriftsteller ist wohl das meistgequälte Geschöpf auf

Erden. Er darf nicht freisinnig, nicht humoristisch, kurz, er darf nicht sein.«

Die Repressionsmaßnahmen der vormärzlichen Behörden im österreichischen Kaiserreich sind auch aus heutiger Sicht verwerflich. Nach den Erfahrungen mit den totalitären Systemen in unserem Jahrhundert wird man sie aber wohl maßvoller beurteilen müssen, als dies in der Vergangenheit vielfach der Fall war.

Angewidert von den Zeitereignissen zog sich der Bürger nach den Kriegshandlungen und den politischen Wirrnissen der napoleonischen Ära in seine heimeligen vier Wände zurück, pflegte die Geselligkeit, las genußvoll schöngeistige Literatur und veranstaltete beglückende Hausmusikabende.

Diese Gartenlaubenidylle vom Biedermeier, von der »guten, alten Zeit«, in der der alternde Metternich im Vorder- und der gute alte Kaiser Franz im Hintergrund mit dem »Gott erhalte unseren Kaiser« der Joseph-Haydn-Hymne im Kopf die politischen Fäden zog, ist selbstverständlich eine bestürzende Verharmlosung eines widersprüchlichen Zeitalters. Das Biedermeier war nicht nur bürgerlich gemütlich. Es hatte auch eine janusköpfige häßliche Gesichtshälfte. Breite Bevölkerungsschichten lebten in bitterster Armut, die sozialen Mißstände waren himmelschreiend. Elend und Not, Krankheiten und Seuchen verdüsterten den menschlichen Alltag.

In der Wirtschaft vollzog sich auch im habsburgischen Kaiserstaat metternichscher und franziscäischer Prägung im Zeitraum zwischen 1815 und 1848 der Übergang von der manuellen zur mechanischen Fertigung einer Anzahl von Waren. In der Umgebung von Wien, in Böhmen, in Vorarlberg und in manchen anderen Teilen des riesigen Staatsgebietes entstanden Papier-, Textil- und Metallwarenfabriken. Nach dem Bau einer ersten großen Bahnlinie von Linz nach Budweis, bei der man noch auf die Pferdekraft setzte, begann auch in der im Vergleich mit Großbritannien und Frankreich rückständigen Donaumonarchie das Zeitalter der Dampfeisenbahn. 1829 wurde die Erste Donaudampfschiffahrtsgesellschaft (DDSG) gegründet, seit 1836 wurde die Nordbahn, ab 1841 von Wien aus eine Bahnlinie in den Süden der

Monarchie gebaut. In Wien, dessen Bevölkerung von etwa 200000 Einwohnern zur Jahrhundertwende auf mehr als 400000 um 1850 anwuchs, entstand das k.k.Polytechnische Institut, ein Vorläufer der Technischen Hochschule.

Bedeutenden Erfindern wie Josef Madersperger (Nähmaschine) und Josef Ressel (Schiffsschraube) bescherte der Kaiserstaat das später sprichwörtlich gewordene österreichische Erfinderschicksal: man mißtraute ihrer geistigen Kapazität und legte ihnen alle nur erdenklichen bürokratischen Hindernisse in den Weg.

Der Kaiser, zu dessen angeborenem Phlegma sich in seinen letzten Lebensjahren der Altersstarrsinn gesellte, verlor sich immer mehr in seiner kleinlichen Aktenkrämerei. Er hatte sich zum freundlichen Patriarchen gewandelt, der sich sogar einer gewissen Popularität erfreute. 1830 erlebte er noch die Pariser Julirevolution, die ihm einen gehörigen Schrecken einjagte, 1831 den Ausbruch einer verheerenden Choleraepidemie, 1832 den Tod seines von Napoleon gezeugten Enkels, des Herzogs von Reichstadt, der im Alter von 22 Jahren einer Lungenschwindsucht erlag. Er überstand und überwand diese düsteren Entwicklungen, Heimsuchungen und Schicksalsschläge mit der ihm eigenen zähen Beharrlichkeit und seinem unerschütterlichen Gleichmut. »Mich und den Metternich hält's noch aus«, pflegte er zu sagen, wenn sich am politischen Horizont düstere Wolken über seinem Haupt zusammenballten.

Den nur um fünf Jahre jüngeren Metternich hielt es noch ein wenig länger aus als ihn. Ihn fegte erst die Revolution von 1848 hinweg, und er hatte nach seiner Rückkehr aus dem englischen Exil dann bis zu seinem Tod am 11. Juni 1859 noch mehrere Jahre Zeit darüber nachzudenken, was er richtig und was er falsch gemacht hatte in seinem langen politischen Leben.

Franz I. starb am 2. März 1835, nachdem er in einem von Metternich inspirierten politischen Testament seinem regierungsunfähigen Sohn und Nachfolger Ferdinand den Auftrag erteilt hatte, an den Grundlagen des Staatsgebäudes nichts zu verrücken und nichts zu verändern. Es war ein gewiß gutgemeinter, aber völlig untauglicher Ratschlag. An der Bahre des toten Kaisers stand als fünfjähriger Knabe an der Hand seiner Mutter, der gescheiten und energischen Erzherzogin Sophie, auch schon der übernächste Kaiser, der 68 lange Jahre die Bürde der habsburgischen Donaumonarchie zu tragen hatte: Franz Joseph I.

Franz Joseph I.:
Der kaiserliche Bürokrat

Franz Joseph I. *in einer Porträtaufnahme von Viktor Angerer, 1866.*

Am 2. Dezember 1848 lief im Prunksaal der Residenz des Fürsterzbischofs von Olmütz ein Staatsakt ab, der in seiner Mischung aus majestätischer Würde und biedermeierlicher Betulichkeit nicht österreichischer hätte sein können. Punkt acht Uhr morgens betrat das regierende Kaiserpaar, Ferdinand I. und seine Gemahlin Maria Anna, den festlich geschmückten Saal, in dem die höchsten Würdenträger der Donaumonarchie bereits versammelt waren: die Mitglieder des Kaiserhauses, zahlreiche Minister, Feldmarschälle und Beamte.

Kaiser und Kaiserin gingen, im gemessenen Abstand von Erzherzog Franz Joseph und seinen Eltern gefolgt, auf den Baldachin aus scharlachrotem Samt zu, der an der Stirnseite des Saales aufgebaut worden war. Die beiden Majestäten nahmen auf zwei Lehnsesseln vor dem Thron Platz. Der biedere Ferdinand erschien bei seinem letzten Auftreten als Gebieter des habsburgischen Vielvölkerreiches, seiner Gewohnheit und seinem Naturell entsprechend, in schlichter Zivilkleidung, sein Neffe und Thronfolger präsentierte sich in der Uniform eines kaiserlichen Offiziers, in roter Hose und weißem Waffenrock. Erzherzogin Sophie, die ehrgeizige Mutter des künftigen Kaisers, die seit der Geburt ihres Ältesten auf diesen Tag hingearbeitet hatte, trug ein perlenbesetztes Kleid aus weißem Moiré, um ihren Hals funkelte ein Geschmeide aus Türkisen und Diamanten.

Im Saal herrschte atemlose, feierliche Stille, als zu Beginn der Zeremonie der kaiserliche Protokollchef, Legationsrat Alexander Hübner, an den Kaiser herantrat und ihm ein handgeschriebenes Blatt Papier überreichte. Der bedauernswerte Ferdinand, dem trotz seines zurückgebliebenen Geisteszustandes die Größe des Augenblicks ins Gesicht geschrieben stand, begann mit zittriger Stimme zu lesen: »Wichtige Gründe haben Uns zu dem unwiderruflichen Entschlusse gebracht, die Kaiserkrone niederzulegen, und zwar zu Gunsten Unseres geliebten Neffen, des durchlauchtigsten Erzherzogs Franz Joseph, Höchstwelchen Wir für großjährig erklärt haben, nachdem Unser geliebter Herr Bruder, der durchlauchtigste Herr Erzherzog Franz Karl, Höchstdessen Vater, erklärt haben, auf das Ihnen nach den bestehenden Haus- und Staatsgesetzen zustehende Recht der Thronfolge zu Gunsten Höchstihres vorgenannten Sohnes unwidderruflich zu verzichten.«

Die Verlesung der Großjährigkeitserklärung Franz Josephs und der Thronverzichtserklärung des Erzherzogs Franz Karl, die als nächster Programmpunkt auf der Tagesordnung standen, erfolgte durch den kaiserlichen Ministerpräsidenten Fürst Felix Schwarzenberg, der hinter den Kulissen gemeinsam mit Sophie in zahlreichen Gesprächen den Boden für den Thronwechsel aufbereitet hatte. Nun war die Reihe am jungen Kaiser. Blaß vor Erregung machte der Achtzehnjährige ein paar Schritte auf seinen Onkel zu und beugte wortlos vor ihm das Knie. Ferdinand, so berichtet ein Augenzeuge, beugte sich zu ihm herab, legte die Hände auf seinen Kopf, machte ein Kreuzeszeichen und sagte mit leiser Stimme: »Gott segne dich, bleib brav, Gott wird dich schützen.« Den Dank des jungen Kaisers wehrte er ab: »Es ist gerne geschehen«, sagte er einfach und schlicht.

Die ersten Gratulanten nach Abschluß der Zeremonie waren die Eltern. »Mein liebes Kind beugte auch vor seinem Vater und dann vor mir das Knie«, hielt die stolze Mutter in ihrem Tagebuch fest, »um unseren Segen zu erbitten. Er warf sich mir weinend an die Brust und hielt mich lange in seinen Armen. Es war so ergreifend.«

Nachdem der neue Herrscher auch die Glückwünsche der übrigen Gratulanten entgegengenommen hatte, stellte ihm Schwarzenberg sein Ministerium vor. Es waren so prominente Männer darunter wie Franz Graf Stadion, der das Innenressort leitete, Karl Ludwig Bruck, der dem Handelsministerium vorstand, und der Wiener Rechtsanwalt und März-Revolutionär Alexander Bach, der im Begriffe stand, sich vom revolutionären Saulus zum monarchistischen Paulus zu wandeln. Zu seinem Generaladjutanten ernannte Franz Joseph I. Graf Karl Grünne, einen Günstling der Mutter, den er schon bald zum Leiter seiner Militärkanzlei machte. Zu seiner Devise erkor der junge Kaiser den lateinischen Spruch »Viribus unitis« (»Mit vereinten Kräften«).

In seinem Thronbesteigungsmanifest, das deutlich die Handschrift Schwarzenbergs trug, erklärte der unerfahrene, von seinen Ratgebern abhängige Monarch, er sei fest entschlossen, den Glanz der Krone und die Gesamtmonarchie ungeschmälert zu erhalten. Er sei aber bereit, seine Rechte mit den Vertretern seiner Völker zu teilen. Das war eine von seinem Ministerpräsidenten bewußt in Kauf genommene Irreführung der Öffentlichkeit. Die Revolution des Jahres 1848 hatte zwar ihren Höhepunkt überschritten, aber sie war noch nicht endgültig besiegt. Im mährischen Städtchen Kremsier war der Reichstag damit beschäftigt, der Monarchie eine neue Organisationsform zu geben, Italien und Ungarn waren noch nicht befriedet. Die kaiserliche Regierung spielte auf Zeit.

Der junge Monarch, der seinen Namen neben jenem seines Ministerpräsidenten auf die Thronbesteigungsproklamation gesetzt hatte, war keineswegs konstitutionell gesinnt. Er wollte ein Kaiser »Von Gottes Gnaden« sein, er war erfüllt von seiner göttlichen Sendung, von der Würde und Autorität seines kaiserlichen Amtes. Diese Auffassung vom Herrscheramt hatten ihm seine Mutter und einige seiner Erzieher in das Herz gepflanzt und an dieser Grundhaltung hat er aus innerster Überzeugung zeitlebens festgehalten, auch wenn er ein halbes Jahrhundert lang notgedrungenermaßen als konstitutioneller Herrscher regieren mußte.

Franz Josephs Erziehung war hart, fordernd und umfassend. Im zarten Kindes- und Knabenalter wurde der Erzherzog von Baronin Louise Sturmfeder betreut, einer klugen, mütterlichen Frau, die über Herzenswärme und Einfühlungsvermögen in die kindliche Seele verfügte. Sie gewann mit ihrem unverfälschten pädagogischen Naturtalent rasch die Liebe und Zuneigung ihres kleinen Schützlings, an dem sie wie eine leibliche Mutter hing.

Sehr früh, nämlich mit der Vollendung seines sechsten Lebensjahres, begann dann für Franz Joseph der Ernst des Lebens. Seine Erziehung wurde in männliche Hände gelegt. In Ab- und Übereinstimmung mit der Mutter übertrug Staatskanzler Metternich diese Aufgabe einem seiner engsten Vertrauten, Graf Heinrich Bombelles. Bombelles, Sohn eines französischen Emigranten, war ein treuer Anhänger der Dynastie und von erzkonservativer Gesinnung. Dem geschmeidigen Diplomaten stellte man einen Offizier, Johann Alexius Coronini-Cronberg, zur Seite, einen Mann, in dessen soldatischem Leben Pflichtbewußtsein, Selbstbeherrschung, Pünktlichkeit und Pedanterie eine dominierende Rolle spielten. Diese Eigenschaften finden sich in markanter Ausprägung auch im Charakterbild des Kaisers. Es ist daher die Annahme berechtigt, daß Coroninis Vorbildwirkung an der Formung dieser Wesenszüge nicht unbeteiligt war.

Franz Joseph zeigte schon als Kind eine ausgesprochene Vorliebe für alles Militärische, sein Interesse für Uniformen, Gewehre und Paraden brauchte nicht eigens geweckt zu werden. Coronini fiel es daher nicht schwer, auf seinen Schützling soldatischen Einfluß zu nehmen. Die strenge Disziplin, die er Franz Joseph abverlangte, war auch das pädagogische Credo des Majors Franz von Hauslab, der 1843 den Dreizehnjährigen unter seine militärischen Fittiche nahm. »Wer dazu berufen ist zu befehlen, muß zuerst lernen zu gehorchen«, lautete die bündige Formel, die Hauslab seiner Erziehungsaufgabe zugrunde legte. Er unterwarf den Erzherzog gleich in drei Waffengattungen einer rekrutischen Grundausbildung: als Infanterist, als Dragoner und als Artillerist. Franz Joseph steckte es locker weg. Er hatte eine starke Physis und war von robuster Gesundheit. Als er aus Anlaß seines 13. Geburtstages zum Oberst und Inhaber des Dragonerregimentes Nr. 3 ernannt wurde, war seine Freude grenzenlos. Er erhielt nun auch die Erlaubnis, an einer Jagd teilzunehmen. Dieser Tätigkeit, die zur großen Leidenschaft seines Lebens wurde, frönte er bis in das hohe Alter. Allein in seinen ersten Regierungsjahren von 1848 bis 1861 erlegte Franz Joseph nicht weniger als 28826 Stück Wild. Seine Jagderfolge hielt er in vielen seiner Briefe mit minutiöser Genauigkeit fest. Im Gegensatz zum Thronfolger Franz Ferdinand war der Kaiser jedoch nicht schießwütig, sondern ein weidgerechter, pfleglicher Jäger.

Franz Joseph wurde nicht nur militärisch, er wurde von klein auf zum Herrscher erzogen. Diese, von der ehrgeizigen Mutter vorgegebene Zielsetzung verlangte selbstverständlich ein umfassendes Ausbildungskonzept. Das von Bombelles mit Zustimmung der Erzherzogin erstellte Lernprogramm stellte an den Knaben enorme Anforderungen. Es umfaßte neben Religion und Geschichte, den beiden Fächern, denen Sophie besondere Bedeutung beimaß, Deutsch, Geographie, Mathematik, Naturgeschichte und zahlreiche Sprachen. Neben dem Französischen, der Diplomatensprache der Zeit, die er perfekt zu beherrschen lernte, erhielt der präsumptive Herrscher über ein Vielvölkerreich auch Unterricht in Tschechisch, Ungarisch, Polnisch und Italienisch. Tanzen, Reiten, Fechten und Schwimmen lockerten das umfangreiche geistige Ausbildungsprogramm ein wenig auf. Mit dem fortschreitenden intellektuellen Reifungsprozeß des Erzherzogs korrespondierten neue anspruchsvolle Unterrichtsgegenstände: die Rechtswissenschaften etwa, die Philosophie, das Staatsrecht.

Die philosophische Ausbildung ihres über alles geliebten Sohnes überantwortete die ausgesprochen fromme, aus dem katholischen Bayern stammende Mama dem Geistlichen Joseph Othmar von Rauscher. Rauscher, seit 1833 Leiter der Orientalischen Akademie in Wien, war ein eifriger Befürworter der katholischen Restauration, ein erklärter Antijosephiner und Antiliberaler, der einem engen Zusammenwirken zwischen Kirche und Staat das Wort redete. Er wirkte in diesem Sinne auf Franz Joseph ein und übte auf seinen Schüler einen nachhaltigen, bleibenden Einfluß aus. Rauscher, der 1853 zum Erzbischof von Wien und wenig später zum Kardinal ernannt wurde, hatte maßgeblichen Anteil am Zustandekommen des Konkordates. Wir werden darauf noch zu sprechen kommen.

Schließlich hat auch noch Staatskanzler Metternich seinen eigenen Beitrag zum Ausbildungsprogramm des jungen Erzherzogs geleistet. Er führte Franz Joseph in die Kunst des Regierens und der Staatsführung ein.

Das Ergebnis aller dieser Erziehungsbemühungen war ein gut gebildeter junger Mann mit einer ganz auf die Dynastie ausgerichteten, traditionalistischen Herrschaftsauffassung, dem das Militär alles, die Kirche viel galt und in dessen konservativem Weltbild für Neuerungen und moderne Zeitströmungen wenig Platz war. Für den atemberaubenden Fortschritt, der in seiner Ära im technisch-industriellen Bereich vor sich ging, aber auch für die Entwicklungen in der Musik, der Literatur und der bildenden Künste zeigte Franz Joseph nicht mehr als oberflächliches Interesse. Seine literarische Bildung reichte über den Militärschematismus nicht hinaus, seine musikalische ließ im Gegensatz zu einigen seiner Vorgänger sehr zu wünschen übrig.

Franz Joseph war von seiner ganzen Veranlagung her ein nüchterner, amusischer Mensch, eine pflichttreue, gewissenhafte Beamtennatur. Es fehlte ihm an Phantasie, an schöpferischer Initiative, an politischem Weitblick. Diese Defizite in seinem Persönlichkeits- und Herrscherbild sind zum Gutteil, das muß man gerechterweise sagen, seinen Erziehern anzulasten. Sie stopften den aufnahmebereiten Kopf ihres Schützlings mit unnötigem Wissensballast voll und verstellten ihm die Sicht auf das Wesentliche. Franz Joseph wurde zum Gehorsam, zur kritiklosen Akzeptanz von staatspolitischen Maximen und traditionsbeladenen Rollenanforderungen erzogen. Wie hätte unter diesen erzieherischen Einflüssen, den widrigen Umständen, die seinen Regierungsantritt und seine Herrschertätigkeit über weite Strecken begleiteten, und den konservativen Ratgebern, die man ihm zur Seite stellte und mit denen er sich umgab, aus ihm ein modern denkender, zukunftsorientierter Herrscher werden können?

Auf den jungen Kaiser wartete nach dem Staatsakt in Olmütz eine Fülle von wichtigen Entscheidungen, die ihn voll in Anspruch nahmen. »Nach dem zweiten Dezember waren die Tage sehr anstrengend«, klagte die Mutter ihrem alten Vertrauten, Erzherzog Ludwig, »er mußte öfters bis Mitternacht am Schreibtisch sitzen. Gleich den vierten Tag hatte er eine Conferenz mit seinen Ministern, die v i e r Stunden dauerte – wohl sehr anstrengend für einen 18jährigen Jüngling solchen gediegenen, ausgezeichneten Männern gegenüber.«

Franz Joseph erfüllte seine Herrscherpflichten wie zuvor seine Hausaufgaben: korrekt, gründlich und zuverlässig. Er gab Audienzen, erteilte Befehle und studierte Akten. Die Schreibtischarbeit wurde zu einem unverzichtbaren Bestandteil seines Lebens, zu seinem herrscherlichen Markenzeichen.

Im Januar 1849 stellte der Reichstag in Kremsier einen Verfassungsentwurf fertig, der auf der Grundlage der Volkssouveränität unter Bewahrung der historischen Kronländer die Schaffung eines Nationalitäten-Bundesstaates vorsah. Die Donaumonarchie sollte zu einem Staat gleichberechtigter Nationen und Bürger umgebaut werden.

Aus heutiger Sicht hätten die vorgeschlagenen Reformen, wären sie zeitgerecht durchgeführt worden, das Habsburgerreich möglicherweise vor dem Zerfall bewahrt. Für Franz Joseph und seine Ratgeber stellte sich das Verfassungsprojekt aus dem Blickwinkel der Zeit als unannehmbar und undurchführbar dar. Der Kaiser ließ einen Gegenentwurf ausarbeiten, der die zentrale Position des Herrschers innerhalb der Gesamtmonarchie betonte und alle föderalistischen Bestrebungen verwarf. Der Regierungsentwurf wurde am 4. März 1849 als »okroyierte Verfassung«, die allerdings nie verwirklicht wurde, der Öffentlichkeit bekanntgemacht. Drei Tage später wurde der Reichstag mit Militärgewalt aufgelöst. Das Ende der Volksvertretung versetzte Erzherzogin Sophie in regelrechte Freudenstimmung. »Über die Schließung des Reichstages«, frohlockte sie, »jubeln alle Rechtsgesinnten – denn sie hat den letzten Rest von Schmach vom Kaiserreich genommen für das es doch sehr demüthigend war Gesetze aus den Händen solcher Menschen zu empfangen.«

Nach der Schließung der ungeliebten Volksvertretung waren Franz Joseph und seine Regierung noch lange nicht Herren im eigenen Haus. Noch gab es revolutionäre Glutnester, die ausgetreten werden mußten. Im März 1849 besiegte Feldmarschall Radetzky in zwei Schlachten die Armee König Karl Alberts von Sardinien, im August kapitulierte Venedig. Das ganze Lombardo-Venezianische Königreich war wieder in österreichischer Hand.

Wesentlich schwieriger und blutiger gestaltete sich die Niederschlagung der Revolution in Ungarn. Die freiheitsliebenden Magyaren erklärten unter der Führung von Lajos Kossuth das Haus Habsburg-Lothringen für abgesetzt und errangen gegen die kaiserlichen Truppen bedeutende militärische Erfolge. Erst nach einem Wechsel des Oberkommandos – Feldmarschall Alfred

Fürst Windisch-Graetz wurde durch den Freiherrn Ludwig Welden und dieser wieder durch Feldzeugmeister Julius von Haynau ersetzt – und mit russischer Waffenhilfe konnte die ungarische Revolutionsarmee zur Kapitulation gezwungen werden.

Die kaiserliche Rache war furchtbar. Der unerfahrene Monarch entschied sich unter dem Einfluß seiner engsten Ratgeber für ein schreckliches Blutgericht. Zahlreiche Offiziere und Zivilisten wurden hingerichtet, etwa zweitausend Personen zu zum Teil schweren Kerkerstrafen verurteilt, Frauen öffentlich ausgepeitscht. Das Land verlor seine staatliche Einheit. Teile davon wurden abgetrennt, der Rest in fünf Distrikte aufgeteilt und einem Militärgouverneur unterstellt.

Der revolutionäre Schutt war weggeräumt. Nachdem im Mai 1851 nach einem heftigen Tauziehen zwischen Preußen und Österreich der Deutsche Bund in seiner früheren Form wiederhergestellt worden war und das Habsburgerreich die Kontrolle über den deutschen Raum wiedergewonnen hatte, ging Franz Joseph daran, sich nicht nur von den Fesseln der Verfassung zu lösen, sondern sich auch aus der faktischen Bevormundung durch seine Minister zu befreien. Der 20jährige Monarch legte dabei eine staunenswerte Zielstrebigkeit an den Tag. Von Baron Karl Kübeck, einem ausgekochten Bürokraten, den er an die Spitze des Reichsrates berufen hatte, beraten, setzte er mit ausgeklügelter Konsequenz Schritt um Schritt. Am 10. Juni 1851 führte er zum erstenmal den Vorsitz im Ministerrat und brachte damit unmißverständlich zum Ausdruck, daß er gewillt war, die Regierungsgeschäfte selbst in die Hand zu nehmen. Felix Schwarzenberg fand sich damit ab. Am 17. August hob er per Erlaß die parlamentarische Ministerverantwortlichkeit auf. Die Minister wurden in Hinkunft auf die Person des Herrschers eingeschworen, der sie nach Gutdünken ernennen und abberufen konnte. Am 31. Dezember 1851 wurde mit dem sogenannten Silvesterpatent die Verfassung auch formell aufgehoben. Die Donaumonarchie war wieder ein absolut regiertes Kaiserreich. »Wir haben das Konstitutionelle über Bord geworfen«, hatte Franz Joseph bereits im August der verehrten Mama berichtet, »und Österreich hat nur mehr e i n e n Herren. Jetzt muß aber noch fleißiger gearbeitet werden. Danken wir Gott, daß wir in drei Jahren fast schon dort sind, wohin wir kommen wollten.«

Sophie frohlockte, Fürst Metternich und Feldmarschall Windisch-Graetz signalisierten erfreut ihre Zustimmung, der Zar sandte eine Glückwunschadresse.

Am 5. April 1852 starb Fürst Felix Schwarzenberg völlig unerwartet an einem Herzschlag. Franz Joseph verlor mit ihm einen treuen Gefolgsmann, eine Vaterfigur, für die er Bewunderung empfunden hatte. »Ich werde jetzt noch mehr selbst machen müssen«, schrieb er der Mutter, »da ich mich auf niemand so verlassen kann, wie es bei Schwarzenberg möglich war, allein auch das hat sein Gutes.«

Für Schwarzenberg ernannte er keinen Nachfolger mehr. Die Stelle des Ministerpräsidenten übernahm er selbst.

Der neo-absolutistische Kaiser von Österreich war in Hinkunft auch sein eigener Außenminister, obwohl er das Ressort mit einem Diplomaten besetzte, mit Graf Karl Buol-Schauenstein, der zuletzt sein Land am Zarenhof vertreten hatte. Buol war jedoch im wesentlichen der Vollstrecker der Anordnungen des Kaisers. Die Außenpolitik betrachtete Franz Joseph als sein ureigenstes Aufgabengebiet, ohne freilich genügend Erfahrung zu besitzen. Der kaiserliche Jüngling überschätzte die Stärke seines Reiches und seine eigenen diplomatischen Fähigkeiten. Die Folgen dieser Fehleinschätzungen zeigten sich im Krimkrieg (1853–1856), als Franz Joseph in der Auseinandersetzung zwischen Rußland und der Türkei, die von Großbritannien und Frankreich unterstützt wurde, seine Streitkräfte gegen Rußland mobilisierte und sich dadurch die Sympathien des Zarenreiches verscherzte, ohne die Westmächte für sich gewinnen zu können. »Im Oriente«, schrieb er damals der Mutter, »ist Rußland jederzeit unser natürlicher Feind.« Der Schnittpunkt der gegensätzlichen Interessen zwischen den beiden Reichen lag nach dem Verlust der Machtstellung des Habsburgerreiches im deutschen und italienischen Raum allerdings bald geographisch viel näher, nämlich auf dem Balkan.

Das System des Neoabsolutismus, das sich, wie übrigens das Regierungssystem Franz Josephs insgesamt, auf die Armee, die Bürokratie und die katholische Kirche stützte, war kein bloßer

Abklatsch des vormärzlichen Metternichschen Polizeistaates. Es unterschied sich von diesem vor allem durch seinen Reformeifer. Alexander Bach schuf als Innenminister einen modernen, zentralistisch organisierten Behördenapparat, dem er um den Preis größtmöglicher Unpopularität auch Ungarn unterstellte. Der Selfmademan Karl von Bruck, Sprößling einer kleinbürgerlichen Familie aus dem Rheinland, der wirtschaftlich in großräumigen Kategorien dachte, förderte als Finanzminister den Bankensektor und den Ausbau der Industrie, bekam jedoch das Budgetdefizit nicht in den Griff, das enorme Maße angenommen hatte. Von Erfolg gekrönt war hingegen die Reform des Bildungs- und Erziehungswesens, das sich an den Namen des konservativen, föderalistisch gesinnten, aus dem böhmischen Hochadel stammenden Ministers für Kultus und Unterricht, Leo Thun-Hohenstein, knüpft. Gemeinsam mit dem Naturwissenschaftler Franz Exner und dem Altphilologen Hermann Bonitz schuf Thun-Hohenstein das in eine Unter- und Oberstufe gegliederte achtklassige Gymnasium und legte damit die Grundlage für die höhere Bildung in der Donaumonarchie. Die Universitäten erhielten eine weitgehende wissenschaftliche und administrative Autonomie, zahlreiche neue Lehrkanzeln wurden errichtet, die philosophische Fakultät den anderen Studienrichtungen gleichgestellt.

Auch das Verhältnis zur Kirche wurde neu geregelt. Das unter der Federführung des Kardinals von Wien, Othmar von Rauscher, mit dem Vatikan ausgehandelte Konkordat, das am 18. August (dem Geburtstag des Kaisers) 1855 in Kraft trat, räumte der Kirche eine privilegierte Stellung im öffentlichen Leben ein. Das »placetum regium«, das seit den Tagen Maria Theresias kirchliche Verlautbarungen von der Zustimmung des Herrschers abhängig machte, wurde fallengelassen, die Ehegerichtsbarkeit und das Erziehungswesen der Kirche überantwortet. Der Kirche wurde sogar das Recht eingeräumt, Publikationen, die ihr nicht genehm waren, von den staatlichen Behörden verbieten zu lassen.

Franz Joseph, der so manche Entscheidung direkt beeinflußte, und seine Mutter, die als graue Eminenz im Hintergrund tätig war, konnten mit dem Bündnis zwischen Thron und Altar zufrieden sein. Zieht man in Betracht, daß die Schwurgerichte abgeschafft, die Prügelstrafe wiedereingeführt und die Polizeiüberwachung verstärkt und ausgebaut wurde, wird man verstehen können, daß das neoabsolutistische System auf breite Ablehnung stieß. Die Front der Gegner reichte von den Nationalbewegungen in den Kronländern über das liberale Bürgertum bis zum föderalistisch gesinnten Adel.

In die Zeit der unumschränkten Machtfülle Franz Josephs fällt auch eine persönliche Entscheidung von schicksalhafter Tragweite: die Ehe mit der bayerischen Prinzessin Elisabeth. Der junge Kaiser begegnete der Tochter des Herzogs Max in Bayern im August 1853 im Kurort Bad Ischl zum erstenmal und war vom frischen, natürlichen Liebreiz, vom ungekünstelten Charme der kaum Sechzehnjährigen sogleich hellauf begeistert. In diesem Fall stimmt das Klischee: es war Liebe auf den ersten Blick.

Vergeblich versuchte die Mutter, die für ihren Sohn die ältere Schwester Elisabeths als Gattin auserkoren hatte, ihm die spontan gefaßte Zuneigung auszureden, seinen übereilten Entschluß, »Sisi« zur Frau zu nehmen, zu überdenken. Franz Joseph beharrte auf seiner Entscheidung.

Sogleich wurde Verlobung gefeiert, die Hochzeit für das folgende Jahr in Aussicht genommen. Die unfertige, unreife Prinzessin, die eine unbekümmerte, ungezwungene Kindheit hinter sich hatte, mußte für ihre zukünftige Aufgabe als Kaiserin eines Großreiches erst vorbereitet werden. Vieles war in kurzer Zeit nachzuholen. Die erzieherische Palette reichte vom täglichen Zähneputzen über das Studium von Fremdsprachen bis zu den Feinheiten des höfischen Benehmens. Es war ein pädagogischer Dressurakt ohne tiefgreifende Wirkungen.

Am 23. April 1854 hielt die Braut des Kaisers in einer von acht Lippizanern gezogenen Prachtkutsche Einzug in Wien, am nächsten Tag fand in der Augustinerkirche die von Kardinal Rauscher zelebrierte Hochzeit statt. Als am Abend des langen, ermüdenden Tages Erzherzogin Sophie, die zugleich ihre Schwiegermutter und Tante war – Franz Joseph und Sisi waren Geschwisterkinder und benötigten für ihre eheliche Verbindung einen päpstliche Dispens –, Franz Joseph, der Hofsitte entsprechend, an das Bett seiner jungen Frau führte, verbarg Sisi »wie ein erschreckter junger Vogel in seinem Nest« ihr Gesicht im Kopfpolster (Tagebuch Sophies). Es war wohl eher eine Geste der Verlegenheit und der Scham als eine der Geborgenheit. Man könnte ihr geradezu Symbolcharakter zuschreiben. Das Abwendungsritual wurde bald zum charakteristischen Merkmal in den Beziehungen zwischen den beiden Frauen.

Erzherzogin Sophie wollte ihre Schwiegertochter, die in ihren ersten Ehejahren gewiß noch biegsam war, formbar und anpassungsfähig, mit harter Hand zu einer Kaiserin nach ihren dynastischen Vorstellungen erziehen. Sie packte diese Aufgabe, die sie sich selbst stellte, allerdings – so will mir scheinen – falsch an. Sie war zu matronenhaft, zu autoritär, sie nahm zu wenig Rücksicht auf die Persönlichkeitsstruktur, auf den unbändigen Freiheitsdrang der jungen Kaiserin, es fehlte ihr an pädagogischem Einfühlungsvermögen. Das Ergebnis war katastrophal. Sisi litt unsäglich unter der ständigen Bevormundung durch die Schwiegermutter und den Zwängen der Etikette. Das Schlimmste für sie aber war, daß es Franz Joseph, der sich lange vom mütterlichen Einfluß nicht zu lösen vermochte, offenbar nicht wagte, ihr mit Entschiedenheit beizustehen. Elisabeth fühlte sich im Stich gelassen, hilflos dem Zugriff der strengen Schwiegermutter ausgeliefert. »Ich bin erwacht in einem Kerker und Fesseln sind an meiner Hand«, formulierte sie bereits 14 Tage nach ihrer Eheschließung ihre Gefühle.

Das Verhältnis zwischen der Mutter und der Gattin des Kaisers verschlechterte sich und weitete sich schließlich zu einer unüberbrückbaren Kluft aus, als Elisabeth ihr erstes Kind zur Welt brachte. Sophie nahm die Tochter, die auf ihren Namen getauft wurde, sogleich in ihre Obhut und beanspruchte für sich das Alleinerziehungsrecht. Und auch beim zweiten Kind, das den Namen Gisela erhielt, war es nicht anders. Die Kaiserin durfte nicht Mutter sein, wurde daran gehindert, ihre Mutterliebe auszuleben. Nur schüchtern und zögernd begann sie sich, vom kaiserlichen Gemahl halbherzig unterstützt, dagegen zur Wehr zu setzen. Es nützte wenig. Auch den heißersehnten Thronfolger, dem sie am 21. August 1858 nach einer schweren Geburt das Leben schenkte

– er wurde nach dem Ahnherrn der Dynastie Rudolf genannt –, nahm die Erzherzogin sogleich unter ihre Fittiche. Die Kaiserin gab nun den Kampf um ihre Kinder auf. Als ihr Gerüchte über die Untreue des Gemahls zu Ohren kamen, löste das in der psychisch labilen Frau eine schwere seelische Krise aus, von der selbstverständlich die Ehe nicht verschont blieb.

Elisabeth veränderte ihren Lebensstil auf drastische Weise. Sie begann zu rauchen, unterwarf sich einer unvernünftigen Diät, machte lange Ausritte zu Pferd, unternahm anstrengende Wanderungen, unterzog sich ermüdenden Gymnastikübungen. Ihre Gesundheit verschlechterte sich. Sie litt unter Hustenanfällen und Depressionen, unter Appetit- und Schlaflosigkeit. Schließlich verließ sie 1860 die Kaiserstadt. Es war eine Flucht vor sich selbst, vor ihrer kaiserlichen Existenz, vor den für sie unerträglichen Lebensumständen. Von nun an kehrte sie nur noch zu kürzeren oder längeren Aufenthalten nach Wien zurück. Zur Schönheit aufgeblüht, allseits bewundert, sich ihrer persönlichen Ausstrahlung voll bewußt, mied sie alle Repräsentationsverpflichtungen, verweigerte sie sich als Herrscherin und lebte nur noch ihren Vorlieben und kostspieligen Extravaganzen. Sie pflegte mit unüberbietbarem Narzißmus ihre Schönheit, überschüttete ihr viertes Kind, Marie Valerie, das sie 1867 zur Welt brachte, mit maßloser, überströmender Liebe, unternahm Reisen, widmete sich mit Übereifer dem Reitsport, schrieb in der Nachfolge Heinrich Heines, den sie glühend verehrte, Gedichte, nahm Griechischunterricht und demonstrierte bei jeder Gelegenheit ihre Vorliebe für die Magyaren. Unstet und ruhelos flatterte sie von Ort zu Ort, eine Heimatlose ohne inneren Halt, die am Fortbestand des Kaiserreiches zweifelte und ihre republikanischen Neigungen geheimgehaltenen Versen anvertraute.

Franz Joseph versuchte anfänglich, seine über alles geliebte Gemahlin mit sanften Mahnungen in den normalen Alltag zurückzuholen. Als es nichts fruchtete, wurde er heftiger: »Ganz desparat macht mich die entsetzliche Lebensweise, die Du Dir angewöhnt hast und die Deine theure Gesundheit ganz zerstören muß. Ich beschwöre Dich, gebe dieses Leben auf«, schrieb er ihr einmal im Anfangsstadium der Ehekrise, die sich bis zur seelischen Entfremdung steigern sollte. Es war vergebens. Elisabeth beharrte auf ihren Extravaganzen, setzte starrköpfig ihren Willen durch. Schließlich resignierte der Kaiser, fügte sich, wohl aus Angst vor einem Skandal, in sein Schicksal. Er ließ Sisi gewähren, erfüllte ihr jeden, auch noch so kostbaren Wunsch, schrieb »dem guten Engel seines Lebens« liebevolle Briefe und besuchte die Gemahlin ab und zu an ihren wechselnden Aufenthaltsorten. Frauen gegenüber ein Kavalier vom Scheitel bis zur Sohle, ertrug er die Launen Elisabeths bis zur Selbstaufgabe. Er vergrub sich in seine Aktenberge und ging völlig auf in der Verwaltung seines riesigen, immer mühsamer zu regierenden Reiches.

Als es mit zunehmenden Jahren um ihn immer einsamer wurde, führte ihm die Kaiserin Katharina Schratt zu, eine Schauspielerin am Wiener Hofburgtheater, bei der er Häuslichkeit, Trost und jenen Seelenfrieden fand, den ihm Elisabeth nicht zu geben vermochte. Die Beziehungen zu seiner »lieben«, im wahrsten Sinne des Wortes »teuren Freundin«, für deren verschwenderischen Lebensstil er anstandslos aufkam, hielt er bis zu seinem Lebensende aufrecht. Eine Geheimehe mit ihr nach dem Tod Elisabeths ist er höchstwahrscheinlich nicht eingegangen. Jedenfalls gibt es dafür keine stichhaltigen historischen Beweise.

Bewies Franz Joseph seinen Herzensdamen gegenüber Großmut und Großzügigkeit, so bekamen die Mitglieder des Herrscherhauses bei zahlreichen Gelegenheiten seine Unnahbarkeit und unerbittliche Strenge zu spüren. Dem Kaiser standen gemäß einem Familienstatut aus dem Jahre 1839 als Oberhaupt seines Hauses außergewöhnliche Rechte zu. Er konnte auf die Erziehung der Erzherzoginnen und Erzherzoge Einfluß nehmen, Auslandsreisen bedurften seiner Genehmigung, persönliche Verfehlungen wurden vom Obersthofmarschallamt als kaiserlicher Gerichtsinstanz geahndet. Vor allem aber durfte kein Mitglied des Erzhauses ohne seine Zustimmung heiraten. Eine solche Eheerlaubnis war an strenge Vorschriften, insbesondere an die rangmäßige Ebenbürtigkeit des Partners gebunden. Ein Habsburger durfte nur seinesgleichen heiraten, das heißt nur ein Mitglied des Allerhöchsten Erzhauses selbst oder eines anderen souveränen europäischen Herrschergeschlechtes. Die Dynastien, die als ebenbürtig galten, waren in einem Nachtrag des Familienstatutes namentlich aufgezählt.

Franz Joseph achtete peinlich genau auf die Einhaltung dieser Bestimmungen. Wer dagegen verstieß, mußte unweigerlich mit einer harten Reaktion des Monarchen rechnen.

Der spektakulärste Streitfall um ein Eheprojekt im österreichischen Kaiserhaus war jener des Thronfolgers Franz Ferdinand. Der kantige, impulsive, willensstarke Neffe des Kaisers hatte sich eine Gräfin Sophie Chotek in den Kopf gesetzt. Die Dame entstammte zwar dem böhmischen Uradel, war aber nach dem bereits erwähnten habsburgischen Hausgesetz nicht ebenbürtig.

Franz Joseph war mehr als nur aufgebracht, als er von der Absicht des ungeliebten Neffen unterrichtet wurde, die Gräfin zu heiraten. Er war fest entschlossen, seine Zustimmung zu einer ehelichen Verbindung zu verweigern. Zwischen dem Monarchen und seinem Thronerben entspann sich nun ein langes, zähes Ringen, das von beiden Seiten mit aller Härte geführt wurde. Das Ergebnis war ein Kompromiß, der wohl keinen der beiden Herren befriedigte. Der Kaiser gab seine Zustimmung zur morganatischen Ehe, Franz Ferdinand mußte jedoch in einem hochnotpeinlichen Staatsakt in der Geheimen Ratsstube in der Hofburg per Eid auf die Thronrechte für die aus der Verbindung mit Sophie Chotek zu erwartenden Nachkommen verzichten.

Das glückliche Ehepaar bekam die rauhe Luft, die ihm am Wiener Kaiserhof entgegenwehte, sogleich zu spüren. Die Gattin des Thronfolgers zählte protokollarisch nicht zur kaiserlichen Familie. Dem Hofzeremoniell entsprechend, durfte sie daher in der Öffentlichkeit nicht neben ihrem Gemahl auftreten. Es war ihr nicht einmal gestattet, im Hofburgtheater in der Hofloge an der Seite Franz Ferdinands Platz zu nehmen. Diese und andere Erniedrigungen, die von manchen Hofkreisen weidlich ausgekostet wurden, haben in den Herzen des Thronfolgerpaares tiefe Wunden geschlagen.

Demütigungen ähnlicher Art haben sich andere Mitglieder des österreichischen Herrscherhauses wohlweislich erspart. Sie zogen ihr persönliches Glück der Zugehörigkeit zur Dynastie vor. Zu diesen Aussteigern aus dem Kaiserhaus zählten der hochbegabte, aufmüpfige Johann Salvator, der den bürgerlichen Namen

»Orth« annahm, der charakterlich angeknackste Erzherzog Leopold Ferdinand (Leopold Wölfling) und der sanfte, bescheidene Ferdinand Karl (Ferdinand Burg).

Franz Joseph war auch im allerengsten Familienkreis eher gefürchtet als beliebt. Am besten scheint er noch mit seinen Töchtern ausgekommen zu sein. Ihnen war er ein liebevoller, fürsorglicher Vater. Marie Valerie, die von der Kaiserin verhätschelte Jüngste, brachte dem Papa ostentativ zu Schau gestellte Bewunderung und Verehrung entgegen.

Das Verhältnis des Kaisers zu seinem Sohn hingegen war gespannt und ausgesprochen problembeladen. Wir können die subtile Vater-Sohn-Beziehung hier natürlich nicht in ihrer Komplexität darstellen. Ein paar Hinweise müssen genügen.

Der Kaiser knüpfte an seinen Sohn große militärische und politische Hoffnungen. Aber Rudolf entwickelte sich nicht nach den Vorstellungen des soldatischen Vaters. Er war zart, kränklich und von schmächtiger Statur. Als der sensible Kronprinz mit Zustimmung des Kaisers von seinem Erzieher, General Leopold Graf Gondrecourt, einem schweren körperlichen Dauerstress ausgesetzt wurde, an dem er seelisch zu zerbrechen drohte, griff Elisabeth ein. Sie wählte für seine weitere Ausbildung vorwiegend liberal gesinnte Lehrer aus, die das Weltbild Rudolfs entscheidend prägten. Der Konprinz, dem es an elterlicher Zuwendung und Liebe fehlte, entfernte sich mit zunehmenden Jahren weltanschaulich immer weiter von der konservativen Lebensphilosophie seines Vaters und entwickelte sich zu einer geistig hochstehenden, aber innerlich zerrissenen und moralisch haltlosen Persönlichkeit. Franz Joseph unterließ es, aus welchen Gründen immer, seinen Sohn, an dessen intellektuellem und emotionalem Werdegang er keinen Anteil nahm, in die Regierungsgeschäfte einzuführen, geschweige denn ihm Verantwortung zu übertragen. Rudolf fühlte sich von seinem strengen, achtunggebietenden Vater, zu dem er in scheuer Bewunderung aufblickte, unverstanden und unbeachtet. Die österreichische Kronprinzentragödie, die 1889 im Jagdschloß Mayerling ihr Ende fand, hat im Mißverhältnis zwischen einem blinden, ahnungslosen Übermonarchen und einem nach Anerkennung lechzenden Thronfolger eine von mehreren Begründungen.

Franz Joseph verband auch mit seinen Brüdern, das sei der Vollständigkeit halber gesagt, kein inniges Band der Zuneigung. Seinen begabteren, charmanteren Bruder Maximilian zwang er vor dessen Abreise nach Mexiko, wo ihn bekanntlich ein furchtbares Schicksal erwartete, zum Verzicht auf alle Erbrechte in Österreich. Mit Karl Ludwig, dem Vater Erzherzogs Franz Ferdinand, kam er einigermaßen zurecht, Ludwig Viktor, das homosexuell veranlagte, skandalumwitterte schwarze Schaf der Familie, verbannte er nach Schloß Kleßheim in Salzburg, wo er ein Jahr nach dem Zusammenbruch der Donaumonarchie starb.

»Es ist mein Wille«, dekretierte Franz Joseph in einem Handschreiben vom 20. Dezember 1857, »daß die Erweiterung der inneren Stadt Wien mit Rücksicht auf eine entsprechende Verbindung derselben mit den Vorstädten ehemöglichst in Angriff genommen und hiebei auch auf die Regulierung und Verschönerung Meiner Residenz- und Reichshauptstadt Bedacht genommen werde. Zu diesem Ende bewillige ich die Auflassung der Umwallung und Fortifikationen der inneren Stadt, so wie der Gräben um dieselbe.«

Es war einer der zukunftsträchtigsten Entschlüsse des kaiserlichen Autokraten. Der Kaiser gab damit den Anstoß für die Entwicklung Wiens zur Großstadt.

Bewies Franz Joseph mit dieser Entscheidung Weitblick, so war er bei der Abschätzung der außenpolitischen Situation in Europa mit Blindheit geschlagen. Als sich an der Wende des Jahres 1858/59 ein Konflikt mit dem Königreich Piemont-Sardinien ankündigte, dessen Ministerpräsident Camille Cavour mit großem diplomatischen Geschick die Einigung Italiens betrieb, die selbstverständlich auch gegen die habsburgische Herrschaft in Ober- und Mittelitalien gerichtet war, machte Franz Joseph entscheidende Fehler. Er unterschätzte die militärische Position seiner Gegner, zu denen auch das mit Sardinien verbündete Frankreich Napoleons III. gehörte, mißachtete die katastrophale Finanzlage des eigenen Staates, traf übereilte Entschlüsse und unterlag einer fatalen Selbstüberschätzung seiner Qualitäten als Feldherr und Stratege. Die Folgen waren ein verlorener Krieg, der Verlust der Lombardei und ein schwer ramponiertes kaiserliches Image.

Vom Kriegsschauplatz in die Hofburg zurückgekehrt, versprach der Monarch in einem Manifest, »Österreichs innere Wohlfahrt und äußere Macht durch zweckmäßige Entwicklung seiner reichen geistigen und materiellen Kraft, wie durch zeitgemäße Verbesserungen in Gesetzgebung und Verwaltung dauernd zu begründen«.

Den schönen Worten folgten nur halbherzige Taten. Zwar entließ der Kaiser zahlreiche Generäle in den Ruhestand und tauschte einige Minister aus, aber zu durchgreifenden Reformen fand er sich nicht bereit. Immerhin mußte er nun das System der Alleinregierung aufgeben und konstitutionellen Gehversuchen zustimmen, die bei den einzelnen Völkern des Reiches die widersprüchlichsten, in jedem Fall aber selbstsüchtig gruppenbezogene und volkstumsegoistische Reaktionen auslösten. Der Nationalitätenhader der folgenden Jahrzehnte warf seine Schatten voraus.

Von schwerwiegenderer Bedeutung für das österreichische Kaiserreich als der Streit um die verschiedenen Verfassungsprojekte war die Lösung der sogenannten deutschen Frage. Auf eine knappe Formel gebracht ging es darum, ob der habsburgische Vielvölkerstaat oder das mächtig erstarkte Preußen die Vorherrschaft in den deutschen Landen ausüben sollte.

In Preußen war im Oktober 1862 Otto von Bismarck zum Ministerpräsidenten ernannt worden, ein kluger, selbst- und machtbewußter Staatsmann, der entschlossen war, die anstehende Streitfrage im kleindeutsch-preußischen Sinn zu lösen, wenn nötig mit Waffengewalt. Wiederum ist es nicht möglich und auch nicht nötig, auf die konfliktreiche diplomatische und politische Vorgeschichte einzugehen, die schließlich 1866 zum Ausbruch des Krieges zwischen den beiden Staaten führte.

Bismarck hatte den sich abzeichnenden Waffengang diplomatisch umsichtig abgesichert. Italien war sein Bündnispartner, Rußland ein wohlgesinnter Beobachter der Szene, Frankreich verhielt sich abwartend neutral.

Franz Joseph, der lediglich auf die Hilfe der meisten deutschen Bundesstaaten zählen konnte, traf seine Entscheidungen für den Zweifrontenkrieg relativ spät. Und er bewies dabei keine sonderlich glückliche Hand. Zum Befehlshaber der Nordarmee ernannte er gegen dessen Bedenken Feldzeugmeister Ludwig Benedek, einen tapferen, aber strategisch keineswegs überragenden Heerführer, dem auf preußischer Seite der große Stratege Helmuth von Moltke gegenübertrat. Das Kommando an der Südfront, wo sich voraussichtlich militärische Lorbeeren holen ließen, übertrug er Erzherzog Albrecht, dem tüchtigsten Militär des Kaiserhauses.

Einen anderen wichtigen Entschluß, der sich ebenfalls verhängnisvoll auswirken sollte, hatte er bereits Jahre zuvor gefällt, als er sich nach Empfehlung eines entsprechenden Fachgutachtens gegen die Ausrüstung der österreichischen Infanterie mit dem Zündnadelgewehr entschied, das dem in der habsburgischen Armee verwendeten Vorderlader an Feuerschnelligkeit bei weitem überlegen war. Die preußische Armee besaß von der neuen Waffe nicht weniger als 300000 Stück! Auch wenn die österreichische Artillerie über besseres Geschützmaterial verfügte als die preußische und die Kavalleriestreitkräfte sich die Waage hielten, war unter diesen Umständen ein siegreicher Ausgang des Krieges für die Donaumonarchie zu bezweifeln. Benedek bat nach den ersten verlustreichen Gefechten des Feldzuges den Kaiser telegraphisch, um jeden Preis Frieden zu schließen. Franz Joseph lehnte dieses Ansinnen in seinem Antworttelegramm ab und ließ durchblicken, daß er die Annahme einer Schlacht erwarte. Benedek schlug sie am 3. Juli 1866 bei Königgrätz. Seine Armee wurde geschlagen. Der bedauernswerte 61jährige Feldzeugmeister bekam den Dank des Hauses Habsburg zu spüren. Er wurde seines Kommandos enthoben, in Pension geschickt und in peinlicher, demütigender Weise zum alleinigen Sündenbock für die Niederlage gestempelt. Vom Kaiserhof geächtet und gemieden, starb er 1881 in Graz und wurde auf eigenen Wunsch ohne militärische Ehren begraben.

Die Siege der österreichischen Armee und der Flotte auf dem südlichen Kriegsschauplatz blieben politisch bedeutungslos.

Der 3. Juli 1866 war ein Schicksalstag Österreichs mit außen- und innenpolitischen Folgen von entscheidender Tragweite, der auch im Herrscherleben Franz Josephs eine schmerzliche Wende bedeutete. Die Habsburgermonarchie, die Venezien abtreten und eine hohe Kriegsentschädigung entrichten mußte, verlor seine jahrhundertelange Vormachtstellung in Mitteleuropa. Sie verlegte ihre außenpolitischen Aktivitäten auf den Balkan, wo sie auf die Gegnerschaft Rußlands stieß. Die Weichen für das Jahr 1914 in diesem Raum, dem Wetterwinkel Europas, waren gestellt.

Innerstaatlich zog die militärische Niederlage ebenfalls tiefgreifende Veränderungen nach sich. Das Kaiserreich Österreich wurde durch den »Ausgleich« mit den Magyaren zur österreichisch-ungarischen Doppelmonarchie umgestaltet.

Die Verhandlungen, die zum Abschluß dieses wichtigsten staatsrechtlichen Vertragswerkes in der Spätphase des Habsburgerreiches führten, waren bereits vor Königgrätz begonnen worden. Sie wurden nun fortgesetzt und im Februar 1867 beendet. Federführend und damit hauptverantwortlich für das Ergebnis waren auf österreichischer Seite der frühere sächsische Ministerpräsident Graf Ferdinand Beust, den der Kaiser zum Außenminister ernannt hatte. Beust war ein erklärter Gegner Preußens. Die Verhandlungsleiter auf ungarischer Seite, die in der Kaiserin eine leidenschaftliche Fürsprecherin fanden, waren der bedächtige Ferenc Deák und der temperamentvolle Graf Gyula Andrássy.

Der österreichisch-ungarische Ausgleich schuf an Stelle eines viele Jahre absolutistisch regierten einheitlichen Reiches zwei verschiedene Staaten mit eigenen Regierungen und Parlamenten: das Königreich Ungarn und die im Reichsrat vertretenen Königreiche und Länder. Die westliche Reichshälfte wurde inoffiziell auch Cisleithanien genannt, da die Leitha die Grenze zwischen den Reichsteilen bildete. Die österreichisch-ungarische Doppelmonarchie wurde durch die Person des Herrschers (Personalunion) und durch drei gemeinsame »Reichsministerien«, ein Finanz-, Kriegs- und Außenministerium (Realunion), zusammengehalten. Sie wurden als kaiserlich und königlich (k.u.k.) bezeichnet. Daneben gab es ausschließlich österreichische (k.k.) und ungarische Behörden (k = königlich). Für die Behandlung der »gemeinsamen Angelegenheiten« wurden Parlamentsausschüsse, die sogenannten »Delegationen« eingerichtet, die aus je 60 Mitgliedern bestanden. Sie nahmen die Wahrung der gemeinsamen Interessen wahr, die vor allem Fragen der Wirtschaftspolitik, der Währung,

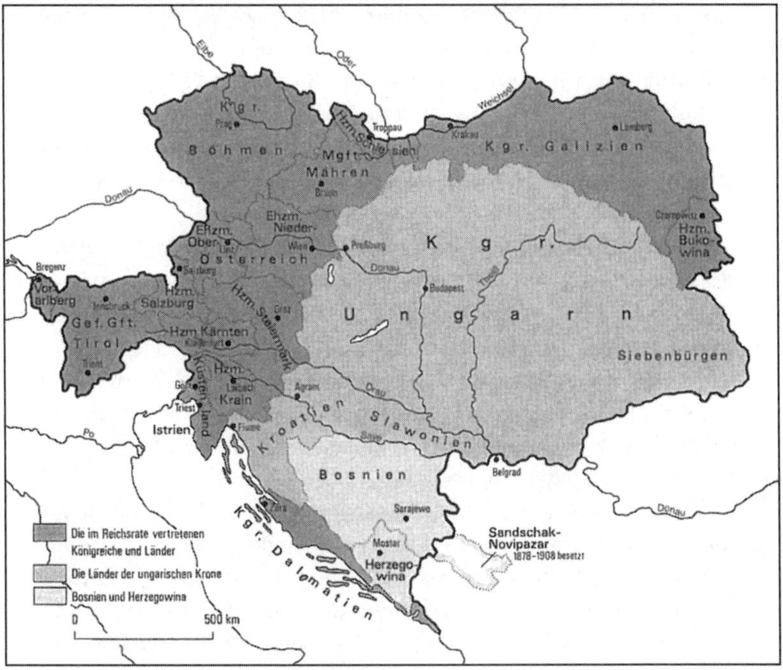

Die österreichisch-ungarische Monarchie

des Zoll- und Handelswesens betrafen. Der Kostenanteil für die »gemeinsamen Angelegenheiten«, die sogenannte »Quote«, sollte alle zehn Jahre in neuen Verhandlungen festgelegt werden. Er betrug zunächst siebzig Prozent für die österreichische und 30 für die ungarische Reichshälfte. Der »Ausgleich« war ein kompliziertes Vertrags- und Verfassungswerk für ein vielgestaltiges Staatsgebilde.

Franz Joseph nannte sich nun Kaiser von Österreich und Apostolischer König von Ungarn. Die Krönung des Herrscherpaares am 8. Juni 1867 in der Budapester Matthias-Kirche wurde zu einem persönlichen Triumph vor allem für die Kaiserin, deren Schönheit die prunkvolle Zeremonie überstrahlte. Es war die letzte große Repräsentationspflicht, der sie sich unterzog. In der Politik hat sie sich nach ihrem vehementen Eintreten für die Magyaren nicht wieder eingemischt.

Der »Ausgleich« stellte den habsburgischen Vielvölkerstaat auf ein neues Fundament, dessen Tragfähigkeit trotz mancher Schwachstellen immerhin ein halbes Jahrhundert den Stürmen der Zeit standhielt. Das ist der positive Aspekt, unter dem man retrospektiv das Vertragswerk sehen kann. Viele Zeitgenossen und zahlreiche Historiker haben es negativ beurteilt. Sie sprachen von einem »inneren Königgrätz«, von einer »Monarchie auf Kündigung«.

In der österreichisch-ungarischen Doppelmonarchie nahmen die deutschsprachige österreichische Bourgeoisie und der magyarische Adel eine bevorzugte Stellung ein. Den Slawen, die insgesamt die Bevölkerungsmehrheit darstellten, wurde die Gleichberechtigung verwehrt. Das war das größte Manko, das dem Ausgleich anhaftete. Die Bevorzugung von zwei Nationalitäten degradierte die anderen Völker der Monarchie, die Tschechen und Slowaken, die Kroaten, Serben, Slowenen, Polen, Ruthenen, Rumänen und Italiener, zu Staatsangehörigen zweiter Klasse. Das aber lag gewiß nicht in der Absicht Franz-Josephs, der sich als Herrscher über alle seine Völker verstand.

Der Kaiser hatte dem Ausgleich so rasch seine Zustimmung gegeben, um der staatsgefährdenden Unzufriedenheit der Magyaren den Wind aus den Segeln zu nehmen. Die riesige Unzufriedenheit, die das Vertragswerk bei den Slawen auslöste, hoffte er durch Sondervereinbarungen aus der Welt schaffen zu können. Anläßlich einer Reise nach Prag, die er 1868 unternahm, bemühte er sich um eine Verständigung mit den Tschechen, die drei Jahre später in greifbare Nähe gerückt schien. Der böhmische Landtag verkündete 1871 die sogenannten »Fundamentalartikel«, die eine Gleichstellung Böhmens mit Ungarn und eine völlige Föderalisierung des cisleithanischen Teiles der Donaumonarchie vorsahen. Der Kaiser gab das Versprechen ab, sich zm König von Böhmen krönen zu lassen. Diese geplante Neuordnung des Staates im föderalistischen Sinn hätte der österreichisch-ungarischen Monarchie neues Leben einhauchen und in ihrer Modellhaftigkeit europäischen Vorbildcharakter haben können. Sie stieß jedoch auf den energischen Widerstand der auf ihre Vorrangstellung beharrenden Kräfte, der zentralistisch eingestellten Deutschliberalen und der Ungarn, vor denen der Kaiser zurückwich. Verstimmt über zu weitgehende tschechische Forderungen in der Frage der Rekrutenbewilligungen, lehnte er die Fundamentalartikel in einem Reskript ab. Die Tschechen beantworteten den Entschluß des Monarchen, dem sie vorwarfen, sein Versprechen gebrochen zu haben, mit einem verstärkten Nationalitätenkampf.

Die Neuordnung der Donaumonarchie zog auch die Beendigung des absolutistischen Regierungssystems nach sich. Aus dem unumschränkt herrschenden Kaiser wurde ein konstitutioneller Monarch. Franz Joseph fügte sich nolens volens den historischen Notwendigkeiten. Er setzte am 21. Dezember 1867 jene fünf Staatsgesetze in Kraft, die seine Macht wohl schmälerten, aber seine kaiserliche Autorität nicht wirklich gefährdeten. Die Oberhoheit über die Außenpolitik und die Armee blieb ihm vorbehalten, die Minister wurden von ihm ernannt und entlassen und waren für ihre Amtstätigkeit ihm persönlich und nicht dem Reichsrat, wie die in zwei Kammern geteilte Volksvertretung hieß, verantwortlich. Zudem konnte der Herrscher einem Gesetz, das er mißbilligte, durch sein Veto die Gesetzeskraft verweigern.

Langlebiger als diese Verfassungsbestimmungen war das »Staatsgrundgesetz über die allgemeinen Rechte der Staatsbürger für die im Reichsrat vertretenen Königreiche und Länder«. Es beinhaltete einen Grund- und Menschenrechtskatalog, der nach dem Ende der Monarchie 1920 in die Verfassung der Ersten und 1945 in die der Zweiten Österreichischen Republik übernommen wurde. Es legte unter anderem fest: Vor dem Gesetz sind alle Staatsbürger gleich. Das Eigentum ist unverletzlich. Die Freizügigkeit der Person unterliegt keiner Beschränkung. Die öffentlichen Ämter sind für alle Staatsbürger gleich zugänglich. Die Presse darf nicht unter Zensur gestellt werden. Jeder Staatsbürger kann an jedem Ort des Staatsgebietes seinen Aufenthalt und Wohnsitz nehmen. Die Staatsbürger haben das Recht, sich zu versammeln und Vereine zu bilden. Die Wissenschaft und ihre Lehre sind frei. Die volle Glaubens- und Gewissensfreiheit ist jedermann gewährleistet. Alle Volksstämme des Staates sind gleichberechtigt und haben ein unverletzliches Recht auf Wahrung und Pflege ihrer Nationalität und Sprache.

Wenn auch einige dieser Bestimmungen nicht sogleich in die Realität umgesetzt werden konnten – das große Wort von der Gleichberechtigung aller Volksstämme blieb überhaupt auf dem Papier –, so war die Verbriefung dieser bürgerlichen Grundrechte doch ein Meilenstein auf dem Weg zu einer demokratischen Gesellschaftsordnung.

Mit der Bildung der ersten Regierung in der österreichischen Reichshälfte nach dem »Ausgleich« betraute Franz Joseph die Liberalen, die im Abgeordnetenhaus des Reichsrates eine Mehrheit errungen hatten. Man muß allerdings gleich hinzufügen, daß die politische Mitbestimmung an einen Wahlzensus, eine jährliche steuerliche Mindestleistung, geknüpft war, der breite Bevölkerungsschichten von der Beteiligung am öffentlichen Leben ausschloß. Nur etwa sechs Prozent der Gesamtbevölkerung waren wahlberechtigt.

Die Liberalen, die mit einer kurzen Unterbrechung in den Jahren zwischen 1867 und 1879 die Regierung stellten, waren in der Hauptsache die Vertreter des Besitzbürgertums und des Finanzkapitals. Sie waren eine »Honoratiorenpartei« ohne feste Organisation, deutsch-orientiert, zentralistisch gesinnt, auf die Wahrung ihrer wirtschaftlichen Vorteile bedacht. Gesellschaftlich grenzten sie sich nach oben hin gegen den Adel, nach unten gegen Kleinbürgertum und Arbeiterschaft ab. Sozialpolitik war für sie ein Fremdwort. Weltanschaulich waren sie als Verfechter wirtschaftlicher, kultureller und individueller Freiheit antidogmatisch und antiklerikal eingestellt.

Konsequenterweise nahmen sie sogleich den Kampf gegen das Konkordat auf. In den «Maigesetzen«, die sie 1868 beschlossen, trat die staatliche Gerichtsbarkeit im Eherecht wieder an die Stelle der kirchlichen, das Schulwesen wurde endgültig der staatlichen Leitung unterstellt. Das im Jahre 1869 von ihnen verabschiedete »Reichsvolksschulgesetz« installierte die interkonfessionelle, achtjährige, staatliche Volksschule mit obligatorischem Religionsunterricht. 1870 kündigten die Liberalen als Antwort auf das Vatikanische Unfehlbarkeitsdogma das Konkordat auf. Der Kaiser gab den antikirchlichen Gesetzen, gegen die der Papst und der österreichische Klerus Sturm liefen, seine Zustimmung, wenn auch schweren Herzens. »Die Aufkündigung ist mir auch schwer geworden«, entschuldigte er sich der bigotten Mutter gegenüber, »doch habe ich mich dazu entschlossen, weil es der mildeste und nach meiner Ansicht richtigste Vorgang gegenüber den unglückseligen Beschlüssen Roms war und weil dadurch an den Rechten und an der Stellung der Kirche in Österreich nichts geändert wird.«

Wirtschaftlich ging es bergauf. Die Schleifung der Stadtmauern löste nicht nur in Wien einen Bauboom aus. An der Ringstraße entstand ein Palais nach dem anderen, in den Vorstädten schossen drei- bis vierstöckige Mietskasernen wie Pilze aus dem Boden, mit Klosett und Fließwasser auf dem Gang zur gemeinsamen Benützung durch die Bewohner eines Stockwerkes. Man kann sich aus heutiger Sicht darüber wundern und es sonderbar und ärgerlich finden. Aber selbst in der Hofburg und im schönen Schloß Schönbrunn gab es noch keine WCs. Der Nachttopf des Kaisers mußte von einem Bediensteten geleert werden.

Die »Gründerzeit« mit all ihrer hektischen Betriebsamkeit und ihren sonstigen unangenehmen Begleiterscheinungen war angebrochen. Der Ziegelfabrikant Heinrich Drasche machte Millionengeschäfte und wurde vom Kaiser geadelt, die Grundstückspreise stiegen. Banken, Firmen und Aktiengesellschaften wurden heute gegründet und machten morgen bankrott. Das Schwindel- und Luftgeschäft blühte. An der Wiener Börse kletterten die Kurse in die Höhe, ein wahres Spekulationsfieber griff um sich. Selbst die kleinen Leute legten ihren hart erarbeiteten Spargroschen in Aktien an und erhofften sich raschen Reichtum.

Der Staat förderte die Wirtschaftsentwicklung durch den Wechsel von der Schutzzoll- zur Freihandelspolitik, auch wenn dem Kaiser, der von wirtschaftlichen Dingen wenig verstand, dieser explosionsartige Aufbruch in den Kapitalismus nicht ganz geheuer vorkommen mochte.

Äußeres Zeichen des rasanten Wirtschaftsaufschwunges in der Donaumonarchie war die Weltausstellung des Jahres 1873 auf dem riesigen Gelände des Wiener Praters mit der von Carl Hasenauer errichteten »Rotunde«, deren imposante Kuppel majestätisch in den Himmel ragte.

Bei der Eröffnung am 1. Mai gab sich die europäische Hautevolee ein Stelldichein. Man überbot einander an Lobsprüchen. Aber der Glanz trog. Am 9. Mai 1873, dem »Schwarzen Freitag«, kam es zum großen Krach. Die Börsenkurse fielen, zahlreiche Menschen verloren über Nacht ihr Vermögen und nahmen sich das Leben. Banken brachen zusammen, Fabriken wurden geschlossen, Bauvorhaben eingestellt. Die »Gründerzeit« war jäh zu Ende gegangen. Ihr folgte eine langjährige wirtschaftliche Depression.

Politisch verantwortlich für die Wirtschaftsmisere waren die Liberalen. Ihre Herrschaft wurde vom Börsenkrach zwar erschüttert, aber zu Fall gebracht hat er sie nicht. Erst sechs Jahre später, 1879, nachdem sie sich heftig gegen die Okkupation Bosniens und der Herzegowina ausgesprochen hatten, mußten sie das Feld räumen.

Zum Ministerpräsidenten der österreichischen Reichshälfte ernannte Franz Joseph seinen Spielgefährten aus fernen Tagen, den Grafen Eduard Taaffe. Der konservative, dynastietreue Abkömmling aus altem irischem Adel, der sich nach eigenen Worten gleichsam als einen Exekutivbeamten Seiner Majestät des Kaisers betrachtete, blieb vierzehn Jahre, länger als alle seine Vorgänger und Nachfolger, im Amt.

Taaffe führte die tschechische Opposition in den Reichsrat zurück und stützte sich außer auf sie auf die Polen, die deutschen Konservativen und die Katholiken. Mit zahlreichen sozialen, demokratischen und nationalen Problemen konfrontiert, versuchte er eine Politik des gerechten Ausgleichs zwischen den einander widerstrebenden Interessen zu machen. Es war der untaugliche Versuch, die berühmte Quadratur des Kreises zustande zu bringen, mit dem er natürlich scheiterte. Immerhin gelang ihm durch die Senkung des Wahlzensus auf fünf Gulden die Erweiterung des Wahlrechtes auf die kleinbürgerlichen Schichten. Aber auch die Einführung der Goldwährung und erste Maßnahmen in der Sozialgesetzgebung schlagen in seiner Gesamtbilanz positiv zu Buche. Schließlich wurden zu Beginn seiner Ära auch die außenpolitischen Weichen für die kommenden Jahrzehnte gestellt. Österreich-Ungarn schloß am 7. Oktober 1879 ein geheimes Defensivbündnis mit dem Deutschen Reich, den sogenannten »Zweibund« ab, den der Kaiser als unumstößlichen Fixpunkt seiner Außenpolitik betrachtete. 1882 wurde der Vertrag durch den Beitritt Italiens zum »Dreibund« erweitert.

In der zweiten Hälfte des 19. Jahrhunderts stieg die Bevölkerungszahl in der Donaumonarchie kontinuierlich an. Lebten 1857 im gesamten Staatsgebiet etwa 32 Millionen Menschen, so waren es 1910 mehr als 51 Millionen (Bosnien und die Herzegowina, das 1908 annektiert wurde, miteinbezogen). Im gleichen Zeitraum erhöhte sich die Einwohnerzahl Wiens von etwa einer halben Million auf über zwei Millionen (die Vororte, die 1890 eingemeindet wurden, mitinbegriffen).

Dieser rasche Bevölkerungsanstieg schuf große, schier unlösbare Probleme. Die Wohnungsnot nahm riesige Dimensionen an. Während sich die Hocharistokraten, die Bankiers, die Großindustriellen und andere reich gewordene Großbürger in ihren kostspieligen, weiträumigen und prunkvoll ausgestatteten Palais' in der Wiener Innenstadt ihren Reichtum genossen, lebten zahllose Menschen in den Vorstädten und Vororten auf engstem Raum zusammengepfercht unter den unhygienischsten Bedingungen, die man sich vorstellen kann. In ihren schäbigen Mietskasernen, schmutzigen und feuchten Barackenwohnungen gab es kein Fließwasser, hatten viele von ihnen kein eigenes Bett, waren sie ohne ärztliche Betreuung. Die Folge waren Krankheiten und Seuchen. Der Lungentuberkulose, als Wiener Krankheit bezeichnet, fielen in diesen Jahrzehnten im ersten Lebensjahr ein Drittel der Kinder zum Opfer.

Die Mieten für diese menschenunwürdigen Behausungen verschlangen durchschnittlich ein Viertel bis zur Hälfte des kargen Lohnes. Im Ziegelwerk des Barons Drasche wurde er nicht einmal in bar, sondern in »Blech« ausbezahlt, in Wertmarken, die nur in der Werkskantine eingelöst werden konnten. Dort aber war das Essen nicht nur schlechter, sondern auch teurer als in den umliegenden Gasthäusern. In diesem Zusammenhang von Ausbeutung zu sprechen, von Auswüchsen eines zutiefst unmoralischen Wirtschaftssystems, gebietet dem Historiker eine mitmenschliche Lebenshaltung und rechtliche Gesinnung.

Was unternahmen der Kaiser, der Staat, die Kirche und die herrschenden Schichten gegen diese beklagenswerten sozialen Mißstände? Sie beruhigten ihr (schlechtes) Gewissen zunächst mit privater Caritas und patriarchalischer Wohltätigkeit, die freilich nicht mehr waren als der berühmte Tropfen auf den heißen Stein. Die Wiener Stadtverwaltung demonstrierte kommunale Wohlfahrtspflege durch den Bau von Spitälern, Waisenhäusern und Altersheimen, und schließlich zwang die Not der Industriearbeiterschaft auch die Regierung zu Sozialmaßnahmen. Die tägliche Arbeitszeit wurde per Gesetz auf elf Stunden herabgesetzt, die Frauen- und Kinderarbeit eingeschränkt, Gewerbeinspektorate sorgten für die Einhaltung der gesetzlichen Vorschriften. 1888/89 führte man nach deutschem Vorbild eine obligatorische Kranken- und Unfallversicherung für Arbeiter ein.

Der Kaiser hatte gegen alle diese Maßnahmen nichts einzuwenden. Er war privat mildtätig und beugte als Zeichen christlicher Nächstenliebe jeden Gründonnerstag im Zeremoniensaal der Hofburg beim Ritual der Fußwaschung von zwölf armen Greisen streng nach Protokoll das Knie. Ob er die sozialen Probleme in seinem Reich in ihrer ganzen gesellschaftlichen Sprengkraft und politischen Tragweite voll erkannt hat, bleibe dahingestellt. Der

Christlichsoziale Prinz Aloys Liechtenstein bezweifelte es und warf ihm vor, zuerst nicht die konstitutionellen, dann nicht die nationalen und zuletzt nicht die sozialen Ideen und Probleme begriffen zu haben. Die Arbeiterschaft setzte sich gegen ihre Unterdrückung und politische Rechtlosigkeit zunächst zaghaft, dann entschlossen zur Wehr. Sie gründete Arbeiterbildungsvereine, Unterstützungskassen für kranke und notleidende Menschen aus ihren Reihen und organisierte Demonstrationen. 1869 demonstrierten an die 20 000 Wiener Arbeiter für das Recht auf Gründung von Gewerkschaften. Die Kaiserliche Regierung reagierte darauf mit harten Repressalien: die Arbeitervereine wurden aufgelöst, die Drahtzieher der Aktion wegen Hochverrates zu Kerkerstrafen verurteilt.

Die österreichische Arbeiterbewegung wurde in ihren Anfängen ideell von Deutschland aus gesteuert und war lange Zeit in sich gespalten. Die »Staatshilfler«, die auf das Gedankengut Ferdinand Lassalles schwörten, traten für die schrittweise Erweiterung des Wahlrechtes und eine Beteiligung der Arbeiterschaft am staatlichen Leben ein. Die »Selbsthilfler« orientierten sich an Hermann Schulze-Delitsch. Er wies der Arbeiterschaft durch den Erwerb von Bildung und genossenschaftliche Bestrebungen, etwa die Schaffung von Konsumvereinen, den Weg aus der sozialen Not. Die Radikalen verlangten mit Karl Marx eine revolutionäre Änderung der Gesellschaftsordnung, die Gemäßigten erstrebten die Erringung der Staatsmacht mit dem Wahlzettel.

Den persönlichen Rivalitäten und den heftigen Flügelkämpfen innerhalb der österreichischen Arbeiterbewegung wurden an der Jahreswende 1888/89 auf einem Parteitag im niederösterreichischen Hainfeld von Victor Adler, einem in Prag geborenen, jüdischen Armenarzt, ein Ende gesetzt. Unter seiner tatkräftigen, klugen und geschickten Führung entwickelte sich die Sozialdemokratische Partei in den nächsten beiden Jahrzehnten – nicht ohne Kampf und Rückschläge – aus kleinen Anfängen zur stärksten politischen Gruppierung der Donaumonarchie.

Die österreichischen Sozialdemokraten, die trotz ihres Verbalradikalismus einen gemäßigten Marxismus vertraten, verkündeten 1899 auf ihrem Parteitag in Brünn ein Nationalitätenprogramm, in dem sie, zumindest indirekt, ihre Loyalität gegenüber einem neugestalteten Habsburgerreich bekundeten.

Die zweite große Massenpartei in der österreichischen Reichshälfte der k.u.k. Monarchie waren die Christlichsozialen. Von dem aus Mecklenburg stammenden Freiherrn Karl von Vogelsang, Prinz Aloys Liechtenstein und anderen Adeligen auf den Grundwerten des Christentums ideologisch begründet, wurde die Christlichsoziale Partei unter der Führung Dr. Karl Luegers zu einem politischen Machtfaktor ersten Ranges.

Lueger, aus der sozialen Unterschicht zum Rechtsanwalt aufgestiegen, war ein Volkstribun, ein mit treffsicherem Instinkt begabter Demagoge, der durch seine imposante Erscheinung und seine Rednergabe die Massen in seinen Bann zog. Er artikulierte die Sorgen und Ängste, die Wünsche und Sehnsüchte des Kleinbürgertums, der kleinen Handwerker und Gewerbetreibenden, die gegen die entstehenden privaten Monopolbetriebe und das Finanzkapital, das sich vorwiegend in jüdischer Hand befand, einen aussichtslosen Konkurrenzkampf führte. Der »schöne Karl«, wie die ihm Wohlgesinnten den großen, eleganten Mann nannten, schlug aus dem wirtschaftlichen, aber auch konfessionell motivierten Antisemitismus dieser Volksschichten politisches Kapital und erzielte damit durchschlagende Erfolge. 1895 errangen die Christlichsozialen die Zweidrittelmehrheit im Wiener Gemeinderat. Lueger wurde zum Bürgermeister gewählt, doch bestätigte ihn der Kaiser erst nach mehrmaliger Zurückweisung als Stadtoberhaupt in seiner k.u.k. Haupt- und Residenzstadt. In den dreizehn Jahren seiner Amtsführung, von 1897–1910, verwirklichte Lueger ein großartiges Kommunalisierungsprogramm und wurde zu einer der profiliertesten und erfolgreichsten Persönlichkeiten in der Geschichte der Wiener Gemeindeverwaltung.

Die dritte politische Gruppierung, die in den Jahrzehnten des anbrechenden Massenzeitalters eine Rolle spielte, waren die Deutschnationalen. Ihre Leitfigur war Georg Ritter von Schönerer, ein streitlustiger, rechthaberischer Gutsbesitzer aus Rosenau bei Zwettl im niederösterreichischen Waldviertel, der das Haus Habsburg, die Kirche, das Großkapital, vor allem aber die Juden zu seinen Feindbildern machte. Schönerers Antisemitismus war im Gegensatz zu dem seines großen Gegenspielers Lueger rassentheoretischer Natur. »Ob Jud, ob Christ ist einerlei, in der Rasse liegt die Schweinerei«, dieser unqualifizierte Allerweltsreim diente ihm als Motto für seinen rabiaten Judenhaß, war einer der ungeistigen Säulen seines persönlichen politischen Glaubensbekenntnisses. Seine verbalen antisemitischen Rundumschläge haben Jahrzehnte später die Nationalsozialisten in die Tat umgesetzt. Der deutschnationale Heißsporn agitierte lautstark gegen das österreichische Kaiserhaus und die katholische Kirche und trat mit starker Faust für den Anschluß Deutsch-Österreichs an das Deutsche Reich ein. Schönerers Idole waren Kaiser Wilhelm I. und Reichskanzler Otto von Bismarck, neben dem er sich 1921 im Sachsenwald beisetzen ließ. Schönerer und seine Anhängerschaft, die sich vorwiegend aus der höheren Beamten-, der Akademiker- und der Studentenschaft rekrutierte, schreckte auch vor Handgreiflichkeiten nicht zurück. Als Anfang März 1888 das linksliberale »Neue Wiener Tagbatt« versehentlich den Tod Wilhelms I. zu früh meldete, stürmte der alldeutsche Recke mit einigen Gesinnungsgenossen die Redaktionsräume und insultierte ein paar Journalisten. Er wurde vom Reichsrat seiner Immunität enthoben, vor Gericht gestellt und zu vier Monaten schweren Kerkers verurteilt. Der Verlust des Adelstitels und die Aberkennung der bürgerlichen Rechte auf die Dauer von fünf Jahren waren ebenfalls Inhalt des Gerichtsbeschlusses. Ein Gnadengesuch des polternden Agitators wurde vom Kaiser abgelehnt.

Franz Joseph waren die politischen Exzesse, die sich in dem vom dänischen Architekten Theophil Hansen im klassisch-griechischen Stil erbauten Reichsratsgebäude (dem heutigen Parlament) und in den Straßen Wiens abspielten, ein Greuel. Obwohl sich die Welt und das Reich, das er regierte, gründlich verändert hatten, ging er wie gewohnt mit ungeheurem Pflichteifer und unbeirrt von schweren persönlichen Schicksalsschlägen – 1889 hatte er den Sohn, 1898 die Gattin verloren – seinen Amtsgeschäften nach. Sein Alltag lief nach einer haargenauen Einteilung mit der Präzision eines Uhrwerkes ab.

Franz Joseph war ein ausgesprochener Morgenmensch. Er erhob sich bereits um fünf Uhr, im Alter sogar schon um halb vier Uhr früh, von seinem eisernen Feldbett, in dem er, wie er selbst einmal kundtat, gut und tief zu schlafen pflegte. Nach der Toilette mit kaltem Wasser und dem Anziehen, bei dem ihm ein Kammerdiener behilflich war, hielt er eine kurze Morgenandacht und begab sich dann in sein Arbeitszimmer. Dort erwartete ihn bereits ein fein säuberlich aufgeschichteter Aktenberg, den er mit nimmermüdem Fleiß und penibler Akkuratesse von links abtrug und nach Erledigung jedes Schriftstückes auf der rechten Seite wieder aufstapelte, nicht ohne da und dort Randbemerkungen anzubringen sowie Schreib- und Satzzeichenfehler zu korrigieren. Dazwischen nahm er ein frugales Frühstück ein: Kaffee (später Tee), eine Semmel, etwas Butter und, außerhalb der Fastenzeit, eine Scheibe Schinken.

Gegen halb acht Uhr begannen dann die Audienzen. Der Chef der Militärkanzlei, der Obersthofmeister, der Kabinettsdirektor, die Minister erschienen, vorschriftsmäßig adjustiert, zum Vortrag: Offiziere und Beamte in Paradeuniform, Zivilisten in Frack und Zylinder.

Die zeitliche Abfolge spielte sich nach einem genau festgelegten Plan ab. Die Fachleute waren gut beraten, sich nur über Dinge zu äußern, die in ihrem Kompetenzbereich lagen. Der Kaiser, der zumeist am Schreibtisch stehend empfing, liebte weder Umschweife noch Ausflüchte.

Zweimal pro Woche hielt Franz Joseph Generalaudienzen ab, die jeder Untertan seines Reiches nach Anmeldung in der Kabinettskanzlei und entsprechender Einteilung in Anspruch nehmen konnte. Pro Audienztag empfing der Kaiser etwa fünfzig bis hundert Leute, zumeist Bittsteller, deren Anliegen er sich in Kürze, aber aufmerksam anhörte. Das Ende der Audienz deutete der Monarch durch einen Schritt zum Fenster, eine leichte Kopfneigung oder einen kurzen Satz unmißverständlich an. Franz Joseph hat im Verlaufe seiner langen Regierungszeit Hunderttausenden Menschen die Gelegenheit gegeben, bei ihm vorzusprechen.

Das Mittagessen nahm der Kaiser normalerweise auf dem Schreibtisch seines Arbeitszimmers ein. Es bestand zumeist aus einem einfachen Menü: einem Teller Suppe, gekochtem Rindfleisch (der Tafelspitz war seine Leibspeise) mit Gemüse und dazu Bier.

Nach einer kurzen Mittagspause, in der er nicht selten einen Spaziergang unternahm, ging die Arbeit am Schreibtisch bis zum Abendessen weiter. Der Kaiser las jetzt Berichte des Wiener Polizeipräsidenten, zurechtgelegte Auszüge aus in- und ausländischen Zeitungen und schrieb Briefe. Privatpost erledigte er sehr oft auch morgens. Franz Joseph war ein unermüdlicher Briefeschreiber. Allein die Briefe an seine Gemahlin, seine Kinder, an die verschiedenen Mitglieder des Kaiserhauses, an Katharina Schratt gehen in die Tausende. Sein Stil ist ein Spiegelbild seiner Persönlichkeit: bieder, trocken, mit einem Anflug von Humor und nicht ohne Herzlichkeit.

Das Abendessen nahm der Kaiser zwischen fünf und sechs Uhr im Kreis der Familie ein, wenn und solange diese um ihn war. Es bestand in der Regel aus sechs Gängen (Suppe, Fisch, zwei Braten, Mehlspeise, Dessert), was aber keineswegs bedeutete, daß der Monarch von allem nahm. Franz Joseph aß und trank wenig und rasch. Da das Familiendiner zu Ende war, wenn er Messer und Gabel zur Seite legte, verließen die Erzherzöge oft hungrig die Tafel. Sie hielten sich dann im Hotel Sacher nahe der Hofburg schadlos.

Nach dem Abendessen gönnte sich der Kaiser zur Entspannung eine Virginia, besuchte ab und zu das Hofburgtheater, wohnte einer Oper bei oder zog sich auf sein Zimmer zurück.

Der kaiserliche Alltag wurde natürlich oft von Verpflichtungen aller Art unterbrochen, von Staatsbesuchen fremder Potentaten, Eröffnungen, Reisen im In- und in das Ausland, Manövern, gesellschaftlichen Veranstaltungen und Jagden. Aber selbst wenn sich der Kaiser nicht in seiner Haupt- und Residenzstadt aufhielt, in Bad Ischl etwa, wo er lange Jahre die Sommermonate verbrachte, in Budapest oder auf Schloß Gödöllö in Ungarn, kam er seinen Pflichten als Herrscher nach. Er war der erste Diener des Staates, ein Vorbild an Verläßlichkeit, Ehrhaftigkeit und Charakterstärke.

Franz Joseph hielt auf Pünktlichkeit. Er war persönlich anspruchslos, aber nobel gegenüber seinen Untertanen und splendid den Menschen gegenüber, die ihm besonders nahestanden. Abgetragene Hemden und Socken, abgenützte Zahnbürsten wurden mit dem Stempel »A« (»Ausgemustert«) versehen und versteigert, die Hermes-Villa 1885/86 im Lainzer Tiergarten, die er für seine extravagante Gemahlin errichten ließ, kostete zig Millionen Gulden.

Mit Gunstbezeigungen und Lob war der Kaiser sparsam. Bei der Eröffnung von Bauwerken und Ausstellungen und bei vielen anderen Anlässen zog er sich hinter den sprichwörtlich gewordenen Satz: »Es war sehr schön, es hat mich sehr gefreut«, zurück, der niemanden verletzte, wegen seiner Unverbindlichkeit aber auch kaum jemanden befriedigte.

Neuerungen gegenüber war und blieb Franz Joseph zeitlebens argwöhnisch und skeptisch. Die technische Entwicklung nahm er nicht zur Kenntnis. Ein Telephon zum Beispiel duldete er in seiner unmittelbaren Nähe nicht. Wie hätte er ein Telephongespräch auch beginnen oder einen Anruf beantworten sollen? Mit »Hier spricht Kaiser Franz Joseph« etwa? Mit seinem Sinn für Würde und seinem Verständnis von Autorität ließ sich das ganz einfach nicht vereinbaren.

Die politisch auf tönernen Füßen stehende k.u.k. Doppelmonarchie war eine kulturelle und geistige Großmacht. Politische Krisen und staatliche Verfallserscheinungen sind nicht selten mit einer kulturellen Hochblüte gepaart. Sie setzen offenbar schöpferische Energien frei, die sich mangels anderer Gestaltungsmöglichkeiten in der Kunst freie Bahn schaffen.

In Österreich-Ungarn folgte als Reaktion auf den Historismus der Ringstraßenzeit um die Jahrhundertwende in Wien (und auch anderswo) der geistig-künstlerische Aufbruch in die Moderne, an dem – und das ist signifikant – das zum Großteil liberal eingestellte jüdische Bürgertum einen überproportionalen Anteil hatte.

Diese »Fin-de-siècle« Kultur entstand und entwickelte sich ohne ausdrückliche Förderung durch das Kaiserhaus. Franz Joseph, der für die Kunst nicht sehr viel übrig hatte, brachte ihr wenig (oder gar kein?) Verständnis entgegen, aber er legte ihr auch nichts in den Weg. Das ist deshalb bemerkenswert, weil künstlerische Toleranz bei Herrschern und Herrschenden keine Selbstverständlichkeit ist. Es würde bei weitem den Rahmen dieser Darstellung sprengen, die kulturellen und wissenschaftlichen Großleistungen, die in der Abenddämmerung eines untergehenden Reiches geschaffen wurden, in ihrer ganzen Breite und Vielgestaltigkeit darzulegen. Ein paar Hinweise müssen genügen.

Die Geburtsstunde der Wiener Moderne schlug mit der Gründung der »Secession« im März 1897 durch neunzehn Wiener Maler und Architekten unter der Führung von Gustav Klimt. Die »Secessionisten« lösten sich aus den Fesseln des akademischen Traditionalismus und verkündeten in ihrer Monatsschrift »Ver Sacrum« (»Der heilige Frühling«), deren erste Nummer im Januar 1898 erschien, die Erneuerung des Lebens durch die Kunst.

Der bedeutendste Vertreter des »Jugendstils«, wie die neue Kunstrichtung bald genannt wurde, war Klimt selbst, dessen farbenfrohe, ornamentale, ikonenhaft wirkenden Bilder Bewunderung, aber auch heftige Ablehnung hervorriefen.

Unter den Architekten der Secession war Otto Wagner, der ihr seit 1899 angehörte, der profilierteste. Wagner leitete die architektonische Ausgestaltung der Wiener Stadtbahn, baute Brücken, schuf die Kirche in der Heil- und Pflegeanstalt »Am Steinhof« und das Postsparkassenamtsgebäude, das der Kaiser, wie schon zuvor die erste Ausstellung der »Secession«, persönlich eröffnete. Das Postsparkassenamt scheint ihm gefallen zu haben. Weniger angetan war er von der ornamentlosen Fassade des Loos-Hauses am Michaelerplatz gegenüber dem neobarocken Michaelertrakt der Hofburg. Adolf Loos, der Avangardist der »Neuen Sachlichkeit« in der modernen Architektur, hatte es für eine Firma entworfen. In den Augen vieler Wiener war das Geschäftshaus, das sie spöttisch das »Haus ohne Augenbrauen« nannten, ein architektonisches Sakrileg.

Was sie ihren Augen nicht zutrauen wollten, das muteten sie auch ihren Ohren nicht zu. Das mußte Gustav Mahler zur Kenntnis nehmen, dessen unkonventionelle Kompositionen nur eine geteilte Aufnahme fanden. Mahler, der jüdischer Abkunft war, wurde 1897 vom Kaiser trotz der Einwände engster Hofkreise zum Operndirektor ernannt, ein Amt, das er zehn Jahre lang mit Erfolg bekleidete.

Auf geradezu feindseligen Widerstand seitens des Publikums und eines Teiles der Kritik stieß das Schaffen Arnold Schönbergs. Seine »Zwölftontechnik« löste im Konzertsaal offene Skandale aus. Das reichhaltige Wiener Musikleben wurde auch durch das kompositorische Gegensatzpaar Anton Bruckner / Johannes Brahms belebt, das die Musikliebhaber in zwei einander bissig befehdende Lager spaltete.

Auf dem Gebiet der Operette feierte Johann Strauß wahre Triumphe und begründete den Ruf Österreichs als ein Land leichter, beschwingter Lebensart. Die Musik Carl Zellers, Franz von Suppés und Carl Michael Ziehrers, aber auch schon des jungen Franz Lehár erklang in den Ballsälen, auf öffentlichen Plätzen, in Gasthausgärten und Kaffeehäusern. Der Wiener Walzer eroberte die Welt.

Die Wiener Literaturszene weist um die Jahrhundertwende eine Reihe heute weithin bekannter Namen auf und war in ihrer literarischen Vielfalt, ihrer geistigen Regsamkeit und Urbanität unvergleichlich. Spiritus rector seiner Generation und eifriger Förderer avangardistischer Talente war der ehrgeizige, unstete Hermann Bahr, ein »Handlungsreisender in Literatur«, dessen eigene Werke heute nur noch als Zeitdokument interessieren.

Das Lebensgefühl und die Seelenstimmung der morbiden Wiener bürgerlichen Fin-de-siècle-Gesellschaft mit ihrer verlogenen Sexualmoral und ihrem überalterten Ehrenkodex hat der Arzt Arthur Schnitzler in seinen Novellen und Theaterstücken mit psychologischer Unerbittlichkeit auf seine Feder gespießt. Hugo von Hofmannsthal errang mit seinen kostbaren Versen, seinen makellosen Essays und seinen lyrischen Dramen frühen Ruhm, das wortgewandte, geistreiche Universalgenie Egon Friedell brillierte als Dichter, Kabarettist und Schauspieler. Karl Kraus geißelte in seiner Zeitschrift »Die Fackel« und in seinen Publikationen mit beißender, unbarmherziger Schärfe die »Verlotterung der Sprache«, in der sich seiner Meinung nach die geistige Korruption und der Kulturverfall der Gesellschaft reflektierte. In der »Versuchsstation für den Weltuntergang«, wie Kraus die Habsburgermonarchie scharfzüngig apostrophierte, tummelten sich auch sonst noch Dichter und Schriftsteller großformatigen Kalibers: Rainer

Maria Rilke, Franz Kafka, Stefan Zweig, Felix Salten, Alfred Polgar, Peter Altenberg...

Auch auf zahlreichen Gebieten der Wissenschaft kann die Endphase der Ära Franz Josephs mit illustren Namen aufwarten. Der Physiker und Erkenntnistheoretiker Ernst Mach, ein kompromißloser Gegner jeder metaphysischen Spekulation, beeinflußte die Kultur der Zeit von der Literatur über die Sozialwissenschaft bis zur Rechtsphilosophie, Sigmund Freud begründete mit seinen grundlegenden Einsichten in die Triebstruktur menschlichen Verhaltens und seiner Überzeugung von der elementaren Bedeutung der Kindheit für die Entfaltung der menschlichen Persönlichkeit die Psychoanalyse. Die Zweite Wiener Medizinische Schule, die mit so glänzenden Autoritäten wie dem Psychiater Julius von Wagner-Jauregg, dem Serologen Karl Landsteiner und dem Orthopäden Adolf Lorenz aufwarten konnte, genoß Weltruhm.

Vor diesem glanzvollen kulturellen Hintergrund spielten sich auf der Bühne der Politik gespenstische Ereignisse ab. In Böhmen arteten die Auseinandersetzungen zwischen den Tschechen und den Deutschen in Gewalttätigkeiten mit bürgerkriegsähnlichem Charakter aus. Es ging um die Sprachenfrage. Die Staatssprache in Böhmen war das Deutsche. Dagegen kämpften die Tschechen an, die die Gleichstellung ihrer Muttersprache in den staatlichen Ämtern und vor Gericht verlangten. Als 1897 Ministerpräsident Kasimir Graf Badeni, ein Pole, Sprachenverordnungen erließ, die die Doppelsprachigkeit für alle Gerichts- und Verwaltungsbehörden in Böhmen und Mähren vorsahen, brach nicht nur in den vom Sprachenstreit betroffenen Gebieten, sondern auch in Wien, Graz und anderen Städten ein deutschnationaler Sturm los. Es kam zu Unruhen und Ausschreitungen, im Parlament in Wien spielten sich wüste Szenen ab. Es gab Schreiduelle, die Abgeordneten gingen mit Fäusten aufeinander los. Schönerer und seine Anhänger tobten. Der deutschnationale Heißsporn propagierte gegen die katholische Kirche, das Bündnis zwischen Thron und Altar, die »Los-von-Rom«-Bewegung. Der Erfolg war zwar nicht überwältigend, aber immerhin konvertierten 40000 Menschen vom katholischen zum evangelischen Glauben.

Franz Joseph reagierte auf die unheilverkündenden Vorgänge in gewohnter Weise. Er entließ seinen Ministerpräsidenten und verfügte die Schließung des Parlaments. Der Sprachenstreit blieb ungelöst, der Nationalitätenhader, das tödliche Krebsgeschwür im Staatskörper der österreichisch-ungarischen Monarchie, ging weiter. Vorschläge für einen Umbau des Habsburgerreiches gab es genug. So dachte etwa der aus Rumänien stammende Publizist und Politiker Aurel Popovici in seinem Werk »Die Vereinigten Staaten von Groß-Österreich« an ein föderalistisches Reich mit fünfzehn nationalen Gliedstaaten. Die Idee war blendend, ihre Verwirklichung eine Utopie. Nach Badenis Abberufung blieb die innenpolitische Lage in und zwischen den beiden Reichshälften gespannt. Die Ungarn stellten mit ihren Forderungen nach einer größeren Eigenständigkeit die gemeinsame k.u.k. Armee in Frage, die der Kaiser in einem Tagesbefehl energisch verteidigte: »Gemeinsam und einheitlich wie es ist«, formulierte er unmißverständlich, »soll Mein Heer bleiben, die starke Macht der österreichisch-ungarischen Monarchie gegen jeden Feind.«

In der österreichischen Reichshälfte entbrannte ein heftiger Kampf um ein neues, demokratisches Wahlrecht. Im November 1905 demonstrierten dafür an die zweihunderttausend Menschen in den Straßen Wiens. Ministerpräsident Baron Max Wladimir Beck brachte, vom Kaiser dazu aufgefordert, im Reichsrat den Vorschlag für eine Wahlrechtsreform ein, der die Zustimmung der Abgeordneten fand. Der Entwurf erlangte im Januar 1907 Gesetzeskraft, im Mai gab es die erste Reichsratswahl nach dem allgemeinen, gleichen, direkten und geheimen Wahlrecht, aus der die Massenparteien als Sieger hervorgingen. Von den 516 Mandaten, die vergeben wurden, errangen die Christlichsozialen 96, die Sozialdemokraten erhielten 87 Sitze. Beck, ein Mann Franz Ferdinands, verscherzte sich mit der Durchsetzung der Wahlreform die Sympathien des Thronfolgers. Das demokratische Männerwahlrecht, das ab 1907 in der österreichischen Reichshälfte galt, paßte nicht in das politische Weltbild, in die Ideenwelt Franz Ferdinands.

Der Thronfolger, vom Kaiser von der politischen Entscheidungsgewalt beharrlich ferngehalten und von Schicksalsschlägen heimgesucht, war eine zutiefst frustrierte, widerspruchsvolle Persönlichkeit. Er umgab sich im Schloß Belvedere mit Männern seines Vertrauens, ließ für den Fall des Thronwechsels ein umfangreiches Regierungsprogramm ausarbeiten und brannte darauf, seine Ideen in die Tat umsetzen zu können. So hatte Österreich-Ungarn in den letzten Regierungsjahren Franz Josephs, wie Ernest von Koerber, einer seiner Ministerpräsidenten, lapidar feststellte, nicht nur zwei Parlamente, sondern auch zwei Kaiser. Und die Minister mußten, wie ein klarsichtiger zeitgenössischer Beobachter anmerkte, bei ihren Entscheidungen mit einem Auge nach Schönbrunn blicken, wo der Kaiser zuletzt residierte, und mit dem anderen nach dem Belvedere, dem inoffiziellen Regierungssitz Franz Ferdinands. »Sie gewöhnen sich daran«, setzte er maliziös hinzu, »das Schielen für den richtigen staatsmännischen Blick zu halten.«

Im Jahr 1908, in dem Franz Joseph sein 60. Regierungsjubiläum feierte, löste der österreichische Außenminister, Alois Lexa Graf Aehrenthal, mit Zustimmung des Kaisers eine außenpolitische Krise aus, die hart an den Rand eines europäischen Krieges führte. Nach einer diplomatischen Absprache mit seinem russischen Amtskollegen, dessen genauer Inhalt bis heute undurchsichtig geblieben ist, wandelte die Donaumonarchie die auf dem Berliner Kongreß des Jahres 1878 beschlossene Okkupation Bosniens und der Herzegowina in eine Annexion um. Serbien mobilisierte daraufhin seine Armee, die Briten entrüsteten sich über den Bruch eines internationalen Vertrages, der deutsche Bündnispartner war verstimmt, die Beziehungen zwischen Rußland und der Doppelmonarchie verschlechterten sich. Die außenpolitischen Wogen glätteten sich wieder, aber der Balkan kam nicht zur Ruhe. Die beiden Balkankriege der Jahre 1912 und 1913 kündigten bereits das Stahlgewitter an, das dann nach der Ermordung Franz Ferdinands und seiner Gemahlin am 28. Juni 1914 im bosnischen Sarajevo über die Welt hereinbrach.

Der alte, vielgeprüfte Kaiser, dessen ganzes Sinnen und Trachten nach den schlimmen militärischen Erfahrungen am Beginn seiner Regierungstätigkeit die Erhaltung des Friedens gewesen war, unterschrieb am 28. Juli 1914 schweren Herzens das Kriegsmanifest an seine Völker.

Nach den politischen Umwälzungen, den diplomatischen Niederlagen und den persönlichen Schicksalsschlägen, die er in seinem langen Leben hatte hinnehmen müssen, blieb ihm auch dieser folgenschwere Schritt nicht erspart. Er mag das drohende Ende seines Reiches, das er in den letzten Jahren durch seine bloße Existenz zusammengehalten hatte, vorausgeahnt haben. »Wenn die Monarchie schon zugrunde gehen soll«, soll er bei Beginn des Krieges gesagt haben, »dann soll sie wenigstens anständig zugrunde gehen.«

Auch wenn dem greisen, gramgebeugten Herrn in Schönbrunn der eigene Tod und der Zerfall der Monarchie vor Augen stand, an seiner Lebensgestaltung änderte sich nichts. Der »letzte Monarch der alten Schule« hielt mit eiserner Konsequenz an seinem Tagesablauf fest, unterschrieb und erledigte mit unbeirrbarem Pflichtbewußtsein Akt um Akt, bis ihm der Tod am 21. November 1916 sanft die Feder aus der Hand nahm.

Die Bürokratie, die er so sehr schätzte, machte auch vor seiner Person nicht halt. Wie für jeden seiner Millionen Untertanen wurde auch für den Kaiser ein amtlicher Totenbeschau-Befund ausgestellt.

»Vor- und Zunamen: S.M. Kaiser Franz Joseph I. Berufszweig und Berufsstellung: Kaiser von Österreich, König von Ungarn etc. Glaubensbekenntnis: römisch-katholisch. Stand: Verwitwet. Unmittelbare Todesursache nebst Angabe der etwaigen Grundkrankheit, aus welcher sich die unmittelbare Todesursache entwickelt hat: Herzschwäche nach Lungen- und Rippenfellentzündung. Ist zu beerdigen: In Kapuzinergruft. Überführung der Leiche: In die Burg. Gestorben: 21.XI.1916 um 9 Uhr 5' Abends. Wien, beschaut am 23. November 1916 um 1/2 11 Vormittags.«

Das Leichenbegängnis Kaiser Franz Josephs I. am 30. November 1916 wurde zum Grabgesang der Donaumonarchie. Dem großen, vielgliedrigen Reich, dessen Geschicke er so außergewöhnlich lange, zu lange, wie manche Zeitgenossen und Historiker meinen, gelenkt hatte, waren nur noch zwei Lebensjahre beschieden.

Karl I.:
Der gescheiterte Friedenskaiser

Karl I. *in einer Porträtaufnahme von H. C. Kosel, 1917.*

Ein schwereres Erbe ist nicht vorstellbar: inmitten eines furchtbaren, verheerenden Weltenbrandes die Herrschaft über ein um seine Existenz ringendes Großreich übernehmen zu müssen. Erzherzog Karl, der 29jährige Großneffe Franz Josephs, wird sich der ungeheuren Verantwortung, die nun auf ihn zukam, gewiß bewußt gewesen sein, als er am 21. November 1916 gemeinsam mit seiner Gattin und anderen Angehörigen des Kaiserhauses am Totenbett des verstorbenen Kaisers niederkniete, um ein Gebet zu verrichten.

Seine erste Handlung als junger Kaiser, aus dem Augenblick geboren, war ein Akt der Courtoisie. Als Karl im Vorraum des kaiserlichen Sterbegemaches Katharina Schratt, die jahrzehntelange Vertraute Franz Josephs, unbeachtet stehen sah, trat er auf sie zu, bot ihr galant den Arm und führte sie an das Sterbelager des Herrschers. Diese berührende ritterliche Geste war ein Ausfluß seiner Persönlichkeit. Karl war ein vollendeter Kavalier, nobel, höflich, zuvorkommend, konziliant, unzeremoniell.

Der junge Monarch war für sein hohes Amt, für seinen neuen Verantwortungsbereich alles andere als gut vorbereitet. Wie schon vor ihm Franz Ferdinand hatte der alte Kaiser auch seinen Großneffen von den Regierungsgeschäften ferngehalten.

Nichtsdestotrotz hatte Karl überraschenderweise ein verhältnismäßig klares politisches Programm, das auf ein paar Grundüberlegungen beruhte: dem Verlangen nach einem baldigen Friedensschluß und der festen Absicht nach der Wiederherstellung eines verfassungsmäßigen Regimes (Franz Joseph hatte im März 1914 den cisleithanischen Reichsrat wegen »Arbeitsunfähigkeit« vertagt). An der Einheit seines Reiches und der übernationalen Reichsidee hielt er fest.

Seine beiden vordringlichsten Ziele brachte der neue Herrscher bereits bei seinem Regierungsantritt in seinem Manifest »An meine Völker« zum Ausdruck. »Ich will alles tun«, heißt es da unter anderem, »um die Schrecknisse und Opfer des Krieges in ehester Frist zu bannen, die schwer vermißten Segnungen des Friedens Meinen Völkern zurückzugewinnen, sobald es die Ehre unserer Waffen, die Lebensbedingungen Meiner Staaten und ihrer treuen Verbündeten und der Trotz unserer Feinde gestatten werden.«

Der entsprechende zweite Passus lautet: »Meinen Völkern will Ich ein gerechter und liebevoller Fürst sein. Ich will ihre verfassungsmäßigen Freiheiten und sonstigen Gerechtsame hochhalten und die Rechtsgleichheit für alle sorgsam hüten.«

Karls Friedensabsichten waren keine leere Phrase. Sie entsprachen durchaus seinem Charakter. Der junge Kaiser war ein warmfühlender Mensch, weich, sensibel, friedfertig. Für kriegerische Posen und militärisches Heldentum hatte er nichts übrig. Er verabscheute den Krieg aus tiefstem Herzen. Karl wäre vielleicht ein guter Friedensfürst geworden. Für den Krieg war er nicht geboren. Auch den Tücken und Heimtücken der Politik stand er vielfach hilflos gegenüber. Er hatte kein Verhältnis zur Macht.

Wir müssen uns, ehe wir die Entscheidungen und Ereignisse der beiden Jahre darstellen, die ihm das Schicksal als Herrscher zumaß, mit seiner Abkunft beschäftigen, seinen Anlagen, seiner Erziehung, seiner Verehelichung.

Erzherzog Karl Franz Joseph wurde am 17. August 1887 auf Schloß Persenbeug an der Donau geboren. Seine Eltern, Erzherzog Otto und die sächsische Prinzessin Maria Josepha, waren ein denkbar ungleiches Paar. Otto war im Gegensatz zu seinem älteren Bruder Franz Ferdinand eine Frohnatur. Vielseitig begabt, charmant, eine blendende Erscheinung, genoß der elegante Kavallerieoffizier das Leben in vollen Zügen. Die zwar hübsche, aber sittenstrenge, tief hausbackene Ehegattin konnte den Frauenhelden auf die Dauer nicht fesseln. Die eheliche Verbindung scheint nur in den ersten Jahren einigermaßen harmonisch gewesen zu sein.

Ottos galante Abenteuer, die in der Hofgesellschaft die Runde machten, blieben nicht ohne Folgen. Der schöne Erzherzog zog sich eine Geschlechtskrankheit zu und schied nach langem, qualvollem Siechtum am Allerheiligentag 1906 im Alter von 41 Jahren aus dem Leben.

Inwieweit das Lotterleben des vergnügungssüchtigen Papas die Psyche des heranwachsenden Knaben belastete, entzieht sich der Kenntnis der Nachwelt. Gewiß ist, daß der Vater seinem Erstgeborenen nach einer sorglosen Kindheit in den Garnisonsorten des Papas, auf den Schlössern Persenbeug und Wartholz in Payerbach an der Rax, eine ausgezeichnete Erziehung angedeihen ließ. Hierbei traten mit fortschreitendem Reifeprozeß seine charakterlichen Qualitäten und Schwächen deutlich in Erscheinung: seine Weichheit, seine Herzensgüte, seine Redlichkeit, sein soziales Gewissen, seine Bescheidenheit, aber auch seine mangelnde Entschlußkraft und seine Nachgiebigkeit. Sein hervorstechendstes Charaktermerkmal war aber wohl seine tiefe Religiosität, die von der frommen Mutter schon von der frühesten Kindheit an nach Kräften gefördert wurde. Wie man überhaupt sagen muß, daß das mütterliche Erbe und der mütterliche Einfluß jenen des Vaters bei weitem überwog.

Der Knabe erhielt eine sorgfältige, wohldurchdachte Ausbildung. In dem umfangreichen Fächerkanon, den der erzherzogliche Lehrplan vorsah, wurde auf religiöse Unterweisung, das Studium fremder Sprachen und körperliche Ertüchtigung besonderer Wert gelegt. Daneben kamen aber auch die Naturwissenschaften und Literaturstudien nicht zu kurz.

Ab dem 13. Lebensjahr besuchte Karl als Privatist das Wiener Schottengymnasium, das er jedoch nach den Abschlußprüfungen über den Lehrstoff der Unterstufe wieder verließ. Reisen in einige Länder der Monarchie, nach Frankreich und England erweiterten den kindlichen Horizont. Mit dem Eintritt in das Jünglingsalter verlagerte sich der Akzent der Ausbildung auf militärische Fächer wie Waffenkunde, Nachrichtenwesen und Heeresorganisation.

Der Tod des Vaters im Jahre 1906 veränderte die Position des 19jährigen Erzherzogs innerhalb der habsburgischen Familienhierarchie. Da Franz Ferdinand wegen seiner morganatischen Ehe auf alle Thronansprüche für seine Nachkommen hatte verzichten müssen, trennte Karl nur noch die vierschrötige Gestalt seines Onkels von der Thronfolge. Franz Ferdinand übernahm gemeinsam mit der Mutter die Vormundschaft über den Halbwaisen, der erst im darauffolgenden Jahr im Rahmen einer schlichten Feier für großjährig erklärt wurde.

Das Verhältnis zwischen Onkel und Neffen war im übrigen durchaus harmonisch. Das mag darin seine Begründung haben, daß es der junge, nachgiebige Karl auf keine Auseinandersetzung ankommen ließ, die Standpunkte und Reformpläne des impulsiven Thronfolgers ehrerbietig und widerspruchslos akzeptierte, ohne sie freilich vollinhaltlich zu teilen.

Franz Ferdinand kümmerte sich persönlich um die Ausbildung des Neffen, als dieser von auserwählten Universitätsprofessoren in das Studium der Wirtschaftswissenschaften, des Staats-, Verwaltungs- und Völkerrechtes eingeführt wurde. Den größten politisch-erzieherischen Einfluß auf den Erzherzog übte Arthur Graf Polzer-Hoditz aus, ein kluger, weitblickender Mann, der 1917 Kabinettsdirektor des Kaisers wurde.

Nach seinem Studienabschluß in Prag war Karl in kleineren böhmischen Städten stationiert, versah bei Manövern Dienst als Ordonnanzoffizier Franz Ferdinands und wurde nur gelegentlich zu Repräsentationspflichten herangezogen. Die Reduzierung des zweiten Mannes in der Thronfolge auf die Dienstleistung eines Offiziers, die große, staatspolitische Aufgaben weitgehend ausschloß, erweist sich in der Retrospektive zweifellos als ein schwerer Fehler des Kaiserhofes.

Im Juni 1911 ging die Nachricht von der Verlobung Erzherzogs Karl von Österreich mit Prinzessin Zita aus dem Haus Bourbon-Parma durch die italienische Presse. Die 19jährige Braut, am 9. Mai 1892 in der Villa Pianore in der Nähe von Lucca (Italien) geboren, war eine Tochter des letzten regierenden Herzogs von Parma, Robert, aus dessen zweiter Ehe mit Maria Antonia von Braganza. Sie wuchs inmitten einer großen Geschwisterschar auf den Familiensitzen des Vaters in Italien und in Schwarzau bei Wiener Neustadt mehrsprachig auf. Zita sprach fließend Französisch, Italienisch und Deutsch, wozu später noch Ungarisch und Tschechisch und Kenntnisse in den klassischen Sprachen kamen.

Die hübsche, intelligente und energische Prinzessin wurde streng katholisch erzogen. Sie besuchte das Konvikt der Salesianerinnen im bayerischen Zangberg und schloß ihre schulische Ausbildung im Benediktinerinnenkloster St. Cécile auf der britischen Kanalinsel Wight ab.

Zitas dynastischer Stammbaum konnte sich sehen lassen. Er reichte, wenn auch über eine Seitenlinie, bis Ludwig XIV. von Frankreich, den »Sonnenkönig«, zurück, Maria Theresia war ihre Ururururgroßmutter, zu ihren Vorfahren zählten portugiesische Könige und spanische Monarchen aus der bourbonischen Herrscherlinie. Karl, der Zita im böhmischen Kurort Franzensbad kennengelernt hatte, brauchte sich wegen der Ebenbürtigkeit seiner Braut also keine Sorgen zu machen. Und der Kaiser gab auch sogleich seine Zustimmung, als er von der beabsichtigten Eheverbindung erfuhr. Der Hochzeit, die am 21. Oktober 1911 auf Schloß Schwarzau stattfand, verlieh der greise Monarch durch seine Anwesenheit die Bedeutung eines dynastisch-familiären Großereignisses. Auf Fotos und ein paar Filmaufnahmen zeigte er sich in heiterer, gelöster Stimmung. Franz Ferdinand, der ohne seine Gattin der Familienfeierlichkeit beiwohnte, mag es mit Mißmut registriert haben. Sah der alte Kaiser in dem jung vermählten Paar die Zukunft der Habsburgermonarchie verkörpert? Nach der Hochzeitsreise, die nach Südtirol, zu den Adriahäfen Brioni, Spalato (Split) und Ragusa (Dubrovnik) und in die Herzegowina führte, kehrte der Erzherzog mit seiner Gemahlin in die böhmische Garnisonsstadt Brandeis an der Elbe zurück.

Dort war ihres Bleibens nicht lange. Im Frühjahr 1912 wurde der präsumptive Thronfolger mit seinen Dragonern nach Kolomea in Ostgalizien versetzt. Seine Gemahlin, die entschlossen war, mit ihm Freud und Leid zu teilen, folgte ihm nach. Der mehrmonatige Aufenthalt in diesem verlassenen Winkel der Monarchie eröffnete dem jungen Ehepaar einen lehrreichen, praxisorientierten Einblick in die wirtschaftlichen, gesellschaftlichen und nationalen Verhältnisse eines vom Reichszentrum vernachlässigten Kronlandes.

Nach einem schweren Sturz vom Pferd, den er sich bei Manövern zuzog, übernahm der zum Major beförderte Erzherzog das

Kommando eines in Wien stationierten Infanterieregimentes. Seine Gemahlin gebar ihm am 20. November 1912 das erste Kind, einen Sohn, der auf den Namen Otto getauft wurde. In den nächsten zehn Jahren sollten sich weitere vier Söhne und drei Töchter dem Erstling dazugesellen.

Für Karl und Zita, die auf Schloß Hetzendorf in der Nähe von Schönbrunn Quartier bezogen, begann nun ein neuer Lebensabschnitt. Sie nahmen Repräsentationsverpflichtungen wahr, eröffneten Ausstellungen, besuchten Wohltätigkeitsveranstaltungen und unterhielten zu Franz Ferdinand und seiner morganatischen Gattin betont herzliche Beziehungen. Dabei erwies sich Zita als fürsorgliche Gastgeberin und einfühlsame Ratgeberin ihres Mannes.

Die ehrgeizige, willensstarke, an der Politik interessierte Frau sollte nach der Thronübernahme ihres Gatten dessen Entscheidungen in unauffälliger, dezenter Form beeinflussen. Wie weit dieser Einfluß ging, welche Tiefenwirkung er hatte, darüber gehen die Meinungen der Historiker noch heute auseinander. Und das wird wohl auch so bleiben, denn er ist nicht aktenkundig. Die Öffentlichkeit vermutete jedenfalls hinter vielen Entscheidungen des Kaisers eine Einflußnahme seiner adelsstolzen, von der Legitimität der kaiserlichen Herrschaft überzeugten Gemahlin. Die »Italienerin«, wie man sie abschätzig nannte, wurde zur Verkörperung dynastiefremden Intrigantentums, zur Zielscheibe der Kritik durch breite Bevölkerungsschichten.

Die mehr oder minder geruhsamen ersten drei Ehejahre wurden durch die von Mörderhand abgefeuerten Schüsse auf das österreichische Thronfolgerpaar am 28. Juni 1914 in Sarajewo jäh beendet. Karl und Zita erhielten die Nachricht vom Attentat, das ihr Leben von einer Sekunde auf die andere total veränderte, in der Villa Wartholz. Der neue Thronfolger begab sich mit seiner Gemahlin unverzüglich in die Reichshauptstadt, um dort den Kaiser zu treffen, der per Bahn von Bad Ischl angereist kam.

In den dramatischen, spannungsgeladenen Wochen zwischen dem Doppelmord von Sarajewo und dem Ausbruch des Ersten Weltkrieges, bei den diplomatischen Gesprächen, den Konferenzen und Verhandlungen, die in Wien und den anderen europäischen Hauptstädten stattfanden, war der junge Thronfolger nicht dabei. Mehr noch: er wurde davon nicht einmal unterrichtet, kein Mensch fragte ihn um seine Meinung. Er hielt sich, wie es in der Kommandosprache der k.u.k. Armee so schön hieß, auf dem Sommersitz der Familie, in der Villa Wartholz, zur Disposition. Zu guter Letzt wurde er über das Ultimatum Österreich-Ungarns an Serbien durch das Telefonat einer Bankfiliale informiert! Man weiß nicht, worüber man sich als Historiker heute mehr wundern soll, über die Unverfrorenheit des Hofes und der Hofämter, den Thronfolger über Ereignisse im unklaren zu lassen, die das Schicksal der Habsburgermonarchie und ganz Europas betrafen, oder über dessen unverständliche Passivität. Vielleicht wollte Franz Joseph, wie Kaiserin Zita in ihren Memoiren vermutet, seinen Thronfolger und Erben tatsächlich aus jeder Verstrickung heraushalten, um ihm Handlungsfreiheit für spätere Entscheidungen zu verschaffen. Eines ist jedenfalls völlig gewiß: am Ausbruch des Krieges trug Karl nicht die geringste Verantwortung.

Nach Kriegsbeginn übersiedelte die Familie des Thronfolgers von Schloß Hetzendorf über Wunsch des Kaisers in den Ostflügel des Schlosses Schönbrunn. Karl, nunmehr im Rang eines Husarenobersten, wurde auf Befehl Franz Josephs dem Armeeoberkommando zur besonderen Verwendung zugeteilt, wo er in den nächsten beiden Jahren den Krieg aus eigener Anschauung kennenlernte, ohne einer unmittelbaren Lebensgefahr ausgesetzt zu sein. Zur Berichterstattung über den Kriegsverlauf und seine Eindrücke über Armeeführung und Truppe kehrte der Thronfolger immer wieder nach Wien zurück. Gelegentlich führte er politische Gespräche mit Ministern, mit deutschen Diplomaten und Militärs. Seine Gemahlin besuchte in seiner Abwesenheit Lazarette, sprach den Verwundeten Trost zu und war dem greisen, einsamen Kaiser im weitläufigen Schloß von Schönbrunn eine willkommene Gesprächs- und Ansprechpartnerin.

Kaiser Karl I. schuf einen neuen Regierungsstil. Er hob den Frackzwang bei Audienzen auf, lockerte das Zeremoniell und verringerte die Distanz zwischen Herrscher und Untertan. Die unnahbare Würde, die von Franz Joseph ausging, ersetzte er durch Zugänglichkeit und Volksnähe. Er gab sich lässig und formlos, lebte bescheiden und unterwarf sich und seine Familie weitgehend den durch den Krieg bedingten Einschränkungen in der Lebensführung. Technischen Neuerungen gegenüber aufgeschlossen, benützte er das Telefon im Verkehr mit seinen Ministern und seinem Hofstaat. Nicht alle Würdenträger und hohen Beamten sahen es gerne. Mußten sie doch jetzt damit rechnen, bei jeder Tages- und Nachtzeit vom Kaiser angerufen zu werden.

Der exakte Terminablauf, der den Tageslauf Franz Josephs charakterisiert hatte, wich einer großzügigen, spontanen Abfolge von Erledigungen. Ein Gespräch, eine Vorsprache beim Kaiser konnte aus verschiedenen Gründen länger dauern als vorgesehen. Das bedeutete, daß die Minister und Hofschranzen antichambrieren mußten. So mancher langdienende Amtsträger konnte über diese Unbegreiflichkeit nur den Kopf schütteln.

Bereits am ersten Tag nach dem Tod Franz Josephs empfing der junge Kaiser den konservativen ungarischen Ministerpräsidenten Stephan Graf Tisza auf dessen dringliche Bitte hin in Audienz und machte dabei ein Zugeständnis, das seiner politischen Unerfahrenheit entsprang. Der kluge, willens- und charakterstarke ungarische Magnat überredete Karl dazu, sich rasch in Budapest zum ungarischen König krönen zu lassen.

Das Ereignis ging am 30. Dezember 1916 als pompöse Haupt- und Staatsaktion farbenfroh, nach einem altehrwürdigen Zeremoniell in Szene und mutete vor dem Hintergrund des tausendfachen Todes an den Kriegsfronten gespenstisch an. Die ungarische Herrscherschicht triumphierte, die Kroaten, die Tschechen und die anderen Nationalitäten in der Doppelmonarchie reagierten darauf verständlicherweise negativ. Der Kaiser setzte sich mit diesem voreiligen Schritt in Widerspruch zu seinem Programm einer durchgreifenden Reichsreform, die freilich für Friedenszeiten vorgesehen war.

Bereits vor seiner Krönung in Budapest hatte Karl den Ministerpräsidenten der österreichischen Reichshälfte, Ernest von Koerber, seines Amtes enthoben. An seine Stelle trat der konservative böhmische Großgrundbesitzer Heinrich Clam-Martinitz, ein eher farbloser Politiker aus dem Beraterkreis um Franz Ferdinand.

Die interessanteste, aber auch widersprüchlichste Persönlichkeit in seiner kurzlebigen Regierung war der neue Außenminister Graf Ottokar Czernin. Dem aus altem böhmischen Adel stammenden Czernin fehlte es nicht an Talent und Begabung. Aber er war maßlos arrogant, eitel und selbstherrlich bis zur Taktlosigkeit. Der böhmische Graf, dem der Kaiser den wichtigsten Posten im Kabinett Clam-Martinitz anvertraut hatte, »weil er ebenso wie ich den allerschleunigsten Friedensschluß zu seiner obersten Richtlinie erhoben hatte«, war ein Freund Deutschlands und ein Bewunderer der deutschen Militärkaste. Das zentrale politische Ziel Karls, sich aus Gründen der Selbsterhaltung Österreich-Ungarns aus der deutschen Umklammerung zu lösen und Frieden zu schließen, war mit Czernin nicht zu verwirklichen. Der Kaiser sollte es bald mit aller Deutlichkeit zu spüren bekommen.

Auch die ersten Entscheidungen Karls auf militärischem Gebiet hatten eine antideutsche Stoßrichtung. Der Kaiser übernahm persönlich den Oberbefehl über die gesamten Streitmächte der Monarchie, verlegte das österreichisch-ungarische Armeeoberkommando aus dem schlesischen Teschen, wo die deutsche Generalität den Ton angab, nach Baden bei Wien und entließ den treuen Anhänger eines Bündnisses mit Deutschland, den fähigen, aber eigenwilligen Generalstabschef Conrad von Hötzendorf, den er durch den befehlstreuen General Arthur Arz von Straußenburg ersetzte.

Im Januar 1917 setzte der Kaiser die ersten konkreten Schritte, um seine Friedensgelöbnisse in die Tat umzusetzen. Die Fühlungnahme mit dem gegnerischen Lager lief nicht über öffentlich-diplomatische Kanäle, sondern über Geheimkontakte, die Karl und Zita über die Brüder der Kaiserin, Sixtus und Xavier von Bourbon-Parma, die als Offiziere in der belgischen Armee dienten, zur französischen und englischen Regierung herstellten. Sie sind als »Sixtus-Affäre« in die Geschichte eingegangen. Es war ein Verwirrspiel, das von der historischen Forschung in all seinen Verästelungen bis heute in manchen Detailfragen nicht eindeutig geklärt werden konnte. Es gibt einander widersprechende Darstellungen seitens der Beteiligten und natürlich auch widersprüchliche historische Beurteilungen, je nach dem (weltanschaulichen) Standort des Betrachters.

Halten wir das Wesentliche in Kürze fest. Karl empfing seine beiden Schwager am 23. März 1917 im Schloß Laxenburg zu einem ausführlichen Gespräch, an dem spätabends auch der Minister des Äußeren, Graf Czernin, teilnahm. Er übergab Prinz Sixtus am nächsten Tag einen an ihn gerichteten Brief, der jedoch für den französischen Ministerpräsidenten, Raimond Poincaré, bestimmt war. Wer dem Kaiser bei der Textierung behilflich war, wer welche Passagen formulierte und endredigierte, ist strittig.

Der Kaiser sprach sich in dem Schreiben für die Wiederherstellung der Souveränität Belgiens und Serbiens aus und gab sein Wort, sich für die »gerechten Rückforderungsansprüche« Frankreichs auf Elsaß-Lothringen bei seinen deutschen Verbündeten einzusetzen. Bei einem Treffen der Monarchen, Minister und Militärs im deutschen Hauptquartier in Bad Homburg am 3. April 1917 brachte er das Thema dann auch zur Sprache. Von einem Verrat oder einem Bruch des Bündnisses mit Deutschland in dieser Angelegenheit zu sprechen, wie das verschiedentlich geschehen ist, kann daher nicht die Rede sein.

Die Vorschläge des österreichischen Kaisers wurden nach Übergabe des Schreibens zwischen dem französischen Ministerpräsidenten, dem englischen Premierminister und dem italienischen Außenminister, die man als Bündnispartner in die Gespräche miteinbezog, eingehend erörtert. Die Briten und die Franzosen hatten Italien vor dessen Kriegseintritt auf der Seite der Alliierten weitgehende Gebietsversprechungen auf Kosten Österreich-Ungarns gemacht, auf denen der italienische Außenminister nun beharrte.

Das Ergebnis der Gespräche übermittelten die beiden Bourbonenprinzen im Mai 1917 dem Kaiser. Karl erklärte sich in einem zweiten Schreiben dazu bereit, über eine Abtretung des »italienisch sprechenden Teiles Tirols« zu reden. Dazu ist es aber nicht mehr gekommen. Frankreich stellte sich voll hinter die weitreichenden Gebietsansprüche des italienischen Bündnispartners. Die Friedensmission war somit gescheitert.

Sie hatte ein knappes Jahr später ein folgenreiches Nachspiel. Am 2. April 1918 hielt der k.u.k. Minister des Äußeren vor einer Delegation des Wiener Gemeinderates unter der Führung des Bürgermeisters Dr. Richard Weißkirchner eine Rede, in der er den seit November 1917 im Amt befindlichen französischen Ministerpräsidenten, Georges Clemenceau, provozierte. Dieser habe, behauptete er, vor Beginn der Westoffensive der deutschen Armee am 21. März 1918 Friedensverhandlungen angeboten, die er, Czernin, habe zurückweisen müssen, da Clemenceau auf die Abtretung Elsaß-Lothringens bestand. In der Folge entspann sich zwischen dem französischen Ministerpräsidenten und dem Außenminister Österreich-Ungarns eine heftige Redepolemik, in deren Verlauf Clemenceau die »Sixtus-Briefe« der Weltöffentlichkeit bekannt machte. Der Skandal war perfekt. Nach heftigen Auseinandersetzungen und der Androhung des Selbstmordes zwang der Außenminister seinen Kaiser, ehrenwörtlich öffentlich zu erklären, daß er nur einen einzigen Brief geschrieben habe, in dem von Elsaß-Lothringen nicht die Rede gewesen sei. Nach diesem Akt der Demütigung seines Souveräns zog er dann allerdings die Konsequenzen. Am 14. April 1918 legte er sein Amt zurück. Czernins Nachfolger wurde sein Vorgänger, Graf Stephan Burian, den der Kaiser als »knöchernen Bürokraten« seines Amtes enthoben hatte. Fragt sich, von welchen Motiven sich der ehrgeizige Czernin in der unerquicklichen Afffäre leiten ließ. Offenbar ging es ihm um einen sichtbaren Akt der Bündnistreue gegenüber Deutschland, um eine Desavouierung und politische Ausschaltung des Kaisers, wie aus den Tagebuchaufzeichnungen der Kaiserin hervorgeht. Zita notierte: »14. April: Furchtbare Scene mit Cz. Er versucht den Kaiser nochmals zum Rücktritt zu bewegen, als das nicht gelingt, bekommt er eine Crise des nerfs, weint, und gibt plötzlich seine Demission, die S.M. sofort annimmt.«

Die Folgen der Sixtus-Affäre für das Habsburgerreich waren verheerend. Das Ansehen des Kaisers war schwer angeschlagen. Er stand als Lügner da, seine Friedenspolitik war unglaubwürdig geworden. Karl mußte im Mai 1918 den Canossagang in das deutsche Hauptquartier nach Spa antreten, wo er, entgegen allen seinen Plänen und Absichten, Österreich-Ungarn auf Gedeih und

Verderb dem außenpolitischen Kurs des Deutschen Reiches auszuliefern gezwungen war. Von besonderer Tragweite waren die Be- und Entschlüsse, die die Ententemächte aus der Affäre zogen. Sie anerkannten in vollem Umfang die Selbstbestimmungsrechte der Völker in der k.u.k. Doppelmonarchie. Am politischen Horizont zeichnete sich in seinen Umrissen der Zerfall Österreich-Ungarns ab.

Im Kriegsgeschehen war es im Jahr 1917 zu wichtigen Veränderungen gekommen. Im April 1917 waren die Vereinigten Staaten in den Krieg eingetreten, im November übernahmen die Bolschewiken in Rußland die Macht. Lenin forderte den Abschluß eines Waffenstillstandes, der am 15. Dezember zustandekam. Im Januar 1918 verkündete der amerikanische Präsident Woodrow Wilson seine »Vierzehn Punkte« für den Frieden, dessen zehnter sich direkt auf die Habsburgermonarchie bezog. Den Völkern Österreich-Ungarns, hieß es dort vage, sollte bei erster Gelegenheit die Möglichkeit zur autonomen Entwicklung gegeben werden. Ob innerhalb des Vielvölkerstaates oder als freie, unabhängige Nationen, blieb offen.

Am 3. März 1918 wurde in Brest-Litowsk der Friedensvertrag zwischen Rußland und den Mittelmächten unterzeichnet, der dem ehemaligen Zarenreich harte Bedingungen auferlegte. Nach dem Ausscheiden Rußlands aus dem Krieg konnte die deutsche Militärführung jetzt ihre ganze Kraft auf die Westfront konzentrieren. Die Hoffnung, dem Krieg doch noch eine entscheidende Wendung geben zu können, wuchs.

Der österreichische Kaiser, dessen ganzes Sinnen und Trachten neben der Herbeiführung des Friedens auf die Erhaltung und den Fortbestand seines Reiches gerichtet war, löste im Frühjahr 1917 sein Versprechen ein, den verfassungsmäßigen Zustand in der österreichischen Reichshälfte wiederherzustellen. Neben dem Völkerfrieden erstrebte er den Nationalitätenfrieden in seinem Reich. Er hätte zur Verwirklichung dieses Vorhabens allerdings ein klares Programm benötigt und einen Ministerpräsidenten, der es kraftvoll und überzeugend vertrat. An beidem fehlte es ihm. Als der Reichsrat am 30. Mai 1917 nach dreijähriger Unterbrechung wieder zusammentrat, konnte der Kaiser in seiner Thronrede den Abgeordneten kaum mehr bieten als leere, unverbindliche Phrasen. Er sprach zwar vom »Geist der wahren Demokratie«, der an der Front und daheim die Feuerprobe bestanden habe, eine Grundsatzerklärung über den Umbau des Staates gab er nicht ab, ein Autonomie-Projekt für die einzelnen Völker der Monarchie kam ihm nicht über die Lippen.

Es dauerte nicht lange und schon brachen die alten Gegensätze, vor allem zwischen den Deutschen und den Tschechen, wieder auf, war der Nationalitätenhader wieder voll im Gange.

Das Verfassungsproblem blieb genauso ungelöst wie die Frage der Demokratisierung des Wahlrechtes in Ungarn, die den nichtungarischen Nationalitäten größere Mitbestimmungsrechte in der Gesetzgebung und Verwaltung Transleithaniens verschafft hätte. Der Kaiser erzwang zwar den Rücktritt des Autokraten Stephan Tisza, aber es war nicht mehr als ein Pyrrhussieg.

Unterdessen mehrten sich mit Fortdauer des Krieges die Krisenzeichen. Im Januar 1918 erfaßte eine spontane Streikbewegung weite Teile der Monarchie. Hunderttausende Arbeiter in kriegswichtigen Betrieben und Fabriken legten die Produktion lahm und protestierten lautstark gegen die Fortsetzung des Krieges. Im süddalmatinischen Cattaro kam es bei der k.k. Kriegsmarine zu einer Meuterei. Die Matrosen forderten das Selbstbestimmungsrecht, Abrüstung, Frieden, längeren Urlaub und eine bessere Verpflegung. Auf den Schiffen wurde die rote Fahne gehißt.

Die Lebensmittelvorräte waren beinahe erschöpft, der Hunger zermürbte die Widerstandskraft der Menschen. In Prag und Agram, in Laibach und Lemberg, in Krakau und Warschau beherrschten Massendemonstrationen das Straßenbild. Die Demonstranten forderten nationale Selbständigkeit und Eigenstaatlichkeit. Die Nationen begannen, sich aus dem Verband der Monarchie zu lösen.

Gab es in dieser verzweifelten Situation noch einen Ausweg? War der Untergang des übernationalen habsburgischen Vielvölkerstaates noch zu verhindern? Der Kaiser schien es zu glauben. Er klammerte sich in letzter Minute an den berühmten rettenden Strohhalm. Am 16. Oktober 1918 erließ er ein Manifest, das als

»Völkermanifest« in die Geschichte eingegangen ist. Es sah die Umgestaltung des Reiches in einen Bundesstaat freier Völker vor. Ungarn freilich sollte ausgeklammert, der Dualismus aufrechterhalten werden.

Die kaiserliche Botschaft kam zu spät. Der Versuch, den habsburgischen Vielvölkerstaat im letzten Augenblick vor dem Zerfall zu retten, scheiterte. Eine Laibacher Zeitung kommentierte trokken: »Österreich-Ungarn stirbt an Altersschwäche und innerer Zersetzung. Die Regierung aber verschreibt ein Rezept für Zahnschmerzen.«

Der ehemalige Finanzberater des Ministerpräsidenten Ernest von Koerber und scharfe Kritiker Kaiser Karls, Rudolf Sieghart, formulierte es drastischer. »Man kann diese Tat nur mit der Handschrift eines Mannes vergleichen«, schrieb er, »der aus Furcht vor dem Tod Selbstmord begeht und noch bei Lebzeiten seine Todesanzeige aussendet.«

Gyula Andrássy, Österreich-Ungarns letzter Außenminister, schließlich brachte es auf den Punkt. »Damit uns niemand umbringen kann«, bemerkte er mit trockenem, makabrem Humor, »begehen wir Selbstmord.«

Als der Kaiser sein Manifest erließ, war der Auflösungsprozeß der österreichisch-ungarischen Monarchie bereits in vollem Gang. Am 14. Oktober kam es in Prag, wo schon im Juli der von den alliierten Mächten anerkannte tschechische Nationalrat zusammengetreten war, zu einer machtvollen Demonstration Zehntausender Menschen. Die Demonstranten entfernten die Symbole der habsburgischen Herrschaft von den Amtsgebäuden und hißten an ihrer Stelle tschechische Fahnen. Genau vierzehn Tage später, am 28. Oktober, wurde die Tschechoslowakische Republik ausgerufen.

Auch in Ungarn spitzte sich die Lage in der zweiten Oktoberhälfte dramatisch zu. Am 16. Oktober, dem Tag, an dem der Kaiser sein »Völkermanifest« erließ, kündigte die ungarische Regierung den »Ausgleich« auf.

Um die Stephanskrone zu retten, begab sich das Kaiserpaar am 23. Oktober in das aufgewühlte Nachbarland. Es war vergebens. Am 29. Oktober schlossen sich die südslawischen Gebiete der

Monarchie zu einem unabhängigen Staat zusammen, der den Anschluß an Serbien proklamierte und damit die staatsrechtliche Verbindung mit Ungarn zerschnitt. Der Kaiser lieferte den Kroaten die k.u.k. Kriegsflotte aus. Das war der berühmte Tropfen, der das Faß endgültig zum Überlaufen brachte. Am 31. Oktober tobte in Budapest die Revolution. Offiziere legten ihre Rangabzeichen ab, der Doppeladler wurde von den Amtsgebäuden geholt, der ehemalige kaisertreue Ministerpräsident, Graf Stephan Tisza, erschossen. Schon am nächsten Tag entband Karl die ungarische Regierung ihres Eides. Auf den Thron verzichtete er nicht. Die jahrhundertelange Verbindung zwischen dem Königreich Ungarn und dem Haus Habsburg war faktisch zu Ende.

In den letzten Oktober- und den frühen Novembertagen 1918 fielen auch in der Haupt- und Residenzstadt Wien Entscheidungen von zukunftsträchtiger Tragweite. Die deutschsprachigen Abgeordneten des kaiserlichen Reichsrates konstituierten sich als Provisorische Nationalversammlung und beschlossen, einen neuen deutsch-österreichischen Staat zu gründen. Über die zu wählende Staatsform gab es zwischen den Parteien Meinungsverschiedenheiten. Der anerkannte Verfassungsjurist und Politiker Josef Redlich notierte kurz und bündig in seinem Tagebuch: »Adler (der Führer der Sozialdemokraten, Anm. d. Verf.) verlangt die Republik, die Christlichsozialen die Monarchie, die Deutschnationalen den Anschluß an das Deutsche Reich.«

Der Kaiser gab noch immer nicht auf. Er versuchte im letzten Augenblick zu retten, was nicht mehr zu retten war. Er betraute den bekannten Völkerrechtslehrer und Pazifisten Professor Heinrich Lammasch mit der Bildung einer neuen Regierung, führte Gespräche mit sozialdemokratischen Politikern, gab in Schönbrunn Audienzen, telefonierte mit der Armeeführung und amtierte weiter, als ob nichts passiert wäre.

Am 9. November 1918 erreichte den Kaiser die Nachricht von der Abdankung Wilhelms II. Karl dachte nicht daran, einen ähnlichen Schritt zu setzen. Aber das Rad der Geschichte war schon über ihn hinweggerollt. Er wollte es nur nicht zur Kenntnis nehmen. Der Krieg war zu Ende, die Soldaten strömten von der Front in die Heimat zurück, die alte Staatsordnung war in voller Auflösung begriffen. Zuletzt waren auch die Christlichsozialen nicht mehr bereit, für eine Monarchie einzutreten, die es faktisch nicht mehr gab.

Schließlich kam auch der Kaiser zur Einsicht, daß es an der Zeit war, abzutreten. Er willigte ein, auf die Macht zu verzichten, aber nicht auf den Thron.

Der christlichsoziale Politiker Prälat Dr. Ignaz Seipel, der den Posten des Sozialministers im letzten kaiserlichen Kabinett bekleidete, fand die Zauberformel, der der Kaiser schließlich seine Zustimmung gab. Der entsprechende Passus in seiner Verzichtserklärung vom 11. November 1918 lautet: »Nach wie vor von unwandelbarer Liebe für alle Meine Völker erfüllt, will ich ihrer freien Entfaltung Meine Person nicht als Hindernis entgegenstellen. Im voraus erkenne Ich die Entscheidung an, die Deutschösterreich über seine künftige Staatsform trifft. Das Volk hat durch seine Vertreter die Regierung übernommen. Ich verzichte auf jeden Anteil an den Staatsgeschäften.«

Um 15 Uhr unterzeichnete der Monarch die Reinschrift des Dokumentes, das die beinahe 650 Jahre währende Herrschaft des Hauses Habsburg besiegelte. Hierauf entließ er in einem offiziellen Staatsakt die Mitglieder seiner Regierung, wobei er nicht mit Orden, Titeln und Auszeichnungen sparte. Während sich die Volksvertreter im Parlamentsgebäude in Wien bereits auf eine neue Staatsform geeinigt hatten, zelebrierte im Schloß Schönbrunn der letzte Kaiser des Hauses Habsburg zum allerletzten Mal das habsburgische Hofzeremoniell.

Am Abend dieses ereignisreichen Tages verließ die kaiserliche Familie das Schloß Maria Theresias, das ihr nicht genug Sicherheit bot. »Der Kaiser und ich gingen mit unseren Kindern in die Schloßkapelle, wo wir ein kurzes Gebet sprachen, daß es uns vergönnt sein möge, eines Tages zurückzukehren«, erinnerte sich Zita später. »Dann begaben wir uns in den sogenannten Zeremoniensaal, dort hatten sich alle versammelt, die noch geblieben waren. Wir verabschiedeten uns und dankten jedem einzelnen. Und dann die Treppe hinab in den Hof, wo die Autos warteten …«

Unbemerkt passierte die Autokolonne ein Seitenportal (das sog. Meidlinger Tor) und erreichte an diesem nebeligen Herbstabend ohne Zwischenfälle zu später Stunde Schloß Eckartsau.

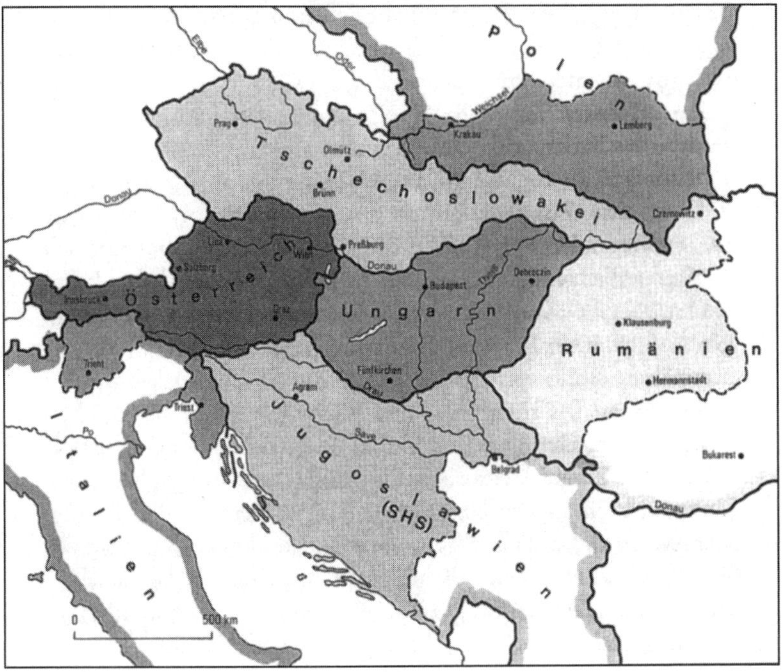

Der Zerfall der Donaumonarchie: Die Nachfolgestaaten

Das im kaiserlichen Privatbesitz befindliche Gebäude, östlich von Wien am Nordufer der Donau gelegen, bot der Familie in den nächsten Monaten Aufenthalt.

Am nächsten Tag, dem 12. November 1918, wurde von der Rampe des Parlamentsgebäudes aus unter tumultuösen Begleiterscheinungen die Republik Deutsch-Österreich ausgerufen.

Über den Zusammenbruch Österreich-Ungarns und seine schwerwiegenden Folgen für Europa und die Welt haben sich seit 1918 unendlich viele Staatsmänner, Politiker, Historiker und Kommentatoren den Kopf zerbrochen. Die Spannweite der Beurteilungen reicht von der Lobeshymne auf die integrierende Kraft und die europäische Rolle des Hauses Habsburg bis zur verdammenden Etikettierung des multinationalen Vielvölkerreiches als »Völkerkerker«. Kein Geringerer als Sir Winston Churchill hat in seinem Buch »Der Zweite Weltkrieg« die völlige Zerstörung Österreich-Ungarns durch die Friedensschlüsse von St. Germain und Trianon post festum als Kardinaltragödie bezeichnet. Diese Ansicht hat viel für sich, wenn auch viele Historiker der Ansicht sind, daß die Ursachen für den Zerfall des Habsburgerreiches in seiner inneren Entwicklung und seinem Schwächezustand zu suchen sind.

Die Pariser Vorortverträge haben aber jedenfalls ohne Rücksicht auf nationale und wirtschaftsräumliche Zusammenhänge den mitteleuropäischen Zentralraum zerstückelt und in Ost-Mitteleuropa inhomogene kleinräumige Nationalstaaten geschaffen, denen es nach dem Erstarken Hitlerdeutschlands und der Sowjetunion immer schwerer fiel, ihre Souveränität zu behaupten. Sie sind schließlich mit Ausnahme Österreichs allesamt dem Kommunismus zum Opfer gefallen. Nach dessen erstaunlich raschem Zusammenbruch in den Jahren 1989/90 sind sie auf der Suche nach neuen Wegen ihrer staatlichen Existenz. Nicht ohne furchtbare Begleiterscheinungen, wie das Beispiel Jugoslawiens zeigt.

Die alte Habsburgermonarchie ist unter diesen Auspizien wieder verstärkt zum Gegenstand nostalgischer Betrachtungen geworden. Ihre innere Struktur und ihr Lebensgefühl hat niemand stilistisch glänzender und boshaft-verständnisvoller charakterisiert als der österreichische Dichter Robert Musil in seinem monumentalen Roman »Der Mann ohne Eigenschaften«:

»Dort in Kakanien, diesem seither untergegangenen, unverstandenen Staat, der in so vielem ohne Anerkennung auch Vorbild gewesen ist«, schrieb er, »gab es auch Tempo, aber nicht zuviel Tempo. So oft man in der Fremde an dieses Land dachte, schwebte vor den Augen die Erinnerung an die weißen, breiten, wohlhabenden Straßen aus der Zeit der Fußmärsche ... Natürlich rollten auf diesen Straßen auch Automobile; aber nicht zuviel Automobile! Man bereitete die Eroberung der Luft vor, auch hier; aber nicht zu intensiv. Man ließ hie und da ein Schiff nach Südamerika fahren; aber nicht zu oft. Man hatte keinen Wirtschafts- und Weltmachtehrgeiz; man saß im Mittelpunkt Europas, wo die alten Weltachsen sich schneiden; die Worte Kolonie und Übersee hörte man an wie etwas noch gänzlich Unerprobtes und Fernes. Man entfaltete Luxus, aber beileibe nicht so närrisch wie die Angelsachsen. Man gab Unsummen für das Heer aus; aber doch nur gerade so viel, daß man sicher die zweitschwächste der Großmächte blieb. Auch die Hauptstadt war um einiges kleiner als andere größte Städte der Welt, aber doch um ein Erkleckliches größer, als es bloß Großstädte sind ... Überhaupt wie vieles Merkwürdige ließe sich über dieses versunkene Kakanien sagen! Es war zum Beispiel kaiserlich-königlich und war kaiserlich und königlich. Eines der beiden Zeichen k.k. oder k.u.k. trug dort jede Sache und Person, aber es bedurfte trotzdem einer Geheimwissenschaft, um immer sicher unterscheiden zu können, welche Einrichtungen und Menschen k.k. und welche k.u.k. zu rufen waren. Es nannte sich schriftlich Österreich-Ungarische Monarchie und ließ sich mündlich Österreich rufen ... Es war nach seiner Verfassung liberal, aber es wurde klerikal regiert. Es wurde klerikal regiert, aber man lebte freisinnig. Vor dem Gesetz waren alle Bürger gleich, aber nicht alle waren eben Bürger. Man hatte ein Parlament, welches so gewaltigen Gebrauch von seiner Freiheit machte, daß man es gewöhnlich geschlossen hielt; aber man hatte auch einen Notstandsparagraphen, mit dessen Hilfe man ohne Parlament auskam, und jedesmal, wenn alles sich schon über den Absolutismus freute, ordnete die Krone an, daß nun doch wieder parlamentarisch regiert werden müsse. Solche Geschehnisse gab es viele in diesem Staat...«

Der letzte Kaiser dieses seltsamen Reiches ging im März 1919 mit seiner Familie in das Schweizer Exil. Er unternahm von dort aus im Jahre 1921 zwei operettenhaft inszenierte Restaurationsversuche in Ungarn, die kläglich gescheitert sind.

Die letzte Lebensstation des willensschwachen, glücklosen Monarchen war die portugiesische Atlantikinsel Madeira, wo er am 1. April 1922 35jährig in der Verbannung an einer Lungenentzündung starb. Seine dynastiebewußte Gemahlin überlebte ihn um beinahe siebzig Jahre. Sie schied am 14. März 1989 aus dem Leben. Zita von Bourbon-Parma, die letzte österreichische Kaiserin, wurde am 67. Todestag ihres Gemahls, nach einem monarchisch-zeremoniellen Leichenbegängnis durch die Wiener Innenstadt, in der Kapuzinergruft am Neuen Markt, der letzten Ruhestätte zahlreicher habsburgischer Herrscher, beigesetzt.

ANHANG

Stammtafel der frühen Habsburger

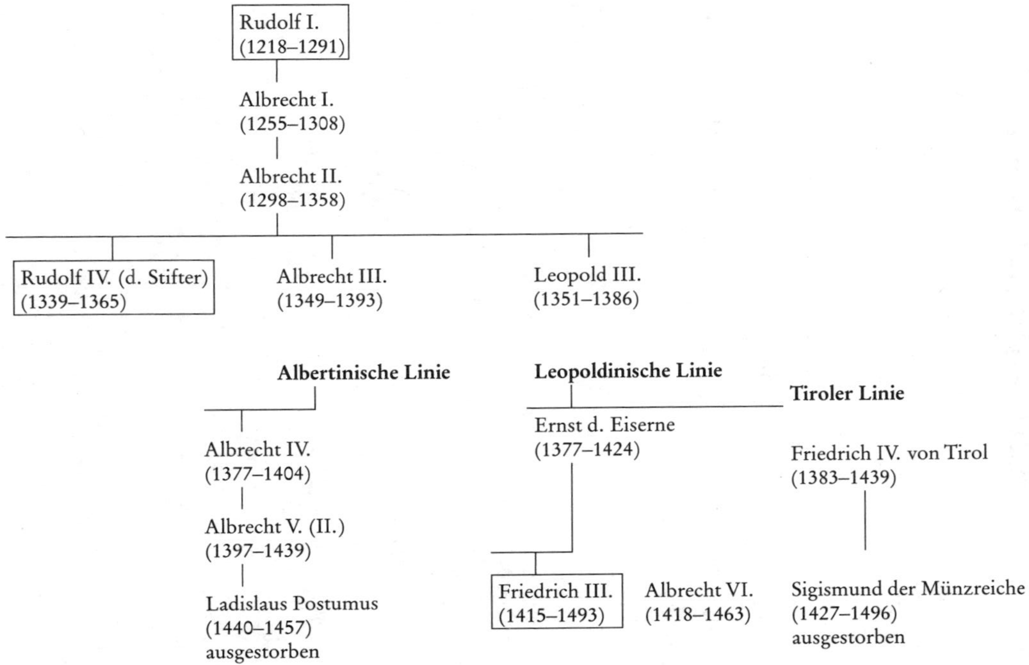

Das Haus Habsburg in der Neuzeit

Maximilian I. (1459–1519) ∞ Maria von Burgund (1457–1482)

Philipp I. (1478–1506) ∞ Johanna v. Kastilien (1479–1555)

Spanische Linie

- Karl V. (1500–1558)
  - Philipp II. (1527–1598)
    - Philipp III. (1578–1621)
      - Philipp IV. (1605–1665)
        - Karl II. (1660–1700)

ausgestorben

Österreichische Linie

- Ferdinand I. (1503–1564)
  - Maximilian II. (1527–1576)
    - Rudolf II. (1552–1612)
  - Karl II. v. Steiermark (1540–1590)
    - Ferdinand II. (1578–1637)
      - Ferdinand III. (1608–1657)
        - Leopold I. (1640–1705)
          - Karl VI. (1685–1740)
          - Josef I. (1678–1711)

Das Haus Habsburg-Lothringen

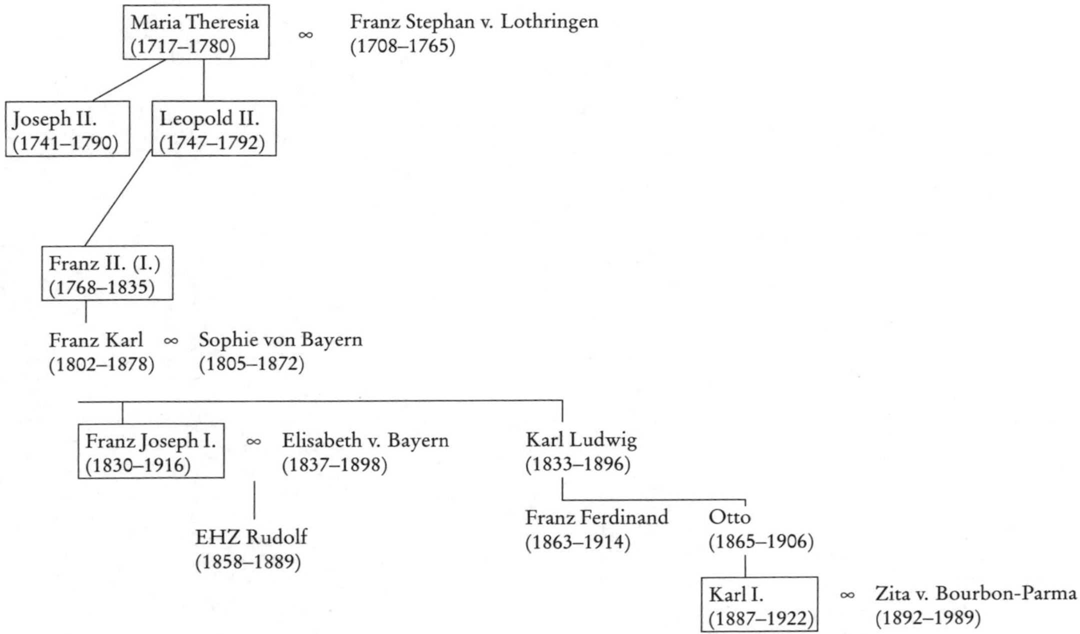

Literaturauswahl

Gesamtdarstellungen (Auswahl)

Andics, Hellmut: Die Frauen der Habsburger. Wien 1985
Béranger, Jean: Die Geschichte des Habsburgerreiches 1273–1918. Wien / Köln / Weimar 1995
Crankshaw, Edward: Die Habsburger. Wien / München / Zürich 1971
Gonda, Imre / Niederhauser, Emil: Die Habsburger. Budapest 1983
Hamann, Brigitte (Hg.): Die Habsburger. Ein biographisches Lexikon. Wien / München 1988
Herm, Gerhard: Glanz und Niedergang des Hauses Habsburg. Düsseldorf 1989
Hödl, Günther: Habsburg und Österreich 1273–1493. Gestalten und Gestalt des österreichischen Spätmittelalters. Wien / Graz / Köln 1988
Kann, Robert A.: Werden und Zerfall des Habsburgerreiches. Graz 1962
Krieger, Karl Friedrich: Die Habsburger im Mittelalter. Von Rudolf I. bis Friedrich III. 2. Aufl., Stuttgart / Berlin / Köln 2004
Leidinger, Hannes / Moritz, Verena / Schippler, Berndt: Das Schwarzbuch der Habsburger. Die unrühmliche Geschichte des Hauses Habsburg. Wien 2003
Reifenscheid, Richard: Die Habsburger in Lebensbildern. Von Rudolf I. bis Karl I. Graz / Wien / Köln 1982; Serie Piper 4753
Schindling, Anton / Ziegler, Walter (Hg.): Die Kaiser der Neuzeit 1519–1918. Heiliges Römisches Reich, Österreich, Deutschland. München 1990
Schneidmüller, Bernd / Weinfurter, Stefan (Hg.): Die deutschen Herrscher des Mittelalters. Historische Porträts von Heinrich I. – Maximilian I. München 2003
Sked, Alban: Der Fall des Hauses Habsburg. Der unzeitgemäße Tod eines Kaiserreiches. Berlin 1993
Vacha, Brigitte (Hg.): Die Habsburger. Eine europäische Familiengeschichte. Wien 1993

Vocelka, Karl / Heller, Lynne: Die Lebenswelt der Habsburger. Kultur- und Mentalitätsgeschichte einer Familie. Graz / Wien / Köln 1998
Wandruszka, Adam: Das Haus Habsburg. Die Geschichte einer europäischen Dynastie. 7. Aufl., Wien 1989
Wandruska, Adam / Urbanitsch, Peter / Rumpler, Helmut: Die Habsburger-Monarchie 1948–1918. Wien 1973ff.
Zöllner, Erich: Geschichte Österreichs. Von den Anfängen bis zur Gegenwart, 8. Aufl., Wien 1990

Ausgewählte Briefeditionen

Arneth, Alfred Ritter von (Hg.): Maria Theresia und Joseph II. Ihre Korrespondenz. 3 Bde. Wien 1867/68
Arneth, Alfred Ritter von (Hg.): Joseph II. und Leopold von Toskana. Ihr Briefwechsel von 1781–1790. 2 Bde. Wien 1872
Hamann, Brigitte (Hg.): Meine liebe gute Freundin. Die Briefe Kaiser Franz Josephs an Katharina Schratt. Wien 1992
Nostiz-Rienek, Georg (Hg.): Briefe Franz Josephs an Kaiserin Elisabeth. 2 Bde. Wien / München 1966
Rothe, Carl (Hg.): Die Mutter und die Kaiserin. Briefe der Maria Theresia an ihre Kinder und Vertrauten. Wien 1968
Weissensteiner, Friedrich (Hg.): Lieber Rudolf. Briefe von Kaiser Franz Joseph und Elisabeth an ihren Sohn. Wien 1991

Ausgewählte Literatur zu den einzelnen Kapiteln

1. Rudolf I.

Franzl, Johann: Rudolf I. Der erste Habsburger auf dem deutschen Thron. Graz / Wien / Köln 1986
Hoensch, Jörg K.: Premysl Ottokar II. von Böhmen. Der goldene König. Graz / Wien / Köln 1989
Krieger, Karl Friedrich: Rudolf von Habsburg. Darmstadt 2003
Kusternig, A.: König Ottokar in Österreich 1251–1276. St. Pölten / Wien 1978
Martin, Thomas: Die Städtepolitik Rudolfs von Habsburg. Göttingen 1976
Weltin, Max: König Rudolf von Österreich. Wien 1978

2. Rudolf IV.

Baum, Wilhelm: Rudolf IV., der Stifter. Seine Welt und seine Zeit. Graz 1996

Begrich, Ursula: »Die fürstliche Majestät«. Herzog Rudolf IV. von Österreich. Wien 1965

Flieder, Viktor: Stephansdom und Wiener Bistumsgründung. Wien 1968

Lhotsky, Alphons: Privilegium maius. Die Geschichte einer Urkunde. Wien 1957

Seibt, Ferdinand: Karl IV. Ein Kaiser in Europa 1346–1378. München 1978

Winter, Ernst Karl: Rudolf IV. von Österreich, 2 Bde. Wien 1934/36

3. Friedrich III.

Haller, Brigitte: Kaiser Friedrich III. im Urteil seiner Zeitgenossen. Wien 1965

Heinig, Paul Joachim: Kaiser Friedrich III.(1440–1493): Hof, Regierung und Politik. 3 Bde. Köln / Wien / Weimar 1997

Koller, Heinrich: Kaiser Friedrich III. Darmstadt 2005

Lhotsky, Alphons: Kaiser Friedrich III. Sein Leben und seine Persönlichkeit. In: Aufsätze und Vorträge 2, S. 119–163. Wien 1971

Oppl, Ferdinand / Perger, Richard: Kaiser Friedrich III. und die Wiener 1483–1485. Wien 1993

Rill, Bernd: Friedrich III. Habsburgs europäischer Durchbruch. Graz / Wien / Köln 1987

Wolf, Susanne: Die Doppelregierung Kaiser Friedrich III. und König Maximilians (1486–1493). Köln (u. a.) 2005 (= Forschungen zur Kaiser- und Papstgeschichte des Mittelalters, 25)

4. Maximilian I.

Breitner, Erhard: Maximilian I. Der Traum von der Weltmonarchie. Bremen / Wien 1939

Buchner, Rudolf: Maximilian I. 2. Aufl., Göttingen 1970

Decorum, Christa: Maximilian I. Kaiser im Heiligen Römischen Reich Deutscher Nation. München 1979

Haidacher, Christoph: Kaiser Maximilian I. Innsbruck 2004

Hollegger, Manfred: Maximilian I. (1459–1519). Herrscher und Mensch einer Zeitenwende. Stuttgart 2005

Wiesflecker, Hermann: Maximilian I. Das Reich, Österreich und Europa an der Wende der Neuzeit. 5 Bde. Wien 1971–86
Wies, Ernst W.: Kaiser Maximilian I. Ein Charakterbild. München 2003

5. Karl V.

Brandi, Karl: Kaiser Karl V. Werden und Schicksal einer Persönlichkeit und eines Weltreiches. 2 Bde. 8. Aufl., München 1986
Fernandez Alvarez, Manuel: Karl V. Herrscher eines Weltreiches. München 1980
Kohler, Alfred: Karl V. 1500–1558. Eine Biographie. 3. Aufl., München 2001
Lahnstein, Peter: Auf den Spuren von Karl V. München 1999
Lutz, Heinrich: Reformation und Gegenreformation. 5. Aufl., München 2002
Nette, Herbert: Karl V. in Selbstzeugnissen und Bilddokumenten. 5. Aufl., Reinbek 2000
Schullin, Ernst: Kaiser Karl V. Geschichte eines übergroßen Machtbereiches. Stuttgart / Berlin / Köln 1999
Seibt, Ferdinand: Karl V. Der Kaiser und die Reformation. Berlin 1990

6. Rudolf II.

Dauxois, Jacqueline: Der Alchimist von Prag. Rudolf II. von Habsburg. Düsseldorf / Zürich 1999
Hausenblasová, Jaroslava: Der Hof Kaiser Rudolfs II. Prag 2002
Prag um 1900. Kunst und Kultur am Hofe Kaiser Rudolfs II. Ausstellungs-Katalog. 2 Bde. Wien 1988
Stieve, F.: Rudolf II. In: Allgemeine Deutsche Biographie 29 (1889), S. 493–515
Vocelka, Karl: Rudolf II. und seine Zeit. Graz / Wien / Köln 1985

7. Leopold I.

Braubach, Max: Prinz Eugen von Savoyen. Eine Biographie. 5 Bde. Wien 1963–65
Kreutel, Richard F. / Prokosch, Erich: Im Reich des Goldenen Apfels. Graz / Wien / Köln 1987
Redlich, Oswald: Weltmacht des Barock. Österreich in der Zeit Leopolds I. 4. Aufl., Wien 1961

Spielmann, John P.: Leopold I. Zur Macht nicht geboren. Wien / Köln 1981

8. Karl VI.

Matsche, Franz: Die Kunst im Dienste des Staates. Die Kaiseridee Karls VI. 2 Bde. München 1981

Rill, Bernd: Karl VI. Habsburg als barocke Großmacht. Graz / Wien / Köln 1992

Topka, Rosina: Der Hofstaat Kaiser Karls VI. Phil. Diss. Wien 1954

9. Maria Theresia

Berglar, Peter: Maria Theresia in Selbstzeugnissen und Bilddokumenten. 6. Aufl., Reinbek 2004

Dillmann, Edwin: Maria Theresia. München 2002

Günzel, Klaus: Der König und die Kaiserin. Friedrich II. und Maria Theresia. Düsseldorf 2005

Herre, Franz: Maria Theresia. München 2000

Maria Theresia. Ihr Leben und ihre Zeit. Katalog zur Ausstellung in Schloß Schönbrunn 1980. Wien 1980

Peham, Helga: Maria Theresia – ganz privat. Wien 2003

Rieder, Heinz: Maria Theresia. Schicksalsstunde Habsburg. Gernsbach 2005

Silva-Tarouca, Egbert: Der Mentor der Kaiserin. Der weltliche Seelenführer Maria Theresias. Zürich / Leipzig / Wien 1960

Tapié, Viktor L.: Maria Theresia. Die Kaiserin und ihr Reich. 2. Aufl., Graz / Wien / Köln 1989

Vallatton, Henry: Maria Theresia. Die Frau, die ein Weltreich regierte. Wien / München 1990

10. Joseph II.

Gutkas, Karl: Joseph II. Eine Biographie. Wien 1989

Magenschab, Hans: Joseph II. Revolutionär von Gottes Gnaden. 4. Aufl., Graz 1989

Fetjö, François: Joseph II. Stuttgart 1994

Mikoletzky, Lorenz: Kaiser Joseph II. Herrscher zwischen den Zeiten. 2. Aufl., Zürich / Frankfurt 1990

Mitrofanov, Paul von: Joseph II. Seine politische und kulturelle Tätigkeit. 2 Teile. Wien 1910

Österreich zur Zeit Kaiser Josephs II. Ausstellungskatalog der NÖ Landesausstellung in Stift Melk. Horn 1980
Tamussino, Ursula: Isabella von Parma. Gemahlin Josephs II. Wien 1989

11. Leopold II.

Haemmerle, Martha: Der Staatsrat Kaiser Leopolds II. Phil. Diss. Wien 1939
Peham, Helga: Leopold II. Herrscher mit weiser Hand. Graz 1987
Pesendorfer, Franz: Die Habsburger in der Toskana. Wien 1988
Wandruszka, Adam: Leopold II. Erzherzog von Österreich, Großherzog von Toskana, König von Ungarn und Böhmen, Römischer Kaiser. 2 Bde. Wien 1963–65

12. Franz I.

Bibl, Viktor: Kaiser Franz. Der letzte Römisch-Deutsche Kaiser. Leipzig / Wien 1938
Herre, Franz: Metternich. Köln 1993
Tritsch, Walter: Franz von Österreich. Der Kaiser des »Gott Erhalte«. Leipzig / Mährisch-Ostrau 1937
Ziegler, Walter: Franz II. (1792–1806). Franz I. von Österreich (1804–1835). In: Schindling, Anton / Ziegler, Walter (Hg.): Die Kaiser der Neuzeit 1519–1918, S. 289–328. München 1990

13. Franz Joseph

Bled, Jean Paul: Franz Joseph. Der letzte Monarch der alten Schule. Graz / Wien / Köln 1989
Corti, Egon Caesar: Vom Kind zum Kaiser. Graz 1951
Corti, Egon Caesar: Mensch und Herrscher. Graz 1952
Corti, Egon Caesar / Sokol, Hans: Der alte Kaiser. Graz 1955
Hamann, Brigitte: Elisabeth. Kaiserin wider Willen. München 2005
Hamann, Brigitte: Kronprinz Rudolf. Ein Leben. Wien 2005
Herre, Franz: Kaiser Franz Joseph von Österreich. Köln 1978
Kaiser Franz Joseph und seine Zeit. Ausstellungskatalog. Grafenegg 1984
Kiste, John van der: Franz Joseph I. Essen 2005
Palmer, Alan: Franz Joseph I. Kaiser von Österreich, König von Ungarn. München 1998

Praschl-Bichler, Gabriele: Kaiser Franz Joseph ganz privat. 3. Aufl., Wien 2005
Thiele, Johannes: Elisabeth. Das Buch ihres Lebens. München / Leipzig 1996

14. Karl I.

Broucek, Peter: Karl I. (IV.). Der politische Weg des letzten Herrschers der Donaumonarchie. Wien / Köln / Weimar 1997
Feigl, Erich: Zita. Kaiserin und Königin. 5. Aufl., Wien 1991
Griesser-Pečar, Tamara: Die Mission Sixtus. Österreichs Friedensversuch im Ersten Weltkrieg. Wien 1988
Mikrut, Jan (Hg.): Kaiser Karl I. (IV.) als Christ, Staatsmann, Ehemann und Familienvater. Wien 2004
Rieder, Heinz: Kaiser Karl. Der letzte Monarch Österreich-Ungarns 1887–1922. München 1981
Sèvillia, Jean: Zita. Kaiserin ohne Thron. Düsseldorf / Zürich 1998

Bildnachweis

Sämtliche Abbildungen dieses Bandes stammen von akg-images, Berlin.

Fotograf des Gemäldes von Joseph II. auf Seite 267 ist Erich Lessing.

Die Karten auf S. 371 und 409 wurden abgedruckt mit freundlicher Genehmigung des Franz Deuticke Verlages, Wien; die beiden Karten auf S. 52 und 198 stammen vom Autor.

Personenregister

Die fettgesetzten Seitenzahlen bei einzelnen Namen verweisen auf die geschlossenen biographischen Beiträge. Die Namen im Vorwort blieben unberücksichtigt.

SERIE PIPER

Thea Leitner

Hühnerstall und Nobelball

Leben in Krieg und Frieden. 1938–1955. 208 Seiten mit 27 Abbildungen. Serie Piper

Die Kriegs- und Nachkriegsjahre 1938 bis 1955: für die Bestsellerautorin Thea Leitner, eine Berg- und Talfahrt zwischen Arbeitsdienst und Philharmonikerball, ein Lebensabschnitt voll Todesangst und Daseinsfreude. Sie erzählt vom Alltag, von der »durchschnittlichen« Lebensweise der Menschen und ihren Schicksalen in Krieg und Frieden, dokumentiert durch Briefe und Tagebuchnotizen. Nach Thea Leitners Jugenderinnerungen »Jugendzeit damals« schildert sie nun ihren Alltag in den Kriegs- und Nachkriegsjahren.

05/1934/01/L

Thea Leitner

Habsburgs verkaufte Töchter

272 Seiten mit 16 Abbildungen. Serie Piper

Thea Leitner bringt in ihrem Bestseller eine unbekannte Seite der europäischen Geschichte zur Sprache, nämlich die Biographien Habsburger Prinzessinnen, die schon im Kindesalter der Politik verschrieben wurden. Ihre Wünsche und Gefühle hatten keinen Platz. Obwohl von Kindesbeinen an über sie verfügt wurde, waren sie als erwachsene Frauen keineswegs passive Opfer ihrer Herkunft. Im Gegenteil, unter ihnen gab es eine Reihe brillanter Politikerinnen, teils klüger und geschickter als die Herren des Hauses Habsburg.

05/1309/01/R

Martha Schad

Bayerns Königinnen

407 Seiten mit 4 Abbildungen.
Serie Piper

Über die aus dem Hause Wittelsbach stammenden Monarchen gibt es zahlreiche Veröffentlichungen. Doch wer waren die Frauen an der Seite dieser kunstsinnigen Herrscher? Bayerns Königinnen stammten alle aus führenden Dynastien Europas, waren schön und hochgebildet. Sie wirkten vor allem in ihren Familien, engagierten sich aber auch auf sozialem und kulturellem Gebiet, sie förderten Toleranz, Frömmigkeit und Liberalität im jungen Königreich, erlebten politische Niederlagen genauso wie privates Glück. Für ihre biographischen Studien zog Martha Schad bisher unerschlossene Briefe und Tagebücher aus dem Geheimen Hausarchiv der Wittelsbacher heran und schildert eindrucksvoll und kurzweilig das öffentliche und private Leben der bayerischen Herrscherinnen.

05/1290/01/L

Martha Schad

Kaiserin Elisabeth und ihre Töchter

201 Seiten mit 31 Farb- und 28 s/w-Abbildungen.
Serie Piper

Einundzwanzig Salutschüsse kündigten 1855 die Geburt von Erzherzogin Sophie von Österreich an, der ersten Tochter des österreichischen Kaiserpaars Elisabeth und Franz Joseph. Ein Jahr später wurde Erzherzogin Gisela geboren. Als nach dem plötzlichen Tod der gerade zweijährigen Sophie endlich der ersehnte Thronfolger Rudolf zur Welt kam, war die Freude am Hof und beim Volk überwältigend. Zehn Jahre später folgte Marie Valérie, der erklärte Liebling von Mutter Elisabeth, der kleine Sonnenschein am Kaiserhof. Martha Schad schöpft für diese Familienchronik wie eine intime Freundin aus dem privaten Fundus der Kaiserfamilie. Anhand von Briefen, Tagebüchern, Gemälden und Photographien folgt sie den Lebenswegen der Töchter der Kaiserin und denen ihrer Nachkommen bis in die Gegenwart.

05/1305/01/R

Brigitte Hamann

Elisabeth

Kaiserin wider Willen. 660 Seiten mit 57 Fotos. Serie Piper

Das übliche süße Sisi-Klischee wird man in diesem Buch vergeblich suchen: Elisabeth, Kaiserin von Österreich, Königin von Ungarn, war eine der gebildetsten und interessantesten Frauen ihrer Zeit: eine Königin, die sich von den Vorurteilen ihres Standes zu befreien vermochte. Häufig entfloh sie der verhaßten Wiener »Kerkerburg«, weil sie nicht bereit war, sich von den Menschen »immer anglotzen« zu lassen. Statt dessen war sie monatelang auf Reisen, lernte Sprachen und trieb – im Rittersaal der Hofburg! – Sport. Schon vor dem Attentat war sie eine legendäre Figur geworden.

05/1297/01/L

Brigitte Hamann

Kronprinz Rudolf

Ein Leben. Aktualisierte Neuausgabe. 544 Seiten mit zahlreichen Abbildungen. Serie Piper

Der Suizid von Kronprinz Rudolf von Österreich (1858 bis 1889) in Mayerling am 30. Januar 1889 war ein Schock für ganz Europa und sollte die Welt nachhaltig beeinflussen. Hier zeichnet die Bestsellerautorin Brigitte Hamann das detaillierte Bild eines liberalen Intellektuellen, der stets vehement gegen Antisemitismus, Nationalitätenhaß und Klerikalismus eintrat und dessen politisches Ziel ein vereintes Europa liberaler Staaten war.

»Ein profundes und dabei außerordentlich lesbares Werk, ein Buch, das keineswegs nur historisch interessierte Leser fesseln kann, sondern auch eine reiche Fundgrube für psychologisch Interessierte bedeutet.«
Wochenpresse

05/1298/02/R

SERIE PIPER

Karin Feuerstein-Praßer

Die preußischen Königinnen

367 Seiten mit 38 Abbildungen. Serie Piper

Es war durchaus kein leichtes Schicksal, das die preußischen Königinnen im »Männerstaat« Preußen zu bewältigen hatten. Gleichwohl gelang es einigen von ihnen, sich Freiräume zu schaffen – beispielsweise der »Philosophin auf dem Thron«, Sophie Charlotte von Hannover, und der bis heute wohl populärsten preußischen Königin, Luise von Mecklenburg-Strelitz. Andere wiederum litten unter den höfischen Intrigen und der Mißachtung ihres Gemahls oder konnten sich nur durch Lügen oder Heuchelei behaupten.
Unterhaltsam und mit großer Sachkenntnis erzählt Karin Feuerstein-Praßer vom Leben der sieben preußischen Königinnen.

»Wer sich für Geschichte interessiert und für Frauenschicksale der etwas besonderen Art, wird an dieser Lektüre viel Vergnügen haben.«
Aachener Nachrichten

05/1600/01/L

Klaus Günzel

Das Weimarer Fürstenhaus

Eine Dynastie schreibt Kulturgeschichte. 223 Seiten mit 32 Seiten Abbildungen. Serie Piper

Am Weimarer Hof wurde eines der glanzvollsten Kapitel der europäischen Kulturgeschichte geschrieben. Vor allem die Frauen prägten das Gesicht der Dynastie: Herzogin Anna Amalia machte aus dem unbedeutenden Kleinstaat eines der wichtigsten geistigen Zentren des 18. Jahrhunderts. Als ihr Sohn Carl August den jungen Goethe an den Weimarer Hof holt, beginnt der Aufstieg des Fürstenhauses zum strahlenden Mittelpunkt der deutschen Klassik. – Mit leichter Feder zeichnet Klaus Günzel die Geschichte der Weimarer Dynastie und beleuchtet dabei auch die menschlichen Licht- und Schattenseiten ihrer bedeutendsten Persönlichkeiten.

»Eine vorzügliche Schilderung des nicht nur klassischen Weimar.«
Frankfurter Allgemeine Zeitung

05/1603/01/R

SERIE PIPER

Helga Thoma

Ungeliebte Königin

Ehetragödien an Europas Fürstenhöfen. 254 Seiten mit 20 Abbildungen. Serie Piper

Nach außen mochten die großen europäischen Fürstenhöfe Pracht und Luxus ausstrahlen, doch hinter ihren Fassaden spielten sich wahre Ehetragödien ab. Die Töchter von Kaisern und Königen wurden häufig wie ein Stück Ware gehandelt und noch als Kinder aus Staatsräson in ein fernes Land verschachert, nach persönlichem Glück wurde selten gefragt. Packend und historisch fundiert erzählt Helga Thoma von tragischen Schicksalen, aber auch von starken Frauen, die sich vom Leid nicht brechen ließen.

»Was Helga Thoma zusammengetragen hat, gibt einen tiefen Einblick in höfisches Zeremoniell und in den seelischen Zustand, in den die ungeliebten Königinnen nach ihrer Heirat gerieten.«
Westfälischer Anzeiger

05/1413/01/L

Erika Bestenreiner

Luise von Toscana

Skandal am Königshof. 328 Seiten mit 9 Schwarzweißfotos. Serie Piper

Einen größeren Skandal hat Deutschland vor dem Ersten Weltkrieg nicht erlebt: Luise von Toscana aus dem Haus Habsburg, die künftige Königin von Sachsen, verläßt ihren Mann und ihre fünf Kinder und wird bürgerlich. Erika Bestenreiner erzählt die Hintergründe dieses Dramas fesselnd wie einen Roman, hält sich aber genau an die Quellen.
Die Geschichte dieser Flucht vom Thron ist die Geschichte von Kälte und Herzlosigkeit in der königlichen Familie, vom Mut, anders sein zu wollen, und von der Suche nach der wahren und großen Liebe.

05/1550/01/R

SERIE PIPER

Franz Herre

Maria Theresia

Die große Habsburgerin.
368 Seiten mit 6 Abbildungen.
Serie Piper

Als Nachfolgerin ihres 1740 gestorbenen Vaters Karl IV. übernahm Maria Theresia (1717–1780) als Erzherzogin von Österreich, Königin von Ungarn und von Böhmen die Herrschaft über die Länder des Hauses Habsburg, und als Gemahlin des römisch-deutschen Kaisers Franz I., eines Lothringers, wurde sie Kaiserin. Franz Herre, Autor erfolgreicher historischer Biographien, versetzt uns in das Zeitalter Maria Theresias. Facettenreich schildert er den Lebensweg der lebenslustigen Erzherzogin zur Monarchin, Landesmutter und konservativen Reformerin.

»Herre erzählt spannend, verknüpft Biographie und wirtschafts- und sozialgeschichtliche Aspekte anschaulich und geschickt, und kramt überdies einige Anekdoten hervor.«
Badische Neueste Nachrichten

05/1932/01/L

Sylvia Jurewitz-Freischmidt

Galantes Versailles

Königliche Mätressen – Herzdamen des Hofes und Frauen von Einfluss.
620 Seiten mit 16 Abbildungen.
Serie Piper

Die Geschichte der französischen Könige Louis XIV und Louis XV ist zugleich auch die Geschichte ihrer Mätressen. Die Historikerin Sylvia Jurewitz-Freischmidt schildert das Leben der königlichen Geliebten zwischen höfischen Intrigen und amouröser Leidenschaft, steifem Zeremoniell und rauschenden Festen– und nicht zuletzt das spannungsreiche Verhältnis der Mätressen zu den anderen Frauen am Hofe. Zugleich verschafft sie uns erhellende Einblicke ins das öffentliche und private Leben der glanzvollen Herrscher in der Zeit des französischen Absolutismus.

05/1931/01/R

PIPER

Uwe A. Oster

Wilhelmine von Bayreuth

Das Leben der Schwester Friedrichs des Großen. 384 Seiten mit 16 Seiten Farbbildteil. Serie Piper

Ob als Bauherrin, Opernintendantin oder großzügige Mäzenin von Kunst, Musik und Wissenschaft: Die glanzvolle Regentschaft Wilhelmines von Bayreuth rückte die kleine fränkische Residenz ins Rampenlicht der europäischen Geschichte. Doch die Sehnsucht der kunstsinnigen Markgräfin nach Liebe und Harmonie wurde von ihrer engsten Vertrauten bei Hofe grausam mißbraucht. Auf dem Höhepunkt ihres Lebens muß sich Wilhelmine schließlich eingestehen, daß sie den Kampf um die Liebe ihres Mannes gegen eine schöne junge Hofdame verloren hat …

»Eine gut lesbare Biographie.«
Süddeutsche Zeitung

01/1648/01/R